クレイジーを最高の
イノベーションにする

ルーンショット

LOONSHOTS

サフィ・バーコール

三木俊哉 訳
米倉誠一郎 解説

日経BP

わが父、ジョン・バーコールへ

私をはじめとする多くの人に
真実にたゆまず
目を向けることを教えてくれた。

Moonshot

ムーンショット

（1）月ロケットの打ち上げ。

（2）大きな意義を持つと誰からも期待される、
野心的でお金のかかる目標。

Loonshot

ルーンショット

誰からも相手にされず、頭がおかしいと
思われるが、実は世の中を変えるような
画期的アイデアやプロジェクト。

プロローグ 006
はじめに 010

PART I
幸運を呼ぶ技術者たち

第1章
ルーンショットが導いた大戦の勝利
境界を生きる
030

第2章
ルーンショットの驚くべき脆さ
遠藤章と心臓病
074

第3章
2種類のルーンショット――トリップとクランドール
ジェットエンジンとフリークエントフライヤー
106

PART II

突然の変化を科学する

第4章
エドウィン・ランドと「モーゼの罠」
リーダーが聖なるルーンショットを選ぶとき
155

第5章
「モーゼの罠」の回避
バズ・ライトイヤーとウッディの功績
198

挿話「創発」の重要性
250

第6章
相転移——結婚、森林火災、テロリスト
段階的な移行から突然の変化へ
259

第7章 相転移II——マジックナンバー150
なぜ規模が重要か 298

第8章 四つ目のルール
マジックナンバーを増やす 323

PART III すべてのルーンショットの母

第9章 なぜ世界は英語を話すのか 364

おわりに ルーンショットとディスラプション 406

解説　米倉誠一郎（法政大学大学院教授・一橋大学名誉教授）　443
謝辞　416
用語解説　420
付録A　まとめ――ブッシュ・ヴェイル ルール　425
付録B　イノベーション方程式　438
イラストクレジット　454
参考文献　456
原注　486
著者・訳者紹介　503

プロローグ

10年ほど前だったか、友だちに誘われて「ウィリアム・シェイクスピア全作品（短縮版）」という芝居を見にいった。３人の俳優が37の戯曲を97分で演じるというものだ（うち「ハムレット」は43秒）。退屈な箇所は割愛されていた。それから間もなく、私はあるビジネス集会で話をするよう依頼を受けた。テーマはこちらで選んだのだが、自分の仕事とはさして関係なかった。私が話したのは「物理学の３０００年（45分短縮版）」。物理の歴史上、最も偉大な八つのアイデアに絞り、退屈な箇所は割愛した。

こんなスピーチを趣味的、断続的に続けていたところ、２０１１年になって、ひょんなことからそれが本格的な仕事につながった。米国の科学研究の未来について大統領に提言するためのグループに加われというのだ。会合初日、リーダーが私たちのミッションを高らかに宣言した。今後50年間、わが国の科学研究が国民の幸福や安全を向上させ続けるために、大統領は何をすべきか。私たちの任務は次世代版ヴァネヴァー・ブッシュ・レポートをつくることだ、と彼は言った。

残念ながら私は、ヴァネヴァー・ブッシュについても、その人のレポートについても聞いたことがなかった。あとで知ったところによると、ブッシュは第二次世界大戦中に「ラジカルなブレークスルー」を育てるシステムを、驚くべきスピードで築き上げたらしい。このシステムのおかげで連合軍は大戦に勝利し、以来、米国は科学技術分野で世界をリードすることができた。ブッシュの目標はこうだ。「革新的な驚くべきアイデアの犠牲者ではなく、創始者になること」

ブッシュのやったこと、そしてその理由は、まさしく物理学の八つの偉大なアイデアの一つを思い起こさせた。それはすなわち「相転移《そうてんい》」の科学である。

本書では、相転移の科学が、身の回りの世界に対する私たちの考え方を一新させることを伝えたい。それは集団行動の謎と言い換えてもよい。なぜ優れたチームが偉大なアイデアを抹殺するのか、なぜ群衆の英知が群衆の狂気に転じるのか、なぜこれらの問いの答えがコップ1杯の水に見つかるのか――。

まず相転移の科学について簡単に（退屈な部分を割愛して）説明し、次いで、構造《ストラクチャー》（文化《カルチャー》ではない）のちょっとした変化が集団の行動をいかに変容させるかを見る。わずかな温度変化が氷を水に変えるのと同じである。これによって、革新的な驚くべきアイデアの犠牲者ではなく、創始者になるためのツールが手に入る。

その途上、さまざまな学びもあるだろう。ニワトリがどのようにして何百万もの命を救ったか？　ジェームズ・ボンドとコレステロール低下剤リピトールの共通点は何か。アイザック・ニュートンとスティーブ・ジョブズはどこで発想を得たか。

私は本の内容をあらかじめ簡潔に説明してくれる著者が好きなので、ここでもポイントをざっとまとめておこう。

1　最も重要なブレークスルーは「ルーンショット」、すなわち誰からも相手にされない、一見ばかげたアイデアやプロジェクトから生まれる。

2　そうしたブレークスルーをテクノロジーや製品や戦略に転換するには、大規模な集団が必要である。

3　チームや企業など、何らかのミッションを持つ集団の行動に相転移の科学を当てはめることで、ルーンショットを素早く上手に育てるための実践的ルールが明らかになる。

大規模な集団の行動についてこのように検討するのは、科学の世界で盛んになりつつある動きでもある。この10年、研究者たちは相転移という手法・技法を用いて、いろいろな現象を理解しようとしてきた。どのようにして鳥は群れ、魚は泳ぎ、脳は働き、人々は投票し、犯罪者は振る舞い、アイデアは広まり、病気は流行し、生態系は壊れるのか。20世紀の科学を形づくったのが、量子力学や重力などの基本法則の探求だとすれば、21世紀を形づくるのはこの新しいサイエンスだろう。

とはいえ、物理学が人間行動学と交わることはめったにない。これは現在も変わっていない。ましてや、一緒にフルコースを楽しむことなどは考えられない。だから、科学と人間の行動について、何かしらの説明を加えなければならない。私は両親とも科学者だったので、まるで家業のように同じ道へ進んだ。数年後、先達と同じ進路をたどった者の多くがそうであるように、私はもっと違う世界を見てみたいと思った。あろうことか、選んだのはビジネスの世界だった。学問から離れようとする私に対して、両親は5段階の悲しみで接した。まずは否認（友人たちには「一時の気の迷いですよ」と言った）。怒りはほんの一瞬で、次に交渉、落胆、そしてあきらめ。しかし、それでも科学が恋しくなった私は、結局、何人かの生物学者や化学者と一緒に、がんの新薬を開発するバイオテクノロジー企業を立ち上げた。

大規模な人間集団の振る舞いに対する関心を持ち始めたのは、それから間もなく、ある病院を訪れたときのことだ。

はじめに

2003年の冬のある朝、私はボストンにあるベス・イスラエル・ディーコネス・メディカルセンターへ向かった。アレックス（仮名）という患者に会うためだ。アレックスは33歳。アスリートのような強靭で優美な体つきをしている。進行性のカポジ肉腫と診断され、6クールの化学療法を行ったが効果は現れていなかった。予後もよくなかった。私は数人の科学者とともに2年かけてこのときに備えてきた。アレックスは私たちの新薬を試す初の患者になる予定だったのだ。

彼は病室で横になり、点滴を受けながら、看護師にやさしく語りかけていた。黄色っぽい液体、すなわち私たちの新薬が、少しずつ彼の腕に送り込まれる。医師は今しがた病室を出ていったばかりだ。すると、部屋の隅で書類にペンを走らせていた看護師もファイルを閉じ、手を振り、外へ出ていった。アレックスは私のほうを向いて穏やかに微笑み、いぶかしげな表情を見せた。ここに至るまで、ライセンス交渉、資金調達、臨床試験、安全実験、製造確認、食品医薬品局（FDA）への申請、プロトコール作成、そして何年にも及ぶ研究など、実に慌ただだしい日々だったが、そんなものはどうでもよくなった。アレックスの目に読み取れた心情は、ただ一つ。この黄色い液体に命を救ってほしい。それだけだ。

医師はこんな表情を日常的に見ている。でも私は初めてだった。

私は椅子を引き出し、2時間近く彼と話した。レストラン、スポーツ、ボストンで一番のサイクリングロード。その間も点滴薬が落ちてゆく。話が終わり近くになったとき、アレックスは少し間を空けてから尋ねた。この薬がもし効かなかったら、次はどうなるのかと。私は言葉に詰まった。でも、ふたりとも知っていた。国の研究機関や大手製薬会社が毎年何千億ドルもの大金を投じているにもかかわらず、肉腫の治療はこの数十年進歩していない。私たちの薬が最後の頼みの綱だった。

2年後、私は別の病院の別のベッドの横で椅子を引き出していた。父が進行性の白血病にかかっていたのだ。年配の医師が悲しそうに「40年前の研修医のときと同じ化学療法しかしてあげられない」と言った。セカンドオピニオンやサードオピニオンを求め、あちこちに電話もかけまくったけれど、彼の言った通りだった。新薬どころか有望な臨床試験も見当たらなかった。

がん治療薬の開発が難しいのには技術的な理由がある。がん細胞が増殖し始めたときには、内部で数々の化学変化が起きており、もはや簡単には修正できない。実験室のモデルでも結果を見通すのは難しく、失敗率が高くなる。臨床試験は時間とお金がかかる。だが、それだけではない。

ミラーのピラニア

「まるで狂人を見るような目だったね」とリチャード・ミラーは言った。

ミラーは人当たりのよいがん専門医で、年齢は60代。自身が手がける新薬でがん患者を治療したいと言ったときの、大手製薬会社の研究チームの反応をそう説明した。もともとは研究室用、実験用の化学薬品だった。要は一つのツール、漂白剤みたいなものだ。

たいていの医薬品は、細胞内で増殖して病気を引き起こす異常タンパク質とやさしく結合することで効力を発揮する。異常タンパク質は制御不能のまま増殖して細胞を壊し、その結果、がんが広がったり、自己免疫疾患の炎症反応が生じたりする。こうしたタンパク質と結合することで、薬はその活動を抑制する。

しかし、ミラーの薬剤はやさしく結合しない。それは「ピラニア」(化学者にとっての不可逆的結合剤)だった。(注1)一度食いついたら二度と離さない。問題は、何か不具合が生じてもシステムから消し去れないことだ。たとえば、もし誤ったタンパク質にとりついたら、深刻な事態を引き起こしかねない。普通、患者にピラニアは与えない。

ミラーは業績不振に苦しむバイオテクノロジー企業のCEOだった。今回の新薬の10年前に取り組んだ最初のプロジェクトは失敗に終わった。株価は1ドルを切り、ナスダックから上場廃止通告を受けた。つまり、まっとうな企業向けの市場からもうじき追い出され、片々たる過去の会社の吹きだまりへ移されるということだ。

会社が危ないうえに、あちこちで拒絶され、冷笑までされているのに、なぜピラニアにこだわるのかと訊くと、彼は自分の薬が歓迎されていないのは知っていると言った。だが、その反面、とても強力なので低用量で済む。ミラーはスタンフォード大学で非常勤の医師としても働いていた。だから患者のことがわかる、と彼は説明した。多くの患者は余命が数カ月しかなく、救いの手を懸命に求めている。リスクは承知のうえだ。可能性があればリスクも覚悟している。「フランシス・クリックの言葉がお気に入りなんだ」とミラーは言った。クリックはジェームズ・ワトソンとともにDNAの二重らせん構造を発見してノーベル賞を受賞した。「ノーベル賞を受賞するには何が必要かと問われて、クリックはこう答えた。『簡単なことですよ。何を無視したらよいか知っている、それが秘訣です』」

ミラーはピラニアを使った実験で得られた結果を数人の医師と共有し、難治性白血病患者で臨床試験を行う同意を得た。だが投資家は納得しなかった（「今でも彼らはこの薬剤の仕組みをわかってないだろう」とミラーは言う）。取締役会での戦いに敗れた彼はCEOの職を辞した。

しかし、臨床試験は続けられた。ミラーが去って間もなく、当初と同じような有望な結果が出た。会社はさらに大規模な第3相臨床試験を開始した。患者の半分は通常の治療を受け、残る半分は新薬を投与される。2014年1月、この臨床試験（400人近い患者が参加していた）

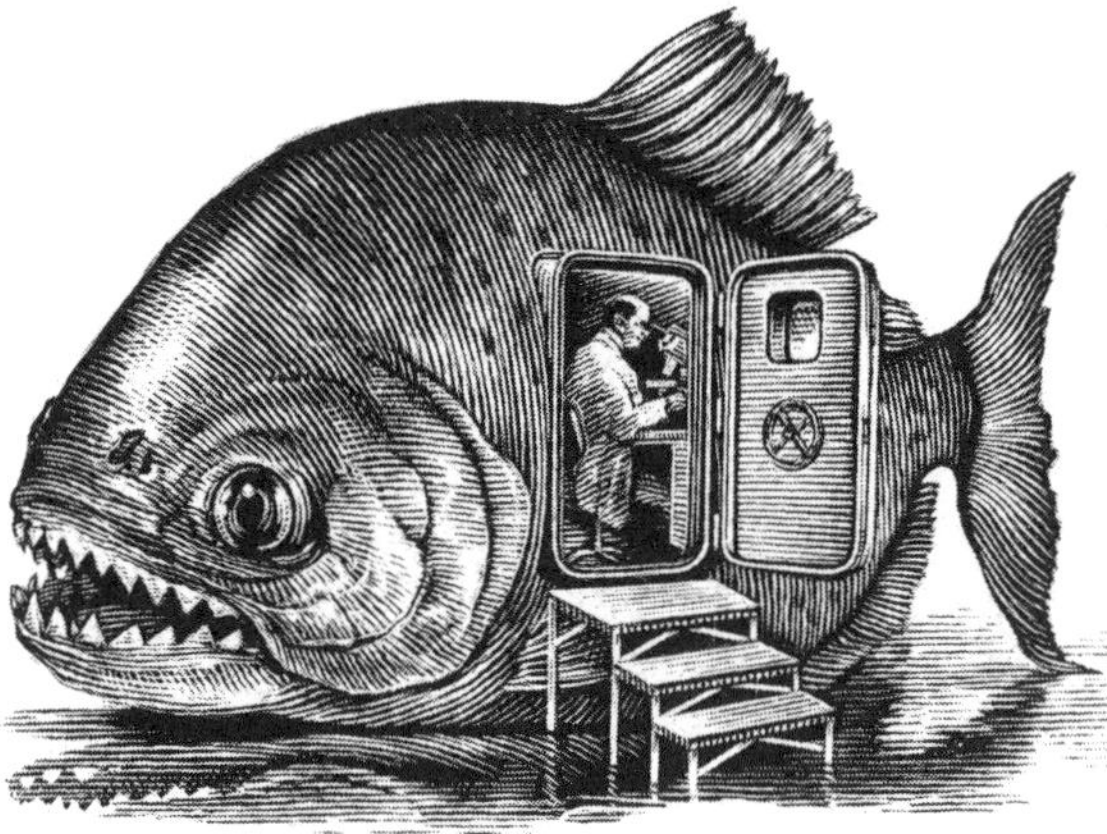

科学者とピラニア

をモニターする医師たちが治験の終了を提言した。結果は目を見張るもので、ミラーの薬（イブルチニブ）を投与された患者は、通常の治療を受けた患者より奏効率（治療実施後にがん細胞が縮小もしくは消滅した患者の割合）が10倍近く高かったため、患者全員にイブルチニブを使わせないのは倫理にもとると判断されたのだ。

その後間もなく、ＦＤＡはこの抗がん剤を承認した。数カ月後、ミラーの会社ファーマサイクリクスは、このアイデアを冷笑していた大手製薬会社に買収された。

買収額は２１０億ドルだった。

ミラーのピラニアはルーンショットの典型例である。最も重要なブレークスルーは、鳴り物入りで登場することなどまずない。中央当局からあり余るほどの資金提供を受けたりはしない。ルーンショットは驚くほど脆い。疑念や不確実性の長く暗いトンネルを通り、時に叩かれ、無視され、提唱者はたびたび狂人扱いされ、ミラーのように会社の外に放り出される。

・　・　・

人の命を救う医薬品は、ビジネスを変貌させるテクノロジーと同様、いかれたアイデアを唱える孤独な発明家に端を発することが多い。だが、そうしたアイデアを役立つ製品へ転換するには、大規模な人間集団が必要である。そうしたアイデアを生み出す方法を備えたチームが、せっかくのアイデアを拒絶すると（ミラーのピラニアも大きな研究組織にことごとく拒絶された）、ブレークスルーは研究室のなかや、倒産した会社のがれきの下に埋もれたままに終わる。

ミラーは辛うじて自身のアイデアを救うことができたが、ほとんどのルーンショットは日の目を見ない。

大集団の振る舞いの中心部分には、私たちが理解できない何かがある。このテーマについて、世間では退屈でつまらない本が山のように出ている。毎年のように高級雑誌が、革新的なチームの「勝ち続ける文化」を褒め称える。表紙では社員が微笑み、ぴかぴかの新製品をまるでオリンピックの聖火のように掲げている。リーダーはイノベーションの極意を披歴する。ところが少なからず、そうした企業は破綻する。人は変わらず、文化も同じなのに、一夜にして変化してしまうのは、なぜか。

「文化」をめぐる本や記事はどれも感傷的な印象がある。たとえば、このジャンルに典型的な人気の本は、株価動向をもとに優秀な企業をいくつかピックアップし、その共通点から、勝ち続ける文化を築くための感傷的な教訓を引き出している。そんな企業の一つに、私がよく知るバイオテクノロジー企業のアムジェンがあった。アムジェンから引き出された教訓の一つは、「数々のリスクを受け入れることで、優位なポジションを手にした」。

実際のアムジェンは、創業から2、3年で倒産しかけ、初期のプロジェクト（鶏成長ホルモン、豚ワクチンなど）は失敗、そして最後のプロジェクト（赤血球の産生を刺激する薬剤）も時間切れが迫っていた。同じ目標を目指す企業も何社かあったが、アムジェンはそれらのライバルよりわずかに早くゴールテープを切った。それに大きく貢献したのは、シカゴ大学教授のユージーン・ゴールドワッサーである。この問題に20年間取り組んできたゴールドワッサーは、競争に勝つためのカギを握っていた。そのカギとは、2550リットルの人尿から苦労して抽出した、わずか8ミリグラムの精製タンパク質だ。そこに薬剤開発のコードが隠されていた。彼はその精製タンパク質をアムジェンに渡そうと決めた。アムジェンのライバル、バイオジェンも候補ではあったが、同社のCEOはある晩の夕食の勘定をもってくれなかったのだ。

エリスロポエチン（略称エポ）と呼ばれるこの薬剤は、アムジェン自身も考えなかったほどの大成功を収め、最終的に年間売上高は100億ドルに達した。アムジェンは運良く新薬を開発できたのだ。すると同社は、他社をことごとく訴え（アムジェンが苦境に立たされたときに手を差し伸べてくれたパートナー、ジョンソン・エンド・ジョンソンも含めて）、競争から手を引かせた。その後の15年間、アムジェンは再び創薬に成功することはなかった。(注2) 先の文化分析本は、同社の研究業績が振るわず、特許取得数が少ないことをとらえて、「革新性はあまり重要ではないようだ」と結論づけた。

研究はぱっとしなかったアムジェンだが、弁護士は腕利きを揃えていた。裁判は連戦連勝で、競争相手は白旗をあげた。消息通の間でアムジェンは「医薬品付きの法律事務所」と呼ばれた。

ここから学ぶべき教訓は、夕食の勘定を支払ってあげること、優秀な弁護士を雇うこと。でも、それ以外はどうか。株価動向をもとにあとづけで文化的なアドバイスを引っ張りだしたところで、それはまるで宝くじに当たった人に、当たり券を買ったときにどんな靴下を履いていたかを尋ねるようなものだ。

あとづけの文化分析に私が抵抗を感じるのは、物理学者として訓練を受けたせいだ。物理学では、基本原理を明らかにするための手がかりを探す。モデルを構築し、それで周囲の世界が説明できるかを確かめる。本書でも同じことをしようと思う。なぜ構造《ストラクチャー》が文化《カルチャー》より重要なのかを見ていく。

ベス・イスラエルでの数カ月の治療後、アレックスは回復した。これを書いている時点で、彼は生きている。(注3)父は回復しなかった。あちこち電話をかけたり、知り合いの専門家に助言を求めたり、私なりに手を尽くしたけれどダメだった。白血病と診断された数カ月後に父は逝ったが、それから何年も、私はまだ戦いの最中にあるように感じていた。一生懸命がんばれば、何か治療法を見つけられるのではないか。父を見捨ててしまったという思いに終止符を打てるのではないか。何度も同じ夢を見た。父のベッドの傍らの看護師に小瓶を手渡す。彼女がそれを点滴につなぐ。すると病気が消えてしまう。

父を治せるかもしれない有望な薬剤候補はどこかに埋もれてしまい、今も埋もれたままだ。そうした価値ある製品や技術に日の光を当てるためには、まず、優れた意思と人材を持つチームが偉大なアイデアを殺してしまう理由を知る必要がある。

• • •

チームが変貌するとき

1970年代のノキアは、ゴム長靴やトイレットペーパーで有名なコングロマリットだった。

その後の20年で、同社はセルラーネットワーク、自動車電話などのパイオニアとなり、GSM（第二世代携帯電話の通信方式）の携帯電話でも初めて幅広い成功を収めた。2000年代初めには、地球上のスマートフォンの半数をノキアが販売していた。短い間だが、ノキアはヨーロッパで最も企業価値の高い会社になった。ビジネスウィーク誌の特集は「ノキアは成功の代名詞となった」と述べ、フォーチュン誌は「世界で一番ヒエラルキーに縛られない大企業」と持ち上げた。CEOは、大事なのは文化であると説いた。「楽しむこと、常識にとらわれないこと、ミスを犯すことが許されます」

2004年、ノキアの少数のエンジニアが全く新しい電話を発明した。インターネットに接続可能で、大型カラーディスプレーと高解像度カメラが付いている。併せてオンラインアプリケーションストアも開設したい、と彼らは興奮気味に語った。ところが経営陣はその両方を却下した。雑誌の特集で称賛されたのと同じ経営陣が、である。3年後、エンジニアたちは自分たちの突飛なアイデアが、サンフランシスコのステージ上で実現しているのを目にした。スティーブ・ジョブズがiPhoneをお披露目したのである。5年後、ノキアは行き詰まり、2013年にモバイル事業を売却した。同事業のピークからこのときまでに、ノキアの企業価値はおよそ2500億ドルも低下した。

極めて革新的だったチームが様変わりしていた。

医学研究の分野で、メルクは長年、最も尊敬を集める会社だった。1987年から1993

年まで、フォーチュン誌の「最も称賛される会社」ランキングで7年連続1位を獲得。同じ偉業を達成したのはアップル（2014年）しかない。メルクは初のコレステロール低下薬を発売したほか、河川盲目症の初の治療薬を開発し、それをアフリカや中南米の多くの国々に無料で配布した。しかしその後の10年間、メルクは創薬の重要なブレークスルーをほとんどと言ってよいほど逃している。業界に変革をもたらした遺伝子組み換え医薬品だけでなく、1990年代～2000年代初期のサクセスストーリーに関わる三大疾病のがん、自己免疫疾患、精神疾患の治療薬開発にも乗り遅れた。

どんな創造的分野でも、伝説的なチームが不思議なことに突如として普通のチームに変貌する例が見受けられる。エドウィン・キャットマルはピクサーでの日々を振り返った回想録のなかで、ディズニーについて次のように書いている。

『ライオン・キング』は1994年に公開され、興行収入は9億5200万ドルに達したが、公開後、ディズニー・スタジオは徐々に停滞し始めた。当初、その理由はわからなかった。経営陣の交代は一部あったが、スタッフはほぼ変わらず、才能や意欲にあふれていた。

にもかかわらず、このスランプはそれから16年続いた。1994年から2010年まで、ディズニーのアニメ映画で公開時の興行収入が1位を記録したものは一つとしてなかった。（中略）その背後に隠された要因を知る必要がある、と私は感じていた。

その「隠された要因」について話をしよう。

多は異なり

同じ人から成るチームや企業の振る舞いが突然変わる。これはビジネスの謎の一つだ。たとえば起業家は、社員が保守的でリスクを嫌うから大企業は破綻する、などと言う。おもしろいアイデアは小さな企業から生まれる。なぜなら、私たちはリスクをとることを全く厭わないからだ（と彼らは自分に言い聞かせる）。だが、そうしたスタートアップ企業に大企業型人材を入れたら、いきなりテーブルを叩いて大胆なアイデアを支持するようになるだろう。同じ人物が、保守的な振る舞いでプロジェクトを潰すこともあれば、起業家としてみんなの先頭で旗を振ることもある。

このような行動変化はビジネス界の謎だが、同じようなパターンは「相転移」と呼ばれる一風変わった物質現象の本質でもある。水をたたえた大きなバスタブを想像してほしい。その表面をハンマーで叩くと、水しぶきが上がり、ハンマーは水のなかに入る。次に、温度を下げて水を凍らせてからハンマーで叩くと、表面は砕け散る。

同じ分子が時に液体のように、時に固体のように振る舞う。それはなぜか。

分子は、突然の行動変化をどのようにして「知る」のか。別の言い方をするなら、私たちがリスクを回避する大企業タイプになりやすいとされるのは、どの分子のせいか。水の分子を氷上に落とすと、凍る。同じ分子を水たまりに落とすと、他の分子と一緒くたになる。これをどう説明すればよいか。

ノーベル賞を受賞した物理学者フィリップ・アンダーソンは、相転移の基礎となる考え方を「多は異なり（More is different）」という言葉で表した。「全体は部分の和を超えるだけでなく、それとは全く違うものにもなる」。液体の流れや固体の硬さだけでなく、もっとエキゾチックな振る舞いについても彼は述べた（それでノーベル賞を受賞した）。たとえばありふれた金属が、超伝導体と呼ばれる、電気抵抗のない不思議な物質に変化する。たった一つの水分子や金属電子を分析して、こうした集団的振る舞いを説明することはできない。多は異なり。物質の相が変化するのだ。

チームや企業についても同じことが言える。誰かひとりの行動を分析して、集団の説明をすることはできない。ルーンショットの育成に長けているのは、組織の一つの相である。液体が物質の一つの相であるのと同じことだ。一方、フランチャイズ（映画の続編のようなもの）の開発に長けているのは、組織の別の相である。固体が物質の別の相であるように。

こうした組織の相がわかれば、チームが突然変化する（液体が突然凍る）理由だけでなく、（温度で凍結を制御するように）その変化をどう制御すればよいかもわかる。

基本的な考え方はシンプルだ。すべてのカギはあのバスタブにある。

システムが崩れるとき

液体の分子はあちこちへ動き回る。バスタブの水分子を、練習場をランダムに走り回る士官候補生たちと考えてみよう。温度が氷点下になると、まるで訓練担当の軍曹が笛を吹き、士官候補生たちが素早く隊列をつくるときのような現象が起きる。固体の秩序はハンマーを跳ねのけ、液体の無秩序はハンマーを引き入れる。

顕微鏡的な世界では相反する二つの力が綱引きをしていて、形勢が変わるとシステムが崩れ

る。結合力は水分子を秩序ある形態にとどめようとする。エントロピー（システムが無秩序へ向かう傾向）は水分子を動き回らせようとする。温度が下がると結合力が高まり、エントロピー力は弱くなる。

これら二つの力の強さが入れ替わったとき、システムは崩れる。つまり水は凍る。

物質の相転移は、水の結合力とエントロピーの綱引きのように、二つの力が競合した結果生じる。人々がチームや企業など、何らかのミッションを持つ集団を形成するとき、二つの競合する力、二つの異なる動機が生まれる。二つの相反する動機とは、大まかに言えば、「関与（stake）」と「地位（rank）」である。

たとえば集団が小さいときは、プロジェクトの結果に対する全員の関与度が高い。小さなバイオテクノロジー企業では、新薬開発に成功したら全員が英雄、百万長者になる。失敗したら全員が職探しをしなければならない。一方、昇進や昇格による給与アップなど、職位上の特典はこれに比べて小さい。

チームや企業が大きくなると、結果への関与度は下がり、職位上のメリットは高まる。二つが入れ替わるとシステムが崩れ、誰も望まない振る舞いが奨励され始める。同じ人々で構成される同じ集団が、ルーンショットを拒絶するようになる。

残念ながら、相転移は避けられない。液体はすべて凍る。ただし、二つの力を理解すれば転移をコントロールできる。水は摂氏0度で凍る。雪の日には歩道に塩をまいて水の凝固点（水が氷になる温度）を下げ、雪が氷ではなく水になるようにする。転んで入院するよりは、靴がびしょびしょになるほうがまだいい。

同じ方法を用いて物質を改善することもできる。鉄に少量の炭素を加えると、強度や硬度が数段高い鋼鉄ができる。さらに鋼鉄にニッケルを加えると、合金のなかでも強度や硬度が最大級の金属ができ、ジェットエンジンや原子炉の内部に使われている。(注4)

本書では、同じような原理を使って革新性の高い組織をつくるにはどうすればよいかを見ていく。硬直したチームを変化させるための小さな構造変化（文化の変化ではない）を明らかにする。

リーダーたちは多くの時間を割いてイノベーションを説くが、一つの分子がいくらがんばったところで、温度の低下とともに水が凝固するのを防げない。しかし、わずかな構造変化は鋼鉄をも溶かす。

•

•

•

本書は三つのパートに分かれている。PARTⅠでは五つの注目すべきストーリーを紹介する。それらに通底するのは、ルーンショット（いわば映画の第1作）に長けていることと、フランチャイズ（続編）に長けていることが、大規模集団のなかで別々の相として現れるのはなぜか、である。どんな集団も同時に両方を扱うことはできない。なぜなら、同時に二つの相をとれるシステムはないからだ。だが、一つだけ例外がある。先の例でバスタブの水が0度のときは、氷と水が共存しているのである。温度が少しでも上下すると、全体が凍るか液化するかのどちらかになる。しかし相転移の境界では、二つの相が共存できる。

PARTⅠではルーンショット育成のためのルールを二つ紹介するが、これは言うなれば、境界を生きるための原則である。第3のルールは、その境界やふちをいかに長く保持するか。物理ではなくチェスからアイデアを拝借している。最も長くチェスチャンピオンの座を守り通した人物は、この原則を習得したからこそ成功できたと述べている。

PARTⅡでは、それらの基礎となるサイエンスを説明する。相転移の科学が、いかに山火事の拡大に対する理解を助けたか、交通の流れを改善したか、ネット上でテロリストを見つけるのに寄与したかを紹介する。同様の考え方を通じて、バスタブの水が液体と固体の間を行き来するように、チームや企業が二つの相の間を行き来する理由を考える。

これらのピースをつなぎ合わせると、チームや企業の転換点を表す「マジックナンバー150」の背後にあるサイエンスが明らかになる。そこからまた、マジックナンバーを「増やす」ためのルール、言い換えればルーンショット集団の力をもっと高めるための変更点もわかる（これら四つのルールは、ルーンショットを育てようとする人に向けた四つの教訓と併せて、巻末にまとめている）。

PARTⅢ（最終章）では「ルーンショットの母」とでも言うべきものについて説明する。集団の振る舞いに関する考え方を社会や国家の振る舞いにまで広げて、それが歴史に対する理解の助けになることを見る。たとえば、なぜちっぽけな英国がインドや中国のような大帝国を打ち負かすことができたのか。

どれも何だかばかげた話のように聞こえるかもしれないが、でもそう、それがルーンショットなのだ。

まず、国家の存亡を委ねられたエンジニアの話から始めよう。

時は第二次世界大戦の開戦前――。

PART

I

幸運を呼ぶ技術者たち

第1章

ルーンショットが導いた大戦の勝利

境界を生きる

1939年に予測市場（将来予測をするための先物市場）があったら、本命はナチスドイツだったはずだ。

第二次世界大戦を目前にして、連合国はウィンストン・チャーチルの言う「秘密戦争」、すなわち強力なテクノロジーをめぐる競争でドイツに大きく後れをとっていた。ドイツの新しい潜水艦Uボートは、大西洋を支配し、ヨーロッパへの供給ラインを断つ恐れがあった。ドイツ空軍機は他のどんな空軍にも勝り、ヨーロッパを爆撃して降伏に追い込む準備ができていた。その年にドイツの科学者が核分裂を発見したことにより、ヒトラーは計り知れない破壊力を持つ武器を手にしようとしていた。

チャーチルは、もしテクノロジー戦争に負けていたら、「人々の勇気や犠牲はすべて無駄になっていた」と書く。

マサチューセッツ工科大学（MIT）工学部長のヴァネヴァー・ブッシュが職を辞してワシントンへ移り、1940年夏に大統領との面会を果たしたときには、米海軍は戦いに勝つためのカギをすでに手にしていた。手に入れてから18年たつのに、ただ知らなかっただけだった。

そのカギを見つけ、戦いに勝つため、ブッシュはラジカルなブレークスルーを促すシステムを新たに考案した。

それは秘密戦争に勝つための秘策だった。

ドーチェスター

1922年9月下旬、ワシントン近郊の海軍航空基地に勤務するふたりのアマチュア無線愛好家が、ポトマック川を見下ろす場所に短波無線送信機を設置した。オハイオ州の小さな農村出身のレオ・ヤング（31歳）はハイスクール時代から無線機を組み立てていた。相棒のホイト・テイラー（42歳）は元物理学の教授で、海軍の無線研究主幹を務めていた。彼らは協力して、高周波無線が海上での船舶同士の通信にもっと効果を発揮しないかをテストしていた。

ヤングは送信機が60メガヘルツで作動するよう調整した。もともと設定されている周波数の

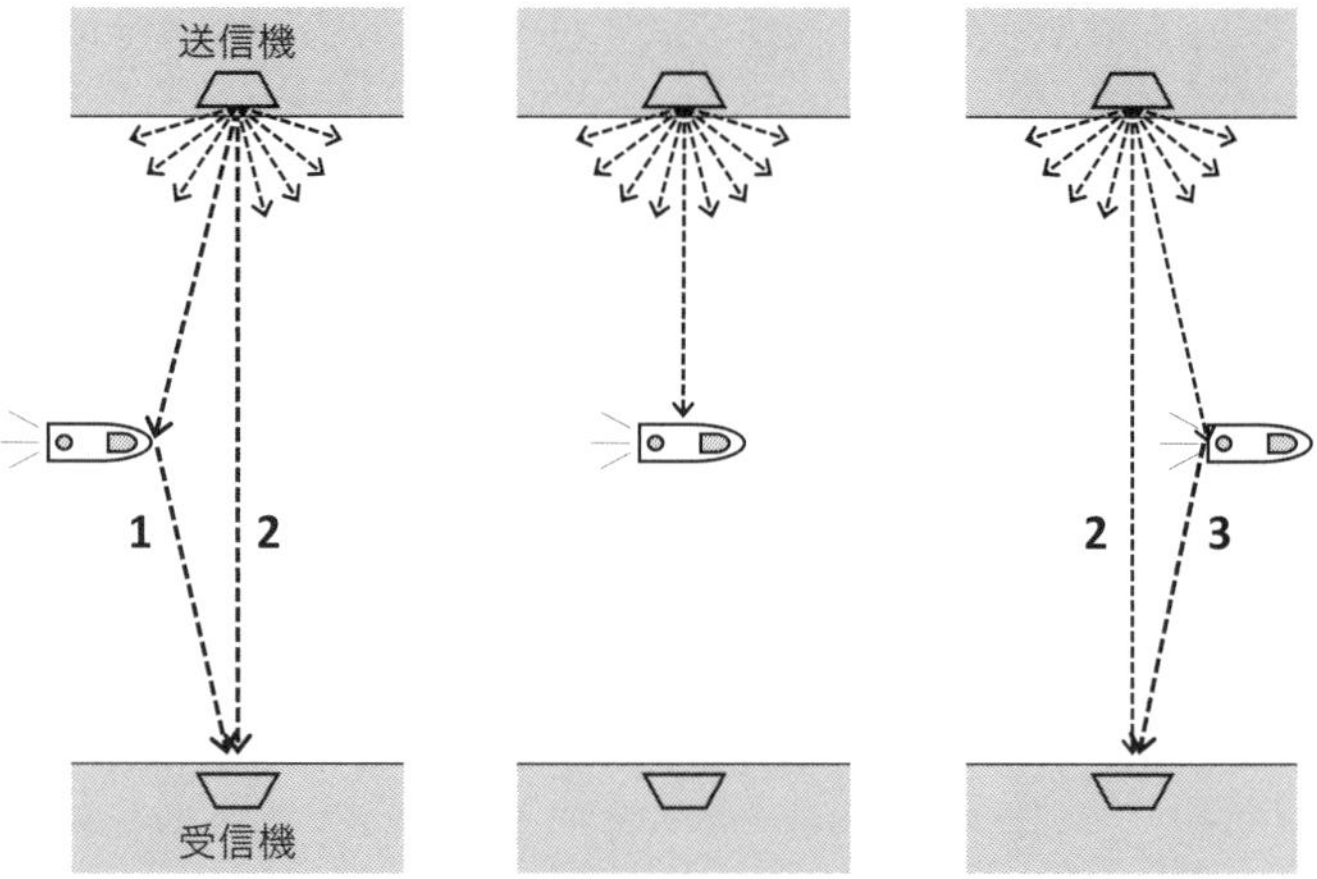

ポトマック川で送信機と受信機の間を横切るドーチェスター号

20倍である。ある技術雑誌に紹介されていた方法を使って、受信機の感度も上げた。ふたりは送信機のスイッチを入れ、受信機をトラックに積み、海軍航空基地からポトマック川を挟んだ対岸にある公園、ヘインズポイントを目指した。

公園の防波堤の上に受信機を置き、対岸の送信機に向ける。受信機から安定した信号音がはっきりと聞こえてくる。ところが突然、音量が倍増したかと思うと、次に数秒間、信号が全く途絶えてしまった。するとまた一瞬、音の強さが倍になり、それから元の安定した状態に戻った。顔を上げて見ると、ドーチェスター号という輸送船が受信機と送信機の間を通り抜けていた（図を参照）。

音の強さが増したのは紛れもなく電波干渉と呼ばれる現象のせいだ、とふたりは理解した。二つの同期した電波が重なり合う現象のことだ。

ドーチェスター号の船体が送信機と受信機を結ぶ直線（見通し線）から一定の距離（スイートスポット）に達したとき、船体で跳ね返った電波（図の1の点線）は、見通し線を進む電波（図の2）よりちょうど波長の半分だけ長い距離を進んだ。その時点で二つの電波が正確に同期したため、受信機から聞こえる音が倍増した。船が見通し線上を通り過ぎたとき、信号は完全にブロックされた。その後、信号音が回復するが、船尾が同じスイートスポットに達すると（一番右の図）またしても同期が生じ、音の強さが増した。

ヤングとテイラーは通信手段のテスト中、偶然にも検知手段を発見したわけだ。

何度か実験を繰り返しても同じ結果が得られたので、9月27日、ふたりは上司に手紙を書き、敵船を見つけるための新たな方法を説明した。受信機と送信機をそれぞれ積んだ船を配置すれば、「天候や昼夜を問わず、敵船の通過を直ちに知ることができます」。

これは、戦闘でのレーダー使用を提案した初めてのケースだ。(注5) ある軍事史家は、このテクノロジーは戦闘機の開発と同じくらい戦争のあり方を大きく変えた、と後に述懐している。

だが海軍はこれを無視した。

提案に対する支持がなく、開発予算の申請も却下されたため、ヤングとテイラーはあきらめた。だが、別の無線プロジェクトに関わりながらも、彼らは忘れてはいなかった。8年後の1930年初旬、ヤングともうひとりの技師ローレンス・ハイランドは、飛行機の着陸を誘導するための新しいアイデアのテストに取りかかっていた。滑走路近くの地面に置いた送信機が空へ向けて電波信号を発する。パイロットはその信号に従って飛行機を着陸させる。6月のある蒸し暑い午後、送信機から2マイル離れた平原で、ハイランドは使用予定の受信機をテストし始めた。受信機を調整していると、いきなりスピーカーから大きな音がした。その後、また静かになった。しばらくするとまた大きな音がし、再度静かになる。同じパターンが何度も続いた。機器を繰り返しチェックするが、問題は見つからない。受信機の故障しか考えられないと思ったとき、ハイランドは妙なことに気づいた。信号音が大きくなるときは必ず頭上に飛行機が飛んでいたのだ。

ハイランドに話を聞いたヤングは、何年も前のポトマック川での経験を思い出した。空へ向けて発した電波が頭上の飛行機で跳ね返り、ハイランドの受信機に到達したにちがいない。反射した電波は船だけでなく、上空約2400メートルを航行する飛行機も検知できるのか。ふたりは詳細なテストを実施し、同じ結果が出ることを確認すると、またしても提案書を提出した。敵機の早期警戒システムという画期的な発明である。

だが何も起こらなかった。5000ドルの予算申請は、成果が出るまでに「2、3年はかかる」からと却下された。別の上司は興味なさそうに「実現可能性のない夢物語だ」と書き、それが非現実的である理由を列挙した。5年たってようやく、プロジェクトの専任者がひとりつくことになった。

ある軍人は、海軍内でレーダー開発を進めようと動いたがほとんどうまくいかず、後にこう回想している。「もし、1941年にレーダー付き艦船があったら、太平洋戦争の初期にどれだけの命や飛行機や船を助けることができただろうか、と考えると心が痛む」

1941年12月7日の朝、早期警戒レーダーシステムはハワイでまだ実地テスト中だった。353の敵機による真珠湾奇襲攻撃で2403人が亡くなった。

あえて戦わず

「はじめに」で紹介したミラーのピラニアと同じく、ヤングとテイラーの発見は典型的なルーンショットだ。戦争の行方を変えるアイデアが、10年にもわたって疑念や無視というトンネルをくぐらなければならなかった。

そこへ現れたのが、先を見通す非凡な才能の持ち主、ヴァネヴァー・ブッシュである。第一次世界大戦が始まったとき、ブッシュは大学院で工学の学位をとったばかりだった。彼は志願してコネチカット州ニューロンドンの潜水艦研究所で働き始めたが、そこで8年後のヤングとテイラーと同じような経験をした。水中の潜水艦を探知できる磁気装置という優れたアイデアを出したのに、海軍はこれを葬り去った。その体験から「あえて戦わない方法」を学んだ、とブッシュは書いている。兵器開発競争の弱点となりやすいのは、アイデアをいかに生み出すかではなく、いかに現場に適用《トランスファー》できるかにある。

アイデアを現場に適用するには、科学者と軍人双方の信頼や敬意が欠かせない。だが軍人は「研究所で雇われている科学者や技術者は、社会的地位が明らかに低いと考えていた」。ニューロンドンをはじめとする研究所について、ブッシュはそう書く。第一次大戦では毒ガスが初めて使用されたが、その戦争の当初、陸軍長官はアメリカ化学会からの支援の申し出を断った。「その件はすでに検討し、陸軍省に化学者がひとりいることがわかっている」との理由だった。

そうした軋轢にもかかわらず、ブッシュは戦後も海軍とのつながりを維持した。それによって新たな能力、すなわち、自分とは違う他者を受け入れる能力が必要になった。このスキルが後に非常に役立つことになる。学者、技術者、ビジネスマンとしてキャリアを高めながらも、ブッシュは海軍予備役部隊で8年間働いた。MITの工学部教授に任じられ、最初の高性能アナログコンピューターを発明し、レイセオンという電子機器メーカーを共同で創業した。

1930年代半ばにはMIT副学長に昇進していたが、海軍の相談役は続けていた。気になるのは軍部の現状だった。ヨーロッパやアジアでファシズム台頭の脅威が高まっていたにもかかわらず、軍部は1936年に新技術研究の予算を戦艦1隻の費用の20分の1にまで削減した。唯一重要なのは「小銃・銃剣を装備した歩兵隊」であるとの説明だった。ドイツとの技術ギャップが広がっているとブッシュは警告したが、ニューロンドン時代以降、ほとんど何も変わっておらず、司令官たちは民間の科学者の意見に全く関心を示さなかった。

1938年、ヒトラーはオーストリアとズデーテン地方を併合し、フランコらはスペインの大部分を占領し、ムッソリーニはイタリアを完全に掌握し、日本は中国を侵略して北京を占領していた。ブッシュ、さらにはハーバード大学学長で化学者のジェームズ・コナントらの指導的科学者は、戦争が近いのに米国は戦う準備ができていないと考えていた。司令官たちは前の戦争と同じ武器や戦術で戦争しようとしている。ドイツの脅威が大きくなるなか、同じ過ちを繰り返せば、今度は取り返しがつかないことになるだろう。

軍は「同じもの」を増産する計画だった。戦闘機を増やし、艦船を増やし、銃を増やす。続編を次々に出す大手映画会社のように、軍はいわば「フランチャイズ*」の相にいた。しかし、ドイツに勝つために必要な全く新しい技術を開発するには、全く異なる相で仕事をする必要があった。ブッシュによれば、「突飛なアイデアを試す自由と機会」を科学者や技術者に提供する、そんな相だ。

言い換えれば、フランチャイズに長けていることとルーンショットに長けていることが組織の別々の相であることを、ブッシュは直感的に理解していた。そして、同じ組織は同時に二つの相をとることはできない。通常の条件下で、水が同時に固体と液体になれないのと同じ理由である。

★「フランチャイズ」という単語は、映画や創薬などの分野で使われる便利な表現だ。この語を使う理由は追ってもっと明らかになる。

だが、1938年に通常の条件は当てはまらなかった。武器弾薬を未曾有のスピードでつくり、軍隊や物資を四つの大陸に配備し、何百万という兵士を指揮し、同時にまた、秘密戦争、つまりまだ存在しないテクノロジーを創出するための競争にも勝たなければならない。生き残るため、米国は両方の相を必要としていた。

一つの分子が近隣の分子に「もう少し結合を緩めろ」と叫んでも、氷は水に変わらない。だからブッシュは軍部の「文化《カルチャー》」を変えようとはしなかった。もっと別の圧力が必要だ。そこで彼は新しい「構造《ストラクチャー》」をつくった。相転移の境界で生きるための原理、すなわち二つの相が共存できる条件を整えたわけだ。

1944年4月、タイム誌はヴァネヴァー・ブッシュを科学者の秘密部隊を率いる司令官であると称え、ワシントンDCで畏敬の念を抱かれている人物だとした。1945年10月、下院歳出委員会は、ブッシュの組織がなければ「まだ勝利を手にしていなかったのは間違いない」と声明を出した。

だが1938年には、ブッシュの戦いは始まったばかりだった。

嵐のなかの船出

1930年代半ばには、ブッシュは科学と産業と政府の優れた橋渡し役として広く知られるようになっていた。だから1938年に、科学研究を支援するワシントンのシンクタンク、カーネギー研究所から会長就任の打診があったのもうなずける。それを受けてMITの学長は、もし本人が望むなら学長職をブッシュに譲りたいと申し出た。

ブッシュはMITの学長就任を辞退した。輝かしい経歴やニューイングランドで代々続く家系が彼をボストンに根づかせてきたのだが、国防の中心地はワシントンだ。それに、さまざまな世界に橋を渡す役割は自分にしか果たせない。この国の科学者を戦争のために動員できるのは自分しかいないとブッシュは自覚していた。

後年、彼は次のように述べている。「近い先祖はみんな船長だった。そして船長というのは、何の疑いもなく物事を進める術《すべ》を心得ている。それに加えて、捕鯨船の船長だった祖父の影響もあって、いったん関わったらとことんやる性質が備わっていたのかもしれない」

ブッシュは仕事をやめ、カーネギー研究所の申し出を受諾し、ワシントンへ移った。研究所の理事たち（そのひとりはフランクリン・ルーズベルト大統領の甥だった）の助けを借りて、ブッシュは計画を練り上げた。「ワシントンという街では、大統領の庇護下にある組織でなければ何もなし遂げられないとわかっていた」と彼は後に振り返っている。

ブッシュがそうした庇護を受けられる可能性は低かった。社会計画者たちに取り囲まれた弁護士である大統領は、科学にも科学者にもほとんど関心を示さなかった。(注6)幼い頃から保守派として育ったブッシュは、FDR（フランクリン・ルーズベルトの略称）にもニューディール政策にも懐疑的だった。「社会変革者」は信用できない、「長髪の理想主義者や運動家」にすぎないと考えていた。

ブッシュは大統領の甥を頼って、ルーズベルトに最も近いアドバイザーのハリー・ホプキンスと会った。元ソーシャルワーカーで気鋭の運動家でもあるホプキンスは、やはり協力者になりそうにはなかった。後にブッシュは「ハリーと私が意気投合したのはちょっとした奇跡」と書いている。そう、ふたりは意気投合した。ホプキンスは大胆なアイデアを好んだのだ。(注7)

1940年6月12日の午後4時30分、ブッシュとホプキンスは大統領執務室でルーズベルトに会った。ふたりが伝えたメッセージはこうだ。陸軍と海軍は来るべき戦争で勝つために必要なテクノロジーでドイツに大きく後れをとっている。軍部が自力で追いつこうとしても間に合わない。だから、ブッシュをリーダーとする大統領直属の科学技術グループを連邦政府内に設置すべきである——。

ルーズベルトは耳を傾け、ブッシュが作成した1ページ、4パラグラフの提案書概要に目を通し、「OK——FDR」とサインした。会合は10分で終わった。

ブッシュの新しい組織は最終的に科学研究開発局（ＯＳＲＤ）と呼ばれるようになり、大学や民間研究所の科学者や技術者、発明家が「突飛なアイデアを試す」機会をつくった。ＯＳＲＤは国のルーンショット担当部門として、有望だが脆いアイデアの種を全国にまき、そうしたアイデアを守る役目を担った。軍部が資金を出したがらない、さまざまな未知の技術を開発した。

軍とその支援者たちは予想通り反発し、ブッシュにこう言った。「あんたの組織がやっているのは正攻法じゃない。正当な枠組みから外れた一部の科学者や技術者が新兵器開発プログラムの資金や権限を手に入れるための寝技みたいなもんだ」

ブッシュの答えはこうだ。

「そう、まさにその通り」

摂氏0度で起きること

例の水の入ったバスタブを凍結寸前の状態にしたとする。そこから少しでも温度が上下すると、全体が凍るか液化する。だが、ちょうどその変わり目では氷と水が共存する。相転移の境界における二つの相の共存は「相分離」と呼ばれる。両相は離れていながら結びつきを保って

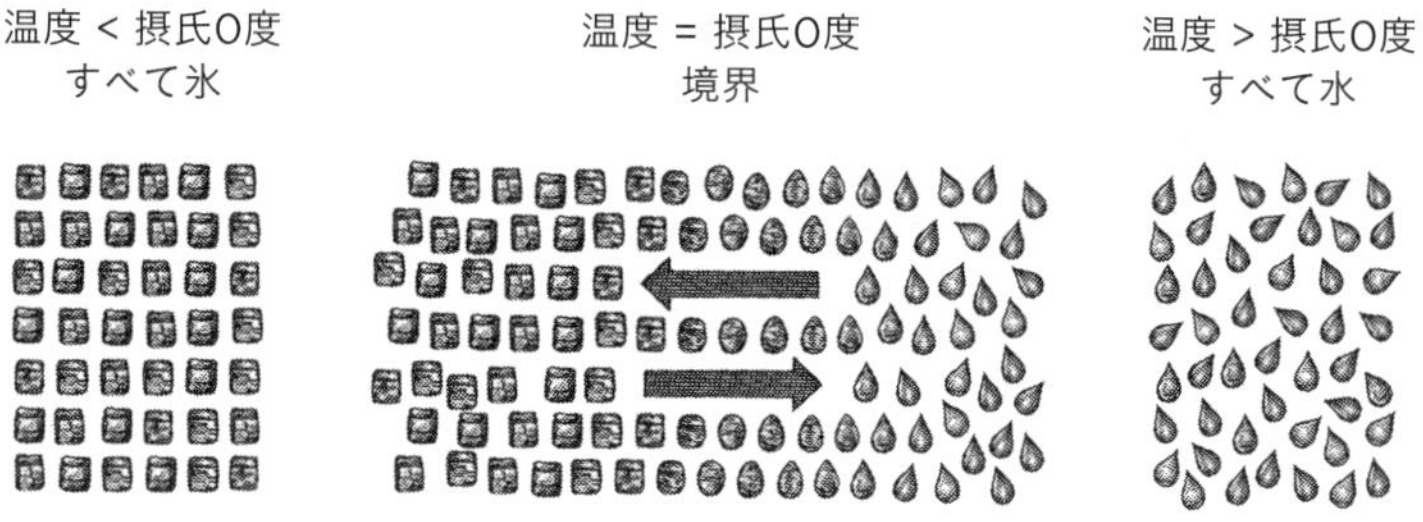

境界を生きる

いる。

二つの相のつながりは、バランスのとれた往復循環のような形をとる。氷の分子が溶けてその近辺は水となり、氷のそばで動く水の分子が固まって氷になる。どちらの相も他方を圧倒することがない、その循環を「動的平衡」と呼ぶ。

追って見るように、相分離と動的平衡はブッシュのやり方のカギとなる要素だった。「安定した軍隊組織の本質は、一糸乱れぬ規律だ。しかし、あまりに規律が強いタイトな組織はイノベーションには向かない」とブッシュは書く。「とはいえ、戦時に規律が緩んでしまうと危険が多い」。しかし、と彼は続ける。「軍隊組織とそうでない組織は密に協力すべきで、そのためには構造をあえて緩くする必要がある」

言い換えれば、二つの相は分離しながらも結びつきを保たなければならない。

二つの原理の一つ目である相分離を実現しようとするブッシュの試み、つまり彼の支配下にある新しいグループは、順調なスタートを切ったわけではなかった。ある軍幹部は「そのへんの一般市民に軍の問題などわかりはしない」とブッシュに言った。ブッシュは「彼に食ってかかり、こんなふうに言ってやった。『残念ながら、頭が相当鈍くて、戦術に革命が起きようとしていることに気づかない軍人がまだいらっしゃる』」。

別の幹部は、新種の水陸両用トラックに関するブッシュらの提案を見て、「陸軍はそんなもの欲しくない。あっても使わない」と言った（ブッシュはこの幹部を無視した。DUKWと呼ばれるこのトラックは、第二次大戦の後半に広く使われた）。かつての同僚である大学の研究者たちも、軍とつながりを持つことに懐疑的だった。彼らは連邦政府による監視を干渉と見なした。

ブッシュは二つの集団を一つにまとめようとした。研究者としての自身の信用をもとに、科学者たちにその独立性を請け合った。だが同時に、アイデアを出すことだけが目標ではなく、実際に戦場で役立つ製品を生み出すことが目標だと説いた。新しく仲間入りする科学者の面接では、次のように問うた。「ドイツが支配する地域の海岸に、あなたは真夜中にボートで上陸しようとしています。ミッションは敵の枢要な無線装置を破壊すること。ただし、その装置は武装した兵士、番犬、サーチライトで守られている。どんな兵器を持っていっても構わないとしたら、何を持っていくか？」。科学者たちはメッセージを理解した。実践的であるかどうかが生死に直結するのだ。

ブッシュの行動は素早かった。大統領と会ってから半年後の1940年末には、OSRDは19の産業研究所、32の学術機関と126の研究契約を結んでいた。

大学の研究者や産業研究所ばかりでなく、そうした契約先の一つにアルフレッド・リー・ルーミスという裕福な投資銀行家がいた。チェスや手品が得意で、きちんとプレスした白いシャツを着て、昼間はウォール街で勤務し、夜と週末は40マイル離れたニューヨーク州タキシードパークの大きな石造りの城に引きこもるという二重生活を送っていた。この城は半ば秘密の民間研究施設で、自身の好奇心を満たすために開発・購入された機器類があふれていた。1930年代半ばにルーミスの城を訪れた客は、気がつけば椅子に座らされ、アシスタントにハサミで髪を切られ、頭皮にアルコールを塗られ、電極を取り付けられ、リラックスするように言われていたかもしれない。要は、彼の研究の実験台になるためだ（ルーミスは脳波計測（EEG）のパイオニア的存在だった）。

アルベルト・アインシュタインやエンリコ・フェルミなど、彼の研究所を訪れたヨーロッパの科学者から、ルーミスは気になる知らせを聞いた。ドイツが最先端の科学技術を兵器につぎ込んでいるという。核物理の分野で恐ろしい発見をしたとの情報もある。ブッシュやコナントと同様、ルーミスも第一次大戦中に米軍と協力したことがある。そしてやはり、陸軍や海軍は独力ではドイツに追いつけないと考えていた。だからブッシュの新しい組織に加わってほしいと請われたとき、他のすべてのプロジェクトを中断した。ブッシュたちの勧めで、ルーミスはマイクロ波レーダーという新しい技術に専任で取り組み始めた。

1940年が終わる頃には、ルーミスは米国の名だたる技術者や物理学者を何十人も、

MITのとあるビルに集めていた。(注8) 目標は長波(波長数十〜数百メートルの無線波)ではなく短波(波長10センチのマイクロ波)を使ったレーダーシステムの開発。波長が短ければ短いほど分解能は上がる。海軍の研究所で開発された無線波システム(後に英国でも独自に発見された)は船や飛行機を探知できた。より波長の短いマイクロ波システムでは、潜水艦の潜望鏡を検知したり、飛んでくるミサイルを追跡したりできる。しかし、もっと重要なメリットはサイズだった。必要なアンテナの大きさは波長によって決まる。だから電子レンジはキッチンに収まり、電波塔は収まらない。(注9) マイクロ波レーダーシステムを築くことができれば、それはポータブルサイズになるはずだ。どんな船や飛行機にも、あるいはトラックにも積載できる。

ルーミスがレーダーの開発に取り組み始めていた頃、英国のチームはレーダー防衛システムの完成に近づいていた(英国によるレーダーの発見は、『空軍省は「殺人光線」兵器の使用を検討すべきだ』という人々の要請に押された部分もあった。特に強く要求したのは、いずれロンドンが空襲されるかもしれないと騒ぎ立て、当時はあまり顧みられていなかった人物、ウィンストン・チャーチルだった)。(注10) 1930年代末には、いくつものレーダーアンテナが英国の海岸を取り囲んでいた。

ドイツは1939年秋にポーランドに侵攻し、1940年春に残るヨーロッパを手早く征服した。その後、ヒトラーの関心は北へ向いた。6月、チャーチルは議会に対してこう述べた。「英国の戦いが始まろうとしている。……われわれを破らなければ戦争に負けることをヒトラーは知っている」

チャーチルはさらに続けた。20世紀で最も有名な演説の一つである。「だからこそ、やるべきことをやるための準備を整え、大英帝国と英連邦が1000年続くとしても、『これこそ最も輝かしいときだった』と言われるようにしようではないか」

7月、ヒトラーの攻撃が始まった。ドイツ軍幹部の予想では、英空軍の倍の戦闘機を持つドイツ空軍は、ヨーロッパ大陸のときと同様、2~4週間で制空権を握るはずだった。空での勝利に続く英国本土上陸計画（「アシカ作戦」）も練られていた。

ところがドイツ軍は勝利しなかった。英国の海岸に並んだレーダーアンテナのおかげで、英空軍は敵機が近づく前にこれを探知し、限られた戦力を、波状的な攻撃の一つひとつに集中できたからだ。(注11) 9月15日（英国内では「バトル・オブ・ブリテン・デー」と呼ばれる記念日）には、ドイツ軍のパイロットや乗員144人が撃墜されたのに対し、英空軍で撃墜されたのはわずか13人だった。ドイツ軍爆撃機のあるパイロット（彼の部隊は1時間で戦闘機の3分の1を失った）は、「あのような任務が他にあったとして、われわれが生き残る可能性はゼロだろう」と書いている。

2日後、ヒトラーは英国への地上侵攻を無期限に延期した。10月末にはドイツ軍の攻撃はほぼ終了した。ドイツにとって第二次大戦初の敗北だった。

当時、英国と米国は微妙な関係にあった。米国はなお中立的な立場にあり、ルーズベルトは戦争に巻き込まれるなという圧力を孤立主義者から受けていた。駐英アメリカ大使のジョセフ・ケネディは、英国はじきにドイツ軍の攻撃に屈するだろうとの見立てを伝えていた（ある英外交官はケネディのことを「鼻持ちならぬ裏切り者・敗北主義者」と評した）。また、チャーチルとルーズベルトの極秘の通信内容を把握できる立場にあった在英アメリカ大使館のある職員が、ドイツのスパイであることが明らかになっていた。

それでも1940年8月6日、チャーチルは英国の科学使節を米国に派遣することを承認し、レーダーに関するあらゆる知識をアルフレッド・ルーミスらのチームに教えることになった。

これによりルーミスのプロジェクトは一気に進捗した。(注12) そして、新しい技術がぜひとも必要であることが明らかになった。

大量殺戮

1941年2月、英国上空の空中戦でドイツが敗れてから4カ月後、ヒトラーは新たな指示を出した。空爆で降伏に追い込めないのなら、飢え死にさせる。つまりは包囲攻撃である。そのために用いる主な武器はUボートだ。連合軍にとって不幸なことに、バトル・オブ・ブリテンで使用した長波レーダーは潜水艦には効果がなかった。長距離アンテナは膨大なエネルギーを必要とし、極めて重いため、船や航空機に積載できない。ソナーも到達距離が短くて水上の潜水艦は探知できず、ヒトラーの潜水艦にはほとんど役立たなかった。

Uボートが沈めた連合軍の船は、積載重量にして１９３９年の75万トンから１９４１年には４３０万トンに増加した。いくら建造しても追いつかないペースだった。損失はこうして拡大し続けた。

同年末の12月11日、真珠湾攻撃の４日後、ヒトラーは米国に宣戦布告。潜水艦隊司令官のカール・デーニッツに、大西洋の米艦船を徹底的に攻撃させた。

英国と違って、米国は潜水艦と戦った経験がなかった。遊園地やカジノの光が暗い海を照らし、Uボートを沿岸まで誘導する格好になった。あるドイツ軍幹部は、ヨーロッパで戦ったときの暗闇と比較して次のように書いている。「船のシルエットがくっきりと見えた。……どうぞご自由にお食べください、と皿に盛って差し出されているかのようだった」

1月13日、ラインハルト・ハーデガンの指揮するⅣ型UボートU１２３がニューヨーク港に侵入した。真夜中すぎ、彼は左舷から船が近づいてくるのに気づいた。照明が明るい。双眼鏡を覗き、「タンカーだ。大きいぞ」と当直士官に言う。南へ旋回し、タンカーの針路に対して直角に進む。８００メートルの距離から2発の魚雷発射を命じた。わずかな静寂のあと、爆風がハーデガンのUボートを揺らした。炎が上がり、「高さ１５０メートルの真っ黒で不吉なきのこ雲」に変わった。このタンカー、ノルネス号（９５７７トン）を皮切りに、米国沖で次々と攻撃が行われ、結果的に一握りのUボートが４００近い船を損傷させ、５０００人近い乗員・乗客の命を奪った。

大西洋の戦い

チャーチルは戦争回想録のなかで、連合軍が船舶を守る能力は「どうしようもなく不十分」であり、「この大量殺戮は週を追うごとに規模が拡大した」と述べている。

連合軍が失った船舶は1942年には何と780万トンに達した。1943年初めには、英国への食糧供給は通常時の3分の2に落ち込んでいた。政府は生活必需品を配給制にせざるを得なかった。商業用の石油備蓄は3カ月を切り、軍事用の緊急備蓄を含めても10カ月程度にすぎなかった。石油供給の問題が大っぴらに議論されることはなかったが、英米の司令官はみんな細心の注意を払った。石油がなければ、飛行機も船も車も動かせない。ドイツ軍に抵抗できない。英国はガス欠状態だった。(注13)

1943年3月初旬、ドイツ軍は連合軍の通信を解読し、船舶総数100を超す二つの大型艦隊が東へ向かうことを突き止めた。（注14） 43隻のUボートが駆けつけ、48時間とたたずに20隻を沈めた。ドイツ側の損失は一つもなかった。

3月18日には英国のカナディアンスター号が攻撃を受けた。生存者のひとりが振り返る。「海水が船全体に流れ込んできた。乗客はそれぞれ目がよどんだようになり、力尽きて船内を上下に揺さぶられ、最後は海へ投げ出された」

58歳の営繕係は覚悟を決めた。「彼は船員のひとりに『さようなら。いい人生でした』と声をかけた。そして手を振り、後部甲板で荒れ狂う波のなかへ静かに歩み去った。まるでクジラに飲み込まれる小魚のように」

ベルリンではデーニッツらが祝杯をあげた。海上で与えた一度の損害としては最大規模だった。

だが、それが最後の祝杯になった。

同じ3月、米陸軍航空軍の爆撃機B24リベレーターが、ルーミスの「ルーン」チームがつくった二つの新兵器を搭載して大西洋上空に展開した。一つ目の新兵器は、強力なマイクロ波レーダーである。2年半弱で開発されたこのレーダーは、昼夜を問わず、雲や霧があっても、浮上した潜水艦の潜望鏡を探知できた。

しかし、広大な海で潜水艦を仕留めるには、素早く探し当て、命令が下ったら直ちにその場所へ駆けつけなければならない。星を頼りに飛ぶのは、特に荒天の際は不可能だ。ルーミスたちはもう一つのアイデアを思いついた。大西洋全体をカバーするグリッドとパルス状の無線信号を使う方法だ。特別なデコーダーを使えば、パイロットは敵艦に知られることなくグリッド上の位置を計算できる。(注15)

1943年の春には、マイクロ波レーダーとパルス無線ナビゲーションを装備した長距離爆撃機リベレーターがフル稼働し、大西洋を巡回していた。

一度にひとりずつ

5月11日、37隻のSC130船団がカナダを出発してイギリスへ向かった。6日後、ドイツ軍は信号傍受を通じて針路を特定し、25隻の潜水艦に警戒態勢をとらせた。5月18日の夜、大西洋の真ん中で船団は最初の何隻かのUボートに遭遇する。護衛艦を指揮するピーター・グレットンが無線で応援を要請すると、ものの数時間でリベレーター爆撃機が到着。同機のマイクロ波レーダーは暗闇や霧を問題にしないため、かつては見えなかった潜水艦がオシロスコープにはっきり現れる。

グレットンとリベレーター爆撃機は姿を見せたUボートをことごとく追い詰めた。水中爆雷や機関砲を避けるため、Uボートは爆撃機や駆逐艦を見つけると直ちに深く潜航した。

U645はベルリンに無線でこう報告している。「低空爆撃機や駆逐艦から水中でずっと追い回されています」。U707も「水中でずっと追われています」と報告した。リベレーターP120が到着し、すぐ何隻かの潜水艦を発見すると、パイロットはグレットンにターゲットの優先順位を無線で尋ねた。グレットンが答える。するとパイロットはジョークを飛ばした。「メイ・ウエストが言ったみたいに、お相手できるのは一度にひとりずつよ」

3日間の戦いで、ドイツのUボートは何一つ有効な攻撃をできなかった。(注16) ベルリンのデーニッツは大西洋中のUボート指揮官から同じようなメッセージを受け取った。水中で絶えず爆撃機に追い回されている――。そして損害は拡大し続けた

追う立場から追われる立場に変わったのだ。

5月20日、デーニッツはSC130船団と戦うUボートの一団に「作戦を中止せよ」と無線を送った。戦いは終わった。連合軍の船は一隻も失われなかった。Uボート3隻が沈められ、乗組員全員が行方不明になった。そのなかには初の任務についていた21歳の軍人、デーニッツの息子も含まれていた。

5月の1カ月間で連合軍は41隻のUボートを沈めた。戦争が始まって最初の3年間よりも多い数だ。デーニッツは配下の潜水艦の3分の1近くを失った。5月24日、デーニッツはやむを得ずUボートを大西洋から撤退させた。その年の日記に彼はこう書いた。「この何カ月間かで敵はUボートを無力化した。それを可能にしたのは優れた戦術や戦略ではなく、科学分野での

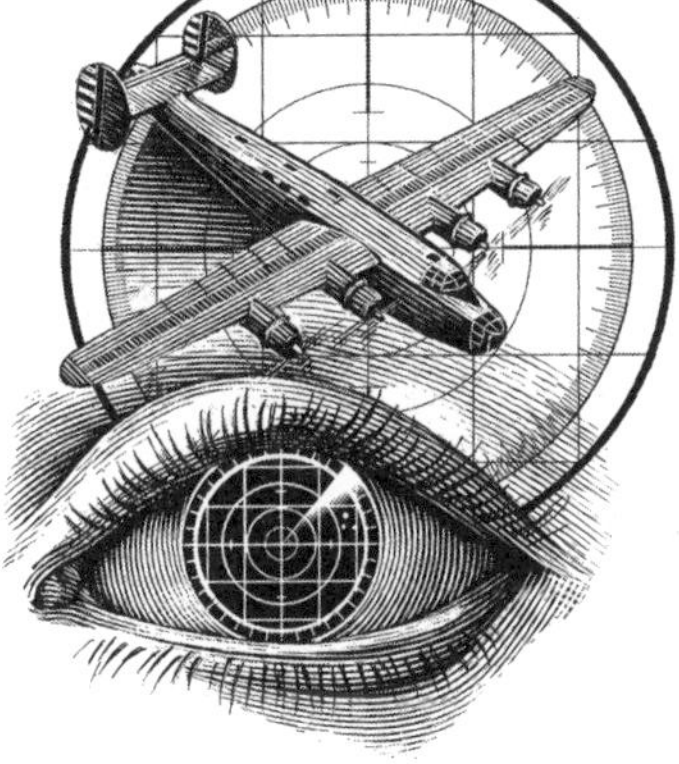

「科学分野での優位性によって」

優位性である。この近代兵器は『探知』だ」

連合軍が失った船は3月の51万4000トンから6月には2万2000トンとなり、3カ月で95パーセントも減少した。「われわれは大西洋の戦いに敗れた」とデーニッツは書いている。

その後、Uボートは二度と船団の航路を脅かさなかった。これが連合軍のヨーロッパ侵攻に道を開いたのである。

・
・
・

レーダーは一般に考えられている以上の影響を戦況に与えた。その効力は対Uボート戦にとどまらない。戦闘機からのレーダー探知により、連合軍は昼夜を問わず、天候に関係なく、狙いを定めた爆撃で敵の物資や橋、輸送手段を破壊できた。レーダー制御対空砲は、太平洋戦争で決定的なアドバンテージをもたらした空母の防衛に不可欠だった。

1944年6月、ドイツは初のロケット動力ミサイル、V1号爆弾（「バズ爆弾」）をロンドンに撃ち込んだ。標的に近づくとき、虫のようなブーンという恐ろしい音がすることからこの名がついた。莫大な費用をかけて開発され、敵機に何もさせないまま連合軍を破滅させる驚異の兵器であるとヒトラーに称賛されたバズ爆弾は、ドイツ軍の最後の望みとなる空爆攻撃だった。だが、レーダーの目によってミサイルは簡単に追跡され、撃ち落とされた。

レーダーは1944年終わりのバルジの戦い（ベルギー）でも決定的な役割を果たした。これはドイツ軍の最後の望みとなる陸上攻撃で、連合軍を不意打ちする狙いがあった。これに対して連合軍はレーダー付きの信管を搭載した砲弾を使用した。この信管は砲弾がターゲットに近づくと爆発するように設計されており、射撃効率を最大で7倍も改善した（7倍多い大砲を撃つのと同じ）。連合軍が勝利したあと、パットン将軍はこう語った。「あのおかしな信管のおかげでバルジの戦いに勝つことができた(注17)」

・・・

ブッシュのシステムが目覚ましいスピードと効率でルーンショットを育てることができたのは、レーダーに限った話ではない。ペニシリン、マラリア、破傷風に関するOSRDの研究は、感染症で死亡する兵士の数を第一次大戦時の20分の1に減らす効果があった。また、血漿輸血に関する研究は戦場で何千もの命を救い、戦後はこの輸血方法が病院で普通に実施されるようになった。

しかし、当時は驚きをもって迎えられ、その後すぐに恐れをもって迎えられたある発明のせいで、他のすべての発明や貢献は影が薄くなってしまった。

原子核が二つに割れる現象「核分裂」が最初に発見されたのは1939年だが、その後2年間、ほとんどの物理学者は軍事利用に限らず核分裂が実用化されることはないと考えていた。ルーズベルト大統領は、新種の爆弾の脅威を警告する有名な手紙をアインシュタインから受け取ったあと、ある科学委員会を設置したが、この委員会が出したのも同様の結論だった。(注18)

しかし1941年、イギリスの原子科学者のグループによる新たな研究成果から、ブッシュはそうならないこと、つまり実用化が進むことを確信した。彼はルーズベルトと陸軍長官のヘンリー・スティムソンに、たとえ核兵器製造の可能性が少ないとしても、ドイツや日本にそれを最初に手にさせてはならないと進言。ルーズベルトはこれを受け入れ、ブッシュを対策担当者に任命した。ブッシュは意欲的な研究プログラムを立ち上げ、軍幹部や政府指導者からの支援を取り付け、そのプログラムを「マンハッタン計画」として軍部に引き渡した。

3年後に完成した原子爆弾は、ヨーロッパでの戦勝には貢献しなかった。太平洋戦争を終わらせるうえで原爆が果たした役割については、80年後の今も議論が分かれている。(注19)しかし、もし米国がその開発競争に敗れていたら（枢軸国が最初に開発するかどうかを事前に知る方法はなかった）、間違いなく世界はもっと暗い場所になっていただろう。

果てしなきフロンティア

1944年11月、対ドイツの勝利が確実視されていたとき、ルーズベルトはブッシュをホワイトハウスに呼んだ。

FDR　戦後の科学はどうなる？
ブッシュ　うまくいかないでしょう。
FDR　どうすれば？
ブッシュ　早めに手を打つべきです。

戦前、米国の科学に対する支援はお粗末だったこと、米国の未来は基礎研究を他国に依存する体質を覆せるかどうかにかかっていることを、ブッシュはわかっていた。後に「基礎知識の源として疲弊したヨーロッパに、もはや頼ることはできない」と書いている。

この会話から間もなく、ルーズベルトはブッシュに正式な書状を送り、国の科学支援計画を立案するよう要請した。ブッシュが戦争中につくったシステムが平和時も有効利用できない理由はない、とルーズベルトは書いた。

ブッシュは知らなかったのだが、ルーズベルトは深刻な心臓病を患っており、転移性がんにかかっている可能性もあった。書状のなかで、ルーズベルトは医学研究について強調した。

この国では、一つか二つの病気で年間に亡くなる人の数だけをとっても、今回の戦争で失われた命の総数をはるかに上回ります。その事実を知れば、私たちが将来世代に負うべき責務を意識しないわけにはいきません。……

人間精神の新たなフロンティアが私たちの前に開けています。今回の戦争を戦ったのと同じ洞察、勇気、意欲をもってそのフロンティアを切り拓けば、より充実した雇用を創出し、より充実した暮らしを創造することができます。

『科学――その果てしなきフロンティア』と題するブッシュのレポートは、ルーズベルトの死から2カ月後の1945年6月にトルーマン大統領に提出され、翌月発表されると、米国社会に大きな衝撃を与えた。この国には科学政策がない、と彼は断言した。「技術進歩の先導役」であり、安全保障や経済成長、病気との戦いに不可欠である基礎研究の原資を、慈善活動や民間産業に頼ることはできない。レポートは、新しい国家的な研究体制の概要を説明していた。
発表から何日もたたずに、ブッシュのレポートは主要な報道機関で称賛された。しかしニューヨーク・タイムズ紙はその結論に疑問を投げかけ、科学のあるべき姿を辛抱強くブッシュ（および41人の共著者である研究者）に説明した。「扱うのがレーダーであろうが病気であろうが、科学的方法はいつも同じである。ブッシュ博士のレポートはこの事実を無視している」。タイム誌は結論としてもっとよいモデルを提案した。「ソビエト・ロシアはこのタスクにもっと現実的に対処している」
ビジネスウィーク誌はブッシュを「学者であり、実際的なビジネスマンでもある」と評し、ブッシュ・レポートは「画期的」で、「アメリカ人ビジネスマン必読」の論考だと述べた。[注20]
結果的に正しかったのはビジネスウィークのほうだった。第二次大戦後、ブッシュのレポートに触発されたシステムから米国発の数多くの発見が生まれ、産業界を変容させた。GPS、パーソナルコンピューター、バイオテクノロジー、インターネット、ペースメーカー、人工心臓、磁気共鳴画像、小児白血病の化学療法、さらにはグーグル検索のオリジナルアルゴリズムなど、枚挙にいとまがない。その他、官民の共同研究からも多くの成果が生まれた。たとえば固体のバンド理論や、高品質のゲルマニウム結晶やシリコン結晶の成長技術に対する連邦政府の投資がなければ、エレクトロニクス時代を開いたトランジスタは生まれなかっただろう（トランジスタについては後に詳述する）。

こうした発見の効果を定量化し、民間投資と公共投資の貢献度を区別するのは難しい。だが一つの指針として、経済学者は、第二次大戦後の米国のＧＤＰ成長のおよそ半分が技術革新によるものだとしている。

ブッシュもルーズベルトも、平和時にブッシュのアイデアを「有効利用」することで生まれる成長を予測できなかったかもしれないが、両者にはビジネスの実体験があった。実のところ、ブッシュのシステムは実業界に端を発していた。

八つのノーベル賞

ヴァネヴァー・ブッシュは、「フランチャイズ」に支配され、イノベーションを生み出せずに危機に陥っていた大組織、米軍を救済した。１９０７年、やはりフランチャイズに支配されていた別の大組織も、同じ理由から危機的状況にあった。

アレクサンダー・グラハム・ベルと義父がベル電話会社を設立してから30年後、同社は深刻な状況に直面していた。財務はどんどん悪化し、ベルの特許が切れてから設立された多くの電話会社との競争が激化していた。また、人々は電話システムの質の低下に憤っていた。同社の経営陣はベルの特許からライセンス料を搾り取り、小切手を集めるほかは、これといって何もしていなかった。

１９０７年、Ｊ・Ｐ・モルガンの率いる銀行グループが、ＡＴ＆Ｔと改称していたベル電話会社の支配権を握り、旧経営陣を追放した。モルガンは62歳だったセオドア・ヴェイルを新しい社長に据えた。

ヴェイルは社長就任後間もなく、アメリカ人はじきに、ニューヨークからサンフランシスコなど、国内のどこにいる誰にでも電話をかけられるようになると約束した。近距離の電話でもうまくつながらなかった当時、ＡＴ＆Ｔ社内でこれを信じる者はほとんどいなかった。音声の電気信号はケーブルを伝わるにつれて弱まり、それが電話の質を落としていたが、その正確な理由はわからなかった。電子が発見されてからまだ10年。答えのカギとなる量子力学の登場は20年先である。ヴェイルの目標を達成するには、未知のサイエンスに基づく、まだ存在しないテクノロジーが必要だった。

これらの問題を解決するには、基礎研究に専念するグループを社内に設けなければならない。ヴェイルはそう言って新しい取締役会を説得した。ブッシュと同様、彼も過激なアイデアを隔離・保護する必要性を感じていた。ルーンショットの専任部門をつくり、突飛なアイデアを自由に試させる必要がある、と考えたヴェイルは、ＭＩＴの物理学者フランク・ジュエットをその任に当たらせた。その後、ジュエットのグループは研究を重ね、信号の減衰という問題を解決した。彼らが発明したのは世界初の増幅器、真空管である。これが現代のあらゆるエレクト

（左から）ヴァネヴァー・ブッシュ、ジェームズ・コナント、カール・コンプトン、アルフレッド・ルーミス（カリフォルニア大学バークレー校、1940年）

ロニクスの先駆けとなった。

ヴェイルの社長就任から8年とたたない1915年1月25日、ニューヨークのビルの15階にある会議室に数百人の人々が集まった。アレクサンダー・グラハム・ベル（引退を思いとどまるよう説得されていた）がサンフランシスコのトーマス・ワトソンに電話をかける。ボストンの二つの建物の間で電話線を通した最初の会話が交わされてから39年後のことだ。ワトソンが電話をとる。

「ワトソンくん、こちらへ来たまえ。君が必要なんだ」とベル。

「今回はそちらまで1週間かかります」とワトソンが応じた。

それから半世紀間、ヴェイルの研究組織（「ベル電話研究所」と呼ばれるようになった）は、トランジスタ、太陽電池、CCDチップ（デジタルカメラの内部に使われる）、初の連続動作レーザー、UNIX・OS、Cプログラミング言語などを生み出し、八つのノーベル賞を受賞した。ヴェイルは歴史上最も成功した産業研究所を創設し、AT&Tは米国最大の企業に成長した。

ヴェイルの弟子にしてベル研究所所長のフランク・ジュエットは、第一次大戦中に海軍の潜水艦探知プロジェクトでブッシュと出会った。第二次大戦時、ブッシュはチームの中心メンバー5人のひとりにジュエットを選んだ。戦争中にブッシュが採用した原則の多くは、ベル研究所のヴェイルとジュエットが最初に採用していたものだ。

ブッシュは国家の研究を変え、ヴェイルは企業の研究を変えた。大きなアイデア、すなわち科学やビジネス、歴史の進路を変えるブレークスルーは、成功の前に何度も失敗することをふたりは知っていた。並外れた能力や個性によって生き残ることもあれば、全くの偶然で生き残ることもある。言い換えれば、私たちの世界を変えるブレークスルーは、天才と幸運の組み合わせから生まれる。

ブッシュとヴェイルの魔法は、天才と幸運をうまく取り合わせて、その力を活かすことにあった。運は計画の副産物である。(注21)

その魔法の中身を、もう少し詳しく見ておこう。

ブッシュ・ヴェイル ルール

天才起業家がそのアイデアと発明によって長期帝国を築くという神話がまかり通っている（この神話やそれがもたらす罠については、以降の章で検討する）。だが本当の意味で成功する起業家、言い換えるなら幸運を呼ぶ技術者は、もっと謙虚な役割を演じるものだ。彼らは個々のルーンショットを支持するというより、多くのルーンショットを育てるための優れた「構造」をつくる。先見性あるイノベーターというより、注意深い庭師に近い。ルーンショットとフランチャイズの両方に目を配り、一方が他方を支配することがないよう、それぞれが相手を促進・支援できるよう心がける。

こうした庭師が築く構造は共通の原理を備えている。それを私は「ブッシュ・ヴェイル ルール」と呼ぶ。

最初の二つのルールはすでに述べた、摂氏0度で生きるためのカギを指す。すなわち相分離（ルーンショットに取り組む集団とフランチャイズに取り組む集団を分ける）と動的平衡（両集団間のやりとりのしやすさを確保する）だ。分離しながらも結びつきを保つのである。

1 相分離

○アーティストとソルジャーを分離する

まだ初期段階でリスクの高いアイデアを出す者（「芸術家《アーティスト》」と呼ぼう）を、組織のなかですでに成功を収め、堅実に成長している部分を担当する「兵士《ソルジャー》」から守らなければならない。初期段階のプロジェクトは脆い。「新しく開発されたテクノロジーなどが現場で十分な実績を残せば、軍人はそれにご執心になったが、初期段階の兵器はどれも相手にしなかった」とブッシュは書く。レーダーやＤＵＫＷトラックに限らず、最初はたいてい欠陥だらけの初期のイノベーションはことごとく却下された。そうした早期のアイデアを守る強力な「繭《まゆ》」がなければ、せっかくのアイデアもヤングとテイラーのレーダーのように、潰されたり葬り去られたりする。

どんな業界でも、強力なフランチャイズを率いるリーダーは決まって、「欠陥がこんなにあるじゃないか」と言って初期のプロジェクトをはねつける（そうする動機についてはＰＡＲＴⅡで検討する）。大手製薬企業は、腫瘍への血液供給を遮断することでがんを治すというアイデアを見送った。腫瘍を取り囲むことがわかった血管は無関係な炎症として片づけられた。大手の映画制作会社は、世界を救う色男の英国スパイというアイデアを見送った（かたき役がサルという脚本も欠点の一つだった)。彼らはまた、『ルーク・スターキラーの冒険』というタイトルがつけられていた台本を見送った。筋書きが理解しづらく、主人公はメイス・ウィンディという、口先だけのヒーローを思わせる名前だった(訳注*windyには「口先だけの」という意味がある)。

あとで見るように、製薬業界も映画業界も、大企業が支配していたにもかかわらず、ルーンショットを救済・育成するための構造を進化させた。欠陥は取り除かれた。腫瘍への血液供給の遮断(抗血管形成療法)は、がん治療においてこの20年で最大級の発見となった。そんな最初の薬剤アバスチンは年間売上高70億ドルを記録した。見込み薄だった二つの映画プロジェクトは、それぞれ『007』および『スター・ウォーズ』シリーズとして大成功を収めた。(注22)

相分離の目標は「ルーンショット養成所」をつくることだ。養成所はそれら初期段階のプロジェクトを保護する。プロジェクトを拡大・成功させ、欠陥を減らすことができる安全な環境づくりに寄与する。

○ツールを相に合わせる

ルーンショット集団とフランチャイズ集団を分けるだけでは十分でない。組織図の一部を四角で囲み、新しいビルを借りるのは簡単だが、輝かしい研究所を持ちながら破綻した企業は数限りない。相分離に必要なのは個別のニーズに応じた個別の家、各相のニーズに合わせた個別のシステムだ。

ブッシュはレーダーに関わるチームをMITの匿名オフィスビルに隔離した。研究所に適した組織構造が最前線の戦闘連隊には向かないのと同じように、軍隊が必要とするタイトな組織構造は、突飛なアイデアを試そうとする科学者には役立たないことを彼は知っていた。

ヴェイルは長距離電話に関わるチームをマンハッタン南部のオフィスビルに隔離した。ブッシュと同じようにシステムを個別対応させた。厳格なタスクの割り当てから離れ、同じような緩やかなスタイルを目指した。

ブッシュとヴェイルは何十年も前に、現在の世界で何度も繰り返し経験されていることを本能的に理解していた。「シックスシグマ」や「総合的品質管理」などの効率化システムは、フランチャイズプロジェクトにはよいかもしれないが、アーティストにとっては息苦しい。たとえば「ポスト・イット」や「スコッチテープ」のメーカーとして知られる3Mは、シックスシグマのエキスパートを新たなCEOとして2000年に迎えたが、そこからイノベーションの凋落が始まった。彼が去り、新しいCEOがシステムを元に戻すまで、同社は復活しなかった。効率化システムは間違いである、と新CEOは述べた。「発明が予定通り進んでいない。よし、水曜によいアイデアを三つ、金曜に二つ出そう……なんていう具合にはいきません」。ポスト・イットの開発者ですでに引退しているアート・フライは、新しいアプローチの下ではアイデアが出ることはなかっただろうと述べている。

効率化システムなどお呼びでない、というわけではない。緩やかな目標や夢はアーティスト向きだとしても、秩序第一の軍隊には都合が悪い。

2 動的平衡

○ アーティストとソルジャーを等しく愛する

一方の相が他方を圧迫しないようバランスをとるには、ソフトで曖昧に思えるけれどもリアルで、ともすれば見過ごしやすい、そんな何かが必要になる。ルーンショットに取り組むアーティストとフランチャイズに取り組むソルジャーには、等しく愛情を注がなければならない。

後にベル研究所に発展する組織を創設したあと、ヴェイルは次のように書いた。「特定の部門や支部やグループを無視したり、ひいきしたりすることがあってはならない。全体のバランスが重要だ」。ただ厄介なことに、ソルジャーはやはりソルジャーに惹かれ、アーティストはやはりアーティストに惹かれる傾向がある。

均等に敬意を払うのは大切だが、簡単ではない。戦争が始まったとき、ヴァネヴァー・ブッシュは経験豊かな研究者だったが、軍隊に心から敬意を払った。「軍人たちとの付き合いは、科学者やビジネスマンや大学教授との付き合いより楽しかった」と彼は後年書いている。(注23) そのように敬意を払ったおかげで、彼はそれ以前の科学者や技術者よりもはるかに軍隊を理解し、彼らに影響を与えることができた。

あまり知られた話ではないが、ある超有名人はこうしたバランスがとれるように進化を遂げた歴史がある。アップルを創業したスティーブ・ジョブズは、Ｍａｃの開発を担当する配下のルーンショットグループを「海賊」や「アーティスト」と呼んだ（自分自身のこともちろん、究極の海賊でありアーティストであると考えていた）。他方、アップルⅡというフランチャイズを担当するグループのことは「正規部隊」として歯牙にもかけなかった。アーティストをもてはやし、ソルジャーを見くびった結果、両グループの間に極めて大きな敵対感情が生まれ、そのせいで、二つのビルの間の通りはＤＭＺ（非武装地帯）として知られていた。アップルⅡに関わっていた共同創業者のスティーブ・ウォズニアックは、他の重要な社員たちと一緒に会社を去った。Ｍａｃの発売は商業的に失敗し、アップルの財務は逼迫した。ジョブズは会社を追われ、ジョン・スカリーがそのあとを継いだ（そして最終的にＭａｃを救い、財務を再び安定させた）。

12年後にアップルに戻ったジョブズは、アーティスト（ジョニー・アイブ）とソルジャー（ティム・クック）を等しく重用することを学んでいた。

生まれつき均等に敬意を払える人はなかなかいないが、その姿勢は練習で身につけることができる（第5章で詳しく検討する）[注24]。

○ テクノロジーではなくトランスファーを管理する

ブッシュは優秀な発明者であり技術者だったが、ルーンショットの細部とは意図的に距離を置いていた。(注25)「戦争に対してはいかなる技術的貢献もしていない」と彼は書く。「私の技術的アイデアはどれも価値のないものだった。私は時に『原子科学者』と呼ばれてきたが、『児童心理学者』という呼び方も間違いではないだろう」

ヴェイルもやはり技術的プログラムの細部とは距離を置いた。ブッシュもヴェイルも、自分の仕事はルーンショットとフランチャイズの微妙なバランスをとることだと考えていた。それは突飛なアイデアを試す科学者と、武器弾薬を集める軍人とのバランスであり、ベル研究所の非現実的な研究と、日々の単調な電話業務とのバランスである。どちらかに首を突っ込むのではなく、その二つの間の行き来《トランスファー》に焦点を当てた。

バランスが崩れると、彼らは介入した。前述のように、ブレークスルー創造に際しての最大の弱点は、両者間のやりとり《トランスファー》である。科学者は軍人やマーケターにほとんど注意を払わず、軍人や制服組はおたくの戯れ言に耳を貸さない。ブッシュとヴェイルはその弱点に照準を合わせた。レーダー探知機が物理学者だらけのビルのなかで葬り去られていたら、Uボートを沈めることはできず、半導体でつくった小さなスイッチがベル研究所で葬り去られていたら、20世紀最大の発明、トランジスタは生まれなかったかもしれない。

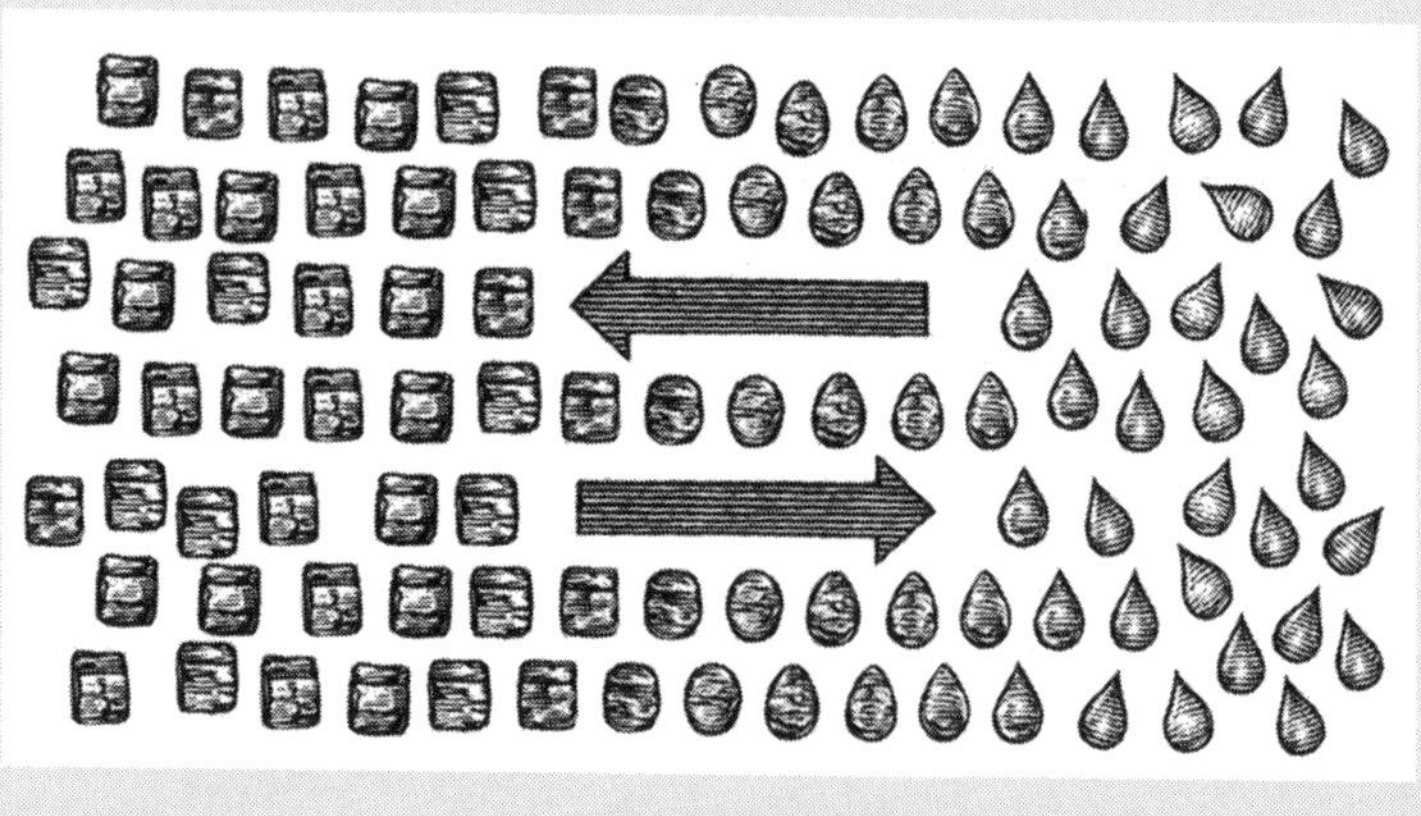

水から氷、氷から水

以降の章で見るように、微妙なバランスをとるのは、一つのアートである。介入しすぎても、しなさすぎてもダメ。そのさじ加減が難しい。

重要なのは、発明の現場への適用《トランスファー》だけではない。反対方向のトランスファーも同じく重要だ。最初から完璧な製品などない。現場からのフィードバックを発明家が無視すれば、当初の熱狂はすぐに冷め、有望な計画も立ち消えになるだろう。たとえば、初期の航空機用レーダーは実用性に欠けており、パイロットは見向きもしなかった。ブッシュはパイロットに、なぜ使わないのかを科学者に説明させた。理由は、技術的な問題ではなかった。パイロットは戦闘の最中、初期のレーダーボックス上の複雑なスイッチをいじる時間がなかったのだ。つまり、ユーザーインターフェースの問題だった。科学者は直ちに特別のディスプレーを考案した。今で言う平面位置表示、PPIスクリーンである。これを機にパイロットはレーダーを使い始めた。

砲弾に搭載したレーダー付きの信管についてはすでに述べたが、このときのように、ブッシュは計画の弱点を感じ取ると単独で行動した。陸軍は最初、この信管にほとんど関心を示さなかった。そこでブッシュはヨーロッパの戦闘本部に空路駆けつけた。出迎えたのはアイゼンハワーの参謀長、ウォルター・ベデル・スミスだった。

「こんなところまで何です？　わざわざ来ていただかなくても文民は足りていますよ」とスミスがブッシュに言う。

「ここには無知の分厚いベッドが敷き詰められています。最も優れた戦争兵器の一つが破棄されるのを防ぐためにやってきました」とブッシュは答えた。

このやりとりのあと、ふたりは意気投合したという。

陸軍長官のヘンリー・スティムソンとも密接に連携した。軍の幹部たちがレーダーを一顧だにしないのを知り、ブッシュはスティムソンに電話をかけた。スティムソンはレーダーを搭載した実験機に乗り、遠くのターゲットを直ちに探知するのを目の当たりにした。翌日、陸軍と空軍の参謀長は机の上に同じメモを見つけた。

新しいレーダーを見た。貴君はなぜ見ない？

そうした動的平衡のカギ、言うなればブッシュが将軍たちに自由にモノが言えることの背景にあったのは、トップからのサポートである。ある厄介な確執に直面している時期、ブッシュは次のように書いている。「私はルーズベルト大統領に言った。『難題を与えてくださいましたね。ちょっとした衝突が避けられないかもしれません』。大統領の返事はよく覚えている。『衝突、けっこう。援護するよ』」

それから間もなく、衝突した関係者のひとりがルーズベルトを訪れ、ブッシュと彼のやり方を批判し始めた。その場にいた側近によると、大統領は手紙などの書類にサインをしているところだった。彼はしばらく手を止めて聞いていたが、やがてまたペンを動かし始め、こう言った。「いいか、マック。ブッシュに任せたんだ。好きにやらせるさ。帰ってくれ」

以上が最初の二つのルールだ。このあとの章で述べる内容も合わせて、概略を図にすると次のようになる。

ブッシュとヴェイルは、停滞している組織を右上の象限へ移行させることに成功した。適度に分離し、均等な力を持つルーンショット集団とフランチャイズ集団（相分離）が、プロジェクトやアイデアを双方向に継続的に交換している（動的平衡）状態である。

しかし多くの企業は、危機に直面したときは特に、イノベーションや創造性をとにかく制度化したがる（「CEOはCIO、すなわち最高イノベーション責任者でなければならない！」）。これはた

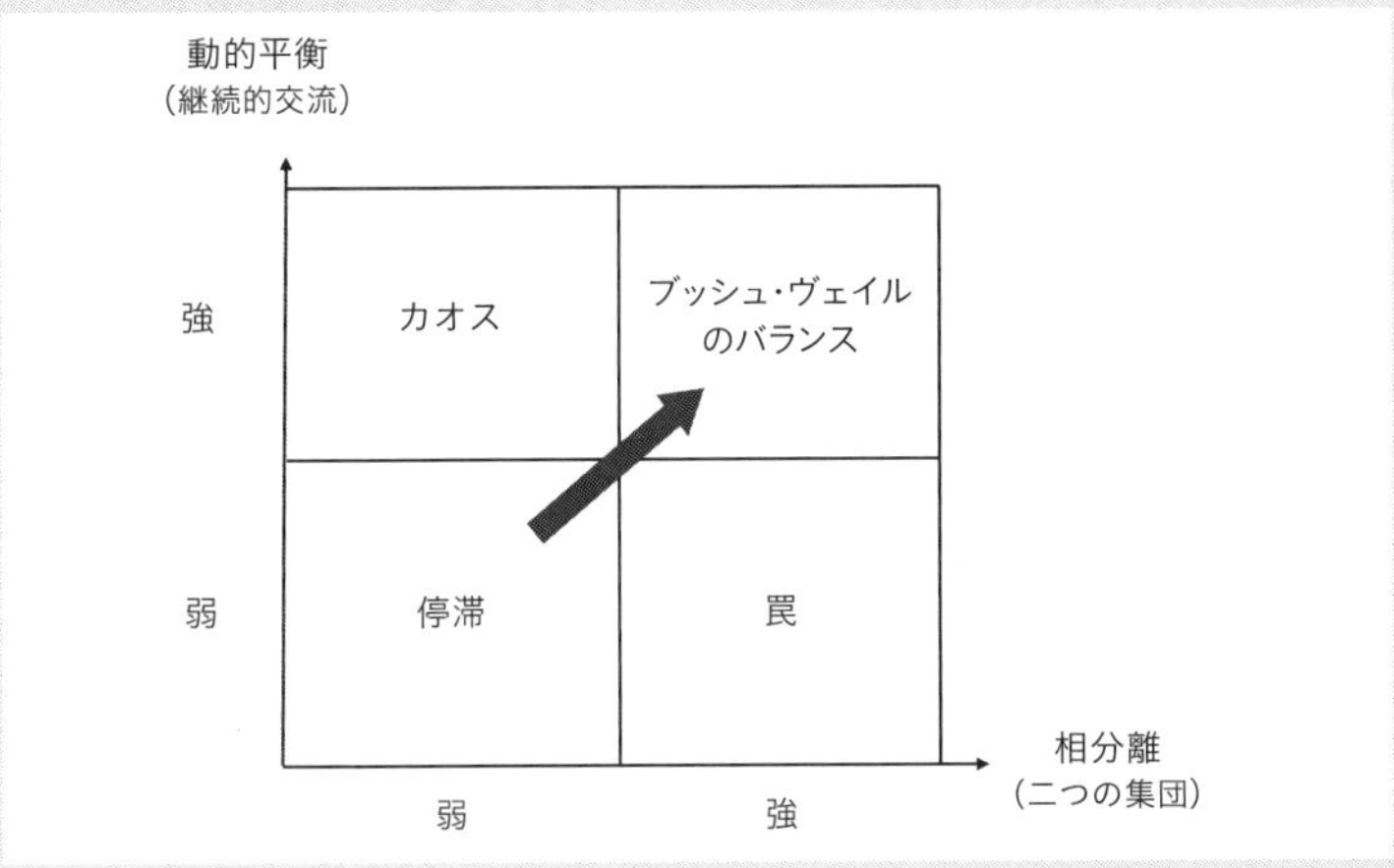

いてい左上の「カオス」につながる。

電話オペレーターが全員優れたイノベーターである必要はない。電話に出てくれるだけでいい、という場合もある。

しかし最も陥りやすい罠は、右下の象限へ向かうことだ。先ほど述べたように、リーダーは組織図の一部を誇らしげに四角で囲み、新しいビルを借り、新しい研究所の看板を掲げるが、たいていは失敗する。第３～５章ではその理由を探り、右上の象限へと軌道修正する方法を検討する。

だがその前に、ルーンショットの「性質」についてもう少し知っておこう。なぜ注意深く保護しなければならないのか。なぜそれほど脆いのか。

第2章

ルーンショットの驚くべき脆さ

遠藤章と心臓病

ジェームズ・ブラック卿は現代の創薬手法の草分けとして1988年にノーベル生理学・医学賞を受賞した。英国在住のジェームズ卿は米国の私たちの会社に何度も足を運び、研究員たちにアドバイスをくれた（5、6年は続いたと思う）。ある晩遅く、丸一日続いた長いミーティングのあとにみんなでウイスキーを飲んでいたとき、私は疲労困憊して倒れそうになりながら、なぜ3000マイルも移動して一日中しゃべりっぱなしだった82歳の老人がこれほど元気なのだろうと思っていた。と同時に、私はある新薬の研究プロジェクトが2回失敗したのを思い出し、もう望みはないというようなことをつぶやいていた。

ジェームズ卿は身を乗り出し、私の膝をやさしくたたいて言った。「なあ青年、最低3回は失敗しないと、よい薬ではないぞ」

三度の死

教科書や企業パンフレットにはたいてい、アイデアがたちまち治療薬になるといった特別な成功譚が載っている。たとえば、現在、がんの新薬研究の中心は分子標的薬、つまりがん細胞に照準を合わせ、正常な細胞には手を出さない薬剤だ。本や雑誌の記事は、そんな初の「特効薬」のスピーディーな開発を称えてきた。がん治療の歴史上、最も画期的な薬剤の一つである「グリベック」は実際、最初の患者の治療（1998年6月）からFDAの承認（2001年5月）まで35カ月という、驚くべきスピードで臨床試験を終えている。だがその前段階の研究に携わったブライアン・ドラッカーは、研究にポテンシャルがないとの理由で、大学の終身在職権を拒否されていた。主要科学誌は彼の論文を受け付けなかった。ドラッカーは最終的にある企業と協業するのだが、そこでも、プロジェクトを前へ進めるため何年もかけて会社を説得した。その会社のある経営幹部は「私の目が黒いうちはやらせない」と公言したほどだ。

現実の世界では、ばかげた理由でアイデアはののしられ、実験は失敗し、予算はカットされ、優秀な人はクビになる。企業は破綻し、せっかくのプロジェクトも下手をすれば永遠に葬り去られる。「三度の死」の物語は、私が知るほとんどのブレークスルーに当てはまる真実の歴史だ（三度が四度、五度、はたまた一〇度になることも少なくない）。脆いルーンショットがそんな挫折やつまずきを乗り越えられるように保護すること、それはブッシュとヴェイルのシステムを支える中心的な考え方である。

　これから見るように、ルーンショットの驚くべき脆さを理解せず、よいアイデアならどんな壁も乗り越えるはずだと考えていたら、それは大きな（そして高くつく）誤りだ。20世紀最大級の医学的発見、3000億ドルのビジネスチャンスを失うことにもなりかねない。

・
・
・

　1943年11月28日、テヘラン。ルーズベルト、チャーチル、スターリンが初めて一堂に会し、大きな戦略を話し合っていた。連合軍として西ヨーロッパの地上侵攻を開始するかどうか、それがテーマだった。ディナーはステーキとポテト。スターリンはメモ帳にオオカミの顔を赤鉛筆で描き、チャーチルは葉巻を吸った。午後10時30分、ルーズベルトは話の途中で「青ざめ、顔に玉のような汗を浮かべ始めた。そして震える手を額に当てた」。彼は部屋に運ばれ、担当医の診断を受けた。消化不良が原因だという。その日以来、ルーズベルトの健康状態は急速に悪化した。やつれて体重も激減した。1945年4月12日、医師が言うには「何の前ぶれもなく」、FDRは突然の脳出血で亡くなった。しかし医療アドバイザーたちにとっては、ちゃんと前ぶれがあった。ルーズベルトは長年、深刻な慢性心臓病を患っていたのだ。

当時、心臓病は老化に伴う不可避の症状と考えられており、原因や治療法はわかっていなかった。1768年、英国の王立医師会で講演したウィリアム・ヘバーデンは、この「医学書にほとんど載っていない病気」について語った。彼はそれを「狭心症」と呼んだ。「終末はいきなりやってきます。……患者はみな突然倒れ、ほとんどすぐ死亡します」。心臓発作の記録は何千年も前からあった。たとえば、聖書のサムエル記上25章37節には、「彼の心はそのなかで死に、彼は石のようになった」とある。だが、ヘバーデンによる100人近い患者の研究は、この病気を知り、治そうとする初の体系的試みだった。ヘバーデンの結論は、患者に勧められるのは静養、アルコール、アヘンくらいしかないというものだった。

世界で最も有名なアメリカ人が心臓病で亡くなったことにより、研究への支援も拡大した。1948年、トルーマン大統領は国立心臓研究所を創設する議案に署名した。ヴァネヴァー・ブッシュの『果てしなきフロンティア』の考え方を参考にした同研究所は、大学の研究者、研究施設、病院に、心臓病やその治療法を調べるための助成金を提供した。議案にはまた、大規模な集団研究に対する資金援助も盛り込まれていた。これはのちに「フラミンガム心臓病研究」という最大規模の集団研究になった。この研究成果は1961年に「冠動脈心疾患発症のリスク要因」として発表され、そこでは血中コレステロールの増加が心臓発作や脳卒中のリスクを高めるとされた（この論文をきっかけに「リスク要因」という言葉が使われるようになった）。

米国の心臓病死亡率は20世紀になってから上昇を続け、1960年代後半にピークを迎えた。

その後は、この半世紀で1000万人以上の命が救われたことを受け、死亡率はおよそ4分の3も減少している。食事、運動、喫煙の減少など、ライフスタイルの変化が主な原因である。それ以外に大きく貢献したのは、キノコ愛好家の日本人微生物学者が京都の米屋で見つけた青カビから分離した薬剤だ。以下はその薬の物語である。

菌類は走らない

フラミンガム心臓病研究を契機にコレステロールへの関心が高まった。研究者はさまざまな臨床試験を実施して、新薬や食事の改善がコレステロールを低下させ、心臓発作や脳卒中を減らすことができないかを調べた。1964年、コンラート・ブロッホとフェオドル・リュネンはコレステロールが細胞内で生成・処理される仕組みの研究でノーベル賞を受賞した。そして1966年、日本の東北地方の山村で育った農家の息子が、この新しいサイエンスについてもっと学ぼうと決意し、33歳で米国に渡った。その名は遠藤章。日本のコングロマリット企業、三共の中央研究所の科学者である彼は、コレステロール研究を専門とするアルバート・アインシュタイン医科大学の研究室に入った。

遠藤が米国に留学したのは、食事が心臓病に影響するとの考え方が広まり始めた頃だった。

タイム誌は、食事と健康の問題に「最も揺るぎなく取り組んでいる男」、ミネソタ大学のアンセル・キーズによる新しい研究成果を特集した。七つの大陸の1万人を対象にした有名な調査からわかったのは、血中コレステロールの上昇が心臓病と相関するという事実だ。だが、キーズはさらに食事の影響についても言及した。脂肪、特に飽和脂肪の摂取が問題だという。キーズは直言の人である。肥満は「ひどいものだ」と彼は述べた。「肥満はモラルに反するという考え方が再び広まったら、太った人も考え始めるだろうが」。最終的には、明確なエビデンスがそれ以上あったわけではないが、低脂肪・高炭水化物の食事を勧める公式ガイドラインがつくられた（60年後、そうした食事はよくないとする公式ガイドラインができた）(注26)。

こちらはあまり知られていないが、別の調査でキーズは、日本に住む日本人と、ハワイに移り住んだ日本人の心臓病罹患率を比較した。すると、ハワイで西洋風の食事をとる日本人は、日本にとどまった日本人よりもコレステロール値と心臓病罹患率がかなり高かった。ニューヨークの遠藤もこの関係を実感した。心臓病の高い発症率とアメリカの豊かな食事に彼は驚かされた（「力士のように太りすぎの人をたくさん見ました」）。日本が西洋化すると心臓病が当たり前になる――結論はキーズと同じだった。コレステロールを低下させる薬を見つけると決心して、遠藤は日本へ戻った。

彼が注目したのは菌類、つまりカビやキノコだ。子どもの頃、祖父と森を歩いていて気づいたことがある。ある種のキノコは人間には安全なのに、ハエには毒になる。戦後、ハエはいたるところにいたから、遠藤は高校の科学の課題で、そのキノコからつくったスープも毒性を持つことを示し、ハエを殺すキノコの内部に水溶性の化合物があることを証明した。

菌類は走れないが、偉大な化学者である。遠藤はそのことを理解していた。キノコは捕食者から逃げ回ることができないから、彼らを阻む化学物質を分泌する（多くのキノコに毒があるのはそのせいだ）。カビは食べ物を追い回すことができないから、宿主をもっとおいしくて栄養豊富にする化学物質を分泌する。実際、そうしたカビのおかげで遠藤はニューヨークに留学できた。コニエラ・ディプロディエラという菌が、果汁や果実酒中の不要な物質を分解する酵素を産生することを彼は発見していた。この清澄化酵素は三共のヒット商品となり、そのご褒美としてニューヨーク行きが実現したのである。

偉大な化学者である菌類から調べ始めよう、と遠藤は考えた。バクテリアはカビやキノコの天敵だ。自分を守るため、菌類はバクテリアを殺すさまざまな手段を編み出してきた。たとえば青カビ（ペニシリウム・ノタツム）は、バクテリアの細胞壁を壊す化合物を分泌する。青カビから抽出されるペニシリンはそのようにして機能する。

遠藤はニューヨークにいたとき、多くのバクテリアが生き残るためにコレステロールを必要とすることを知った。コレステロールをブロックして天敵を殺す、そんな化学物質を菌類は分泌できないだろうか。言い換えれば、単にバクテリアを殺すカビが欲しかったのではない。彼が欲しかったのは、特定の武器、すなわちコレステロールの産生を外科的に遮断するナイフを使った殺し屋だ。科学捜査官が殺し屋の使う武器を突き止めるために特別のツールを用いるように、遠藤も特別のツールを使う必要があった。ただし大きさは100万分の1ほどしかない。微生物検体を検定する最先端の方法を完成させるのに2年を要した。

1971年4月、遠藤はついに菌類のスクリーニングを開始した。テストした種は6000を超える。1972年の夏、あるサンプルが「ヒット」した。京都の米屋で見つけた青カビがコレステロールの産生に必要な鍵酵素をブロックしたのだ。その青カビの学名はペニシリウム・シトリナム。ペニシリンをつくるカビと同属だが種が違う。1年とかからずに、遠藤はコレステロールを低下させる分子を抽出し、それをML236Bと呼んだ。現在、この薬剤はメバスタチンとして知られる。そしてそこからリピトール、ゾコール、クレストールなど各種のスタチンが生まれた。これらのスタチンは歴史上最も広く処方された医薬品(フランチャイズ)となり、何百万という命を救った。

だが当初、遠藤の薬剤は「三度の死」を乗り越えねばならなかった。

ニワトリに救われる

遠藤が日本で菌類のスクリーニングを始めて間もなく、米国の臨床試験は期待外れに終わった。コレステロール低下の効果を調べるため、何年か前に大きな期待を集めてスタートした試験だったが、食事介入はほとんど効果を示さなかった。ニューイングランド・ジャーナル・オブ・メディシン誌に発表された「食事と心疾患　一つの時代の終わり」という論説記事は、両者の関係を否定し、コレステロールを低下させる取り組みは「心臓協会の資金集め、多くの太った化学者の時間潰し」だとした。

コレステロール低下剤を評価する試験の結果はもっと惨憺《さんたん》たるありさまだった。三つの薬剤は死亡率をむしろ高めることがわかり、別の薬は白内障を引き起こした。イギリスで最も評価が高い心臓専門医のひとりがブリティッシュ・メディカル・ジャーナル誌に書いた論説《エディトリアル》は、次のように概括した。「コレステロールを低下させる食事や薬剤の対照試験のすべてで、冠動脈疾患の死亡率・罹患率を下げることができなかった」。別の論説は「リスク要因をなくせば心臓病がなくなるという証拠はないに等しい」と断じた。

正常な細胞はコレステロールを必要とするため、一流査読誌の著者は常識的な生物学の観点から、コレステロール低下剤はどれも正常な細胞機能を阻害するから危険である、とこの失敗を説明した。学者は関心を失い、ほとんどの企業はさじを投げた。その頃、遠藤はあるカンファレンスでメバスタチンの有望な研究成果を発表した。だが、コレステロール値を下げるという考え方はすでに誰からも否定されており、彼の話に耳を貸す者はなかった。遠藤は意気消沈して会場をあとにした。(一度目の死)

三共の遠藤のチームは、経営陣や同僚から懐疑の目を向けられた。最悪の事態に備え、遠藤は自分がクビになったら「君の収入だけで家計を支えてくれるか」と妻に相談した。妻は同意した。彼は辞表をしたため、求められたらいつでも出せるよう胸に忍ばせた。やめるなら威厳をもってやめるつもりだった。ところが驚いたことに、誰からも辞職を迫られなかった。それまでの業績で築いた信用、それに我慢強い上司のおかげで、少なくともしばらくの間、彼は守られた。メバスタチンはやがて重要なステージを迎えた。生きた動物での試験である。最初に選ばれるのはたいてい齧歯《げっし》類だ。チームはどきどきしながらラットにメバスタチンを投与した……が、何も起きない。コレステロールが下がらない。創薬の世界では、動物実験の失敗はたいていプロジェクトの失敗を意味する。会社の生物学者を説得して薬剤の評価をこれ以上続けるのは無理だと思われた。（二度目の死）

遠藤は、なぜ薬が効かなかったのか、その理由を解明する時間が欲しいと願い出て認められた。そんなとき、研究所近くの酒場で北野訓敏《のりとし》と出会った。別の部署の同僚で、ニワトリを使った実験をしている男だった。何杯か飲んだあと、北野は、翌月に研究プロジェクトが終われば、実験台のニワトリは焼き鳥になるだろうと打ち明けた。遠藤はふと思った。ニワトリの卵はコレステロールをたくさん含むからメンドリも血中コレステロールが高いのではないか。最初のコレステロール値が高ければ、薬の効果を検出しやすくなるかもしれない。そこで北野に、少しの間食欲を抑えて、メンドリにメバスタチンを試させてもらえないかと頼んだ。正式な承認を受けずに実験はスタートした。ずっと秘密にしておけたのかと私が訊くと、遠藤は笑って言った。「メンドリは鳴きますから、隠すのは無理ですよ」

結果は上々だった。コレステロールは半分近く、トリグリセリド（中性脂肪）はそれ以上減少し、副作用もなかった。その後、ラットの血液中を循環しているのは大部分がＨＤＬ（善玉コレステロール）で、心臓病に関わるＬＤＬ（悪玉コレステロール）は非常に少ないことがわかった。つまり、ＬＤＬだけを下げるスタチンの実験台としてラットは不適格だったわけだ。一方、ニワトリは人間と同じで両方のコレステロールを持っている。

ニワトリに次いで、イヌ、サルでも効果が出た。その頃、テキサス大学ダラス校のふたりの医師兼科学者、マイケル・ブラウンとジョセフ・ゴールドスタインが、のちに画期的な成果をもたらす研究を始めていた。ふたりは１９６６年、ボストンのマサチューセッツ総合病院の若き研修医として出会い、１９６８年にはメリーランド州の国立衛生研究所でさらに研修を重ねた。同研究所時代、ゴールドスタインは心臓発作を繰り返す6歳の少年と8歳の姉のケアを担当した。診断は家族性高コレステロール血症（ＦＨ）という遺伝性疾患だった。

およそ５００人にひとりは、血液からＬＤＬを細胞に取りこむタンパク質の遺伝子に生まれつき欠陥があるため、血中のコレステロール値が通常の2倍に上昇する。患者は30代で心臓発作を起こし始めることが多い。ゴールドスタインが診た子どもたちのように、１００万人にひとりは両親から欠陥遺伝子を受け継ぎ、ＦＨに生まれつき罹患している。血中コレステロールは最大で通常の10倍になり、幼い頃から心臓発作を発症する。ブラウンとゴールドスタインは一緒に治療法を探そうと決心した。ふたりはテキサス大学に落ち着き、1973年に初の論文を連名で発表。この40年間に500本以上の論文を共同で発表している（名前の順番は「ブラウン、ゴールドスタイン」と「ゴールドスタイン、ブラウン」を交互に繰り返しながら）。彼らは医学界のギルバートとサリヴァンと呼ばれている。

テキサスに赴任してから、ふたりは自分たちの論文を引用した論文が発表されたら教えてくれるコンピューターサービスの会員になった（インターネットが普及する前の時代には珍しくないサービスだった）。1976年7月、遠藤章という人物が彼らの論文の一つを引用して日本の科学誌に論文を発表したとの知らせが入る。日本語は読めなかったが、数字は確かにふたりのものだった。自分たちの仕事が国境を越えたことがうれしく、彼らは論文の著者検索サービスに遠藤の名前を加えた。数カ月後、遠藤が1976年12月に二つの新しい論文を発表したとの知らせがまた入った。メバスタチンの発見を記した論文だった。ブラウンとゴールドスタインはそれがFH患者にとって持つ重要性をすぐに理解した。

ゴールドスタインは遠藤に手紙を書き、メバスタチンのサンプルを送ってほしいと頼んだ。提供されたサンプルで遠藤の研究成果を確認したふたりは、患者に試すことを勧めた。その同じ頃、1977年の夏、山本章という日本の医師も遠藤の業績を知った。山本は遠藤に電話をかけ、重篤なFHにかかった18歳の少女について話した。症状は深刻だという。ブラウンとゴールドスタインのサポートに励まされた遠藤は、自分の薬を試してみることにした。1978年2月2日、山本の患者（SSというイニシャルだけが後に発表された）は、スタチンで治療を受けた最初の人物となった。

試験が始まって2週間後の真夜中、山本から遠藤の自宅に電話があった。SSさんのコレステロール値が30パーセント下がったという。薬が効いたのだ！(注27) 試験は成功し、この薬剤はコレステロール値が高すぎる患者にとって初めての福音となった。三共は正式な臨床プログラムを開始し、1979年には12の病院で大規模な臨床試験が実施された。メバスタチンの成果は世界中の関心を集めた。1980年5月、メバスタチンに関する特別ワークショップがイタリアで開かれた。メバスタチンで患者を治療している日本人医師8人も参加した。

遠藤は、有能な医師が新薬承認に向けて臨床試験をしっかり前へ進めてくれることに満足した。企業という競争社会を十分経験した彼は三共を辞め、東京の大学からのオファーを受諾して研究・指導職に就いた。

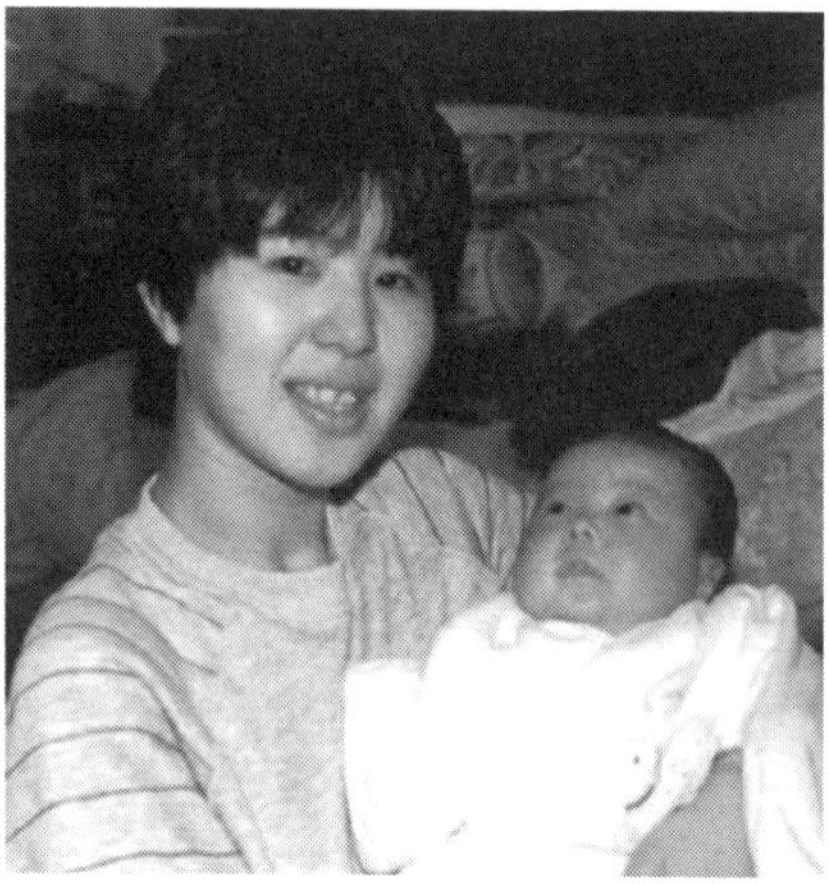

スタチン治療を受けた初の患者となり、
7年後に赤ん坊を抱くSSさん

しかし、メバスタチンをめぐる世界的な熱狂は短命に終わった。イタリアでの会議の3カ月後、三共による安全性試験の結果がノックアウトパンチとなった。メバスタチンを高投与したイヌにがんが認められたらしいのだ。三共の我慢は限界だった。同社は臨床試験を中止し、メバスタチンの研究から手を引いた。副作用でがんを発症するらしいとの噂はたちまち広がった。他の企業や研究所もスタチンの研究を中止した。イヌの試験は間違いではないかと遠藤は考えたが、開発中止を遠くから見ているしかなかった。(三度目の死)

900億ドルの「偶然」

ひょっとしたら、それがスタチンの終焉になっていたかもしれない。ところが、同時期の別の研究で驚くべき発見があった。2年ほど前に、製薬大手のメルクも菌類のスクリーニングを開始し、遠藤が発見したのと同じ酵素の阻害物質を発見し、それがコレステロールを低下させることを突き止めていた。何と、メルクの化合物は遠藤のものと原子4個分違うだけだった。(注28)

しかも、メルクの科学者たちがその薬剤を発見したのは1978年11月。研究プログラム開始から何日かしかたっていなかった。それに引き換え、遠藤は何年も費やしている。当時のメルク研究所の責任者ロイ・バジェロスは、この「突然」の発見は「信じられない」と述べた。

スタチンの発見がクライマックスとなる回顧録のなかで、バジェロスは三共との競争の激しさを次のように語っている。「ペースが上がるにつれて興奮の度合いが徐々に高まった。三共との競争が発見のスリルを増加させた」

しかし普通、競争には、自分たちが競争していると考える参加者が必要である。メルクの科学者がスタチンの発見について書いたものを読むと、どれも細部が割愛されている。実は突然の発見の2年半前、メルクは遠藤のチームに競争ではなく協業を持ちかけ、信頼できる機密データへのアクセスを要請しているのだ。(注29) 1966年春から1968年秋にかけて、同社は三共への手紙のなかで「遠藤博士の研究プログラムが実用的な治療法をもたらすのは間違いないと思われます」「情報交換の結果、ライセンスに適した製品が見つかることを願っています」と述べ、製品化の可能性を請け合った。遠藤たちは三共の承認を得て、薬剤の試験用サンプルを提供しただけでなく、その生化学・薬理学的性質、効能、毒性など、重要な実験の結果も伝えた。お金では買えない情報だ。手紙には、遠藤のチームがニュージャージーのメルクの研究所を訪れ、日本でメルクの研究者を受け入れ、メルクの担当者からの細かな質問に応じたことが書かれている。そういう意味では、ほぼ同じ薬剤を2年後にメルクが「突然」発見したのは、それほど「信じられない」ことではなくなる。

三共がプログラムを中止した頃、バジェロスは三共の薬剤がイヌにがんを引き起こしたらしいとの噂を耳にした。両社の化合物が似ていることを知っていた彼は、メルクのプログラムも

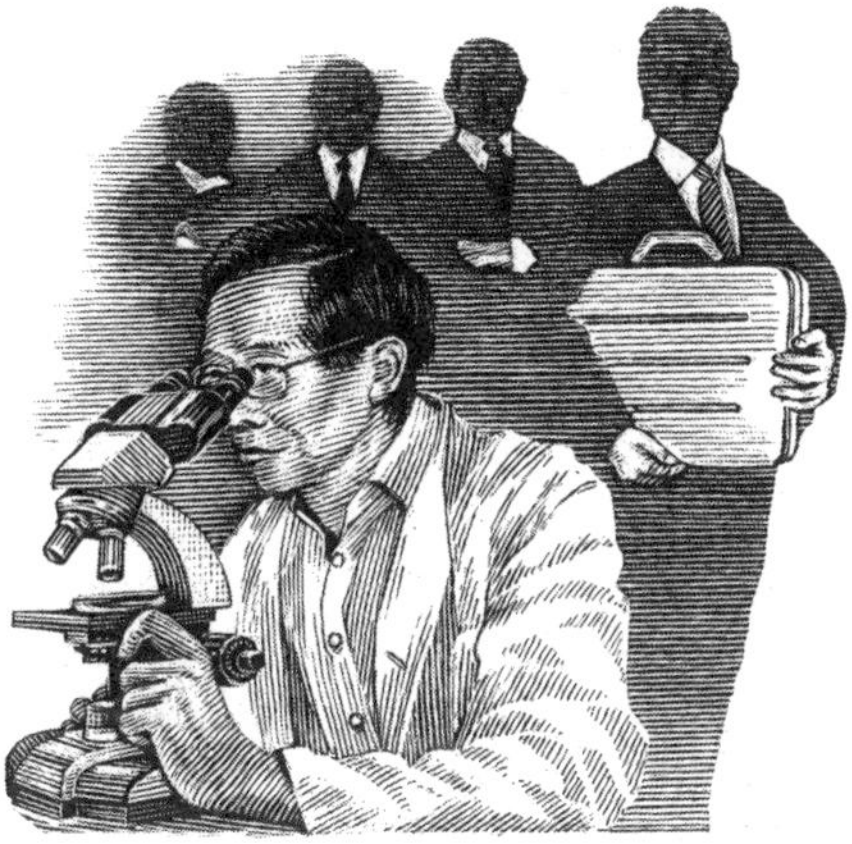

遠藤章

中止した。（注30）しかし、噂になったその試験結果が、当時もその後も公表・確認されることはなかった。その頃、東京農工大に勤めていた遠藤は疑問を感じ、三共にデータの開示を依頼したが、同社は拒んだ。テキサス大のブラウンとゴールドスタインも疑問を持った。彼らはすぐに、超高用量の投与により、イヌががんのようだが実はそうではない無害な症状を呈することを証明した。要は偽陽性である。ブラウンとゴールドスタインは他の医師と一緒に、FDAの協力も得て、プログラムのやり直しをメルクに迫った。

　メルクはその主張を受け入れ、新たな安全試験を開始した。イヌにがんができる様子がなかったことから、同社は薬剤の安全性と効能を確かめるため、FDAの求める大規模な臨床試験をスタートさせた。結果は満足すべきもので、遠藤と山本の臨床試験と遜色ないデータが得られた。1987年2月、FDAの諮問機関は最初のスタチンを承認することを全会一致で承認した。それがメルクの「メバコール」である。
メルクやさまざまな医師のグループによる初期の試験では、スタチンが高いコレステロール値を下げることが示されただけだった。重要かつ心強い指標だが、健康改善の確かな証拠にはまだならなかった。その後、何百もの研究者が10万人以上の被験者にランダム化比較臨床試験を実施した結果、スタチンが20世紀最大の医学的発見の一つであることが証明された。スタチンは心臓発作や脳卒中を減らし、生存期間を延ばす。それは心臓発作を生き延びた患者（二次予防）だけでなく、まだ発作を経験したことがない危険な状態の患者（一次予防）にも当てはまる。米国では毎年、スタチンによっておよそ50万の心臓発作や脳卒中が予防されている。ニューイングランド・ジャーナル・オブ・メディシン誌の最近の論説では「健康の実現にこれほど劇的な効果を及ぼした薬剤はそうそうない」と評されている。(注31)
メバコールとその後継薬ゾコールは、メルクの歴史上、最も成功した医薬品となった。同社のスタチン（フランチャイズ）の累積売上高は900億ドルを超えている。同社製品を含むすべてのスタチンの累積売上高は3000億ドルを上回る。(注32)バジェロスは1985年、メルクの研究責任者からCEOに昇進した。1987年から1993年まで、同社はフォーブス誌の「最も尊敬される企業」ランキングで1位に選ばれた。1985年には、ブラウンとゴールドスタインがコレステロールに関する研究でノーベル賞を共同受賞した。

他方、遠藤の貢献は、心臓病学専門家の狭い世界の外側ではほとんど認知されなかった。しかし、その世界のなかでは遅まきながら多少の評価を受けている。2008年にはスタチンの発見により、名高いラスカー・ドゥベーキー臨床医学研究賞を受賞した。ブラウンとゴールドスタインは「『コレステロールのペニシリン』の発見者、遠藤章」を歴史的に再評価すべきだとしたうえで、「スタチンによって命が長らえる何百万という人々は、遠藤章および菌類からの抽出を通じた彼の三共での研究に感謝しなければならない」と述べた。

・・・

遠藤の物語は単なる興味深い逸話ではない。偉大な発見へ至る道のりが曲がりくねっているのは当たり前で、異例のことではない。そして、修正主義者の歴史も同様である。勝者は歴史を書くだけでなく、歴史を書き直す。

遠藤の旅は、始まってから、初のスタチンがFDAに承認されて正しさが証明されるまで16年続いた。ジェームズ・ブラック卿の「三度の死」を経験する旅（高血圧治療薬ベータブロッカーの発明）は7年続いた。

ある男は、それよりもさらに長く厳しい旅を乗り越え、世界中の同業者（自身の組織の者も数多く含む）からばかにされたルーンショットを32年も育み続けた。

偉大な発見が成就するまでの長い旅について、私は彼から最もたくさんのことを学んだ。本章の終わりに、彼の物語を簡単に紹介するとともに、それが遠藤の物語と合わせて「三度の死」の乗り越え方をどう教えてくれるかを説明しよう。

尻に刺さった矢を数える

2001年だったか2002年だったか、私はハーバード大学の生物学者である友人に、がん治療の過激なアイデアを出した男について尋ねた。製薬会社を創業した私は、彼と仕事ができないかと考えていたのだ。気立てのよさと寛容さで知られたその友人は、ちょっと困ったような顔をし、「彼のデータは誰も再現できない」から、あまり関わらないほうがいいとつぶやき、すぐに話題を変えた。それがジューダ・フォークマンに関するそのときのやりとりだ。

1971年、フォークマンは次のような説を提唱した。「がん細胞は宿主に対して偽りのシグナルを送り、腫瘍が成長しやすい環境を周辺組織に整えさせる」。たとえば、腫瘍は酸素などの栄養を血管に運んでもらう必要がある。家が水やガスを運ぶ配管を必要とするのと同じだ。がん細胞は周辺組織に信号を送ってそうした血管をつくらせるのではないか、とフォークマンは考えていた。そのシグナルを遮断し、配管を壊す、そんな新薬をつくろうというのが彼のアイデアだった。言い換えれば、腫瘍を飢え死にさせる作戦だ。

当時、唯一のがん治療法は化学療法だった。つまり、患者を殺さない範囲で、腫瘍にできるだけたくさんの毒を送り込む方法だ。腫瘍と周辺組織の間の謎めいたコミュニケーションチャネルを遮断するという発想は、冷笑をもって迎えられた。おまけにフォークマンは小児外科医で、博士研究者のサロン出身ではなかった。本人が言うには、学会で立ち上がって発言しようとすると、全員が一度にトイレに行き部屋ががらがらになった。ある年、批判があまりに高まったため、勤務先のボストン小児病院は外部委員会を招集して彼の研究内容を精査させた。委員会の判断は「ほとんど価値なし」だった。彼はその研究を続けるなら外科部長をやめるよう言われた。何年かあとのスピーチでフォークマンは次のように述べている。「冷笑を浴びて苦しんでいる方は私にお知らせください。70年代半ばに査読者と助成委員会から送られてきた『解雇通知』を送って差し上げます。そこには『道化師』という言葉も使われています」

フォークマンのアイデアは30年間、およそ7年ごとに死と再生を繰り返した。たとえば1998年、彼の手がける有望な薬剤がマウスの腫瘍を全滅させることがわかった。ニューヨーク・タイムズ紙はノーベル賞受賞者ジェームズ・ワトソンのコメントを1面で取り上げた。「ジューダは2年後にはがんを治すだろう」(ワトソンは後日、この引用に抗議した)。報道は加熱した。記者たちはフォークマンをアレクサンダー・フレミングやルイ・パスツールにたとえた。結腸がんと診断されていた、ピューリッツァー賞受賞歴のあるコラムニストは、「私たちは多分死なななくて済む」と書いた。臨床試験前だったのに、この薬を使いたいという患者がフォークマンの病院に殺到した。しかし、創薬の新しいアイデアはたいていそうだが、この最初の薬剤もうまくいかなかった。人々の関心は一気にしぼんだ。

そんなサイクルを何度か繰り返すうち、フォークマンとそのアイデアは学会から見限られたも同然になった。プレゼンテーションの最中に人々が隅のほうで笑っているのが聞こえた。同僚たちは「あ、フォークマンがまたがんを治したぞ」と言った。彼のスピーチが終わると研究者が立ち上がり、「そのアイデアはものにならない」と公言することもあった。フォークマンはこう応じた。「私は小さなノートを持ち歩いているのですが、ここにサインをいただけませんか。確信がおありのようなので、ご発言をそのまま出版すればよいかと。税金も節約できます。実験をせずに『ものにならない』と言うだけですから」。しかしそれでも、帰宅するときは落ち込んだ。

あるとき、フォークマンは妻のポーラと話し合った。研究をやめ、研究室を閉じ、外科医として臨床に専念すべきだろうかと相談した。だが妻の励ましにより、彼は正反対の行動をとった（ちなみに後日、この励ましを彼は「配偶者活性化因子」と呼んだ）。フォークマンは臨床業務をやめ、研究活動に専念した。少数の優秀な学生も雇った。その際、フォークマンには近づくなと言われていた彼らに対し、「君たちはとても優秀だから、たとえ結果が出ずに1年でやめてもキャリアが傷つくことはない」と説得したという。研究は夜間や週末にも及んだ。

2003年6月1日、フォークマンが新しいがん治療法を提案してから32年後、そして彼の主張が多くの人の記憶から消え去って久しかった時期、シカゴの「マコーミックプレイス」コンベンションセンターを埋め尽くした聴衆の前で、デューク大学の腫瘍学者ハーバート・ハーヴィッツは「アバスチン」と呼ばれる薬の新しい試験結果を発表した。これはフォークマンのアイデアをもとにつくられた薬剤だ。813人の患者が参加した臨床試験で、アバスチンは結腸がん患者に対する、これまでで最も高い延命効果を発揮した。ハーヴィッツが生存率データを示すと、会場は拍手に包まれた。この薬とフォークマンのアイデアが、がん治療を変えることは明らかだった。

聴衆のひとりが言った。「フォークマン博士が生きてこれをご覧になっていたら、と残念でなりません」。近くに座っていたフォークマンは少し微笑んだ。

薬はすぐにFDAに承認され、いくつもの企業や研究施設がこの分野に参入した。そして現在、腫瘍と宿主環境との対話を遮断するという考え方は、標的療法や免疫療法、ほとんどのがん研究プログラムの基礎を成している。アバスチンを開発した企業はジェネンテックだ。データを初めて発表した日から、FDAの承認を受けた日までに、同社の市場価値は380億ドル増加した。(注33) アバスチンの価値はだいたいそれくらいということだ(フォークマンはジェネンテックの株を持っていなかった。また、受け取った賞金や利益は勤務先の病院に寄付した)。

後にフォークマンはこう言っている。「リーダーの値打ちは尻に刺さった矢の数でわかる」

結局、私は友人の遠慮がちなアドバイスをなかったことにして、ジューダの晩年の7年間ほど、一緒に楽しく仕事をした。彼がいないのはさびしい。

驚くほどの脆さから学ぶ教訓

○「偽《にせ》の失敗」に気をつける

遠藤とフォークマンのストーリーは「三度の死」について語るだけでなく、ルーンショットにありがちな「ある種の死」についても教えてくれる。たとえば、遠藤の薬がラットの実験でうまくいかなかったせいで（一度目の死）、三共でのプログラムは中断されそうになった。ところが別の会社、ビーチャム薬品では、同じ失敗により同様のプログラムを永遠に葬り去ってしまった。ビーチャムは後にスミスクライン＆フレンチ、次いでグラクソ・ウェルカムと合併し、現在のグラクソ・スミスクラインになった。もう少し踏ん張っていれば、ビーチャムもスタチンの売り上げを共有できたかもしれない。何しろその額は3000億ドルだから、ほんの一部でも相当な額である。だが同社はあきらめ、何も手にできなかった。

ラットの実験でよくない結果が出たのは「偽の失敗」だった。誤ってルーンショットのせいにされたが、実際には試験に欠陥があった。三共は遠藤のおかげで断念しなかった。それがレースの勝利につながった。遠藤がいたから、同社は最初にスタチンを発見し、最初にスタチンの特許を取り、最初にスタチンを人間でテストし、最初に患者で効果を実証した。しかし、遠藤が去ったあとの次なる「偽の失敗」(イヌの試験)ではさじを投げた。三共は3000億ドルの取り分をみすみすメルクに譲ってしまった。[注34]

「偽の失敗」は科学の世界、ビジネスの世界で何度も繰り返される。プロジェクトが消滅する理由はいろいろある。資金の先細り、ライバルの台頭、市場の変化、キーパーソンの退社……。だがルーンショットに多いのは「偽の失敗」だ。悪い結果が出たとき、「アイデアに欠陥あり」または「試験に欠陥あり」というネオンサインでも灯れば話は別だが、この手の死のリスクを完全になくすことはできない。しかし、リスクを減らすことはできる。遠藤とフォークマンはまさにそれを実行した。遠藤とフォークマンは確かに偉大な発明家だが、恐らくその最大のスキルは「失敗の見極め」にあった。偽の失敗と本当の失敗を見分けるスキルを身につけていたのだ。

失敗を見極める力は、よき科学者と偉大な科学者の違いであり、よきビジネスパーソンと偉大なビジネスパーソンの違いでもある。たとえば2004年にフェイスブックがスタートしたとき、多くのソーシャルネットワークは、ロイヤルユーザーを獲得できないでいた。その理由は、利用者があるネットワークから新しいネットワークへと乗り換え続けるからだ。クラスメーツ、シックスディグリーズ、ケア2、アジアンアベニュー、ブラックプラネット、キウイボックス、ライブジャーナル、スタンブルアポン、エルフウッド、ミートアップ、ドッジボール、デリシャス、トライブ、ハブカルチャー……。マーク・ザッカーバーグが新しいスタートアップの資金調達のために投資家と会った頃、利用者は直近で最も成功していたフレンドスターからマイスペースに乗り換えようとしていた。ほとんどの投資家は、ソーシャル・ネットワーキング・サービス（SNS）は洋服の流行のようなものだと考えた。ジーンズをはき替えるようにネットワークを乗り換える。投資家はSNSを相手にしなかった。

しかし、ファウンダーズ・ファンドのピーター・ティールとケン・ハワリーはフレンドスターの舞台裏を知る友人たちに連絡をとり、なぜ利用者がサイトを去るのかを調べた。他のユーザー同様、ティールとハワリーもフレンドスターがよくクラッシュするのを知っていた。また、同サイトの運営チームがサイトの拡張方法に関する重要なアドバイスを受けながら、これを無視したことも耳に入っていた。数千人規模のユーザー向けのシステムを、数百万人のユーザーをサポートできるシステムへどうやって変えるかというアドバイスである。ティールとハワリーはフレンドスターのユーザー維持率のデータをコピーさせてもらった。すると驚いたことに、あれだけクラッシュがありながら、ユーザーの利用期間はかなり長いことがわかった。

彼らの結論はこうだった。利用者が去るのはSNSがビジネスモデルとして弱いからではなく、ソフトウェアの不具合が原因である。要するに「偽の失敗」だった。

ティールはザッカーバーグに50万ドルの小切手を書いた。8年後、彼はフェイスブックの持ち分の大部分を10億ドルで売却した。

遠藤がスタチンの偽の失敗にとらわれず、フォークマンが血管新生阻害剤の偽の失敗にとらわれなかったように、ティールはフレンドスターの偽の失敗にとらわれなかった。

○プロジェクトの擁護者をつくる

脆いプロジェクトは力強い庇護を必要とする。たとえば、遠藤が三共を去ったあと、同社のスタチンプログラムは縮小され、最後は破綻した。偽の失敗を見抜く者、予算をぶんどろうとする批判者からプログラムを守る者がいなかった。

遠藤はアイデアの発案者であり、なおかつアイデアの優れた擁護者でもあった。それはジューダ・フォークマンも同じだ。だが、その両方を兼ね備えている人は珍しい。アイデアの発案者は先頭に立ってそのアイデアを宣伝・擁護するはずだと考えるのは当然だが、実際には優れた発案者イコール優れた擁護者とは限らない。必要とされるスキルが違うからだ。

第1章で見たホイト・テイラーらは、1920年代にレーダーの原理を発見した優秀な発明家だった。だが、アイデアの擁護者としてはお粗末だった。新しいアイデアの提示・宣伝の方法、疑い深いリーダーの説得の仕方、乗り気でない組織内での支援の築き方を知らなかった。米軍におけるレーダーの起源についてはいろいろな説明がされているが、真っ先に評価すべき人の話がたいてい抜け落ちている。ウィリアム「ディーク」パーソンズ海軍大尉（のちに少将）である。時間が空けばレビューズ・オブ・モダン・フィジックス誌を読むような軍人だったパーソンズは、1933年の春、31歳のときに二度目の遠征から帰還した。武器局は彼を、海軍の「小さな無名機関」である海軍研究所との連絡役に任命し、そこで彼は衝撃的な発見をした。

パーソンズはすぐに、テイラーによる実験が軍隊に及ぼす可能性を把握した。（中略）人間の目に見えない航空機を探知できる電波エコー装置があれば、奇襲攻撃から船や港を守り、生命を救い、ひょっとしたら戦況を変えることができるかもしれない。ところが残念なことに、この革新的な武器の研究は全く優先されておらず、ふたりの専門家が片手間にやっているだけだった。海軍も科学者たちもパーソンズのように興奮している様子はなかった。（中略）電波エコーの発見が海軍の兵器に革命を起こす可能性があることは、彼にとって明白だったが、どうやら誰にも理解されていないようだった。

テイラーたちから詳しい情報を聞き出すと、パーソンズは早速5000ドルの予算をつけるよう上層部に提案したが、はねつけられた。テイラーを黙らせた懐疑的態度がパーソンズに火をつけた。自分のキャリアが危うくなるリスクをものともせず、「戸別訪問する営業マンのように粘り強く」それぞれの責任者を回っては説明を試みた。研究所の科学者にもはっぱをかけ、テイラーを諭してプロジェクト専任の最初のエンジニアを任命させた（ロバート・ページというこの技術者は、連続信号ではなくパルス信号を使うという画期的なアイデアを出した）ほか、プロジェクトを支援するよう幹部連中を説得した。彼は眠れるクマが目を覚ますまで、せっつくのをやめなかった。

後年、ヴァネヴァー・ブッシュと、戦争中に対空防衛を担ったフレデリック・エントウィッスル少将は、第二次大戦にレーダーの利用が間に合ったのはパーソンズのおかげだとした。

それがプロジェクトの擁護者だ。

第一線のバイオテクノロジー企業や製薬企業の多くは、発明者と擁護者の役割を分けるようになっている。パーソンズのようなスキルを備えたプロジェクト擁護者を育成し、その権限を高めていくやり方だ。これはある意味、評判が悪い。クリエイティブサイドの発明者（アーティスト）はたいてい、自分たちの仕事はそれ自体で完結すべきと考えている。プロモーション活動なんてまっぴらごめんという態度である。一方、ビジネスサイドの現場マネジャー（ソルジャー）は、モノをつくりも売りもしない人間、内部でアイデアのプロモーションをするだけの人間は必要ないと考えている。だが、優れたプロジェクト擁護者は単なるプロモーターではない。彼らはアーティストの言葉にもソルジャーの言葉にも通じ、両者を統合できる、いわばバイリンガルのスペシャリストである。

プロジェクト擁護者などという役割を設けると、あきれ顔をされるかもしれないが、それをうまく活用できる企業やチームは、海軍のレーダーに起きたようなことを経験しなくても済む。しっかりした擁護者がいないために優れたアイデアを眠らせてしまう事態を避けられる。

○最悪の発言に好奇心をもって耳を傾ける

私は挫折したり拒絶されたりすることがよくあるけれど、そんなときは必ず、ルーンショットの脆さから学ぶ第3の教訓を思い出すことにしている。遠藤やフォークマン、ティールもそのようにして「偽の失敗」をやり過ごした。簡単に言えば、最悪の発言に好奇心をもって耳を傾けるということだ。攻撃されたときにあわてて防御し、素知らぬ顔をするのではなく、オープンマインドの精神で失敗を吟味する。

たとえば動物実験がうまくいかなかったとき、遠藤だけはあきらめずにその理由を考え、アイデアをテストした。焼き鳥になる寸前のニワトリを使わせてほしいと知り合いに頼んだとき、遠藤はすでに何カ月もかけて実験を行い、薬が思ったように効かない理由を知ろうとしていた。そして俗に言う「種差」（動物種によって薬の振る舞いが違うこと）を疑っていた。チャンスが来たら直ちに行動するつもりだった。

フレンドスターも一時的なSNSブームに乗っかっているだけだと誰もが考えるなか、ティールとハワリーは利用者が離れる理由を深く掘り下げ、「逆張り」的な答えを見いだし、そこに確信を持った。逆張り、確信——投資案件としては大変魅力的である。

生物学者をしている友人は「彼のデータは誰も再現できない」から、ジューダ・フォークマンには関わらないほうがいいと私にアドバイスしたが、確かに最初の頃、フォークマンのデータを再現できない人たちがいたのは事実である。1997年にフォークマンが画期的な論文を発表すると、他のさまざまな研究所が、その研究成果を再現・確認するための素材や説明書を欲しがった。彼はすぐそれらを送ったが、一部の研究所では実験がうまくいかなかった（うまくいった研究所もあった）。ある記者がこの失敗例を耳にして、1998年のウォールストリート・ジャーナル紙に「がんの新治療法、再現に失敗」という見出しの記事を書いた。学問の世界では、再現不能な結果はキャリアの終わりを意味する。全国紙に大きく取り上げられたら、なおさらだ。

しかし、フォークマンは批判派につっかかるのではなく、調べた。他の研究所のやり方、実験が失敗する理由を知ろうとした。結果的にわかったのは、彼が送った不安定な試料物質が、長距離輸送に備えて冷凍した際に損傷したのが原因だった。試料の輸送方法を変えると実験はうまくいきだし、全米の研究所が彼の研究成果を支持するようになった。

最悪の発言にも好奇心をもって耳を傾けるという姿勢を一貫して示したのは、私にとっては

（左から）マイケル・ブラウン、遠藤章、ジョセフ・ゴールドスタイン

ジューダが初めてだった。攻撃を受けたとき、彼は相手に挑みかかろうとする衝動を抑え、常に広い心で、心からの関心と、学びたいという願いをもって静かに調査を行った。

好奇心とはどういうことか。経営者研修の類《たぐい》を頻繁に（時には積極的に）受けてきた私の頭には、「アクティブリスニング」という言葉がマントラのように刻み込まれている。今聞いたばかりの内容を繰り返して、こちらが理解していることを相手に示す。だが、投資家が売り込みにノーと言ったり、顧客があなたの製品を拒否したり、パートナーが立ち去ったりしたときは、相手のメッセージを受け取ったと意思表示するだけでは不十分だ。全身全霊で打ち込んだプロジェクトであれば、どうしても悪い結果を認めたくない。「あなたは正しい」という言葉を聞いて安心したくなる。だから相手を無視または攻撃して、友人や助言者、母親を頼ろうとする。

第3の教訓で大事なのは、ただ耳を傾け、内容を繰り返すだけでなく、心からの好奇心をもって、水面下に隠れたものを探ることだ。なぜうまくいかないのか、なぜ買ってもらえないのか。わが子のような製品やアイデアを誰も気に入ってくれないのはつらいが、なぜと問い続けるのはもっとつらいし、難しい。

悩める起業家をはじめ、各種ルーンショットの擁護者から相談を受けたとき、私は「最悪の発言に好奇心をもって耳を傾けなさい」と答えている。そういう相談はたいてい夜遅く、何杯か飲んだあとにやってくる。日々の苦闘についての現実的な議論が一段落し、積年の疲労が体からにじみ出てくる頃だ。「あきらめどきをどうやって知ればよいでしょう?」

粘り強さと頑固さの違いをどうやって見分ければよいか。

最悪の発言に対して好奇心をもって耳を傾けられるかどうかがポイントだと思う。何年も精魂を傾けてきたプロジェクトに異を唱えられたとき、腹を立てて反撃するか、それとも真の好奇心をもって調べるか。

実は、その疑問を投げかけずに済むときが、最も心配が大きい。

第3章

2種類のルーンショット　トリップとクランドール

ジェットエンジンとフリークエントフライヤー

1968年に創業者兼最高経営責任者が辞めたとき、パンアメリカン航空は世界で最も大きく、最も利益をあげている航空会社であり、コカ・コーラに次いで認知度の高いブランドであった。初めて大西洋横断飛行と太平洋横断飛行を実現し、初めて世界一周飛行を達成し、初めてジェット機を運航した航空会社だ。ジェームズ・ボンドは『007ロシアより愛をこめて』でパンナムを利用し、ビートルズはアメリカでの初の記者会見をパンナム機の前で行った。パンナムの機長は映画スターのようにサインを求められた。1963年に竣工し、最上部に25フィートの青い地球マークを配したニューヨークのパンナムビルは、世界最大のオフィスビルだった。1968年の映画『2001年宇宙の旅』では、パンナムの宇宙船のエレガントな客室乗務員が、パンナムのスリッパを履いて、おいしそうなスナックを配っていた。その頃地球では、パンナムは初の月旅行の予約を受け付けていた。

翌年、パンナムは初の赤字を計上し、その後22年間、毎年（4年間を除いて）赤字を記録した。

1991年12月4日の朝、パンナムのボーイング727「クリッパー・グッドウィル」の機長マーク・パイルがバルバドスの駐機場で離陸を待っていると、現地の同社マネジャーがこちらに向かってきて、コックピットで話がしたいと合図を送った。何分かたって現れたパイルは、乗務員たちにこう話した。「パンナムは営業を停止しました」。みんな声を上げて泣きだした。数時間後、パイルはマイアミ空港上空を低空で一度飛行してから着陸した。飛行機がゲートに近づくと、タラップ作業員や航空会社のスタッフが直立不動の姿勢で敬礼をした。放水銃から機体に向けて水が放たれる。数カ月後、ニューヨークのビルから青い地球マークが外され、代わりに保険会社の社名が白いブロック体で表示された。

何があったのか。

•
•
•

第1章と第2章では、ブッシュ・ヴェイル システムが必要とされた背景を見た。私たちはルーンショットを保護・育成しなければならない。なぜなら、それは驚くほど脆いからだ。私たちはルーンショットとフランチャイズのバランスをとらなければならない。なぜなら、両者は互いに強め合うからだ。そうした必要性から、相分離と動的平衡という最初の二つのルールが導かれた。

本章と第4章、第5章では、三つ目の必要性について触れる。それは2種類のルーンショットを区別しなければならないということだ。

一方のルーンショットを見失ったために、世界一エキサイティングな航空会社が破綻した。もう一方のルーンショットを見失ったために、世界一エキサイティングなコンシューマーテクノロジー企業が破綻した。どちらの会社も、ヴァネヴァー・ブッシュとセオドア・ヴェイルがすでに知っていたことを遅まきながら思い知った。

ルーンショットを見逃すと、命に関わりかねない。

二つのタイプ

製品（Product）の驚くべきブレークスルーを「P*タイプ」のルーンショットと呼ぼう。これは最初こそ受け入れられないが、最終的に勝利するテクノロジーを指す。「実業界にとって電話はただのおもちゃだった」と、1921年のヴェイルの伝記にある。「株式投資を勧められた投資家は黙って微笑むか、おどけたコメントをするかだった」。ベル電話会社のことである。

同社はやがて全米で最も企業価値の高い会社となり、ピーク時に全米の株式市場に占める割合は、アップル、マイクロソフト、GEを足しても及ばないほどだった。(注35)

Pタイプのルーンショットに対して人々は「ものになりそうにない」とか「ヒットしようがない」と言う。だが、ふたを開けるとヒットする。

戦略(Strategy)の驚くべきブレークスルーを「Sタイプ」*のルーンショットと呼ぼう。これはビジネスの新しいやり方や既存製品の新しい応用法を指す。新しいテクノロジーは関係ない。サム・ウォルトンは大都市から離れた場所に特大規模の店舗を出し、1ドル20セントの女性用下着を1ドルで販売した。新しいテクノロジーはどこにもない。同じ商品を違った方法で、少しだけ安く提供した。2018年時点で、ウォルマートは世界最大の小売事業者だ。売上高がGDPだったら、世界で第25位の国ということになる。ウールワース、フェデレイテッド、モンゴメリーウォード、ギブソンズ、エイムズなど、かつてのライバルは見る影もない。

Sタイプのルーンショットに対して人々は「儲かるはずがない」と言う。だが、ふたを開けるとちゃんと儲かる。

フェイスブックはSNSを発明したわけではなく、グーグルは検索を発明したわけではない。

＊ 経営理論上、2種類のルーンショットは、ルイス・ガランボスが1992年に名づけた「適応的」イノベーションと「発展的」イノベーション、クレイトン・クリステンセンが1997年に名づけた「持続的」イノベーションと「破壊的」イノベーションとは無関係である。その違いは「おわりに」を参照。

ウォルマートも安売りを発明したわけではない。最初の頃、投資家がフェイスブックやグーグルに注目しなかったのは、SNSや検索がお金にならないことを知っていたからだ。両社が成功したのは、誰もそこまで効果があると思わなかった小さな戦略変更、つまりSタイプのルーンショットのおかげである。

Pタイプのルーンショットによる「死」は突然、劇的に訪れる。新しいテクノロジーが華々しく登場し（ストリーミングビデオ）、以前のサービスを駆逐し（レンタル）、擁護者が現れ（ネットフリックス、アマゾン）、古い業者は撤退する（ブロックバスター）。Sタイプのルーンショットによる「死」はもっと緩やかでわかりにくい。雑貨店が姿を消し、ウォルマートが小売の世界を支配するまでに30年かかった。そして、ウォルマートが何をし、なぜ勝ち続けているのか、それをちゃんとわかっている者はいなかった。

Sタイプのルーンショットは、たとえ後知恵でもなかなか見分けられない。売り手や買い手、市場の複雑な振る舞いに隠されていることが多いからだ。科学の世界では、複雑さが往々にして深い真実を覆い隠す。たくさんのノイズがわずかなシグナルを感じ取れなくする。私たちはそうした複雑さを剝ぎ取り、隠された真実を暴くために研究室の実験を設計する。だが時に、自然界のめったにない出来事が真実を明らかにしてくれることがある。

日食がそんな自然実験の一例である。日食の間は月が太陽からの光を遮るので、昼間でも遠くの星からの微かな光を見ることができる。１９１９年の日食の際、英国のあるチームが太陽重力による星の光の屈折を測定した。彼らは、わずか4年前に提唱されたアインシュタインの重力理論のほうが、ニュートンの理論よりも光の屈折をうまく説明できることを示した。

1978年、航空業界の規制緩和を決めた議会は、ビジネスの世界で日食に相当するものを生み出した。

連邦政府は半世紀の間、航空会社がどこを飛び、料金をいくらにするかを事細かに規制してきた。カクテルの値段や映画用ヘッドホンの貸出価格まで決めていたくらいだ。そうした制約がいきなりなくなり、Sタイプのルーンショット、すなわち戦略の小さな変更が高波のように広がった。決して華々しい変化ではなく、むしろ地味でおたくっぽいものだ。フリークエントフライヤー・プログラム、直行便ではないハブ経由便、旅行代理店向けのコンピューター予約システム……。ジェットエンジン、ジャンボジェットといったPタイプのルーンショットはニュースの見出しを飾るが、戦略の小さな変更はあまり気づかれない。規制緩和によって、Sタイプの微かな見えづらい光も、しばし明るく輝くことになった。

Sタイプのルーンショットのほとんどはアメリカン航空のCEO、ボブ・クランドールによって発案され、完成された。クランドールはSタイプの優れたイノベーターだった。航空業界のPタイプルーンショットのほとんどは、パンナムの創業者兼CEOのファン・トリップによって発案され、完成された。トリップはPタイプの優れたイノベーターだった。1978年から2008年の間に、規制緩和がきっかけで、パンナムなどの大手を含む170の航空会社が廃業または倒産した。ただしアメリカン航空は例外だった。

現在、1978年以前の航空業界に匹敵するほどの規制を受けている業界はほぼない。だが、突然のショックはいつでも起きる。グーグルがある朝、携帯電話の新しいOS、アンドロイドを無料で提供すると発表したとき、携帯電話の世界のルールが突然変わった。その発表は規制緩和と同様、Sタイプのルーンショットを次々に生み出す契機となり、準備のできていないあらゆる企業に不意打ちを食らわせた。

だから、輝かしいPタイプだけでなく、目立たないSタイプのルーンショットも育てる必要がある。チームや会社と同じく、個人にも死角がある。そして死角に入りやすいのは、輝かしいタイプではなく目立たないタイプだ。

もしあなたが起業家なら、あるいはクリエイティブな仕事をしていたら、両方のルーンショットに秀でることでアイデアをもっと広げやすくなる。単なるよい成果を偉大な成果へと転換できる。たとえばグーグルは、検索結果をランク付けするための新しいアルゴリズムからスタートした。なかなか見事なPタイプのルーンショットだ。しかしグーグルは、18番目に市場参入した検索エンジンである。広告主を惹きつけるため、同社はSタイプの賢いルーンショットをいくつか付け加えた。そのおかげで、世界でも有力なウェブサイトになることができた。

もしあなたが業界の新しいチャレンジャーなら、両方のルーンショットに秀でることで、まるでミドル級のボクサーが予期せぬ左フックを繰り出してヘビー級のボクサーを倒すように、大きくて強いライバルを負かすことができる。

そしてもしあなたが大きな成功を収めたイノベーターで、強大な帝国を築いていたら、死角に注意することだ。第2のパンナムにならないように、あなたを狙って牙を研ぐルーンショットに目配りしなければならない。

JTとクランドール

パンナムにはファン・テリー・トリップが40年以上も君臨し、アメリカン航空もロバート・ロイド・クランドールが18年間トップを務めた。

1929年にパンナムを創業したトリップは、スペイン語っぽいファーストネーム（母の異母姉ファニータからとった）が嫌で、JTと名乗るようになった。父はニューヨークの投資銀行家で、家系のルーツは1663年にまでさかのぼる。周りはホイットニー、ヴァンダービルト、ロックフェラーといった名士の一族ばかりだった。トリップはイェール大学に進み、フットボールやゴルフに親しんだ。スペイン語は一言も話さなかった。だがパンナムが中南米に進出したとき、名前をファンに戻し、バイリンガルのアシスタントを雇って、自身の名前で各国の大統領や独裁者に流暢なスペイン語で手紙を書かせた。5年とかからずにアメリカ大陸の空を支配し、10年とかからずに国際線を牛耳った。フランクリン・D・ルーズベルトは彼のことを「私の知る限り最も魅力的なイェール出身のやんちゃ坊主」と評し、ある同僚は「私が知る最も礼儀正しく思いやりのない男」と言った。

トリップが礼儀正しく育ちのよいお坊ちゃんだったのに対し、クランドールは無骨で男っぽいチェーンスモーカーだった。

クランドールは「競争相手への怒り」が大切だという哲学の持ち主だった。「敵に怒りを向けるべきだ。もし負けたら、自分自身に腹を立てるべきだ」。彼は「フン族の王アッティラ（5世紀にヨーロッパ全土を脅かし、破壊王とも英雄とも称された）」「肉屋のボブ」「ダース・ベイダー」などと呼ばれていた。それでわかりにくければ、「牙」という呼び名もあった（彼は犬歯がとても目立つ）。週末には仕事に出て、みんなの机にメモを残した。「私は出社したが、君はどこに？」。1987年の企業紹介ビデオでは、軍服、フェイスペイント、バンダナといういでたちで、おもちゃのマシンガンを持っていきなり画面に登場した。そう、（ランボーならぬ）クランドーだ。(注36) ある伝記作家は、秩序に対する彼のこだわりを次のように表現している。「キッチンカウンターに妻の財布があるのに気づいたら、開けてなかを調べる。この財布もかと思いながら中身を出して整理し直し、底の折り目のところにたまった埃を捨てる。『彼女はかんかんだよ』と、ニコチンのついた歯を見せて耳障りな笑い声をあげる」

スタイルこそ違ったものの、トリップもクランドールも情け容赦ない野心家だった。ふたりとも世界の空を支配したかった。ともに規制緩和を嫌ったが、1978年にとうとうそれはやってきた。ボブ・クランドールは上院の公聴会で、その場にいた経済学者や法律家に私見を述べた。「頭でっかちの唐変木の皆さん！　あなた方はこの業界を潰すつもりですか」

だが前述のように、規制緩和のあと、クランドールの航空会社は存続・繁栄したが、トリップの会社は衰退・破綻した。逆になっていてもおかしくはなかった。トリップと違ってクランドールは航空マンではなかった。「血液にケロシン（ジェット燃料）が流れている」タイプではなく、MBAを保有する財務マンだった。アメリカン航空の前はホールマーク・カーズ、ブルーミングデールズに勤務した。

しかし、クランドールには財布の中身を出して整理し直し、使い勝手を高めるように、創造的に秩序を築く才能があった。また、その間に誰かを怒らせても気に留めなかった。言い換えれば、銃を持った攻撃的なSタイプイノベーターだった。

トリップはエンジンを理解し、飛ぶことを愛し、エンジニアのように飛行機を設計するパイロットだった。大学卒業後、裕福な友人たちからお金を集めて（亡くなった父親はほとんど財産を残さなかった）、戦争で余った飛行機を少しばかり買い、ロングアイランド航空として開業した。F・スコット・フィッツジェラルドが書いた1922年夏のロングアイランドだ。ジェイ・ギャツビーとデイジー・ブキャナン、ジャズとフラッパー。裕福なカップルが飛行機でロングアイランドまでやってきた。トリップの飛行機はなかなか悪くなかったが、あいにくパイロットひとりと乗客ひとりしか乗れず、カップルを運べなかった。そこでトリップは飛行機を改造した。馬力の強いフランス製の最上級エンジンを見つけ、特大のプロペラを減らし、燃料タンクを機体の外へ移し、座席を一つ増やした。おかげで商売は繁盛した。

それから40年間、トリップはこの戦略を何度も繰り返した。3人乗りのチャーター機から果てはボーイング747まで、誰もつくれないと思うような大型の飛行機を次々に設計し、スピードを追求し続けた。パンナムはジェット時代の幕を開き、一般大衆の国際旅行を可能にし、世界最大の航空会社となった。トリップは静かに支配するPタイプのイノベーターだった。

アメリカン航空がフリークエントフライヤー・プログラムや格安運賃の「スーパーセーバー」をつくったことを覚えているだろうか。はたまた、二重構造の給与体系という考え方を知っているだろうか。航空業界の歴史でも研究していない限り、多分ノーだろう。でも、それなりに年配の人ならパンナムとジェット族は覚えているのではないか。ABCテレビはパンナムのパイロットやスチュワーデスの暮らしぶりをシリーズで放映した。航空会社の予約システムに関するTVシリーズをつくろうとする者はいないだろうが、規制緩和によってある種の特殊な状況が生まれたことで、ファン・トリップ式のまばゆい変革がしばしば光を放たなくなり、逆にボブ・クランドール式の変革に好機が訪れた。つまり、派手さのないSタイプの出番が来たのである。

ボブ・クランドール式の変革の一つについて、もう少し理解を深めてみよう。後年のインタビューでクランドール自身、アメリカン航空の成功に最も欠かせない変革だったと述べている。ただし人目を惹く改革ではない。極めてテクニカルなものなので、別のビジネスを想像してもらったほうがわかりやすいかもしれない。

パイ事業にて

あなたは米国のスモールタウンという町でパイ店を経営している。しかしスモールタウンの法律により、パイ事業のオーナーはパイ焼き職人に1時間15ドル払わなければならない。あなたをはじめ、すべてのオーナーは、時給15ドルをたとえば5年間、あるいは20年間支払いますという契約をパイ焼き職人と交わす。あなたは余計なことを考えずに黙々と仕事をこなすが、ある日、スモールタウンの町長が突然決定を下す。パイ業界の連中はもう好きにやってください。介入はもうやめるのでお好きなように——。翌日、町中のみんながパイビジネスは素晴らしいと考える。新しいパイ店があちこちにオープンする。古い契約の縛りがないので、彼らはパイ焼き職人に時給8ドルを支払い始める。さて、あなたはどうするか。コストが下がるので、新しいパイ店のオーナーはあなたより安い値段でパイを売ることができる。あなたはべらぼうに高い長期契約を結んでいるので、パイの値段を下げられない。早々に廃業するしかないだろう。

大手航空会社が1978年に直面したのはこの状況だった。長期契約に縛られているため、新しいライバルよりはるかに高い賃金を支払わざるを得なかったのだ。

クランドールは一計を案じた。アメリカのビジネス界で初めて二重構造の給与体系を導入したのだ。1978年以前に雇った人はAスケール、それ以降の新しい人はBスケールとした。労働組合は大いに疑問を感じたが、クランドールは、全く同じ仕事をするふたりの給料が異なることを納得させた。その代わり、市場価格であるBスケールでコストが下がるぶん、航空機を買い増して事業を拡大できた。すると雇用が増え、昇進のチャンスも増えるので、組合は満足する。事業拡大により、アメリカン航空の平均人件費は損益分岐点まで低下した。スタートアップ企業に比べて高コストながら、営業範囲が広がることでそれを補えるようになった。アメリカン航空は倒産を回避し、事業を拡大し、その後、米国一の航空会社になった。新しい派手なテクノロジーがあったわけではなく、給与に関する独自の戦略を練り上げただけである。

ボブ・クランドールのルーンショット養成所からは、また違うアイデアも生まれている。スモールタウンにまだグーグルやイェルプがなかったとしよう。住民はどうやって最寄りのおいしいパイ店、自分が求めるパイを出す店を探すのか。イエローページで一軒一軒電話をかけるなどという非効率なことはやっていられない。

そこで良心的なパイ事業者であるあなたは、町のあらゆるパイ店の情報を一覧できるコンピユーターデバイスをつくり上げる。どんなパイをいくらで売っているかがひと目でわかるから、利用者はどこからでも好きなパイを注文できる。しかも寛大なあなたは、その「パイ店検索ツール」を町の全家庭に無料で配る。だが、他のパイ店オーナーがそんなことを許さない。どうせ自分の店だけを載せるつもりだろうと疑われるが、あなたは「いいえ。すべてのパイ店を載せないと、誰もこのツールを受け入れてくれない」と言う。ライバル店は納得する。あなたのツールは間もなく、スモールタウンのほとんどの家庭に行き渡る。

あなたは公平であることを約束した。だが不思議なことに、あなたのパイ店の業績は伸び、ライバル店は落ち込む。誰がそれを予想しただろうか。どうやら「位置」と関係がありそうだ。あなたのパイ店は、常に一番上に表示されるのだ。

コンピューター予約システムを最初に開発したのはアメリカン航空ではないが、同社のシステムは最も機能的で、すべての運賃を一覧表示した。同社はこの「セイバー」というシステムを全米の旅行代理店に配った。ある調査によると、セイバーを使う代理店からの予約は、他に比べて50パーセント以上多かったという。予約システム利用率のわずか1パーセントの違いが、給料を払えるか破綻するかを分けると言われる航空業界にあって、これは目を見張る効果だ。

クランドールは航空事業を「合法的な戦争みたいなもの」と評した。あるライバルはクランドールの戦略を「共食い。やつの目標は弱い者を殺すこと」と表現した。セイバーのおかげでアメリカン航空は戦場で優位に立てた。

だが、セイバーがもたらした最大のメリットは、それまで誰も見たことがないほど大量の予約データが得られたことだった。クランドールたちもこれには驚いた。あるアナリストは「このデータから、サンファンへ休暇で行く人が何日前に予約する傾向あるか、デトロイトへの出張者が何日前に予約するかなどを推測できる。9月ではなく5月とか、金曜ではなく火曜とか」。「ビッグデータ」という言葉がシリコンバレーで流行りだす30年前に、アメリカン航空はビッグデータを発見した。クランドールはそのデータを使って一つの座席から最大限の収益を稼ぎ出すための専任部門を設置した。この手法は予想通り、「イールドマネジメント（収益管理）」という実に退屈な名称を与えられた。

この頃アメリカン航空が発案したフリークエントフライヤー・プログラムは顧客ロイヤルティーを築き、「スーパーセーバー」プログラムは最後の最後まで予約を受け付けて空席を埋めた。いずれも目に見えやすいサービスだ。他社もすぐに追随した。だが、前述の「セイバー」システムに基づく地味で目立たない販売チャネルや、ビッグデータに基づくイールドマネジメント技法は他を寄せつけず、長年まねることができなかった。(注37) アメリカン航空を救ったのはそうした変革だった。

予約システムに熱狂する者はまずいない。たいていの人が注目するのはもっと華やかなルーンショットだ。ファン・テリー・トリップという、イェール出の礼儀正しいやんちゃ坊主も、そんなルーンショットに属するタイプだった。

JTとリンディ

ロングアイランド航空で3人乗りの単発小型機を設計してから数年後、トリップは新しい会社を設立し、オランダの航空機設計技師アントニー・フォッカーとともに、8人乗りの三発機をこの会社のために建造した。1928年1月16日、パンアメリカン航空は、自社初の旅客サービスを開始。フォッカーFⅦa／3mでフロリダ州キーウェストとキューバのハバナを結ぶ便だった。同社のパンフレットはゆったりとした籐椅子やガラスの引き窓を宣伝しながら、次のように問いかける。「荒海に揺れる蒸気船のデッキに立ったことが何度ありますか？……カモメのように速く滑らかに飛びたいと思いませんでしたか？」

事業は成長したが、そのスピードは緩やかだった。どうにかして飛行機に対する人々の関心をかき立てる必要があった。そんなとき、トリップは最高の幸運をつかんだ。チャールズ・リンドバーグ、別名ラッキー・リンディとの出会いである。

1927年5月20日午前7時51分、ロングアイランドのルーズベルト飛行場。25歳のリンドバーグは単発機の操縦桿をそっと後ろに倒してエンジンの回転数を上げ、重たい飛行機をよろめくように滑走させた。彼の愛機、スピリット・オブ・セントルイス号は、これだけの燃料を積んで飛んだことがなかった。滑走路の中間点を過ぎてもまだ飛行速度に達していない。だがリンドバーグは「荷重が車輪から翼に移る」のを感じた。飛行場の端にある電話線の6メートル上を何とか通過した。

ニューヨーク～パリ間を最初にノンストップで飛び、2万5000ドルの賞金を獲得しようとするリンドバーグの伝説的冒険はこうして始まった。単独飛行に、しかも単発機で挑んだのは彼しかいない。サンドイッチ5個と水筒1本の水を持ち込み、コンパスと地図以外にナビゲーション装置は持ち込まなかった。リスクが高すぎるため、ロイズ・オブ・ロンドンは彼のチャレンジにオッズをつけなかった。その年、海を横断しようとして18人が命を落とした。

リンドバーグは今日では考えにくい方法で人々の想像力をかき立てた。インタビューを断ればほど名声が高まった。単独飛行の前日、あるカメラマンがリンドバーグの母親に、息子にキスしているところを撮らせてほしいと頼んだが、母親はやさしく笑って断った。「そういうことに慣れるといいのかもしれませんが、私たちは内気な北欧の血筋ですから」。記者たちは中立を装うのをやめた。「はにかんだ笑顔を見せる、やせっぽちで背の高いアメリカ人青年が、大西洋上空のどこかを飛んでいる。そこはまだ誰も単独で挑んだことがない場所である」と、あるコラムニストは書いた。「もし彼が行方不明になったら、全世界のあらゆる人に哀惜の念が広がるだろう」。スピリット・オブ・セントルイス号が大西洋上空を飛んでいる夜、ヤンキースタジアムに観戦に来た4万人のボクシングファンが静かな祈りを捧げたという。ある伝記作家はこう書いた。「コロンブスでさえ独りで旅立たなかった。アメリカでリンドバーグの冒険を共有した人のほとんどは、その夜の気持ちを正確に記憶し続けるだろう」

米国の各紙はこのフライトに関する25万以上の記事を掲載した。リンドバーグが33・5時間後にパリ郊外に着陸したとき、約15万人の群衆が押し寄せ、口々に称賛の言葉を浴びせたという。航空分野の宣伝も兼ねてラッキー・リンディが82都市を3カ月かけて回ったとき、米国の人口の4分の1を超える3000万人の人出があった。映画会社からひげ剃りクリームまで、仕事のオファーやスポンサーシップの要請が多数寄せられた。リンドバーグは航空分野の宣伝に集中したいと言って、これを断った。

駐メキシコ米国大使のドワイト・モローは、政治的な緊張関係の修復に役立てるため、リンドバーグを中南米への親善訪問に招待した。社交界からの招待が続くのを避けたかったリンドバーグはこれを受諾した。メキシコシティに着いた日、駐メキシコ大使の娘アンは日記に次のように書いた。「夜会服を着た背の高いやせた青年が、大きな石柱を背に立っていた。思ったより細くて背が高く、落ち着きがあった」。1年半後にふたりは結婚した。

親善訪問でハバナに立ち寄ったとき、リンドバーグはもうひとりの若いアメリカ人とも接点を持った。国際航空という壮大な構想を温める、愛国心の強いパイロットだ。映画スタジオや髭剃りクリームの会社からの誘いはすべて断っていたリンドバーグだが、ファン・テリー・トリップからの申し出は受け入れた。トリップと一緒にパンアメリカン航空を立ち上げ、宣伝することに同意したのだ。ふたりの関係は40年続き、双方の人生を変えることになる。

チャールズ・リンドバーグとファン・トリップは
パンナムの中南米制覇を目指した（1929年）

リンドバーグはまず、中南米へのフライトに選ぶ航空機について、地上滑走路があまりないので水陸両用の設計にしたほうがよいだろう、と助言した。ロシアから亡命したエンジニアのイーゴリ・シコルスキーと協力して、S38「フライングボート」という航空機を設計した。この飛行艇のおかげで、二つの空港だけだったパンナムの営業範囲は、中南米およびカリブ地域の30を超す都市や港にまで拡大した。

だが、リンドバーグがトリップを一番支えた場所はワシントンだった。米国郵政公社は当時、民間事業者に郵便の運搬を依頼していた。トリップのリクエストで、リンドバーグはパンナムを代表して中南米ルートのロビー活動を行った。もしあなたが郵便関連のキャリア官僚で、その狭苦しい部屋に、地球上で最も崇拝される若者が入ってきたらどう反応するだろうか。パンナムは中南米方面のあらゆる契約を勝ち取った。ブエノスアイレスとの間を3往復するだけでシコルスキーS38飛行艇が一機購入できた。他の新興航空会社も同じルートに目をつけていたが、航空便の契約が取れずに倒産した。

航空機も航路も手に入れたトリップだが、一つだけ問題があった。それは航法（ナビゲーション）である。

トリップのパイロットたちはリンドバーグ同様、推測航法で飛んでいた。頼るのはコンパス、地図、そして己の目である。フロリダ海峡の横断は、リンドバーグの大西洋横断に比べれば短距離とはいえ、やはり危険を伴った。フロリダキーズの島々はヨーロッパの海岸線より目標として小さいうえ、商用機はリンドバーグの質素な単発機より航続距離が短い。リンドバーグは回想録のなかで、1928年初めのハバナからの夜間飛行について次のように書いている。

フロリダ海峡上空で、磁気コンパスが回りだして止まらなくなった。……東西南北どちらへ向かっているのかわからない。頭上の靄《もや》の向こうに星がいくつかぼんやり光っているが、星座としては判別できない。

上へ行けばどこかに晴れ間があるはずだと思い、上昇し始めた。北極星が見つかれば、それを目安にまずまずの精度で飛べる。だが、高度が増すにつれて靄は濃くなった。薄雲が立ち込めて星々をまたたかせた。

リンドバーグは夜明けまで旋回し続けた。早朝の光のなかで地図を確認し、「正しい方角に対してほぼ直角に飛んでいた」ことを発見する。「300マイル近くそれていた！」。フロリダではなくバハマ諸島上空にいたのだ。リンドバーグが助かったのは、スピリット・オブ・セントルイス号に余分な燃料を積んでいたからだった（これは彼の有名な愛機の最後から2番目のフライトだった。2カ月後、同号でワシントンDCまで飛んだリンドバーグは、それをスミソニアン博物館に寄贈した。今でも見ることができる）。しかしスピリット号と違って、S38の最大航続距離は600マイルしかない。正規のルートから300マイルそれたら危険きわまりない事態となる。

8月15日午後3時55分、パンナムの最初の旅客飛行から8カ月後、雇われて間もない3人目のパイロット、ロバート・ファット（陸軍のパイロット出身の33歳）は、乗客ふたりと航法士ひとりを乗せてハバナを飛び立ちキーウェストへ向かった。多発機の操縦経験は4時間20分。無線受信機は修理中だったので、できるのは送信だけ。離陸から1時間後、キーウェストに無線を入れた。「視界悪し」。雨が降っていた。陸地の手がかりを探すが、全く見つからない。「心配なし」。さらに1時間たっても視界は悪く、陸地も見つからない。「心配なし」

3時間近くたったとき、ファットは最後の通信をし、そのあと海上に墜落した。正しいコースからおよそ300マイルずれていた。幸いにも近くにタンカーがおり、ファットと航法士を含む3人は救出された。4人目、つまり乗客のひとりは行方不明となった。この事故はパンナムだけでなく、商業航空の未来に対する信頼を揺るがした。トリップはどうにか言葉を弄して混乱を脱したものの、ナビゲーションの問題を早急に解決しなければならないのは明らかだった。

その答えとして、無線によるナビゲーションという新しいアイデアを検討した。視界が悪いなかを飛ぶ航空機は地上のオペレーターに信号を送る。オペレーターはそこから航空機の位置を読み解き、リアルタイムのコース指示を無線で返す。パイロットたちはこのアイデアを嫌った。自分が乗る飛行機のコントロールを遠く離れた他人任せにしたくなかったからだ。それに、当時の唯一の無線装置（船舶が使っていた）は性能が今一つで、重さが何百キロもあった。飛行機に積むには重すぎた。

みんなは「そんなもの使えない」と言う。すると、なぜか使えるようになるものだ。

トリップは、エレクトロニクス企業RCAの無線エンジニア、ヒューゴー・ロイテリッツに、会社をやめてパンナムに来ないかと声をかけた。ロイテリッツが航空機用のポータブルな無線航法装置を提案したが、会社に却下されたことを知っていたからだ。31歳のロイテリッツはこの誘いに心惹かれたが、幼い子どもがいるので安定した仕事を捨てるのをためらった。

「飛行機が少ししかありませんよね。それじゃあ仕事も少なそうだ」とロイテリッツはトリップに言った。

「もうじきすごい数になります。来年は中南米、その次は大西洋、太平洋を横断します」とトリップは答えた（トリップは弱冠28歳、事業を始めて1年ちょっとだった）。

ロイテリッツはRCAを辞めてトリップの会社に加わった。案内された新しい職務スペースには、椅子一つと彼のラップトップPCがあるだけだった。1年たたないうちにロイテリッツはパズルの最後のピースをトリップに与えた。1929年末には、パンナムは地上に25の無線受信機を擁し、そこから、業界初の軽量無線航法システムを搭載した60の航空機に指示を出していた。その年、同社は28カ国の60の空港を結んで、2万7288人の旅客を275万2880マイル輸送した。海上で方向を見失う飛行機はもうなかった。そしてパンナムは、世界最大の国際航空会社になっていた。

それからもう一つ、華々しさという要素も加わった。1929年の秋、リンドバーグと新妻のアンは、トリップとその妻ベティとともに、S38で中南米を視察した。女性陣は白い洋服を着て紅茶を出し、男性陣は飛行用ゴーグルをつけて政治家たちと写真用のポーズをとった。どの町でも、この20代の2組の夫婦を人々は熱狂的に歓迎した。アン・リンドバーグが時々乗り物酔いしたが、それがつわりだとわかったときは、まるで王家に世継ぎができたかのような大騒ぎになった。

危険な好循環

Ｐタイプのルーンショットを育て、規模や量やスピードを目指し、派手なマーケティングを少々加えるというトリップの戦略は功を奏した。技術の向上がコストを下げ、さらなる技術改善への投資資金を生んだ。大型化した航空機は顧客をもっと遠くへ、もっと速く運んだ。この好循環がフランチャイズを伸ばし続け、トリップはライバルを大きく引き離して名声を得た。同じような好循環がその後、ポラロイド、ＩＢＭ、アップルといったテクノロジー企業を押し上げたように。Ｐタイプのルーンショットはフランチャイズの拡大を後押しし、それがさらなるＰタイプのルーンショットを推進する。ただ、勢いが増すと同時に視野狭窄も進む。まっすぐ進み続けろ、もっと速く、速く――。

好循環が回るたびにパンナムの航空機は増え、影響力は高まり、トリップの野心も膨らんだ。新世界と旧世界の間を行き来するのはもはやエリート層の特権ではなくなった。パンナムのおかげで、あらゆる人が大西洋や太平洋を越え、手頃な価格で海外旅行を楽しめるようになった。

トリップはまず最も儲かる路線である大西洋横断計画に着手した。毎年１００万人の乗客と７５００万ポンドの貨物が、蒸気船による10日間の遠洋航海でここを運ばれていた。パンナムの中南米事業など取るに足らない規模に思える。だが、ヨーロッパでの航行と着陸の権利をめぐる4年間の交渉が不調に終わると、トリップの関心は太平洋に向いた。大西洋横断の商業飛行という目標は野心的で困難だと考えられたが、太平洋横断飛行のほうは自殺行為に等しいと思われていた。当時の最長空路は、アフリカとブラジルを結ぶ1865マイルの郵便飛行だった。にもかかわらずトリップは、方角がわかりづらい海の上を8700マイルにもわたって（郵便だけでなく）旅客を乗せて飛ぶという。ほんの数年前、ハワイまでの初の無着陸飛行が広く競われたときでも、挑戦した6機のうち3機が海上で行方不明になっていた。しかし、ハワイまでならまだいい。ホノルルから中国までは大西洋横断の2倍の距離があり、なおかつ燃料補給の拠点もないと思われた。トリップが持つ飛行機で航続距離が一番長いシコルスキーS42でも、燃料を満タンにして飛べる距離はその5分の1に満たない。

中国便の就航をトリップが発表すると、必ず悲劇が起きると確信したパンナムの取締役ふたりが辞任した。航空業界を監視する連邦委員会の委員長（トリップの友人でもあった）は、安全を理由に政府に反対を表明させようとした。そうすればトリップの面目も保たれる。だがトリップは彼の申し出を拒んだ。

どうしようもない逆境、人々の反対、国家的な災害の恐れ。そうしたものに直面したとき、あなたならまずどこから手をつけるだろうか。トリップは、42丁目と5番街に位置するニューヨーク公共図書館の本館を訪れた。案内デスクで、19世紀の太平洋横断貿易に使われたクリッパー帆船の記録がないかと尋ねた。古い手書き文書の山から、ある資料が見つかった。ホノルルと上海の中間あたりにウェーク島という無人島があるらしい。アメリカのある探検隊が1899年に島の領有権を主張していた。トリップはワシントン中を聞いて回ったが、誰が管理しているかはわからなかった。そうした電話や手紙での問い合わせが結果的に大統領令につながり、ほんの数カ月後、海軍がパンナムを支援してウェーク島に航空拠点を建設していた。また、それから間もなく、ハワイの西にある別の無人島にも拠点ができた。アメリカ領のミッドウェーとグアムである。この三つの島が米本土とアジアを結ぶ飛行経路を完成させた。後の第二次世界大戦で、これらの島は重要な役割を果たした。

次にトリップは、メリーランド州ボルチモアのグレン・マーチン社製の「30マイルの向かい風のなか航続距離2500マイルを有する高速多発飛行艇」を就航させた。1935年11月22日、重さ25トン、翼長130フィート、プラット・アンド・ホイットニー社製の830馬力エンジン4基を搭載した世界最大の水陸両用機が、サンフランシスコ湾へと滑り込んだ。ボルチモアから運ばれ、オークランド対岸のアラメダ埠頭につながれていたシルバーとブルーに輝くマーチンM130が、波の上で小刻みに浮き沈みしている。トリップはこの飛行艇を「チャイナ・クリッパー」と名づけていた。

カリフォルニア州知事は11月22日を「パンアメリカン航空の日」にすると宣言した。午後2時45分、ラジオのアナウンサーは、何万人もの人が海岸沿いに集まり、さらに何百万という人がラジオを聴いていると述べた。「近代の歴史上、最も劇的な出来事の一つに、まさに立ち会おうとしています」。郵政公社総裁はルーズベルト大統領からの祝電を読み上げ、この日が「わが国の輝かしい歴史の新たな1ページ、世界の輸送分野の新たな時代、そして東西の人々を歴史上初めてつなぐ新たな絆の始まりとして永遠に記憶される」だろうと語った。7人の乗員が埠頭に姿を現し、ひとりずつ飛行艇へ向かうたび、野球選手がダッグアウトから登場するときのように、アナウンサーが名前と略歴を叫び、拍手喝采が起きた。

乗員が乗り込み、ドアが閉じられる。中継基地となるホノルル、ミッドウェー、ウェーク、グアム、マニラの無線も順次準備が整った。トリップが全基地の準備完了を告げ、郵政公社総裁がゴーサインを出す。「チャイナ・クリッパー」のエンジンがうなる。アメリカ国歌が鳴り響き、何百という車がクラクションを鳴らし、22発の爆弾が祝砲代わりに爆発する。上空を旋回していた30の小型機が降下し、「女王様」の就航に同行する。

クリッパーは上昇を試みるが、2トン近い郵便を積んでいるのでなかなか上昇できない。速度を増しながら、建設中のサンフランシスコ・オークランド・ベイブリッジのケーブルのほうへまっしぐらに進む。間際になってパイロットは橋の上を飛ぶという計画をあきらめ、機首を下げてケーブルの下を通り抜けた。「みんな思わず頭を下げました」と、技術スタッフのひとりは後に述べている。アナウンサーや群衆はそれが予定通りだと思い、歓声を上げた。事情をよく知るトリップは埠頭の上で縮み上がった。ベイブリッジの下から現れたクリッパーはようやく上昇し、やはり建設中のゴールデンゲートブリッジの上を越え、ホノルルまで21時間の飛

サンフランシスコ・オークランド・ベイブリッジの下をくぐるチャイナ・クリッパー（1935年）

行態勢に入った。残る道中は平穏無事に過ぎた。

1週間後にクリッパーが戻ってくる頃には、機長のエド・ミュージックはリンドバーグに次ぐ有名人に、パンナムは最も有名な航空会社になっていた。各雑誌は白いテーブルクロスの優雅なダイニングキャビンの写真を掲載した。タキシードを着たマッチョなスチュワードが乗客に食事を出す姿はまるでアーネスト・ヘミングウェイだった。ワーナー・ブラザースは、太平洋横断飛行のために飛行機をつくる若手起業家を描いた映画『チャイナ・クリッパー』を公開した。準主役の機長を演じたのは、37歳のB級映画俳優、ハンフリー・ボガートだ。

フランチャイズの成長で収益を増やし、その資金をPタイプルーンショットに投じてさらにフランチャイズを肥やす。そんな循環がハイスピードで回っていた。その好循環は以降20年間も続き、パンナムの輝かしい成功をもたらした。トリップの絶頂期だった。

戦争、ルーンショット、鳩時計

イタリアではボルジア家支配下の30年間に戦争、テロ、殺人、流血があった。でも彼らはミケランジェロ、レオナルド・ダ・ヴィンチ、ルネサンスを生んだ。スイスには同胞愛、500年に及ぶ民主主義と平和があった。でも彼らが生み出したのは？ 鳩時計だ。

オーソン・ウェルズ（ハリー・ライム役）、『第三の男』（1949年）

1939年5月、パンナムはついに大西洋を横断した。しかし、それも束の間。その年の9月にヒトラーがポーランドを侵略した。トリップは空軍将官として兵役に就くよう要請を受けたが、これを拒否した。だがそれでも、パンナムは否応なくこの戦争に引きずり込まれていった。トリップは間もなく、ハリー・ライム（映画『第三の男』でオーソン・ウェルズが演じた、戦後ウィーンの混乱を生き抜いた男）が純真無垢な親友ホリー・マーチンスに辛抱強く説明したのと同じことを知った。そう、戦争はPタイプのルーンショットを加速するのである。

1940年6月、フランクリン・ルーズベルト大統領は、南米に新しい空港を25カ所つくってほしいとトリップに依頼した。パンナムの商業的ニーズを満たすとともに、実はアメリカの基地としても機能させる予定だった。アメリカは公式には中立の立場だったが、ルーズベルトはドイツの南米との強いつながりを知っていた。トリップは同意した。1年後のロンドン、首相官邸でプライベートディナーをとりながら、チャーチルはトリップに、アフリカに閉じ込められた英国軍に物資を補給するための空路を開設してほしいと依頼した。トリップはここでも同意した。

しかし恐らく最も奇妙な依頼は、戦後すぐ、中国での秘密ミーティングでもたらされた。トリップはこのとき、最初の世界一周フライトの立ち寄り先である上海にいた。夕食後にホテルの部屋でくつろいでいると、ノックの音がする。ドアを開けると、そこには中国（国民政府）の財政責任者、張公権が立っていた。張は夜遅くの訪問をわび、「あすの朝、フロントガラスに赤字でOと記したタクシーがお迎えにあがります」と言った。その車で、ある家の裏口に案内する。そこでトリップに「計画」を見せたい――。そう言って、張はお辞儀をして立ち去った。

トリップは冗談だろうと思った。だが翌朝、赤字でOと記したタクシーが待っていた。彼は車に乗り込み、その家へ案内され、地下室や庭を通って張のところへ連れて行かれた。張の説明によると、国家指導者である蔣介石総統がアメリカの助けを借りて中国を共産主義者から救いたいと考えているらしい。アメリカは日本でやっていたように高等弁務官を任命して中国の支配に当たらせるとともに、蔣介石の国民党軍が毛沢東の共産党軍と戦えるように訓練する――。毛沢東の軍隊は小さいながら、ソ連の資金援助で急拡大していた。

トリップはトルーマン大統領にこの計画を口頭で伝えるよう依頼を受けた。アメリカの大使よりトリップの影響力のほうが大きい、と蔣介石は考えていたようだ。トリップはにわかに信じられず、計画を文書で欲しいと要請した。

翌朝また、張公権がトリップのホテルを訪れた。今度はトリップの飛行機が待つ飛行場まで一緒に行くという。飛行場に着くと、張は飛行機のなかを見せてほしいと言った。トリップは同意した。しかし張は空の旅には興味がない様子で、一緒にトイレまで来てほしいとトリップにささやきかけた。狭いトイレのなかにいきなり押し込められて不愉快な気持ちになった、身長180センチの大柄なトリップのすぐ隣で、張は計画の文書を取り出した。蔣介石のサインを指さし、これをトルーマンに直接手渡してほしいとトリップに頼んだ。トリップはサインを凝視し、張にもサインするよう依頼した。ふたりともペンを持っていなかったので、トリップがコックピットでペンを借りてトイレに戻ってきた。張は小さな洗面台の上で文書に署名した。ワシントンに戻ったトリップはこの計画書をトルーマンにきちんと手渡した。(注38)

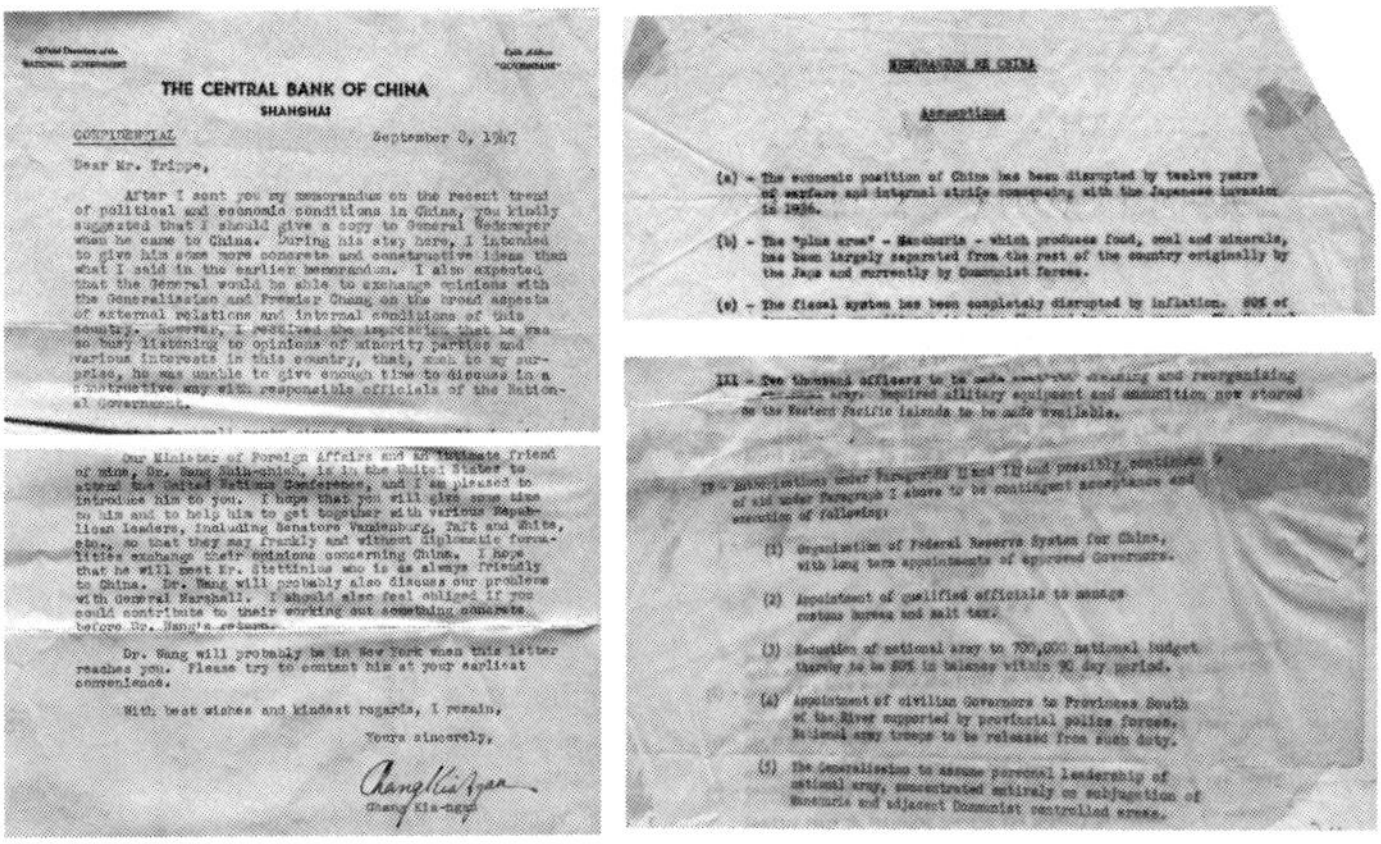

THE CENTRAL BANK OF CHINA
SHANGHAI

CONFIDENTIAL September 8, 1947

Dear Mr. Trippe,

After I sent you my memorandum on the recent trend of political and economic conditions in China, you kindly suggested that I should give a copy to General Wedemeyer when he came to China. During his stay here, I intended to give him some more concrete and constructive ideas than what I said in the earlier memorandum. I also expected that the General would be able to exchange opinions with the Generalissimo and Premier Chang on the broad aspects of external relations and internal conditions of this country. However, I realized the impression that he was so busy listening to opinions of minority parties and various interests in this country, that, much to my surprise, he was unable to give enough time to discuss in a constructive way with responsible officials of the National Government.

Our Minister of Foreign Affairs and an intimate friend of mine, Dr. Wang Shih-chieh, is in the United States to attend the United Nations Conference, and I am pleased to introduce him to you. I hope that you will give some time to him and to help him to get together with various Republican leaders, including Senators Vandenburg, Taft and White, etc., so that they may frankly and without diplomatic formalities exchange their opinions concerning China. I hope that he will meet Mr. Stettinius who is as always friendly to China. Dr. Wang will probably also discuss our problems with General Marshall. I should also feel obliged if you could contribute to their working out something concrete before Dr. Wang's return.

Dr. Wang will probably be in New York when this letter reaches you. Please try to contact him at your earliest convenience.

With best wishes and kindest regards, I remain,

Yours sincerely,

Chang Kia-ngau

MEMORANDUM RE CHINA

Assumptions

(a) - The economic position of China has been disrupted by twelve years of warfare and internal strife commencing with the Japanese invasion in 1936.

(b) - The "plus area" - Manchuria - which produces food, coal and minerals, has been largely separated from the rest of the country originally by the Japs and currently by Communist forces.

(c) - The fiscal system has been completely disrupted by inflation. 80% of

III - Two thousand officers to be made available for training and reorganizing national army. Required military equipment and ammunition now stored on the Western Pacific islands to be made available.

IV - Authorizations under Paragraphs II and III and possibly continuance of aid under Paragraph I above to be contingent acceptance and execution of following:

(1) Organization of Federal Reserve System for China, with long term appointments of approved Governors.

(2) Appointment of qualified officials to manage customs bureau and salt tax.

(3) Reduction of national army to 700,000 national budget thereby to be 80% in balance within 90 day period.

(4) Appointment of civilian Governors to Provinces South of the River supported by provincial police forces. National army troops to be released from such duty.

(5) The Generalissimo to assume personal leadership of national army, concentrated entirely on subjugation of Manchuria and adjacent Communist controlled areas.

張公権がファン・トリップに中国を共産主義者から救ってほしいと依頼
(張からトリップへの手紙の抜粋。1947年9月8日)

結局、こうしたアジアのフィルムノワール(低予算の犯罪映画)めいた旅も中国やパンナムの運命を変えることはなかった。戦争が終わりに近づくなか、トリップの人生だけでなく世界旅行の様相をも変えたのは、飛行機以来の影響力ある発明、ヨーロッパにおける危険な新しいルーンショットの台頭だった。

1944年7月25日、DH98モスキートでミュンヘン上空を飛んでいた英空軍パイロットは、ドイツの新しいタイプの戦闘機がこちらへ向かってくるのに気づいた。プロペラはなく、時速は120マイル。英軍や米軍にこれほど速い戦闘機はない。空中での接近戦のあと、どうにか雲の向こうへ逃げ込んだ。

7週間後、英軍のエンジニア、バーナード・ブラウニング(28歳)はガールフレンドに会うため、ロンドンのステイヴリー・ロードを歩いていた。とそのとき、通りで爆発が起きた。彼が立っていた場所に残されたのは、直径10メートル近い穴だけ。当局はガス爆発だとしたが、マスコミはその説明を信じなかった。真実は何かを推測する。ドイツの新しいミサイルではないか。

蒸気機関の発明から200年、最初のガソリン燃焼エンジンから80年後、ドイツはジェットエンジンという新たな動力源を世に送り出していた。英空軍のパイロット、A・E・ウォールが目撃したのは、メッサーシュミットMe262という初のジェット機だ。ブラウニングは初の弾道ミサイル、V2ロケットによって命を奪われた(注39)。

ジェットエンジンやロケットの原理・設計は25年前、アメリカの物理学者ロバート・ゴダードによって確立されていた。彼は初めてロケット飛行の数学モデルを記述し(1912年)、初めて液体燃料ロケットを設計・建造し(1926年)、初めてロケットのジャイロスコープ安定化を実証した(1932年)。彼のアイデアは米国の学界や軍部に相手にされなかった(注40)。ニューヨーク・タイムズ紙の社説は「ゴダードはハイスクールで日常的に教わるような知識も持っていないようだ」と書いた。つまり、ニュートンの作用・反作用の法則によればロケット飛行は不可能なのに、そんなことも知らない、と書いたわけだ(49年後、アポロ11号が月着陸に成功した翌日、同紙は前言を撤回し、ロケットは実は物理学の法則に反していなかったと述べ、間違いをわびた)。

しかし、ドイツの科学者たちはゴダードのアイデアを真剣にとらえ、彼の論文を読んでから仕事に取りかかった。何年か後、V2ロケット計画についてアメリカ人たちから質問攻めにあったドイツの当局者は「自国のゴダード博士に聞いてくれ」と叫んだらしい。

米国の著名な航空専門家もロケット推進のアイデアを真剣にとらえていた。そう、チャールズ・リンドバーグである。彼はゴダードを励まし、研究資金を提供してくれる篤志家を紹介した。空軍大佐の肩書を持つリンドバーグだったが、ゴダードのロケットに軍部の関心を向けることはできなかった。それはルーズベルト大統領が前代未聞のリンドバーグ批判を展開したことが大きい。

ふたりの対立の火種は戦争前から何年もくすぶっていた。対立が始まったのは、ルーズベルトが郵政公社との航空便配送契約を打ち切り、陸軍航空隊に配送を任せようとしたときだ。リンドバーグはこれに公然とかみつき、軍人は極端な気候条件のなかで飛んだことがないので危険だと指摘した。陸軍航空隊のパイロットは66回墜落し、12人が命を落とした。ルーズベルトは決定を覆さざるをえなかった。この屈辱的な出来事は新聞の1面を飾った。ある歴史家は「ルーズベルトの不死身神話が崩壊した」と書き、こう続けた。「チャールズ・リンドバーグは恐らくどんな人よりもアメリカ人の心に訴えかけた男であることがわかった。フランクリン・ルーズベルトを除いては」

1939年、リンドバーグは米国のヨーロッパ介入に公然と反対を唱え始めた。大規模な反戦集会で演説し、ルーズベルトを非難した。人々はリンドバーグに群がり、「われらが次期大統領！」と叫んだ。根に持つタイプのルーズベルトはリンドバーグに対する攻撃キャンペーンを開始した。人前ではリンドバーグのことを「弱腰の敗北主義者」と呼び、内々には「必ずあの若造の翼をもいでやる」と誓った。リンドバーグはじきに人々から避けられるようになった。マスコミは彼をナチスのシンパ、裏切り者と評し、彼の名がついた通りの名前は改められた。リンドバーグの著書を広場で焼くと脅す町も現れた。

リンドバーグの姉は「わずか15年であの子はイエスからユダになった」と言った。(注41)ロケットをはじめとするゴダードのアイデアを軍部に推薦する力など、リンドバーグには残されていなかった。

リンドバーグは20年ぶりに職探しを始めた。パンナムに正式に勤めていたわけではなかったが、トリップに連絡すると、どんなポジションでも提供すると温かく迎えてくれた。ところが数日後、トリップが電話をよこし、その申し出を引っ込めた。リンドバーグと関係を持つことはまかりならぬ、とホワイトハウスに強く言われたらしい。(注42)

1945年4月、ドイツ降伏の1カ月前にルーズベルトは亡くなった。リンドバーグに対する政府内の抵抗はなくなり、海軍は彼をワシントンに呼んだ。ドイツに新しいタイプの戦闘機やミサイルが登場したとの噂があった。彼が6年前に言及したロケットのような何からしい。海軍が持ちかけたのは対ドイツの秘密任務に加わらないかという誘いだった。

リンドバーグは海軍技術使節団への加入を国務省に直ちに認められた。ヨーロッパで彼はウイリー・メッサーシュミットを探し出し、その有名な航空機の詳細を教えてもらった。ジェットエンジンを製造するBMWの工場で、「ちょっと色白で頼りない感じ」のドイツ人エンジニアがリンドバーグに歩み寄った。その男が言うには、アメリカ軍がやってくる前、ジェットエンジンの一つの図面を渡され、破棄するよう命令されたらしい。彼はそれを破棄せず、ファイルボックスに入れて、車で少し行ったところにある大きな松の木の下に埋めた。「ファイルが欲しいですか?」。ふたりは車で松の木まで行き、根元を掘り始めた。間もなくシャベルが金属の箱に当たる。リンドバーグはドイツのジェットエンジンの設計図を手に入れた。

米国に戻った彼は報告書を提出し、それからすぐにトリップを訪れた。トリップはその場でリンドバーグを再雇用した。ルーンショット・フランチャイズの次なるサイクルの到来である。

新たな航空機をつくるときが来た。

ジェット時代

トリップは直ちにボーイングと話し合いを始めた。当時は主に軍用機メーカーだったボーイングは、ロッキードとダグラスというライバルが支配する商業市場に何とか入り込みたいと考えていた。同社はトリップに、確定注文をしてくれるならパンナムに商用ジェット機を供給すると話した。だが、提案された航続距離は短すぎ、燃料の消費量も多すぎたため、トリップはこれを見送った。

リンドバーグとトリップは、ジェット機の製造にかけては米国より英国のほうがはるかに進んでいることを知った。国営の英国海外航空（BOAC）はすでに、英国メーカー、デ・ハヴィランド・エアクラフト社製の商用ジェット機を就航させていた。1952年に英国の威信をかけてデビューしたデ・ハヴィランド・コメットである。BOACの会長は「エリザベス1世の時代に海で起きたことが、今のエリザベス時代には空で起きている」と述べた。だが、天下は2年と続かなかった。1953年と1954年にコメットが原因不明の空中爆発を3件起こし、乗員全員が死亡したからだ。政府は全便を運航禁止にした。

コメットの爆発により、業界の大半がジェット機に及び腰になった。国の政策や安全保障に関するコンサルティング機関として有名なランド研究所の報告書は、ジェット旅客機は採算が合わないと書いた（BOACのジェット機は赤字だった）。アメリカン航空とトランスワールド航空（TWA）の社長はジェット機の実現を目指さないと発表した。

みんなは「そんなもの使えない」と言う。するとなぜか使えるようになる。

エンジニアと何度も話し合い、コメットのデータを確認したトリップは、同機の安全性や経済性の問題は修正できると結論づけた。コメットの爆発は悲劇的な失敗だったが、それは前章で触れた「偽の失敗」だった。ティールとハワリーがフレンドスターの失敗について詳しく調べ、SNSについて逆張り的な見方をしたように、トリップとリンドバーグはジェット旅客機について逆張り的な見方をした。

結果的に英国政府の調査が、安全性に関するトリップの見解を裏づけた。つまり、窓の設計が独特だったために金属疲労が生じ、それが事故の原因になったのだ。金属疲労は技術的に修正可能な問題である。採算面については航空機の設計を変えることで対応できる。コメットは航続距離が短すぎ、定員(44席)が少なすぎ、燃料消費量が多すぎた。

トリップは再びボーイングを訪ねた。同社はその頃、707という商用ジェット機のプロトタイプを開発していた。だがすぐに、707がコメットと同じ欠点を持っていることがわかった。トリップが欲しかったのはノンストップで大西洋を横断できるジェット機だった。彼は失礼のないように再設計を求めたが、すでに何百万ドルも投資していたボーイングは聞き入れなかった。

そこでトリップたちのチームはサンタモニカへ行き、ボーイングのライバル、ドナルド・ダグラスを説得して理想のジェット機をつくらせようとしたが、他の航空会社はどこもダグラスが誇るプロペラ機、DC7を注文しているのだから、ジェット機をつくる理由が見当たらない、と断られた。トリップはそれでも粘り、ジェット機の案を出してもらうところまでこぎ着けた。しかし、出てきた案はボーイングと変わらぬ設計で十分ではなかった。問題はエンジンだ、とトリップは気づいた。業界随一のプラット・アンド・ホイットニーJ57でもノンストップの大西洋横断飛行をサポートできない。そこでトリップは、リンドバーグを含むチームをプラット・アンド・ホイットニー社に派遣した。

そこでチームメンバーが知ったのは、新しい高圧縮技術を用いた実験用エンジンの存在だった。これならエンジン出力を最大5割高め、燃費を飛躍的に改善できる。使えそうだ。しかし、まだ実用化段階には遠く、軍事機密とされていた。

トリップは創業者兼社長のフレデリック・レンツラーに、この新しいエンジンを市場に出すよう依頼した。そうすれば軍部に話を通すつもりだ、と伝えたが、レンツラーははっきり「ノー」と言った。まだ実験の段階であり、現有エンジンに対する注文がたくさん来ていたからだ。

ここでトリップはちょっとした奇跡を起こす。キャリア最後の、そして恐らくは最大の奇跡だ。伝説的な起業家やビジネスマンが率いる、世界で最も成功を収めているメーカー3社にはねつけられながら、結果的にそのすべてに決定を覆させた。

まず、トリップは英国のエンジンメーカー、ロールスロイスに話をした。同社も極秘の次世代ジェットエンジンを手がけていた。思った通り、プラット・アンド・ホイットニーのレンツラーはこの話し合いのことを耳にした。そして社内の緊急ミーティングを開く。わが社にパンナムの仕事を失う余裕があるか、開発を加速できないか。

その後間もなく、トリップはレンツラーに「貴社のエンジンをパンナムが直接買い取りたい」と新しい申し出をした。航空会社が航空機ではなくエンジンだけを買うというのだ。しかも120基欲しいという。発注額は4000万ドル（1950年代当時のパンナムの年商の4倍に相当）。レンツラーは最終決定を下した。「わかりました、エンジンを提供しましょう」

次にトリップはシアトルに飛んだ。「エンジンが手に入ったので、今度はそのための飛行機をボーイングにつくってほしい。ダメならほかを当たるまでだ」と打診したが、社長のビル・アレンはトリップのはったりを見抜き、やはり「ノー」と返答した。それでトリップはサンタモニカへ飛んだ。「エンジンが手に入ったので、今度はそのための飛行機をダグラスにつくってほしい」と打診した。ダグラスは、エンジンを手に入れたトリップが全力で航空機メーカーを探すだろうと思った。ひょっとしたら、それは世界最高の航空機になるかもしれない。ダグラスは折れた。トリップの設計に即した航空機、DC8をつくることに同意した。トリップは25機の注文を約束したが、発表はまだ待ってほしいと言った。

トリップは再度シアトルのボーイングを訪れ、彼らのオファーに同意した。大西洋横断はできないが、ボーイング707を20機購入する、という契約内容だった。ダグラスへの注文のことは黙っていた。ボーイングのチームは、あの頑固なトリップを説得して合理的な判断を引き出せたと大喜びした。

トリップは共同プレスリリースのタイミングを計っていた。1955年10月14日、ウォールストリート・ジャーナル紙を開いたアレンとダグラスは、互いの注文について知った。ボーイングのアレンは「地震の被害者のような気持ち」だったと後に述べた。社運を賭けた新しい飛

パンナムがジェット時代の幕を開ける

行機がたちまち時代遅れになってしまったからだ。新聞を読んだ誰の目にもメッセージは明らかだった。ダグラスの優れた航空機25機の注文と、ボーイングの凡庸な航空機20機の注文。アレンはトリップに電話をかけ、設計し直すと譲歩した。二流に甘んじている余裕はない。

二つのメーカーは今、トリップの設計に即した最高の航空機をつくるために競い合っていた。他の航空会社もプロペラ機の契約をキャンセルし、われ先にと新しいジェット機を注文した。トリップは恐らく、それまでの歴史上最も危険な賭けに出ていた。前例のない商用ジェット45機を2億6900万ドルで発注し、しかも勝ったのだ。

ボーイング707もダグラスDC8も旅の概念を変えた。平均的な中流家庭が初めて国際旅行や大陸横断旅行に日帰りで行けるようになった。

パンナムとトリップはジェット時代の波に乗り、フランチャイズをますます伸ばし続けた。ボーイング707の初飛行から7年後の1965年には、便数が400パーセント以上、年商が1000パーセント以上増えていた。トリップはホテル部門（インターコンチネンタルホテル）とビジネスジェット部門を新たに設置し、パークアベニューに世界最大のオフィスビルを開設した。空軍が長距離ミサイルの入札を募ったため、トリップは誘導ミサイル部門をさらにつくり、そのあと航空宇宙部門も設置した（同部門はアポロの月着陸に貢献）。1968年から1971年にかけて、パンナムの月旅行計画には9万3005件の応募があった。

フランチャイズは文字通り月まで届く勢いだった。

もっと大きく

そしてもちろん、トリップはある新しいエンジンのことを耳にした。さらなるルーンショットになり得る、最大離陸重量を4倍にするテクノロジーだ。このバイパスジェットエンジンを搭載し、航空機前部に追加のプロペラをつければ、ボーイング707の2・5倍、500人近い乗客を運べる。ジャズエイジならぬジェットエイジ（ジェット時代）の音楽は鳴りやまず、空の旅の市場はもっと大きくなる。フランチャイズがPタイプのルーンショットを促し、それがまたフランチャイズを促す。より大きく、より速く、より多くの人に――。トリップは勝ち続けなければならなかった。

1965年8月、伝説的な契約を結んでから10年後、トリップとビル・アレン（ボーイングの社長を続けていた）は妻と一緒にアラスカにサケ釣りに出かけた。トリップが自分の欲しいエンジンと航空機について話す。

「もし、つくってくれたら買いますよ」とトリップ。

「もし、買ってくれるならつくりますよ」とアレンが応じる。

ダンスをもう一度。12月22日、ふたりは再び企業として当時最高額の契約にサインした。新しい画期的な航空機の量産モデル25機をパンナムが5億2500万ドルで購入するというものだ。アレンはそのモデルをボーイング747と名づけた。

2・5倍の座席を埋めるには2・5倍の乗客が必要だ。しかし、海外旅行をリードするパンナムの勢いには陰りが見え始めていた。議会は1950年代に、パンナムによる国際空路の独占について独占禁止法に基づく調査を始めていた。ポピュリストたちは、規制当局は消費者より業界大手を守っていると不満を述べた。不満の声が特に大きかったのは、テキサスエア、ブラニフ航空、そしてサウスウエスト航空などの新興企業だった。

彼ら新興勢力は、業界に新しいアイデアも持ち込んだ。ハブアンドスポーク方式、セカンダリー空港への就航、駐機時間を20分に短縮――。ウォルマート創業者のサム・ウォルトンが大都市から離れた場所に特大規模の店舗を出したように、新しいテクノロジーを伴うアイデアは一つもない。どのアイデアも、大きな効果が出るとは誰も思わなかった、小さな戦略変更、すなわちSタイプのルーンショットだった。

ボーイングは1969年1月に最初の747を納入した。音楽はもう鳴りやんでいた。でもパンナムは気づかなかった。2億ドルで747をさらに8機注文し、次いでニューヨークのケネディ空港に1億ドルかけて新ターミナルを開設し、ライバルがSタイプのルーンショットを進めるのを尻目にフランチャイズを強化した。Sタイプのルーンショットが発する微かな光など、この10年で最も輝かしいPタイプのルーンショット（＝747ジャンボジェット旅客機）の前では色褪せて見えた。

しかし、規制緩和ですべてが変わった。効率を改善し、コストを下げる小さな変更、派手さがなくむしろ退屈な変更が、突如として生き残りのカギになった。サウスウエストのようなスタートアップ企業や、ボブ・クランドールのアメリカン航空のような大手が推進するSタイプのルーンショットは、またたく間に業界に広がっていった。準備ができていない航空会社はことごとく消滅した。

パンナムの業績は徐々に低下し、二度と回復しなかった。規制緩和後の8年間、パンナムは毎年赤字を出した。どうにか生き残れたのは、自社を切り売りしたからだ。ニューヨークのオフィスビル。ホテル事業。中国への空路。ケネディ空港の新ターミナル。だが、ついに売るものがなくなった。

トリップは1968年の春、747の納入を待たずに突然引退していた。齢68歳。多分疲れたのだろう。あるいは、エンジンやフランチャイズから視線を上げ、41年間主演してきた映画のテーマソングがもはや流れないことを悟ったのかもしれない。彼は1981年に亡くなった。パンナムの衰退は目撃したが、終焉に立ち会うことはなかった。

CEOが何度も代わったが、組織はとっくに硬直化し、すでに相転移を終えていた。フランチャイズは拡大できたが、ルーンショットを育てることはできなかった。あるCEOは米国の国内航空会社、ナショナル航空を3億7400万ドルで買収してルートを増やし、フランチャイズを拡大しようとした。別のCEOはノースウエスト航空を30億ドル近くで買収しようとした。だが何も変わらなかった。

1991年12月、パンアメリカン航空は破綻した。

死角に注意

パンナムの消滅は驚くべき出来事だったが、それはパンナムに限った話ではない。トリップのようなPタイプイノベーターが率いる企業には、常に同じことが起こり得る。規制当局や新たなライバルがもたらす突然の変化が、今までの繁栄を止めるからだ。ルーンショット・フランチャイズのサイクルが回らなくなり、気がつけば、誰も乗りたいと思わない747があふれている。独自のルーンショットを育ててきたライバルは、新しい世界に多かれ少なかれ適応しながらしのぎを削る。

アメリカン航空のボブ・クランドールたちのSタイプルーンショットはトリップの死角をついた。同じことがどんなチームや会社にも起こり得る。

たとえば、80年間続いたIBMのハードウェア事業が1990年代に崩壊したのは、典型的なPタイプのストーリーのように思える。新しいテクノロジー（パーソナルコンピューター＝PC）が古いテクノロジー（メインフレームコンピューター）に取って代わり、既存企業（IBM）に大打撃を与える。だがIBMは壊滅しなかった。メインフレームの競合他社と違って、

ＩＢＭだけは新しいテクノロジーをマスターした。１９８１年に最初のＰＣを発売して３年とたたないうちに、ＰＣの累計売上高は50億ドルを達成し、ナンバー１の地位を獲得した。他社はどこもそのはるか後塵を拝すか、完全に撤退するかのどちらかだった（アップル、タンディ、コモドール、ＤＥＣ、ハネウェル、スペリーなど）。

パンナムが海外旅行分野を独占したように、ＩＢＭは何十年もの間、コンピューター分野を独占した。１９８１年のコンピューター（大半はメインフレーム）の売上高は、２位以下の７社の合計より多かった（コンピューター業界は「ＩＢＭと７人の小人」と言われた）。トリップが新しいジェットエンジンに飛びついたように、ＩＢＭは新しいＰＣに飛びついた。コンピューターの世界を支配した同社は、ソフトウェアとマイクロプロセッサという二つのコンポーネントを、マイクロソフトとインテルの２社にアウトソースした。

マイクロソフトの社員はわずか32人だった。インテルは生き残るための資金を切実に必要としていた。しかしＩＢＭは間もなく、個人客が気にかけているのはＰＣという機器のブランドよりも友人とのファイル交換であることに気づいた。そして、ファイルを簡単に交換するために重要なのは、ＰＣを組み立てる会社のロゴではなく、ＰＣ内のソフトウェアやマイクロプロセッサである。ＩＢＭはＳタイプの変化、顧客の関心の変化を見逃していた。

インテルのチップとマイクロソフトのソフトウェアを使った似たようなＰＣが、ＩＢＭの市場シェアをむしばんだ。１９９３年、ＩＢＭは過去最大の81億ドルの赤字を出した。その

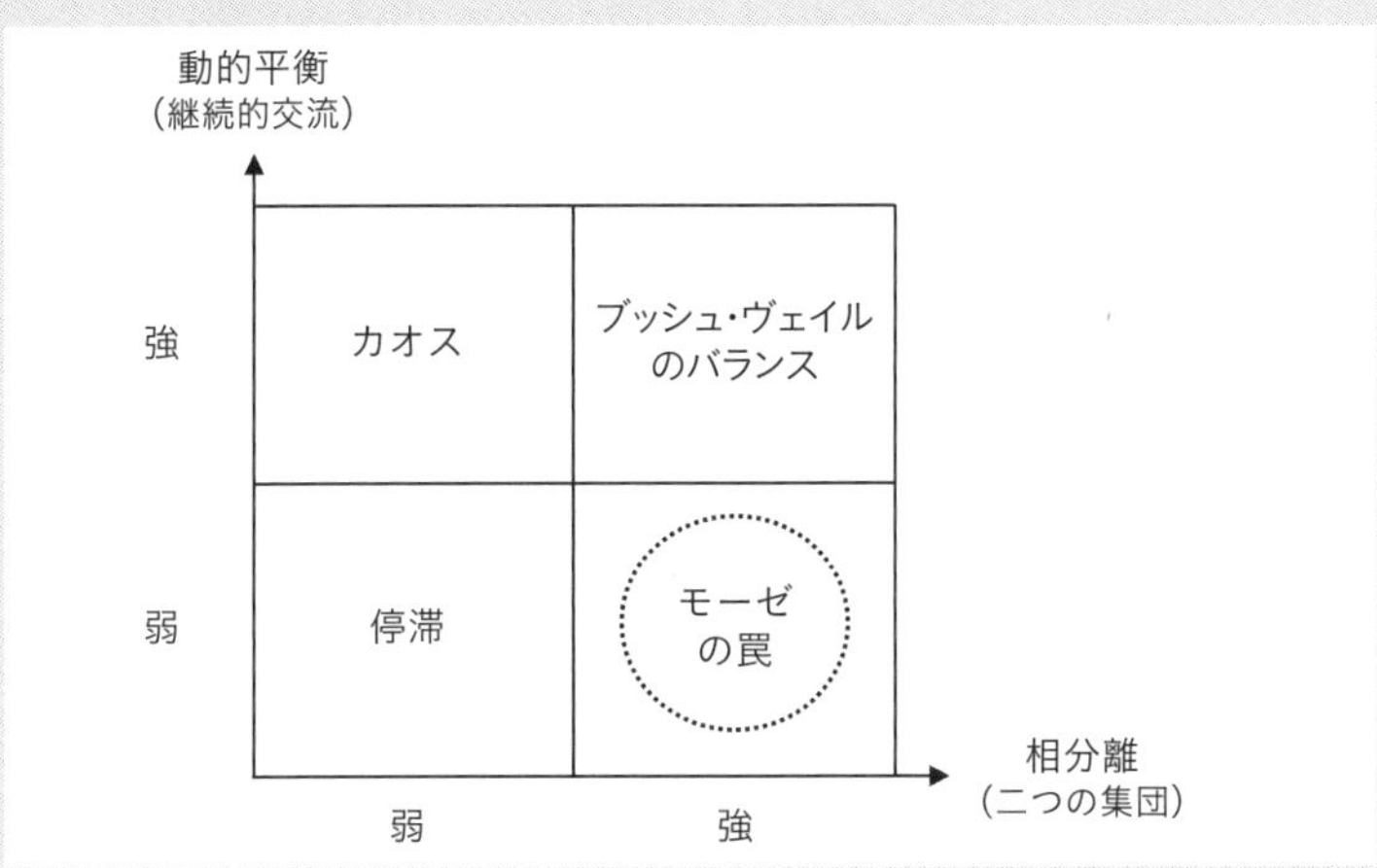

年、同社は企業の歴史上最大となる10万人以上の解雇を実施した。その10年後には、わずかに残るPC事業をレノボに売却した。

現在、IBMがかつて雇った小さなベンダー、マイクロソフトとインテルの企業価値を合わせると約1兆5000億ドルに及び、これはIBMの市場価値の10倍を超す。IBMはPタイプのルーンショットを正しく予測し、戦いに勝った。だが、ソフトウェア標準という重要なSタイプルーンショットを見逃し、戦いに敗れた。

「死角に注意しなければならない」というのが一つの重要な教訓だ。だが、もっと大きな教訓がある。それは、第1章の終わりに示した四つ目の象限「罠」のカギとなる。

ファン・トリップは41年間、お山の大将としてルーンショットを選定してきた。彼はフランチャイズを成長させる新しいテクノロジー、Pタイプのルーンショットを見いだした。より速いエンジン、ナビゲーションシステム。たとえ「より大きく、より速く、より多く」が良識ある戦略にそぐわなくなっても、トリップにはそれが必要だった。

それを「モーゼの罠」と呼ぼう。現場のソルジャーと創造的なアーティストがアイデアとフィードバックをバランスよくやりとりするのではなく、アイデアが絶対的な指導者の意のままに打ち出されると、チームや企業は罠に陥りやすい。指導者はスタッフを奮い立たせ、海を分けて、自ら選んだルーンショットの道をつくる。危険な好循環はますます回転速度を上げる。ルーンショットがフランチャイズをより大きく、より速く、より多くする。全能のリーダーは、戦略の強さではなく、選んだルーンショットへの思い入れのために行動し始める。そしてどこまでも循環を続けようとする。

指導者とその信奉者たちは、パンナムのように月に手を伸ばし、翼をもがれるかもしれない。あるいは、次なるモーゼがそうだったように、もっと高いところへ到達するかもしれない。

第4章

エドウィン・ランドと「モーゼの罠」

リーダーが聖なるルーンショットを選ぶとき

大きな洞窟のような倉庫に、人気の高いコンシューマーテクノロジー企業のファンが詰めかけている。同社のカリスマ的なCEOが壇上に上がる。手に持っているのは、1年以上前からほのめかしてきた秘密の新製品。会場が静まり、CEOは製品を高く掲げる。ステージの後ろでは、この瞬間のために何週間もかけて準備をしてきたアシスタントたちが固唾をのむ。CEOがボタンを押す。デモンストレーションが始まり、群衆は歓声を上げる。この新製品とCEOを各誌が好意的に取り上げる。タイム誌は「見事な技術的成果」と評し、フォーチュン誌は「産業史に残る偉業」と書く。この製品は業界を変貌させ、間違いなく大ヒットする、とCEOは請け合う。「いったん使ったら、もうやめられません!」

iPhoneを紹介するスティーブ・ジョブズだと思うかもしれないが、そうではない。

ＣＥＯはポラロイドＳＸ70を紹介するエドウィン・ランドで、新製品はピラミッド型で折り畳み可能なインスタントカラープリントカメラ、いわゆるポラロイドカメラである。ｉＰｈｏｎｅの35年前、１９７2年のことだ。ポラロイドの技術者は30年間、ノーベル賞級の画期的製品を次々に生み出した。これまでに見たこともない新しい分子をつくり、インスタントカラープリントという不可能を可能にした。脳に対する私たちの理解を一新する、新しい色覚理論を編み出した。光をその構成要素に分解するという長年の問題を解決した。この技術は現在、スマートフォンのディスプレーやコンピューターモニターに利用されている。同社の株は当時の花形で、熱狂的なファンが買い続けたため、毎年高値を更新した。

だがその後、何かが変わった。魔法が効かなくなった。ポラロイドは衰退し、負債を抱え、ついに破綻した。

ファン・トリップは小さな航空サービスから事業をスタートさせ、大きな空の帝国を築いた。エドウィン・ランドは光の隠れた性質をまず利用して、ほかにはない帝国を築いた。どちらの帝国も同じようなサイクルをたどり、同じような最期を迎えた。ルーンショットがフランチャイズを拡大させ、それがまたルーンショットを増大させた。

だが、最近になって機密解除された文書からわかるように、ランドは別の人生を送った。その人生を知れば、サイクルの最後に待つ罠、そしてその回避の仕方が浮き彫りになる。

ハン・ソロの脱出

光は方向、強度、色という三つの性質を備えていることが知られている。さらに第4の隠れた性質がある。それは偏光と呼ばれる。地面と水平に飛んでいるドローンを想像してみよう。ドローンは翼を地面と平行にすることもできれば、直角にすることもできる。水平と直角の間のどんな角度にも調整可能だ。偏光はこの翼と同じ働きをする。床と並行に走る光線は水平にも垂直にも、その間のどんな角度にも偏光できる。人間の目にそれは見えない。(注43)

エドウィン・ランドは、光のこの隠れた性質の優れた利用法を考案することでポラロイド社を設立した。

『スター・ウォーズ』のファンなら、「帝国の逆襲」(1980年)の小惑星のシーンを覚えているかもしれない。TIE(ツイン・イオン・エンジン)ファイターがミレニアムファルコン号を追跡している。ファルコン号を操縦するのはハン・ソロとチューバッカ、脇にはレイア姫。小惑星帯に突っ込んだハンは(「確率なんてクソくらえだ!」)、ある小惑星の大きな洞窟に飛び込み、TIEファイターをやり過ごす。外へ出て周囲を見回した3人は、そこが洞窟なんかではなかったことを知る。急いでファルコン号に引き返し、今にも閉じようとする巨大ナメクジ(エクソゴース)の鋭い牙に向かってフルスピードで突進する。彼らはそいつの口のなかにいたのだ。

ファルコン号は水平、ナメクジの歯は垂直である。最後の最後、ハンはファルコンを90度方向転換させ、歯の間の狭い隙間から脱出する。その瞬間、背後で顎が閉じられる。

偏光フィルターはエクソゴースの歯のように機能する。(注44) つまり垂直フィルターは垂直偏光しか通さない。垂直のファルコンは通るが、水平のファルコンは通らない。

ランドは13歳のときから自分で偏光子をつくろうとしていた。サマーキャンプのリーダーだった彼は、アイスランドクリスタルの塊（自然の偏光子）を使って、テーブルのまぶしい光を消し去った経験があった。人々は長年、実用的な偏光子をつくって光の謎を解き明かそうとしてきたが、成功した者はいなかった。後年、ランドは次のように語った。「ゴールが明らかに重要で、その達成がほぼ不可能と思われる計画以外、着手してはならない」。その夏が彼のスタートだった。『物理光学』という本を枕の下に入れて眠り、「先祖たちが聖書を読んだように毎晩」それを読んだ。

17歳のときハーバードに入学したが、野心のない金持ちの子どもばかりなのに嫌気がさし、数カ月で退学した。ニューヨークに移り、父親を説得して学費を出してもらう一方で、夢を追い続けた（父親との約束のなかで、彼はニューヨーク大学に1学期通うことに同意した）。タイムズスクエアのそばに部屋を借り、地下室に小さな実験室をこしらえ、休みなくアイデアを試した。後年、ランドはこう述べている。「ハーバードビジネススクールでは教えてくれないルールがある。やる価値があることは、やり過ぎるくらいやっていい。そんなルールだ」。しかし、我慢強く取り組んだものの、偏向板のアイデアはうまくいかなかった。

難題に直面したとき、あなたはどこへ行くか。前章で見たように、それはニューヨーク公共図書館の本館だ。ランドは光学の本を探しては読みあさった。新しく雇った若きアシスタント、ヘレン・テール・メイスレンが一緒のことも多かった。トリップと同じように、ランドは古い本の後ろのほうに手がかりを見つけた。

寄生虫感染の治療のためにキニーネを投与されたイヌの尿には、珍しい種類の結晶が見られる。そうした微細な結晶（ヘラパタイト）は、それまでで最も質の高い偏光子であることがわかった。科学者たちは19世紀半ば以降、結晶を成長させ、そこから有効な偏光子をつくろうとしてきたが、小さな結晶は極めて脆いため成功せず、あきらめムードが漂っていた。ヘラパタイトの発見は物理の教科書やブリタニカ百科事典には載らなかった。ウェブスター辞典は「ヘラパタイト」を「廃語」とした。ランドがその後間もなく示すように、説明のつかない実験の墓場には「偽の失敗」が見つかりやすい。

ランドは奇抜なアイデアを思いついた。何百万というその微細な結晶を、ある種のねばねばしたもの《グー》（彼はニトロセルロースラッカーを用いた）のなかに組み込み、どうにかして整列させるという発想だ。何度か失敗したあと、今度は磁場を使って結晶を並べようとした。磁石が小さな鉄の削りくずを整列させることに着想を得た。コロンビア大学の物理学研究室に強力な磁石があることを知っていたが、そこの学生ではなく、コネもなかったので、彼は建物に忍び込み、6階の窓台から研究室に侵入した。結晶を組み込んだグーの黒っぽい薄層を、25セント硬貨くらいのプラスチックセルに入れ、それを磁石の近くに置くと、黒っぽい容器が透明に変化した。磁石が不思議なことに小さな結晶を整列させ、光を通した。偏光現象だった。何百万もの小さなファルコン号がプラスチックセルめがけて突進し、角度が垂直のものだけが通り抜けに成功した――。

ランド本人の言葉によると、それは「人生で最もエキサイティングな出来事だった」。初の人工偏光子の誕生である。彼が19歳のときだ。

翌年、ランドはハーバードに戻った。2カ月後にはテールと結婚した。彼は研究室への出入りが許されたが、テールは許されなかった。当時の女性は研究室に入れなかったからだ。ランドは彼女をこっそり研究室に導き入れ、実験を手伝ってもらった。だが間もなく、じっとしていられない気持ちがまた強くなった。2年とたたないうちに彼は学界を去り、後のポラロイド社を立ち上げた。

消える魚

最初に思いついたのは、この新しいテクノロジーを使って車のヘッドライトの光を遮ることだった。当時はヘッドライトの光がまぶしいせいで、毎年多数の死亡事故が起きていた。すべての車のヘッドライトとフロントガラスに45度フィルターをコーティングすれば、ドライバーは自身のヘッドライトの光は見えるが、対向車のヘッドライトの光は見えないはずだ、とランドは考えた。理由はこうだ。飛行機のまねをして走っている子どもがいたとしよう。左腕（左翼）は45度の角度で地面を指し、右腕（右翼）は同じ角度で空を指している。もうひとり子どもがいて、その子も全く同じ格好で最初の子のほうへ向かってくる。ふたりの両腕は直角に交わり、「X」の形になる。対向車からの交差偏光された光がフロントガラスを通り抜けないのは、水平に浮かぶ船が垂直のスリットを通り抜けないのと同じ理由だ。ランドは20年間、自動車メーカーを説得し続けたが、アイデアが採用されることはなかった。[注45]

そうこうするうち、ランドは偏光レンズの驚くべきメリットを発見した。水平面（静かな湖面や雪原など）で反射した太陽の光は水平に偏向する傾向がある。垂直スリットフィルムでコーティングしたレンズは、普通の色付きレンズよりずっと効果的に太陽の反射光を遮断する。劇的な成果が期待できる。

1934年7月、ヘッドライトに関するアイデアを自動車メーカーに認めてもらえないランドは、メガネメーカーのアメリカンオプティカルとのミーティングを設定した。場所はボストンのコプリーホテル。ランドは早めに到着した。スーツに身を包んだ鋭い目つきの若者――ある社員はランドと初めて会ったとき、「心のなかを見透かされるような気がした。頭の中身を短い間、検索されるみたいな、実に興味深い感覚だった」と述べている。きらきら輝く目、引き締まった顎、きちんと分けた黒髪。まるで映画スターのようだ。若きケーリー・グラントが演じる、何かにとりつかれた天才、それがエドウィン・ランドだった。

ランドはホテルに金魚鉢を持ってきた。フロントで、夕日が入る西向きの部屋を頼む。その後起きたことを、あるジャーナリストは次のように書いた。

ベルボーイが去ると、若者（ランド）は日がよく当たる窓台に金魚鉢を置き、後ろへ下がってそれを点検し、反射光がもっと強くなるように動かした。それからせわしなく部屋のなかを行ったり来たりして、ドアがノックされるのを待った。

アメリカンオプティカルのスタッフが部屋に到着すると、窓のところへ案内し、金魚鉢のなかを見てくださいと言う。

「魚が見えますか？」

スタッフは目を細めて覗き込み、首を横に振った。水からの反射光がまぶしすぎて何も見えなかった。

「もう一度見てください」と言いながら、若者はくすんだセロファンのようなものを鉢の前にかざした。

まるで魔法のようにまぶしさが消え去り、ゆったり泳ぐ魚の様子がはっきり見てとれる。

訪問者は市場のあらゆるサングラスに精通していたが、こんなものは見たことがなかった。ランドは初めて契約を勝ち取った。船乗り、パイロット、スキーヤーなどのアウトドア関係者や愛好者が、この新しい「偏光」サングラスをこぞって買い求めた。ポラロイド初のヒット商品である。

次いで軍隊が関心を持った。太陽の光を遮れば、射撃手が戦闘機や戦車、浮上した潜水艦に照準を定めやすくなることに気づいたのだ。陸軍と海軍が何百万単位の偏光ゴーグルを注文した。第二次大戦中、ポラロイド社のゴーグルをつけたパットン将軍がニューズウィーク誌の表紙を飾った。ライフ誌は「戦場のあらゆる機関助手」が偏光ゴーグルを愛用していると書いた。

フランチャイズの種が育っていた。

やがてランドは、偏光フィルターを二つつければ優れた効果が生じることに気づいた。ゴーグルの表面を垂直偏光フィルムでコーティングし、裏面には、ゴーグルのフレーム内に回転可能な偏光子を設置する。裏面の偏光子には小さな取っ手がついており、それがフレームから12時の方向へ少し突き出ている。取っ手が12時の方向にあるときは、二つのフィルターが整列し、表面から入る光はすべて裏面に貫通する。しかし、取っ手を3時の方向へ90度動かして裏面の偏光子を回転させると、通過する光の量が減ってゆく。ちょうど90度になると表面のフィルターは垂直、裏面のフィルターは水平で、光は全く通過しない。このように光量を調整できるゴーグルを使えば、パイロットは低光量の環境から高光量の環境へすぐに対応できる。このゴーグルもポラロイドのヒット商品となった。

現在のラップトップPCやスマートフォンの液晶画面でも、ある意味この方法が応用されている。すべてエドウィン・ランドの発明がもとになっていると言える。

スマートフィッシュからスマートフォンへ

表口と裏口にスライド式の扉がある納屋を考えてみよう。裏の扉は上下からそれぞれスライドし、真ん中に水平のスリットができる。表の扉は左右からそれぞれスライドし、真ん中に垂直のスリットができる。ドローンが裏口から翼を水平にして納屋に入り、なかで90度回転して、表口から翼を垂直にして出てくる。

納屋にスイッチがあるとしよう。スイッチを入れると電子機器が使えなくなり、ドローンは納屋のなかで回転できない。裏口の水平スリットから侵入したドローンは水平のまま、表の扉に激突する。どのドローンも通過できない。

液晶ディスプレー（LCD）の画素はこの納屋のような働きをしている。

LCDの画素の裏側には水平フィルターがあり、表側には垂直フィルターがある。ドローン

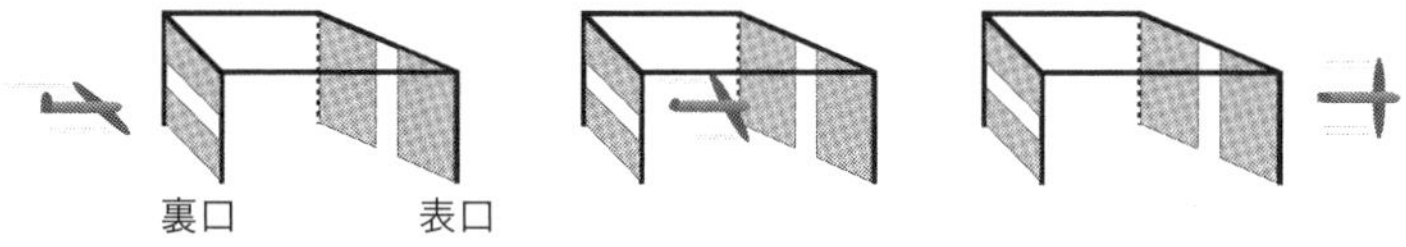

と違って光は空間を進みながら自力で回転することはできない。他からの助けが要る。そこで画素には液晶と呼ばれる特殊な「グー」が満たされている。液晶は何十億もの微細な棒状の分子（小さな爪楊枝のようなものだ）でできている。ランドの偏光子に似た仕組みだ。だがこの場合、グーは画素の裏側の水平フィルターと表側の垂直フィルターの間にはさまれている。爪楊枝は裏側近くでは自動的に水平に整列し、表側近くでは垂直に整列する。その間の爪楊枝は4分の1回転したらせん階段のような形状になり、裏と表をつなぐ。らせん階段は光を回転させる役割を果たす。光は裏側の水平の入り口から入り、階段を通って（4分の1回転）、表側の垂直の出口から出て、あなたの目に届く。納屋を突っ切るドローンと同じである。

　しかし、それぞれの画素には小さなデジタルスイッチがある。スイッチをオンにすると、小さな電場が働いて爪楊枝を混乱させ、らせん階段を破壊する。そうなると光は通過できない。画素は暗くなる。スイッチをオフにすると、らせん階段が復活し、画素は明るくなる。これがデジタル制御による画素切り替えの仕組みだ。

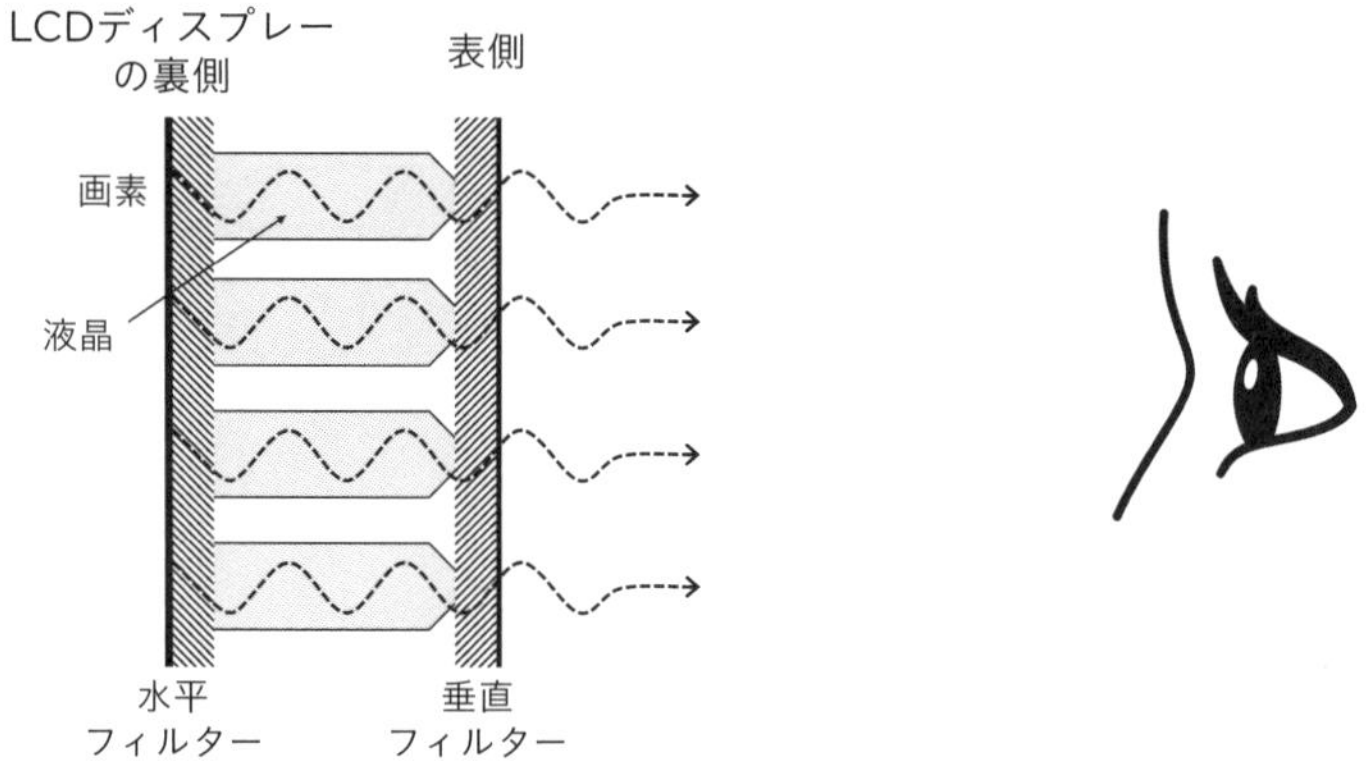

LCDは偏光と二つのフィルターを使って画素を切り替える

最初のiPhoneはこうしたデジタル画素が横に320、縦に480あった。現在のスマートフォンや高解像度テレビの画素数は200万以上ある。(注46)

本章の最初のほうで、人間の目に偏光は見えないと述べた。ただし訓練すれば、微かなシグナルをキャッチできるようになる。LCDモニターの白い領域を見て頭を傾けると、小さな黄色い砂時計のような形がおぼろげに現れ、消えることがある。ハイディンガーのブラシとして知られるこの奇妙な視覚効果は、人間の目に偏光をわずかに知覚できる部分があることから生じる。

ランドの偏光フィルターは、LCDモニターなどの開発につながっただけでなく、奇妙なことにアーティストとソルジャーの両方を喜ばせる、そんなテクノロジーも生み出した。その発見がランドをポラロイドの最も有名な発明へと導き、同社は30年にわたって「モーゼの罠」に陥り続けることになった。

アートから戦争へ

1920年代から1930年代にかけて、マサチューセッツ州西部の女子大学、スミス・カレッジで美術史を教えるクラレンス・ケネディ教授は、イタリアの名作を中心とする彫刻を写真に収め、記憶に残る作品を生み出した。それらの写真を「オリジナル作品以上に美しい」と評する者もいた。ケネディは有名なコレクションのカタログを作成し、ニューヨークやボストン、サンフランシスコの美術館に助言した。イタリアのいくつかの都市は歴史的建造物の修復を彼に依頼した（第二次大戦で連合軍がイタリアを侵略し始めたとき、アメリカの爆撃部隊はケネディに頼んで、爆撃を避けるべき建造物のリストを出してもらった）。同僚によると、彼は完璧主義者だったが、「人をいらつかせるタイプではなかった」。

1930年代、ケネディは彫刻写真の技術をもっと向上させたいと思うようになった。3次元の美しさや深みを2次元のイメージでどう表現すればいいのか。ケネディは当時の有力な写真会社、イーストマン・コダックの技術者たちと話をした。彼らから紹介されたのは、ボストンの若き発明家、ランドだった。新しく発明したばかりの偏光フィルターにより、彼の評判は急速に高まっていた。

ランドはすぐに、自分の偏光フィルターがケネディの抱える問題をたちどころに解決すると気づいた。子どもの頃のおもちゃにヒントを得た解決法だった。少年時代のランドは立体鏡《ステレオスコープ》を遊び道具に使っていた。双眼鏡のような、この小さなデバイスを覗くと、ボートや橋や洞穴が魔法のように3次元で浮かび上がる。「いつもの図書館で足を組んで椅子に座っているだけで、水の滴る音を聞き、湿気の匂いをかぎ、暗闇に恐怖を感じることができる」

立体鏡は左右それぞれの目に少しだけ違うイメージを見せることで、そうした世界をつくり出す。人間の脳は左右の目に映るイメージの違いを利用して、奥行きを再構築する。彫刻の3次元形状もそれに当たる。普通の写真が平板に感じられるのは、左右の目が全く同じイメージを見ているからだ。ランドは、ケネディの彫刻写真を3次元で「見る」には、少しだけ違う角度から撮ったスナップショットをそれぞれの目に提供すればよいことに気づいた。そしてそれは、例によって光の隠れた性質を利用すれば実現できる。

まず、ランドは二つの偏光イメージ（一方は垂直に偏光、他方は水平に偏光）を一つの写真プリントに融合する方法を発明した。それから、一方のレンズに垂直偏光子、他方のレンズに水平偏光子を仕込んだ安価なメガネをつくった。左目は一つ目のイメージ、右目は二つ目のイメージを見る。それから間もなく、大統領選挙戦の最中に開かれた光学関連の集まりで、ランドはこの技法をデモンストレーションした。まずスクリーン上にぼやけたイメージ画像を映し出す。そこで聴衆にポラロイドの特殊メガネをかけてもらい、民主党支持者には左目を、共和党支持者には右目を閉じるように言う。するとそれぞれの党の候補者を見ることができる。

次に、ランドはケネディが写真に撮りたい彫刻を見せてもらった。その写真を1枚撮り、カメラを数インチだけ動かしてもう1枚撮る。カメラアングルの差が、左右の目が見るイメージの違いに相当する。ランドは一方のイメージを垂直に、もう一方を水平に偏光させたうえで、その二つを一つのプリントに融合した。特殊な偏光メガネをかけてそれを見ると、まるでこちらの目に飛び込んでくるような美しい3次元の形状が浮かび出てくる。ランドはこの新しいシステムをベクトグラフと呼んだ。

ルーズベルトと最初に会ってから間もなく、ヴァネヴァー・ブッシュはランドのベクトグラフの噂を聞いた。1年もたたないうちに、陸軍と海軍は3D地形図を使ってヨーロッパでの戦いに備えていた。航空機が平原や上陸海岸の上空を飛び、400メートルほど離れたところから写真を撮る。写真を融合させると、兵士は遮蔽物に使えそうな木や水路、登る必要がある丘の外形、敵の工場にカムフラージュで塗られた迷彩柄などを見つけ出すことができる。

このテクノロジーは恐らく、美術史のプロジェクトが軍事利用された最初で最後の事例だ。ランドの3D静止画像は間もなく映画に使われるようになり、大流行した（1953年のピーク時には、ポラロイドは1週間に600万の3Dメガネをつくった）。品質が低い初期の3D映画は徐々

3D映画『ブワナの悪魔』を見る観客（1952年）

に目新しくなくなっていったが、今日の3D映画も基本的な仕組みはランドが1940年に開発したものと同じだ。

ランドとポラロイドに対するケネディの影響は、3D写真後も続いた。彼の影響でランドはアート界への関心を高めた。ケネディはランドに、アンセル・アダムス（ポラロイド社のアドバイザー、ランド家の友人になった）のほか、アンディ・ウォーホル、ロバート・メイプルソープ、チャック・クロースなど数多くの芸術家を紹介した。アート界の後ろ盾でこのテクノロジーの魅力がいっそう高まったのは、リンドバーグや幅広い著名人がジェット機に乗ってファン・トリップとパンナムをPRしたのと同じ構造だ。

ケネディはもう一つ異色のアイデアを提供した。スミス・カレッジで美術史を専攻する学生を雇うというものだ。1940～50年代に女性を専門職に就かせる会社はほとんどなかった。美術史の学生を雇って訓練する会社となると、もっと少なかった。ケネディは両方のタブーを破るようランドを促し、それが結果的にポラロイドの大きな強みとなった。今では当たり前の発想だが、ケネディとランドは当時から多様性が創造性を育むと知っていた。ポラロイドに極めて重要な技術躍進をもたらしたのは、スミス・カレッジで美術史を学び、ハープシコードを弾くメロエ・モースという女性だった。彼女はその後、ランドの主要研究室を率いるほどに出世する（モースとランドは親密な関係になった。ある伝記作家によると、モースがポラロイドで20年働いたあと、未婚のまま亡くなったとき、ランドは「心の友、仕事仲間、そして庇護者を失った。技術系、非技術系を問わず会社のスタッフとの激しい反目が始まったのは、彼女が亡くなってからだ」）。

メロエ・モース

　だが、3Dイメージや職場の多様性に対するランドの関心を呼び起こしたことを別にすれば、ケネディがビジネスやテクノロジーの歴史にもたらした随一の貢献は、ランドの目を写真に向けさせたことだった。

初歩的な疑問

1943年12月、家族旅行でサンタフェを訪れたとき、ランドは3歳の娘ジェニファーと散歩に出かけた。娘の写真を何枚か撮ったあと、こう聞かれた。「どうして今、見られないの？」。その問いに驚いた彼は娘を母親に預け、ひとりで散歩を続けた。その問題について考え抜き、娘の疑問をよく検討し、3D写真の開発で学んだ知見を応用した。30年後、彼は科学者やエンジニアたちを前に、自身の発明の歴史を次のように振り返っている。「不思議なことに、その散歩が終わる頃には問題の解決法（インスタント写真）がはっきりしていました。何もかもがです。いくつかの細部は解決するのに1943年から1972年までかかりましたが」

従来のフィルム写真では、光子と呼ばれる光の粒子がフィルムに到達し、微細な残留物を残す。いわば化学的な記憶であり、小惑星が月の表面に衝突して小さなクレーターを残すようなものだ。フィルムを現像液に浸すと、そうした残留物の強度が格段に増し、例の「ネガ」が現れる。なぜネガかというと、光が当たった部分の残留物が黒いからだ。画像を反転させて通常

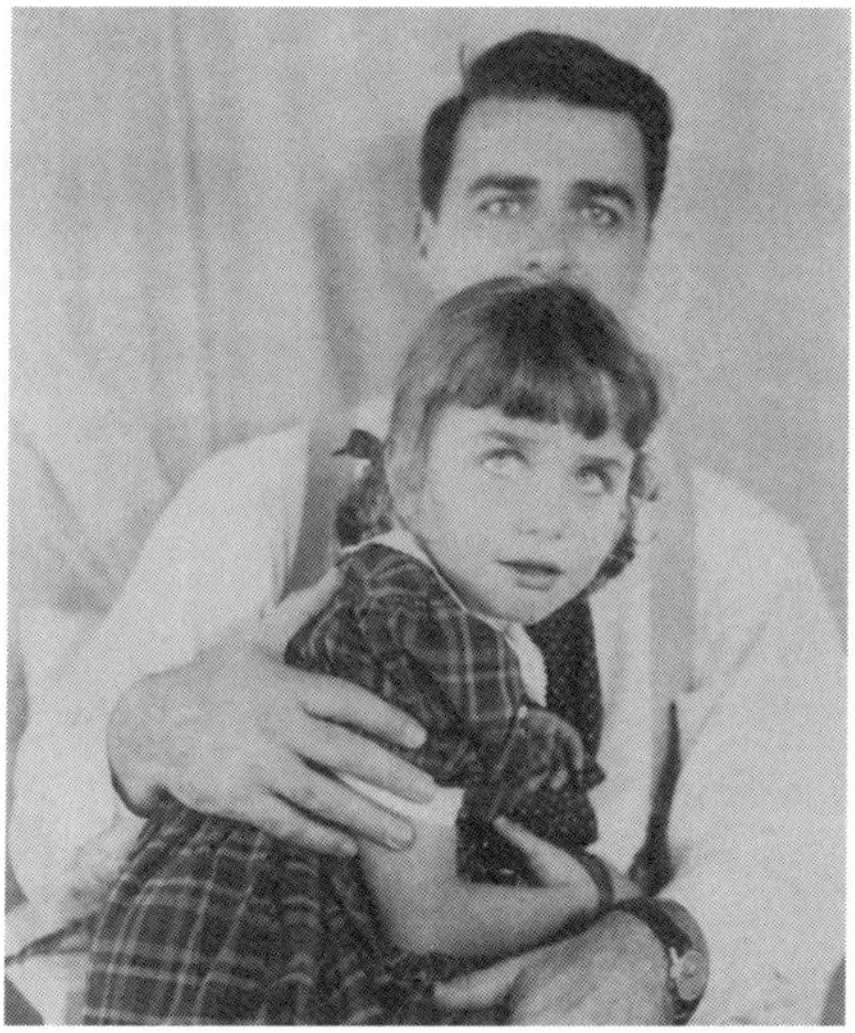

ランドと娘のジェニファー

のポジにするには、フィルムに光を通して白紙に焼き付ける。すると黒い部分が白く、白い部分が黒くなる。ランドが考えたのは、この二つのステップの組み合わせ、つまり巧みな化学的技法を使って、カメラのなかでネガとポジを同時につくり出すことだった。

ポラロイドのインスタント写真では、ネガとポジの印刷層がカメラのなかでサンドイッチのように重なっており、その隙間は100分の1インチに満たない。サンドイッチの下部には現像液の入った密封嚢《のう》（ポッドと呼ばれる）が取り付けられている。カメラから出るとき、ポッドはローラーの間を通り、破れたポッドから現像液が2層の間の狭いスペースに均等に行き渡る。現像液の化学作用により、ネガ上の未露光の分子が吸引されて暗くなる。ネガ上の露光した分子はそのまま変化しない。60秒もしないうちに、二つの層は剥がせるようになる。するとあら不思議、インスタントプリントができあがっている。ジェニファーの願いが叶った。

その「不思議」を起こすにはもちろん、いくつもの技術を考案し、数多くの実験をこなさなければならない。実験の大半は失敗に終わった。いくつもの「偽の失敗」と「三度の死」。明らかに重要で実現が不可能に近い問題にしか取り組むなというランドの教えは、「3回は失敗しないと、よい薬ではない」というジェームズ卿の物言いに通じる。

最初に実験の指示を受けたのは、クラレンス・ケネディの美術史の学生、ドクシー・ミュラーだった。ランドは毎朝6時半に彼女に電話をかけ、その日のプロジェクトを確認し、毎晩、彼女のレポートに目を通した。夜明け前の電話もしょっちゅうだった。「例の問題について考えたことがある。5時に来てくれないか」。美術史の学生転じて化学者となったもうひとりの女性は、キッチンに別の電話線を引いた。「赤い電話が鳴ったら、子どもたちが自殺しようとしていないかを確認して、大丈夫なら電話に出ました」

2年後の1946年初め、実験結果は有望に思えたが、ランドは実験の進行が遅すぎると感じた。彼はチームメンバーに対して、1947年2月21日にニューヨークで開かれる光学会のミーティングで、実際に使えるカメラのデモンストレーションをすると発表した。幹部陣はとても無理だと考え反対した。技術的なハードルがまだたくさん残っていたからだ。ランドは取

ONE-STEP CAMERA
IS DEMONSTRATED

Process That Makes Finished Picture in Minute Is Work of Polaroid Company Head

CONVENTIONAL FILM USED

Special Paper Containing Pod of Developer and Hypo Is 'Sandwiched' With Film

A revolutionary new camera, which turns out a finished picture one minute after the shutter is snapped, was demonstrated last night in the Hotel Pennsylvania at the winter meeting of the Optical Society of America by its inventor, Edwin H. Land, president and director of research of the Polaroid Corporation.

The new camera is described in the published program of the Optical Society as "a new kind of photography as revolutionary as the transition from wet plates to daylight-loading film," more than

INVENTOR DEMONSTRATES PHOTO PROCESS

Edwin H. Land showing negative and positive of himself one minute after picture was taken at Hotel Pennsylvania yesterday.

The New York Times

初のインスタント写真を披露するエドウィン・ランド

り合わなかった。完成したカメラを2月に発表するという新たな目標を達成する必要があった。

ランドが早い締め切りを設定したのは、プロジェクトチームを急がせるためだけではなかった。戦争が終わる頃に軍隊との取引をやめることを決定して以降、売上高は１９４５年の１７００万ドルから１９４６年には５００万ドル弱まで急落し、１９４７年にはその半分以下になる見込みだった。会社の存在自体が危ぶまれる事態だ。ある幹部は「収入はほとんどなく、出費はかさむ一方だった」と振り返る。ランドはインスタント写真に会社の命運を賭けていた。

2月20日、光学会ミーティングの前日、ニューヨークでは午後4時半に雪が降り始めた。朝には6年ぶりの猛吹雪になっていた。市の大半の機能はマヒし、東海岸のイベントはすべてキャンセルされていた。ランドたちは、カメラを積んだトラックがボストンから時間通りに到着するだろうかと心配したが、何とか間に合った。

早速カメラを組み立て、午後のプレゼンテーションに向かう。短い前ふりのあと、ランドは学会長に壇上に上がってもらった。カメラを向けてシャッターを押し、二つの層を剝がしてインスタントプリントを披露する。

「みんなが熱狂しました」と参加者のひとりは回想する。サイエンティフィック・アメリカン誌はこのテクノロジーを「写真の歴史上、最も偉大な進歩の一つ」と評した。ニューヨーク・タイムズ紙は長い特集を組むとともに、論説では「これまでの写真関係の発明はどれもランド氏の発明に比べれば粗雑である」と述べた。

同じ日、マスコミ向けの特別セッションで、ランドは新しいカメラを使って自分の顔写真を撮り、プリントを剝がし、それを自分の顔の横に掲げた。大きさは8×10インチで、ほぼ実物大。ニューヨーク・タイムズ紙が掲載した2段組みの写真では、発明者がにこりともせず、顎を引いて遠くを見ている。胴体から切り離された顔は、悲しげに読者を見つめている。この記憶に残る写真は何度も繰り返し転載された。

・　・　・

1948年に150万ドル足らずだったポラロイド社の売上高は、1978年には14億ドル

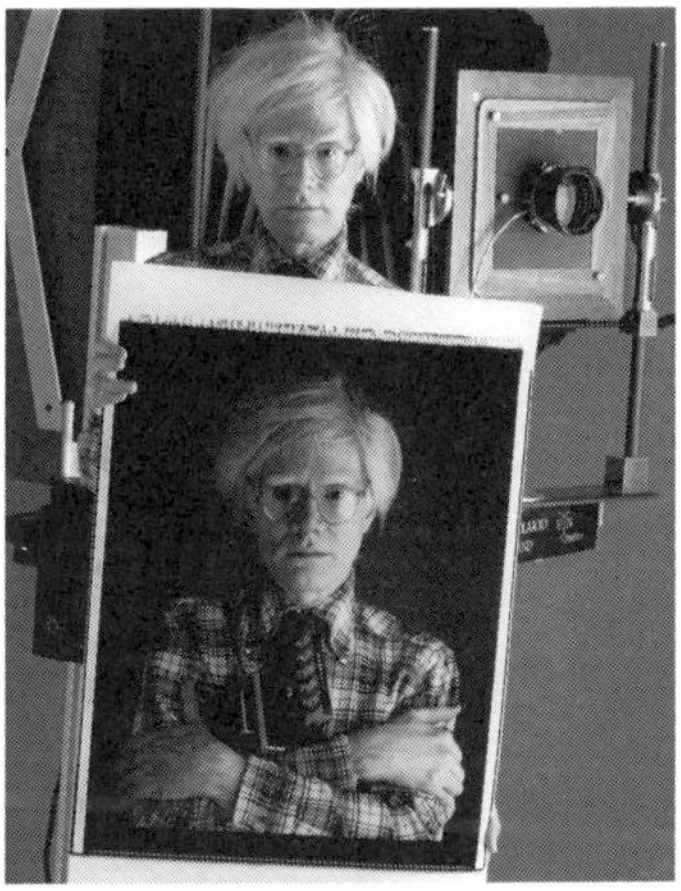

ウィリアム・ウェグマンとアンディ・ウォーホルのポラロイド写真

ライフ誌の表紙を飾るSX70

に達した。パンナムが海外旅行分野を独占したように、ポラロイドはインスタントプリントの分野を30年間独占した。毎年のように目を見張るブレークスルーをなし遂げ、それが顧客を喜ばせた。どちらの場合も、トップに君臨するPタイプのイノベーターがそうしたルーンショットを促し、それがフランチャイズを拡大させ、それがさらなるルーンショットを刺激した。危険な好循環がますますスピードを速めていった。

ポラロイドは1947年の最初のセピアプリントに次いで、白黒プリント（1950年）、自動露出（1960年）、インスタントカラー（1963年）、非剝離式フィルム（1971年）、一体型折り畳み式カメラSX70（1972年）、ソナーオートフォーカス（1978年）など、数えきれないほどの最新技術を世に送り出した。テクノロジーに関心のある人なら、こうした発明の数々は実に興味深いはずだ。たとえばインスタントカラープリントを実現するため、ランドのチームは新しい分子を発明した。研究室での偶然の発見がきっかけのサイドプロジェクトとして、ランドは色覚の新しい理論を考案した。「色の恒常性」と呼ばれているこの理論は、反射光の色が変わっても赤いリンゴが赤く見える理由を説明する。ランドは毎年一つか二つ、新しい発見をしていた。普通の人なら生涯に一つか二つで十分だろう。ある科学者はそんなランドに敬意を込めて「彼のほうがノーベル賞にふさわしい」と書いた。

技術の向上に伴って社会的地位も高まった。本格的な芸術家からはおもちゃ扱いされていたインスタントプリント写真だが、その後、新たな芸術形式として認められるようになった。アンセル・アダムスがメトロポリタン美術館で1974年に開いた展覧会には、20枚のポラロイド写真が含まれていた。大統領（ジミー・カーター）の写真撮影を依頼されたときも、傑作といわれるエルキャピタンの景色を撮ったときも、彼はポラロイドを使用した。ウィリアム・ウェグマンの犬、アンディ・ウォーホルのポップアート、チャック・クロースの顔、どれもポラロイドを使った作品だ。

このテクノロジーは新しい芸術だけでなく新しい市場をも生み出した。たとえば、カップルは自分たちの写真が現像所のスタッフに見られなくて済むと気づいた。そこで生まれたのが、ポラロイドが「愛情」写真と微妙な呼び方をした写真だ。後年、ポルノグラフィーがインターネットの急成長を加速させたように、こうした愛情写真に対する需要の増大がポラロイドの成長を後押しした。

需要の原因が何であれ、投資家は売り上げの拡大を歓迎した。ウォール街のアナリストは、ポラロイドの株は過大評価されていて割高だと評価したが、株価はそれでも上昇し続けた。ファンが信頼して買い続けたからだ。

そして、ファン・トリップと747のように、ルーンショットを創出・選定する経営トップの座にあるイノベーターが、危険な循環をあまりに多く回しすぎた。

ポラビジョン

1888年、トーマス・エジソンは「蓄音機が耳のために果たすのと同じ役割を目のために果たす、そんな道具を実験中」と書き、数年後、この映写機を使ってアメリカ初の短編映画をつくった（ボクシングをするネコの短編も含まれていた。人間にとってネコの動画はいつだっておもしろい）。その後100年ほど、映画フィルムはおおよそ写真用フィルムのように開発された。35ミリの映画カメラは1秒間に24コマをネガフィルムのリールに記録する。ネガは現像所で現像される。最大の違いは、映画フィルムは透明なフィルムに変換され、そこに光を投影させるという点だ。

1960年代半ば、ランドはインスタントプリントの技術を映画フィルムにも応用することを考え始めた。60秒分のフィルムごとに、一つのイメージではなく、1000以上のイメージを誤りなく現像処理しなければならない。そのためにはカラー現像やフィルム透過性に関わる化学を考え直さなければならない（注47）。全く新しい機器を備えた製造プラントを商業的な規模で建造する必要がある。何年か前、ランドは「ゴールが明らかに重要で、その達成がほぼ不可能と思われる計画以外、着手してはならない」と述べていた。偏光フィルター、インスタントプリント、インスタントカラーを支える科学技術はどれも、ランドが取り組み始めたとき、ほぼ実現不可能に思われた。今回の新たな課題こそ、ランドが心血を注ぐ価値のあるPタイプルーンショットだった。そして彼はインスタントプリント映画をつくるため、10年がかり、5億ドル規模のプロジェクトを立ち上げた。

・・・

マサチューセッツ州ニーダムで開催されたポラロイド社の1977年株主総会。パントマイマーやダンサーに囲まれて、ランドは「ポラビジョン」を世界に紹介した（このパフォーマンスをウォールストリート・ジャーナル紙はアカデミー賞の価値ありと書いた）。「新しい科学、新しい芸術、新しい産業を初めて皆さんにご覧に入れます。……これは写真界の第2の革命です」。白い水兵服、赤い帽子とスカーフといういでたちの長髪のダンサーが壇上に現れ、徐々に踊り始める。重さ約700グラム、単行本ほどの大きさしかないエレガントな映画用カメラのグリップを握り、ランドは撮影を始める。およそ1分後、彼はカセットを取り出し、12インチスクリーンが付いた長方形の箱（ポラビジョンプレーヤー）にそれを挿入した。プレーヤーはフィルムの巻き戻しと現像を同時に行う。90秒後、ダンサーの姿がスクリーン上に現れた。

消費者向けの小型デバイスの内部で、何千ものイメージを含むネガフィルム全体をわずか90秒で巻き戻し、同時に誤りなく現像する技術は、21世紀の現在でも称賛に値する。

各技術誌は激賞した。ポピュラーサイエンス誌は「不可能なコンセプトをハードウェアに転じるのが専門と思しき会社が、またやってのけた」と書いた。ポピュラーメカニクス誌は「スクリーンが突然明るくなり、驚いたことに、今撮ったばかりのフィルムが映し出された。ハリウッドの『ラッシュフィルム』でこれほど速く映写室に届いたものはない。また、現像所に行くことなく公開された映画もかつてない」と書いた。ワシントン・ポスト紙は「ポラビジョンは恐らくランドのキャリアを代表する発明だろう」と書いた。

新しい工場で生産されたポラビジョンマシンは20万台を超える。フィルム組み立てラインからはカセットが量産された。アンディ・ウォーホルは著名人を集めたパーティーでポラビジョンの短編映画を撮影し、ジョン・レノンとオノ・ヨーコは息子のショーンと一緒にポラビジョンのホームムービーを制作した。1978年の春に全国的なマーケティングが始まった。

では、なぜポラビジョンはあまり知られていないのか。1年とたたずにダメになったからだ。この製品は売れなかった。手法や品質は磁気ビデオテープより優れており、カメラもSX70のように美しい、誰もが欲しがりそうなマシンだった。だが、顧客はホームムービーにそうした余分な要素を求めていなかった。デザインがエレガントでも利便性が高いとは限らない。ビデオテープやスーパー8フィルムのほうが安価かつ簡単で、ビデオテープは消去可能だった。テープの場合、ネコが毛玉を吐き出している先週の映像の上に重ね撮りできる。インスタントプリント映画の場合、そんなシーンを細部まで美しい映像で記録・保有し、リアルタイムまたはスローモーションで何度も繰り返し見ることができる。でもその後、安くはないフィルムをもっと買わなければならない。ポラビジョンカメラは2018年の金額で2500ドル近く、3分間のカセットは一つ30ドルもした。

ウォール街のあるアナリストは次のようにまとめた。「この製品は商業的な重要性よりも科学的・美的アピールのほうが大きい」

1979年、ポラロイドの監査会社が、ポラビジョンの売れ残り在庫を損失処理すべきだと主張した。これは上場企業としては白旗を上げることに等しい。ランドは猛反対した。「ポラビジョンに結集された科学研究の成果が役に立たないという監査役の言い分など、会計上のたわ言にすぎない。言葉の使い方を完全に間違っている」。取締役会は当然、監査会社の提言に従った。

その後間もなく、ポラロイドはポラビジョンの生産を永遠にストップした。その最終年の事業費は2億ドル余りだった。数カ月後、取締役会の要請でランドはCEOを退いたが、研究責任者として会社には残った。業績が振るわないまま2年が過ぎ、ランドはその地位からも退いた。持ち株を売り、自分が創業した会社との関係を完全に断った。

パンナムと同じくCEOが次々に代わり、会社を何とか立て直そうとした。他社のルーンショットに追いつこうとした。パンナムの場合、他社のルーンショットとは主にSタイプのルーンショット、すなわちコストを下げ、座席当たりの売り上げを増やす戦略だった。ポラロイドの場合、それはPタイプのルーンショットだった。ビデオカムコーダー、家庭用インクジェットプリンター、そしてもちろんデジタル写真も含まれる。しかしパンナムと同様、遅すぎた。

光子、電子、リチャード・ニクソン

従来の写真は化学反応を利用する。十分な量の光子（光の粒子）がフィルム上の銀の分子に当たると、分子は形態を変える。それにより、光子がどこにぶつかったかという化学的な記憶ができる。しかし特別な条件下では、ぶつかった光子が原子から電子を弾き飛ばすことがある（光電効果）。弾き飛ばされた電子は、ちょうどホタルを瓶で捕まえるように、光子が当たった場所にとらわれることがある。とらわれた電子はその存在を電圧で示す。電圧は、光子がどこにぶつかったかという電気的な記憶をつくる。

１９６９年、ベル研究所の小規模なチームが、光子によって原子から放出された電子を捕まえるための条件を備えた画素格子を生み出した。ホタルを捕らえる瓶を小さくして格子状に並べたようなものだ。チームメンバーはそれをＣＣＤチップと呼んだ。このチップは最大でフィルムの１００倍も感度が高いことがわかった。数年後には、天文学者がＣＣＤチップを使って遠くの星を撮影していた。ＣＣＤを使った最初の商用カメラ（ビジネスおよびプロ仕様）が登場したのは１９７０年代。同じくＣＣＤを使った消費者向けのデジタルカメラは１９８０年代半

ばに登場した。(注48)

ポラロイドも1996年にようやくデジタルカメラを発売した。ソニーやキヤノン、ニコン、コダック、富士フイルム、カシオなどが同様のカメラを出してから10年後のことだ。遅すぎだった。2001年にポラロイド社は経営破綻した。

表面上は(あるいは公には)、頭脳明晰ながら年老いた起業家がデジタル写真というルーンショットに不意打ちを食らわされたように見える。

だが、それは必ずしも事実ではない。

・・・

2011年から2015年にかけて、米国家偵察局はスパイ衛星に関する多くの文書を機密解除した。それらの文書から、画像技術をめぐるトップシークレット級のドラマが明らかになる。まだ天文学者がCCDを使い始める前、最初の商用CCDカメラが登場する前、そしてソニーやコダックがCCDの消費者市場について検討し始める前、ある人物が、軍事・政治顧問全員の反対を押し切って、米大統領にデジタルスパイ衛星への投資を納得させた。その人物こそエドウィン・H・ランドだ。

ランドが政治の世界に引き込まれたきっかけは、核戦争の脅威だった。1949年、ソ連は自国初の原爆の爆発実験を行った。1年後、ソ連を後ろ盾とする北朝鮮軍が、米国の支援を受ける韓国に侵攻すると、冷戦がヒートアップした。核を用いた第3次世界大戦勃発のリスクが高まった。1953年の就任から間もなく、アイゼンハワー大統領はMITの学長ジェームズ・キリアンをリーダーとする専門家パネルを招集し、ソ連が核ミサイルを使って奇襲をしかけてくる可能性を検討させた。同パネルは直ちに次のような結論を出した。ミサイル、基地、部隊の移動など、ソ連の軍事能力に関する確かなデータが不足している。そうしたデータをどうにかして収集するのが喫緊の課題だ――。最先端の画像技術について助言でき、なおかつ、まだ存在しないテクノロジーを予測できる（さらに設計もできる）人間が必要だった。軍の幹部に物が言える強烈な個性の持ち主が求められた。

その条件に照らせば、ランドは申し分のない候補者だった。彼はすぐに選ばれた。(注49)

1954年、ランドはアイゼンハワーに、強力なカメラを装備し、高高度を高速で飛ぶ一人乗り飛行機のアイデアを提案した。彼はカメラ技術（アイテク、コダック）や航空機（ロッキード）の選定にも協力し、世界初のスパイ機「U2」を生み出した。彼のパネルは冷戦を通じて重要な役割を果たした。たとえば1962年のキューバ危機でソ連のミサイルを特定したのは、U2が撮影した写真だ。

1957年、ランドとキリアンはアイゼンハワーに新しいアイデアを出した。心配だったのは、敵の領土上空で有人機を飛ばすリスクだった（この懸念は的中する。1960年、ソ連は自国上空を飛ぶU2を撃ち落とし、パイロットを捕虜にした)。敵陣上空に有人機を飛ばす代わりに、巨大な望遠レンズを搭載した衛星を開発・配備するべきだ、とふたりは提言した。

宇宙から写真を撮るとはなかなかのアイデアだが、ではどうやってその写真を地球で受け取るのか。ランドとキリアンが提案したのは次のようなシステムだった。パラシュート付きの小型容器に入れた撮影済みフィルムを衛星から発射する。次に空軍のパイロットが、航空機に付いたフックでその容器を空中で回収する。

アイゼンハワーはこの計画にゴーサインを出した。また、ランドとキリアンが提案した新しい組織、国家偵察局を設置することも承認した。この組織は空軍とCIAが共同で管理した。

冷戦とソ連の拡大が続くなか、衛星計画の限界が徐々に明らかになった。1968年8月20日、ソ連はチェコスロバキアに侵攻した。衛星フィルムは確かに、侵攻前に国境付近に集結する戦車や戦闘機を映し出していたが、空軍がフィルムを回収したときにはもう古いニュースだった。侵攻はすでに終わっていた。

11月に選出されたリチャード・ニクソン大統領は、数週間遅れの画像ではなくリアルタイムの画像が欲しい、と側近たちに指示した。しかも「2期目までに」と期限を切った。(注50) この開発をめぐって壮絶なバトルが展開された。

一方の側は、軍幹部と閣僚のほぼ全員。国防長官メルビン・レアード、国防副長官デビッド・パッカード、国防技術の責任者ジョン・フォスター、空軍長官ロバート・シーマンズ、未来の国防長官ジェームズ・シュレシンジャーと国務長官ジョージ・シュルツも含まれていた。軍部は現在の手法を少しずつ改善することを支持した。既存のフィルム衛星にファクスマシンのようなスキャナーを追加するというアイデアだ。撮影した写真はその場でスキャンされ、地球上の基地に送信される。彼らにとって、CCDチップを使ったフィルムのないデジタル写真というアイデアは、全く想像が及ばない世界だった。ルーンショットの度が過ぎた。

もう一方の側にはエドウィン・ランドがいた。(注51)

当然、軍部が優勢だった。1971年の春には、衛星内でフィルムをスキャンするという20億ドル規模の計画が着実に進んでいた。1971年4月の大統領情報活動諮問会議の席上、ランドはニクソン大統領に直接進言した。フィルムスキャナーのアイデアは「慎重な手段」であり、デジタル技術こそ「この分野でアメリカを一気にナンバー1の地位に高めることができます」。そしてこう続けた。「大統領の強力なバックアップがなければ、官僚は大きな投資リスクを負おうとはしません」。なぜデジタルがよいのか、なぜリスクをコントロールできるのか、なぜこの計画が軍部の提案に勝るのかを彼は説明した。

ここでちょっと考えてほしい。これは1971年春の出来事だ。CCDについて述べた論文が発表されたのは、ほんの数カ月前。ソニー(初の商用デジタルカメラをつくった)もキヤノンもニコンもデジタル写真機について検討すらしていない時期だ。ランドは誰よりも前からデジタルを支持していたことになる。

9月、ニクソンの国家安全保障担当補佐官ヘンリー・キッシンジャーは、大統領がランドの革新的ソリューションを前へ進めることを決断した、と全関係者に通知した。軍部の20億ドルの計画は中止された（国家偵察局のある歴史家は、ランドが最終的に成功を収めたのは「前任の大統領たちよりも力強く、切れる意思決定者として記憶されたいというニクソンの願望を、彼が完璧に理解していた」せいだとしている）。

1976年12月11日、ニクソンの2期目の最終盤になるはずだった頃（ニクソンは1974年8月に辞任した）、空軍は初のデジタル衛星「KH11」を送り出した。ジミー・カーター大統領の就任式翌日、1月21日の午後3時15分、CIA副長官のハンク・クノシェは、ホワイトハウスの地図の間で、カーターと国家安全保障担当補佐官ズビグネフ・ブレジンスキーに面会した。クノシェは何枚かの白黒写真をテーブルに広げた。宇宙から撮った初めての鮮明な写真だった。大統領就任式の様子が写っている。百聞は一見にしかず。それはランドの革新的ソリューションを実証していた。米国は今や世界中の出来事を「ほぼリアルタイムかつ間近で、まるで天使のように」見ることができた。

リアルタイムの視覚情報が手に入るようになったことで、米国の危機対応、安全保障対策、軍縮条約検証のやり方も変化した。フィルムに比べて感度が極めて高いCCDは、フィルムベースの衛星で可能な水準をはるかに上回る画像を提供した。街の概観ではなく、トラックのナンバープレートまで記録できた。この60年間に米国が収集した情報のソースとして、国家偵察局が導入した300以上のデジタル画像衛星は最も価値が高いものだと言える。

ランドはデジタル写真に驚かなかった。まだ誰もそれを検討さえしていなかった時代に、米国の大統領の前でそのルーンショットを擁護していたのだから当然だ。ランドを称える1988年のイベントで、CIA長官のウィリアム・ウェブスターはこう述べた。「ランド博士の国家安全保障に対する貢献は計り知れません。私たちの現在の情報収集能力に対する博士の影響力は他に類を見ません」

ではいったいポラロイドに何が起きたのか。なぜランドは自社にデジタルを適用せず、国家の情報機関とのコネクションを利用せず、その強みを活かしてソニーやキヤノンやニコンの先を越さなかったのか。

恋に落ちて

モーゼの罠——戦略の強さではなくルーンショットに恋焦がれる聖なるリーダーがもっぱらアイデアを決めるときに起きる。

ポラロイドの株主総会でポラビジョンが鮮烈なデビューを飾った日、ランドがプレゼンテーションを終えて赤い帽子のダンサーに礼を述べたあと、聴衆は特別に設けられた20の「フィルムステーション」に案内された。それぞれのステーションにパントマイマーやダンサー、ジャグラーが待ち受けている。記者や投資家はカメラをチェックし、3分間のインスタントプリント映画を撮り、質疑応答のために席へ戻った。楽しそうなパフォーマーたちに囲まれてランドは質問を促す。型通りのコメントが続いたあと、あるアナリストが尋ねた。「利益はどのくらいですか？」

ランドの答えは、彼の生涯で最も有名なせりふの一つになった。「大事なのは利益だけですか？　何とも差し出がましい質問。利益は天のみぞ知るです」

業界のゴリアテが衰退する物語は、まず何十年かの成功で幕を開ける。その後、誇り高き古い企業は新鮮さを失ってゆく。ゴリアテはハングリーさを失う。まだ若い新興企業ダビデが現れ、思わぬ武器で巨人を打ち倒す。それは誰もが見過ごしていた新しいアイデアまたはテクノロジー、ある種のルーンショットだ。

エドウィン・ランド、ファン・トリップ、そして次章で見る「スティーブ・ジョブズ1・0」が築いたゴリアテは、この展開には当てはまらない。ランドもトリップもジョブズも決してハングリーさを失わず、大胆で危険なプロジェクトに挑戦し続けた、Ｐタイプのイノベーターだ。彼らのゴリアテは、同じパターンをたどって同じ罠にはまって消え失せた（ジョブズの場合は消えかけた）。

彼らは見事なルーンショット養成所をつくり、ブッシュ・ヴェイル ルールその1「相分離」を達成した。だが、新しいアイデアの裁判官・陪審員であることをやめなかった。ブッシュやヴェイルは、ルーンショットとフランチャイズの微妙なバランスをとる庭師であろうとして交換や交流を促したが3人のPタイプイノベーターはモーゼたることを自任し、スタッフを奮い立たせ、ルーンショットを選定した。言い換えれば、ブッシュ・ヴェイル ルールその2「動的平衡」に失敗した。

モーゼの罠と、とびきり優秀な組織が罠にはまりやすいことについて、ここまで学んだポイントを整理しておこう。

○その1　危険な好循環

Pタイプのルーンショットはフランチャイズの成長を促し、それがさらなるPタイプのルーンショットを生む。新しいジェットエンジンは、パンナムのトリップがより早く、より遠くに、より多くの人を乗せて飛ぶという目標の達成を手助けした。それがさらなる収入を生み、それを元手にもっと大きく速いエンジンが設計された。白黒のインスタントプリントはカラーのインスタントプリントになり、それが大衆の需要を創出し、その収入がＳＸ70の資金源になった。より多くの人が、より早く見られる写真——それがさらなる拡大を促した。

○ その2 フランチャイズが周りをどんどん見えなくする

好循環を回し続けるPタイプのルーンショットだけが重用される。トリップは新たなビジネス手法、すなわちボブ・クランドールのアメリカン航空をはじめとする大手航空会社や、パシフィック・サウスウエスト航空などの格安航空会社によるSタイプのルーンショットに気づいていたが、これを無視した。(注52) エドウィン・ランドはデジタル技術に注目していただけでなく、デジタルに少なからず肩入れした。だが、自分の会社ではそれを無視し、ポラビジョンにこだわった。インスタントフィルムこそインスタントプリントの循環を回し続けるのに必要なもので、デジタルはそうではないと判断した。

ポラロイドはデジタル写真というPタイプルーンショットに足をすくわれた。しかし、失敗はそれだけではなく、その新しいテクノロジーにはSタイプのルーンショットも隠されていた。先ほど見たように、ランドはデジタル写真をよく理解していた。誰もそれを知らなかった時代に、デジタル写真の可能性を見通し、軍幹部や政治指導者を前にその価値を擁護してみせた。

ランドや経営陣がデジタルに取り合わなかったのは、30年間、フィルムを売って稼いできたからだ。カメラよりもインスタントプリントのカートリッジのほうがお金を生む。デジタルだとフィルムが必要なくなる。「儲ける術がない」と彼らは言った。隠されたSタイプのルーンショット、デジタルがもたらす新たな収入源をランドは探そうとしなかった。言い換えれば、ファン・トリップと同様、強み（Pタイプのルーンショット）に頼り、弱み（Sタイプのルーンショット）に目を向けなかった。

○その3　全能のモーゼによる「ご託宣」

ブッシュとヴェイルは「テクノロジー」ではなく「トランスファー」を管理した。ルーンショットとフランチャイズの微妙なバランスに気を配った。一方、ランドはポラビジョンプロジェクトの「応援隊長兼スポークスマン」だった。

ポラロイドで20年間さまざまな研究グループのリーダーを務め、ランドを高く評価する人物は次のように書いている。

会社経営だけでなく研究分野でも彼はボスだった。時間とともにそれがはっきりしたように思う。会長兼CEOに加えて研究所長の肩書も持っていた。……本当の関心はそこにあったのだろう。研究に関する意思決定を下すのは私ではなく、常に彼だった。

ポラビジョン事業が失敗し、製品の販売が中止されてから間もなく、ランドはあるフリーラ

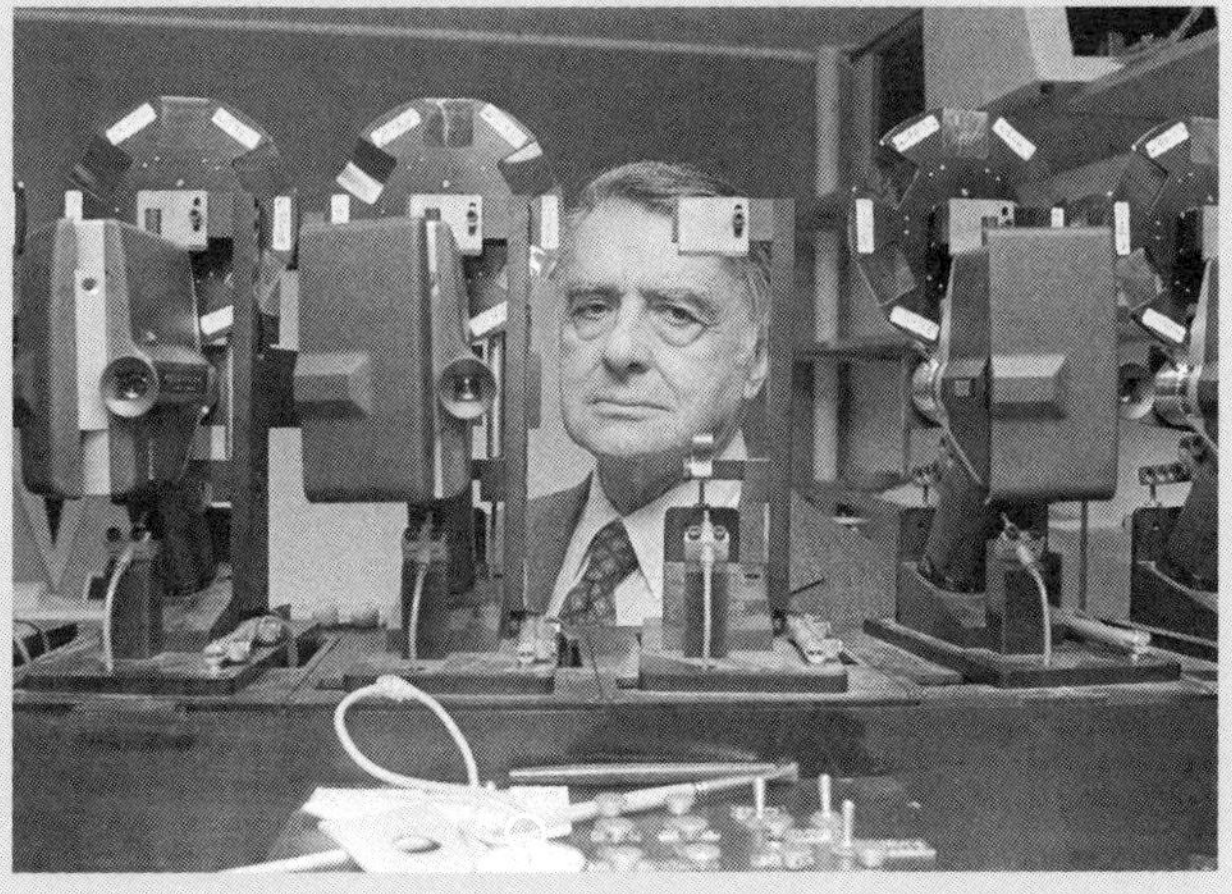

ランドとポラビジョンマシン

ンスの照明デザイナーを、インスタントムービーカメラだらけの倉庫へ案内した。デザイナーは、なぜ「こんな悲しい景色」を見せるのかと尋ねた。

ランドは答えた。「思い上がりがどんなものか見てもらいたくてね」

第1章で次のような図を使って、ブッシュとヴェイルの成果を説明した。誇り高きフランチャイズが急速に勢いをなくし、古びつつある組織を、彼らは右上の象限へ移行させた。対等な関係の研究集団とフランチャイズ集団(相分離)が、プロジェクトやアイデアを継続的に交換し、どちらの側も他方を圧倒することがない状態を保つ(動的平衡)ことが重要だ。

ランドとトリップは左下の象限から抜け出すことには成功したが、右下の「モーゼの罠」へ直行してしまった。

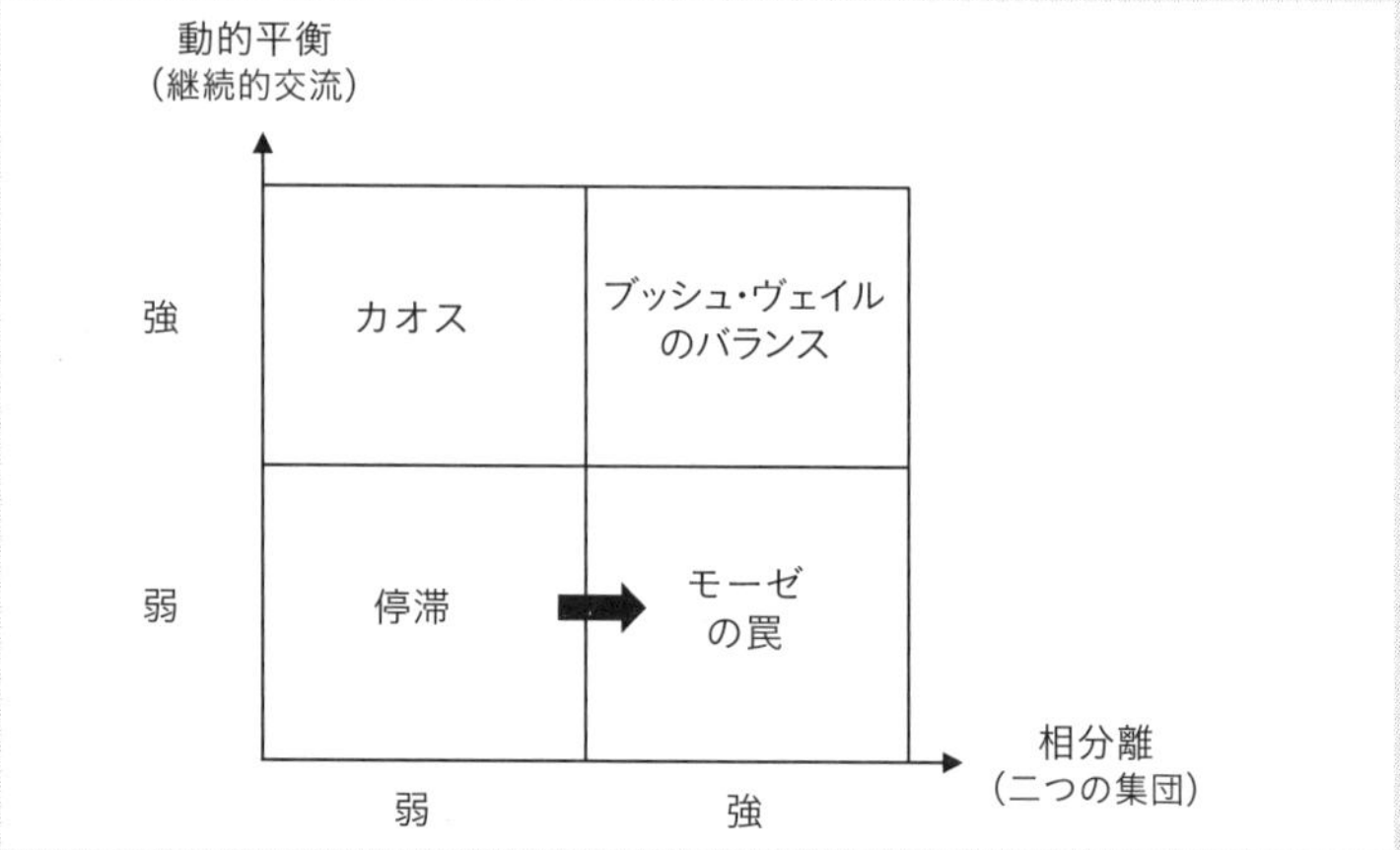

ランドはルーンショット養成所に壁をめぐらして、他の者を寄せつけなかった。会社のエンジニアリング責任者ビル・マッキューンをはじめ、彼の研究に直接関わっていない人間が9階の研究室に出入りするのを禁じた。彼のルーンショット養成所はノーベル賞級のブレークスルーをいくつも生み出し、フランチャイズ集団は何百万台ものカメラを売った。でも、どのルーンショットをいつ、どんな条件で送り出すかのコントロールは、ランドがひとりで担った。

右下の象限へ移動すれば、相転移や衰退を引き延ばすことはできる。だが、それを防ぐことはできない。モーゼはルーンショットを指し示し、それに命を与える。しかしその魔法が続くのは、好循環が終わりを迎えるまでだ。[注53]

運命論を唱えたシュペングラー、シュンペーターらは、衰退は必然だと言う。帝国は必ず滅び、ダビデは必ずゴリアテを退治する――。そうした創造的破壊のサイクルは本当に必然なのか。帝国に何かできることはないか。

ブッシュとヴェイルは、滅亡のサイクルが必然ではないこと、組織を右上の象限へ移行させれば、持続可能で更新可能な創造性や成長のチャンスが生まれることを知っていた。右上とはすなわち、相分離とバランスのとれた動的平衡が両立している状態である。

だが、どうやってそこを目指せばよいのだろうか。

第5章

「モーゼの罠」の回避

バズ・ライトイヤーとウッディの功績

「スティーヴン・P・ジョブズが帰ってきた」と、1988年10月13日のニューヨーク・タイムズ紙は書いた。ジョブズの新しい会社NeXTの初の製品発売に関する記事だ。3年前、ジョブズは自身が創業した会社アップルコンピュータとひどい別れ方をしていた。

サンフランシスコのデービス・シンフォニーホールには、NeXTのコンピューターがベールを脱ぐのをひと目見ようと、3000人の観衆が集まった。

「今日これから、私たちはコンピューターの分野で10年に一、二度しかない貴重な経験をするでしょう」と、ジョブズはイベントの最初に宣言した。ボックス型のダークスーツ、細いタイ、もじゃもじゃの髪――熱きスピリットを持つIT界のスターだ。「これは革命です」

記事はこう続く。

ジョブズ氏はドラマティックな製品紹介をすることで知られている。彼と彼の会社は、コンピューター業界が彼とその新しいマシンに抱く大きな関心を活用した。

真っ暗なステージに彼はひとりで立った。壇上にあるのはコンピューターと、花の生けられた花瓶だけ。背後に巨大なスクリーン。新しいマシンの性能を実演する。ボイスメッセージの記録・送信、CD並みの音質での音楽再生、光ディスクに保存されたシェイクスピア全集からの高速検索——。

プロセッサ、ポート、オブジェクト指向プログラミングなどの2時間のデモの最後に、ジョブズは長い指で合掌のポーズをつくり、少し間を置く。

「私のヒーローのひとりはエドウィン・ランド博士、ポラロイドの創業者です」とジョブズは言う。「彼は、ポラロイドをアートとサイエンスを兼ね備えた会社にしたいと言いました。NeXTについて私たちは同じように考えています。そして、今日皆さんと一緒に経験したあらゆるもののなかで、最も心に響くのは音楽ではないかと思います」

ここでジョブズは、サンフランシスコ交響楽団の首席バイオリニスト、ダン・コビアルカを紹介する。コビアルカはNeXTコンピューターに近づき、バイオリンの弓でそれをふざけて軽く叩き、5分間の激しいデュエット演奏を始める。人とマシンによる、バッハの「バイオリ

ンコンチェルト イ短調」。コピアルカが演奏を終え、顔を上げると、三つ目のスポットライトが、赤いバラを手にしたジョブズに当たる。聴衆は惜しみないスタンディングオベーションでこれを称える。

バイオリニストを赤い帽子のダンサーに代えれば、ポラビジョンの発表会と同じだった。

8メガバイトの性的満足

メディアは絶賛した。ニューズウィーク誌の特集は、ジョブズが「コンピューターに再び『驚き』をもたらした」と書いた。シカゴ・トリビューン紙は、第2バチカン公会議が教会に与えた影響に匹敵する影響を製品デモに及ぼした、と報じた。「8メガバイトの性的満足!」と見出しをつけた記事もあった。NeXTの発表に触発されて、ライバルを見下すような発言も現れた。この新しいマシンのソフトウェアをつくるかと聞かれて、マイクロソフトのビル・ゲイツは「とんでもない。相手にしたくもない」と答えた。彼はそのテクノロジーを一笑に付し(「ソニーに頼めばやってくれる」)、真っ黒で光沢のあるデザインを相手にしなかった(「黒がお望みなら、ペンキを一缶あげよう」)。

発売から5カ月後、NeXTは全米最大のコンピューター販売店、ビジネスランドとの提携を発表した。社長のデビッド・ノーマンは最初の1年間の売り上げが1億5000万ドルになると予測した。前代未聞の数字だ。ビジネスランドの幹部会で、ジョブズは「やつらをコテンパンにしてやれ！」と激励した。その後すぐ、ある出席者はそのときの様子をこう表現した。「話が大きくなり、大の大人たちが椅子の上に立って叫んでいました。もう大興奮です」

NeXTマシンの開発に当たってジョブズは、アートギャラリーのような壁と照明、しゃれたバスルームの備品、高級レザー家具を備え、完全自動化された最先端の工場を主張した。あるジャーナリストは、その工場がいつでもアーキテクチュラル・ダイジェスト誌の表紙を飾れると評した。IBMとアップルは、年に何百万台ものPCを、サン・マイクロシステムズは年10万台以上のワークステーションを売った。ジョブズは何十億ドルという売り上げのために工場を設計した。1年後、ビジネスランドが売ったNeXTマシンは400台に満たなかった。

ポラビジョンやボーイング747と同じく、NeXTキューブは美しく、技術的に素晴らしい、非常に高価なマシンだった。ただし顧客はつかなかった。新しい光学ドライブは磁気ドライブやフロッピーディスクの何倍もの記憶容量があったが、競合他社はもっと便利で役に立つアプリケーションを、もっと安価に提供した。「商業的な重要性よりも科学的・美的アピールのほうが大きい」というポラビジョンに対する評価は、NeXTにもそのまま当てはまった。

ジョブズは発売イベントで光学ドライブについて言及し、「新しいテクノロジーのため、会社をリスクにさらす決断をしました」と述べていた。NeXTのライバルの一つ、サンの

CEOだったスコット・マクネリは、人は華々しいマーケティングイベントや光り輝くデザインにつられて1万ドルのコンピューターを衝動買いすることはない、と考えていた。1万ドルを出せる顧客が望んでいたのは、部品が交換可能で信頼できるハードウェアを使った、実用的なマシンだった。

ジョブズはルーンショットへの愛を口にした。マクネリは戦略的強みを行動原則とした。サンは売上高が30億ドルを超すまでに成長した。発売から2年後、NeXTの販売パートナー、ビジネスランドは経営破綻した。NeXTがすべての原因ではないが、その影響は大きかった。

1991年4月には、ジョブズとともにNeXTを創業した者のうちふたりがやめていた。6月には、NeXTの最大の個人投資家ロス・ペローが「君たちにあんな大金を渡すんじゃなかった。最大のミスだ」と言い残して取締役を辞任した。それから数カ月間、NeXTは銀行からの借り入れで給料を支払った。倒産寸前まで追い込まれたジョブズは、パートナーにして最大の投資家でもあるキヤノンを頼った。同社はNeXTマシンの光学ドライブとプリンターをつくっていた。キヤノンは小切手を切り、翌年にも二度追加出資をしたが、ついに一線を画す決心をした。1993年初めには、ジョブズ以外の5人の共同創業者全員を含め、バイスプレジデントのほぼ全員が会社を去った。

フォーブス誌の記事はこう書いた。「ビジネスの世界で奇跡を起こす者はそうそういない。そして今回、スティーブ・ジョブズはそのひとりでないことがはっきりした」

賭け金を積み増すモーゼ

ジョブズが1985年にアップルから追放され、NeXTで失敗した事実は十分明らかにされてきた。1975年、スティーブ・ウォズニアックはマイクロプロセッサ、キーボード、スクリーンを組み合わせて初期のパーソナルコンピューターをつくった。ジョブズはウォズニアックを説得して仕事をやめさせ、会社を興した。しかし、アップルⅠとⅡである程度成功を収めたあとは、競合他社がすぐにアップルを追い越していった。1980年、アタリと家電販売チェーンのラジオシャック（販売したのはTRS80）は、それぞれアップルの約7倍の数のコンピューターを売った。1983年にはコモドールが市場を独占し、2年前に参入したばかりのIBMのPCが僅差で2位につけていた。アップルのシェアは10パーセントを切り、急速に落ち込んでいた。

アップルはアップルⅢとリサで再度スポットライトを浴びようともくろんだ。このプロジェクトはジョブズが関心を失うまで、または追放されるまでジョブズが主導したが、結果は振るわなかった。1984年初めのスーパーボウルの放映中、「マッキントッシュ」と呼ばれる新製品の伝説的なコマーシャルが流され、当初の売り上げは爆発的に伸びた。だが、このコンピューターはいかんせんスピードが遅く、ハードドライブがなく、たびたびオーバーヒートを起こした（冷却ファンはうるさいからいらない、とジョブズが主張したためだ）。ＩＢＭとコモドールがそれぞれ２００万台以上のコンピューターを売った年、マッキントッシュの販売台数は月１万台以下に減少した。しかしアップルの未来にとっては、相次ぐ失敗よりも相次ぐ退職者のほうが危険な兆候だった。

退職者が止まらないのは深刻な機能不全の表れだ。先述のように、後のベル研究所を創立したあと、セオドア・ヴェイルは「特定のグループを無視したり、ひいきしたりすることがあってはならない。全体のバランスが重要だ」と言った。ヴァネヴァー・ブッシュは第二次世界大戦中、自分と同じような科学者と過ごす時間がほとんどだったが、あらゆる機会をとらえて軍部への敬意を表明した。しかし、ルーンショット集団とフランチャイズ集団を等しく愛するには、人間の自然な性向を克服しなければならない。アーティストはアーティストを、ソルジャーはソルジャーをひいきにしたがるからだ。

ジョブズはマッキントッシュに携わる自分の部隊を、誇りをもって公然と「アーティスト」と呼んだ。一方、フランチャイズのアップルⅡを開発する連中のことは「間抜け」呼ばわりした。アップルⅡのエンジニアは、古い人気キャラ「ボゾ・ザ・クラウン（間抜けのピエロ）」をもじったバッジを身につけた。テディベアを思わせるエンジニア、ウォズニアックはアップルでも業界でも幅広く愛された。彼は社員のやる気を失わせる攻撃について不満を述べ、会社を去った。（注54）アップルⅡチームからの離脱が当たり前のようになり、上司がコロコロ変わるため、次のようなジョークも生まれた。「上司に呼ばれたら、まずは名前を確認するように」。毒は全体に広がった。マッキントッシュの主要デザイナーもやがて退職し始めた。

アップルの取締役会と、新しくCEOになったばかりのジョン・スカリーが、この機能不全を放置しておけないと結論づけるのに時間はかからなかった。ジョブズは春に事業責任者の地位を剝奪された。彼はスカリーたちと、会社にとどまり、以前から温めていた新技術を開発するための小さなユニットをつくる、というアイデアについて話し合った。その技術とは、タッチスクリーン、フラットパネルディスプレー、そしてサンフランシスコの北部、マリン郡の風変わりなエンジニアたちが考案した超強力なグラフィックコンピューターである。だが結局、ジョブズは会社を去る決心をした。1985年9月に正式に辞任し、NeXTを立ち上げた。

しかし、超強力なグラフィックコンピューターというアイデアは忘れていなかった。

ジョブズが辞めたあと、ジョン・スカリー率いるアップルはマッキントッシュの目立つ欠陥を修正した。冷却ファンを復活させ、ハードドライブを付加し、メモリーを増やした（これでスピードも改善した）。売上高は増加し、製品はヒットした。ジョブズはじきに（遅ればせながら）製品改革の名手ともてはやされた。彼はアップルⅡとマッキントッシュをつくり、パーソナルコンピューティング、グラフィカルユーザーインターフェース、マウスを一般化していた。プレイボーイ誌やローリングストーン誌のインタビューを受け、タイム誌、ニューズウィーク紙、フォーチュン誌の表紙を飾った。ビジネス誌のインクはジョブズを「この10年を代表する起業家」と呼んだ。

NeXTが苦戦し始めると、ジョブズの株が上がっていたにもかかわらず、何人かの社員、さらにコンパックやデルの幹部がジョブズにあるアイデアを持ちかけた。ハードウェアから撤退しろというのだ。NeXTのソフトウェアは優秀だった。グラフィカルインターフェースやプログラミングツールはマイクロソフトのDOSや初期のウィンドウズよりエレガントでパワフルだった。ジョブズはマイクロソフトに代わる選択肢をPCメーカーに提供できる。それはPCメーカーの切実な願いでもあった。一方、PCメーカーはNeXTが切実に必要とするものを提供できる。そう、未来である。

ハードからソフトへの転換。その発想は典型的なSタイプのルーンショットだった。ジョブズはすでにハードウェアを売って名を成していた。より大きく、より速く、より多くの人に——それを毎年繰り返してきた。IBM、DEC、コンパック、デルなど、当時のスター企業は有名なロゴが入ったまばゆいマシンを販売していた。ソフトウェアは儲からないというのは常識だった。儲かるのはハードウェアだった。

それに、ジョブズは同世代を代表するPタイプイノベーターとして、エドウィン・ランドやファン・トリップと同じように、あちこちで高い評価を得ていた。

ハードウェアからの撤退。このモーゼには無理な話だった。

それどころか、ジョブズはすでに賭け金を積み増していた。アップルを去って間もなく、グラフィックコンピューターを開発しているマリン郡のエンジニアたちに再接触した。大きくて速いマシンが2種類つくれるなら、やってみない手はない。ジョブズは彼らのビジネスを買い、NeXT以上にパワフルなコンピューターをつくらせた。

そのエンジニアたちが彼をモーゼの罠から救い出すカギを握っているとは、ジョブズ本人も気づいていなかった。しかも、それは彼らのマシンとは何の関係もなかった。

アイザック・ニュートンとスティーブ・ジョブズ

偉大なブレークスルーの物語は、ひとりの人間、ひとりの天才、そして一つの瞬間を中心に展開することが多い。そのほうがおもしろいし、わかりやすい。そうした話は真実であることもあるが、たいていは要点だけで、もっと豊かな興味深い全体像が割愛されている。

たとえばアイザック・ニュートンは万有引力を発見し、惑星の動きを説明し、微積分を考案したことで知られているが、彼の『プリンキピア（ニュートン著『自然哲学の数学的諸原理』の通称）』のずっと前に、ヨハネス・ケプラーは太陽からの力が惑星の動きに影響しているのではないかと初めて指摘し、ロバート・フックは万有引力の法則を初めて示唆した。クリスティアーン・ホイヘンスは円運動が遠心力を生むことを示し、多くの学者はホイヘンスの原理を使って現在知られている引力のあり方を導いた。ジョバンニ・ボレリは重力を用いて木星の月の楕円形運動を説明した。ジョン・ウォリスらはニュートンが利用した微分法を生み出し、ゴットフリート・ライプニッツは私たちが現在使っている微積分を考案した。とはいえ、ニュートンはリンゴが落ちるのを見て……という話のほうがわかりやすい。

フックはニュートンに、惑星の動きは引力で説明できるのではないかと話した。それがきっかけでニュートンは名作『プリンキピア』を著すことになる。(注55) フックはいくつかのアイデアを最初に匂わせたものの、完全なシステムを生み出す力を持っていなかった。ニュートンにはそれがあった。彼はさまざまなアイデアの「合成」に長けていた。そして、それはジョブズも同じだった。

アイザック・ニュートンにはロバート・フックがいた。スティーブ・ジョブズにはジェフ・ラスキンがいた。ロバート・フックは時間があるとき、コウモリのような全翼機を設計し、3メートル以上の跳躍力があるバネ付きの靴を開発し、マリファナの利用法を調査した(「患者は見たものを何も理解せず、覚えてもいない……でもとても陽気だ」(注56))。ジェフ・ラスキンは時間があるとき、リモコン飛行機を設計・製作し、ハープシコードを教え、歌劇団を指揮し、パッケージデザインの特許を申請した。フックと同じく、ラスキンもいろいろかじってみる性格《たち》だった。

1967年、当時24歳のエンジニアだったラスキンは、コンピューターはグラフィカルインターフェースを備えるべきであり、効率より使い勝手のほうが重要だと主張する博士論文を提出した。巨大なメインフレームコンピューターが主流だった当時、どちらも過激な考え方だった。1970年代初め、ラスキンはスタンフォード大学とゼロックス・パロアルト研究所（PARC）の客員研究員になった。PARCでは初のグラフィック対応パーソナルコンピューター「アルト」がつくられていた。ビットマップスクリーン、グラフィカルインターフェース、アイコン、そしてマウス（PARCはそうした技術をどれ一つとして商業化できなかった。モーゼの罠を回避できなかった例としてのPARCについては、本章最後のまとめ部分を参照）。

ラスキンは1978年にアップルに加わった。ジョブズとウォズニアックが会社を始めた翌年のことだ。間もなくラスキンはアルトをモデルに、安価で使いやすく、グラフィック対応の省スペース型コンピューターをつくるプロジェクトを立ち上げた。彼はそれを「マッキントッシュ」プロジェクトと呼んだ。ジョブズらアップルの面々がプロジェクトをやめさせようとしたので、ラスキンは、ゼロックスPARCへ行ってその目で確認してはどうかと言った。ジョブズらはその通りにして心変わりした。結局はジョブズがラスキンを押しのけ、プロジェクトを引き継いだ。

ラスキンは最初にマッキントッシュプロジェクトを立ち上げ、核となるアイデアをジョブズに教えた。だが、それらのアイデアをもとに完全なシステムをつくり上げる力はなかった。ジョブズにはそれがあった。彼は「合成」に長けていたのだ。

ニュートンとジョブズはまた、先達を同じように扱った。ニュートンはフックを打ち負かし、

「タブレットを手に山から降りてこられました」

彼の貢献をなきものにしようとした（よく知られた彼の肖像画が一つあったが、それさえも破棄したと言われている）。ニュートンはフックのことを「社交性のない変わり者」と述べ、そのイメージが300年も続くことになった。ジョブズはラスキンを「最悪のばか」と評した。

ジョブズが亡くなったあとのインタビューで、ビル・ゲイツは「スティーブと私は常に実際以上の評価を受けるでしょう。そうでないと話が複雑になりすぎますから」と言い、さらにこう付け加えた。「でも彼が優れているからといって、神が誕生し、タブレットを手に山から降りてこられました、みたいなことではありません」。ゲイツはジーザスとモーゼの比喩を混同しているかもしれないが、言いたいことは明らかだった（訳注＊「タブレット」には、モーゼがシナイ山で授かったとされる石板の意味がある）。

複雑で豊かな物語は、漫画のように単純なサマリー（「ニュートンは引力を発見し、ジョブズはMacをつくった」）を正したり、神が実は人間であることを教えたりするだけではない。(注57) 複雑で豊かな物語は、天才と幸運の力が合わさっていかに偉大なブレークスルーが生まれるか、その経緯を伝えてくれる。修正主義者の歴史ではなく、本当の歴史は、天才と幸運の力を世の中のために活かすにはどうしたらよいか、そのヒントや手がかりを教えてくれる。

スティーブ・ジョブズの場合、そうした最初の手がかりは、ピーター・フォンダとブライス・ダナーが出演する1976年の映画が始まって36分後に登場した。

未来世界

（シーン）宇宙船のコックピット。（舞台）1970年代。ちかちかと光る数多くのコンピュータースクリーン。白衣を着た科学者1が画面に登場（コンピューターの単調な声）「軟骨・関節液データ、記録しました」

科学者1　状況は？
科学者2　（座ってモニターを確認している）
　ボディーチェックを完了します。1時間後に分子検査を始めます。
科学者1　了解。食べ物を変えたか？
科学者2　はい、4〜6時間見てください。
科学者1　熱X線検査と電気化学検査はすべて今夜中に終えてほしい。
科学者2　間に合うかどうか。
科学者1　やってくれ。ブラウニング氏が知りたがっている。
科学者2　ホログラフを再構成中です。

　左手の半透明な白い3次元イメージが現れる。指が上方へ延び、ゆっくり回転する。一番左の3本の指が曲げられ、次いで手首も曲げられる。親指が隠れ、手が回転。人差し指がスクリーンから観客であるあなたを指す。

　2011年、議会図書館はこの場面を、国立フィルム登録簿に加えるべき25編の一つに選んだ。『未来世界』という映画そのもの（一つの映画のなかに、セックスロボット、中世の馬上槍試合、ゲイのカウボーイのようないでたちのユル・ブリンナーなど、さまざまな要素が盛り込まれていた）ではなく、評価されたのは3次元の手である。回転する手は、コンピューター処理の3Dイメージとして初めて映画に登場したものだ。つくったのは、ユタ大学の物理学専攻の学生からコンピューターグラフィックプログラマーに転じたエド・キャットマルだ。

学問分野はまるでフラッシュモブのように、さまざまなキャンパス、さまざまなタイミングで花開く。1970年代、コンピューターグラフィックスの若きパイオニアたちの集団《モブ》はユタ大学のキャンパスで花開いた。後にシリコングラフィックスを創業するジム・クラーク。アタリを興すノーラン・ブッシュネル。アドビを創業するジョン・ワーノック。ゼロックスで初のグラフィック対応PC「アルト」の開発に関わったアラン・ケイ。そこへ加わったのがキャットマルだ。温厚なモルモン教徒の大学院生で、のちに当時としては最大のアニメ映画会社を共同創業した。

ユタ大学のクラスプロジェクトで、彼は例の3Dの手を制作した。博士論文のアドバイザーをしていたコンピューターグラフィックスのパイオニア、アイバン・サザランドと彼は、それをディズニーに持っていった。ウォルト・ディズニーはキャットマルが子どもの頃からのアイドルで、将来はディズニーのアニメーターになることを夢見ていた。まるで神社を訪れるように恭しくディズニーのビルへ入る。しかし、ディズニーは彼の技術に目もくれなかった。当然、アニメーションの仕事ももらえなかった。

それから10年間、アニメーションの王者ディズニーは、ユタ大学卒業生たちが発明した優れたグラフィック技術を次々にはねつけた。オフィス生産性の王者とも言えるゼロックスが、子会社のＰＡＲＣが発明した優れたルーンショット（それらはオフィス生産性を変革した）をことごとくはねつけたように。

一方、キャットマルは博士課程を修了し、仕事を必要としていた。彼はイメージやテクスチャーを物にマッピングするための重要な数学的ツールを発明していた。それを使えば、ミッキーマウスの写真を、たとえばテニスボールの表面に投影できる。彼は初めて映画に登場した3Dアニメーションイメージの制作者だったが、誰も興味を持っていないように思えた。29歳のキャットマルは結婚し、2歳の息子がいた。結局、ボストンのあるコンピューターソフト会社に勤務した。

ある男がチューバの件で連絡してくるまでは――。

タビーからＰＩＣへ

1960年代、口のうまいエキセントリックな百万長者、アレックス・シュアーはニューヨーク州ロングアイランドの北岸近くに屋敷をいくつか買い、専門学校のキャンパスにした。その学校を彼はニューヨーク工科大学と呼んだ。最初は、他の学校に入れない者を対象にしていた。学生の多くが数学を苦手にしていたので、シュアーは漫画家をひとり雇って再教育用の数学教材を描かせた。それが功を奏したため、今度はアニメーターを何人か雇ってその漫画を映画にした。映画はニューヨーク国際テレビ映画祭で金賞を受賞した。一度成功したエキセントリックな百万長者にはよくあることだが、シュアーは自分がその道の専門家、実績ある映画制作者であると自信を深めた。彼は次なるプロジェクトの脚本、監督、制作を受け持った。タイトルは『チューバのタビー』。

シュアーはアニメーターを100人雇って新作の準備に取りかかったが、間もなく、各コマを手で描くのは非常に退屈で骨が折れることに気づく。作業を軽減できるテクノロジーはないかと探しているうちにユタ大学とキャットマルに行き着いた。早速電話をかける。「お金を自由に使って、君の研究所を設立し、チームメンバーを雇い、必要な機材を揃え、優れたアニメーション技術を開発してみないか？　それ以外の条件はいっさいない」——。キャットマルは仕事を辞め、ロングアイランドでシュアーのプロジェクトに加わった。

キャットマルが最初に雇ったのはアルヴィ・スミスという長髪の大男だった。テキサス州出身で、コンピューターサイエンスの博士号を持っている。ニューヨーク大学で5年間教えていたが、学問の世界を去る決心をし、何の計画もないままカリフォルニア州バークレーに移った。ようやくゼロックスPARCで職を得て、カラーディスプレーやグラフィックソフトウェアを担当した（初のコンピューターペインティングツールもPARCで開発された）。しかし1年もしないうちに、ゼロックスはプロジェクトを打ち切り、彼を放逐した。上司の説明は「カラーは未来のオフィスには関係ない」だった。

その頃、スミスはコンピューターグラフィックスの可能性に夢中になっていた。何とかまたこの世界に戻りたい。そこへ「ロングアイランドの変人」が研究所をつくるらしいとの噂を耳にした。スミスはなけなしの金をはたいて飛行機のチケットを買い、ニューヨーク工科大学を訪れ、すぐ採用された。ユタ州出身のモルモン教徒とテキサス州出身のヒッピーが同じガレージ（彫刻家ヴァンダービルト・ホイットニー所有の建物を、車が4台入る2階建てのガレージに改造していた）に腰を据え、全米で最も先進的なコンピューターグラフィックスの研究所を立ち上げた。コンピューターグラフィックス王朝の始まりだった。「ゼロックス家とユタ家の結婚」とスミスは書いている。

1977年の春、マンハッタンのある小劇場で、アレックス・シュアーは完成した映画をチームに自慢げにお披露目した。上映が終わる頃、アニメーターのひとりが静かに言った。「おいおい、人生の2年間を無駄にしちまった」。キャットマルはこの映画を「大惨事」と表現した。ストーリーもキャラクターも、アマチュアの仕事だった。シュアーには才能がない、とキャットマルとスミスは思い知った。シュアーはウォルト・ディズニーにはなれない、そして実写映画に対抗できるコンピューター生成映画をつくるという夢は、ヴァンダービルト・ホイットニーのガレージからは実現できないだろうと思った。

『チューバのタビー』

幸い、それからあまりたたずに、映画制作の新しいテクノロジーを探している別の大物から連絡があった。彼の映画は『チューバのタビー』の1週間後に封切られていたが、すでに続編への期待が高まり、彼はその準備に追われていた。だが、ライトセーバーを決闘のたびに一コマずつ手で描くのは非常に時間のかかる作業だった。

キャットマルたちはロングアイランドの『タビー』制作者を見限り、全国のおたくのアイドル、『スター・ウォーズ』の制作者に乗り換えた。チームは、ジョージ・ルーカスの映画制作拠点があるカリフォルニア州マリン郡の目立たないオフィスビルに引っ越した。それから5年間、「ルーカスフィルム・コンピューター部門」として後に知られるようになる組織は、過去40年間にわたって映画制作を変革した数々のソフトウェアやハードウェアを生み出した。3Dレンダリング、デジタル編集、光学スキャニング、レーザーフィルム印刷、そしてもちろん、驚くほどリアルなコンピューター生成画像（CGI）。10代のとき、私は彼らがコンピューターを駆使してつくった初めてのシーンを見た。1982年の長編映画『スタートレックⅡ カーンの逆襲』の「ジェネシス効果」のシーンだ。あのすごさは、スポックのために流した涙を忘れさせるほどだった。

ルーカスフィルムが特殊効果を生み出すためにつくった強力なグラフィックコンピューターには名前が必要だった。スミスはピクセル（pixel）とレーザー（laser）を組み合わせた「ピクサー（Pixer）」を提案した。グラフィックス担当のある同僚は、レーダーのようにもっとハイテクなもの、クエーサーやパルサーのようにもっと宇宙的なものを提案した。結局は「ピクサー・イメージ・コンピューター」で落ち着き、やがて単にPICと呼ばれるようになった。

・・・

1985年、スティーブ・ジョブズのアップルとの不幸な別れ話が長引いていた最中、同僚のアラン・ケイがジョブズにPICに目を向けてはどうかと提案した。ケイはアップルに来る前、ゼロックスPARCですでにパーソナルコンピューターの草分け的な存在のひとりとされていた。ユタ大学ではキャットマルと、ゼロックスではスミスと一緒の時期があった。ケイはふたりから、離婚したばかりで現金が必要なルーカスがコンピューター部門を売りたがっていると聞いていた。

ジョブズは前々からNeXTの計画を温めていたが、そこへ突然PICの話が舞い込んだ。それは大きくて速く、パワフルで、しかもことのほかセクシーだった（同部門はジョージ・ルーカスだけでなくスティーヴン・スピルバーグとも仕事をしていた）。値段もよかった。コンピューター1台が10万ドルである。1985年秋、ウォールストリート・ジャーナル紙とのインタビューで、ルーカスはPICの利用法はいろいろ考えられると説明した。放射線医学での画像作成、石油や天然ガスの探鉱、自動車の設計……。「私たちが関わる他の市場と比べれば、映画ビジネスは実に小さな市場です」とルーカスは述べた。

「たとえば、レース場で複雑な驚くべき機能をいくつも発揮する最先端のレースカーを設計したとします。すると今度は、多くの人々がそれを通勤に使いたがるという具合です」。さすが稀代のストーリーテラー、事業を売り払おうとするだけあって、なかなかおもしろいストーリーだ。

ジョブズは納得した。彼はまず、アップルの取締役たちにPICの買収を持ちかけたが却下された。その夏、アップルとの関係が崩壊へ向かうなか、今度はキャットマルとスミスに、自分が事業を買収して経営に当たることを提案した。キャットマルが振り返って言うには、話を聞いているうち、「彼の目標はアップルと張り合える次世代の家庭用コンピューターをつくること」であるのがはっきりした。そんな抗争に関心がないふたりは断った。妻と別れたばかりだったキャットマルは、そこにジョブズの敵意を嗅ぎ取った。彼はスミスに「僕たちは離婚後の最初の女性になりたくない」と言った。

1985年の終盤、20社ほど（ディズニーも含む）に袖にされたルーカススタジオの社長ダグ・ノービーは、買い手が見つからなかったら年内にコンピューター部門を閉鎖すると決めた。だが幸い、11月に、キャットマルとスミスがオランダの大手エレクトロニクス企業フィリップス（医療画像アプリケーションが欲しかった）と自動車メーカーのゼネラルモーターズ（コンピューター支援設計事業が欲しかった）を説得し、両社が共同でコンピューターグラフィックス部門を買い取ることになった。しかし、正式な契約書を取り交わす1週間前に取引は頓挫した。買収を先頭に立って進めていたのは、GMのコンピューター部門責任者だったロス・ペローだった。ちょうどその頃、GMはヒューズ・エアクラフトを52億ドルで買収すると発表した。これに激怒したペローは取締役会を公然と非難した。「信頼できる車もつくれないのに、通信衛星事業に何十億ドルも使うなんてどういうつもりだ?」。これに反発したGMの取締役会は、ルーカスフィルム・コンピューター部門買収への支持を引っ込めた（翌年にはペローを追放した）。

この話を聞いたジョブズはノービーに電話をかけ、自分はまだ関心があると話した。ルーカススタジオの社長を説得してグラフィックス部門を安く売ってもらうのはもちろんだが、もう一つ、キャットマルとスミスを説得して、ジョブズのためにプロジェクトを継続してもらう必要もあった。その頃、ジョブズはNeXTをスタートさせていた。彼はキャットマルとスミスに、今のままマリン郡にとどまって仕事を続けてくれていいと話した。マリン郡まではNeXTから北へ数時間も行けば着く。CEOはキャットマルでどうだ——。その時点ではもはや選択の余地はなく、キャットマルとスミスは同意した。ノービーは、部門全体を安値で買い取るというジョブズの申し出を受け入れた。

こうしてジョブズはピクサー（ルーカスフィルム・コンピューター部門から改称）の主要投資家、最大の株主になった。

ビジネスウィーク誌は「スティーブ・ジョブズが映画分野へ！」と見出しを打った。

「消火栓」の時期

ジョブズが同部門を買ったのは大きなコンピューターが目的だった。「イメージコンピューティングは今後、爆発的に普及するでしょう。それはスーパーコンピューティングの商用利用が現実になったのと同じです」と、彼は買収時に述べた。「何もかも1978年のPC業界と同じ状況です」。ジョブズはピクサーで進行中だった映画プロジェクトを一つ打ち切り、七つの都市にPICの営業所を開設するよう指示し、ハードウェア営業スタッフを増員して社員を

40人から140人に増やした。

ところが2年後に売れていたマシンは200台に満たなかった。PICが有望だとの期待は単なる幻想であることが明らかになった。CGIの多くはピクサーのソフトウェアがあれば、もっと安価で用途の広い、サンやシリコングラフィックス製のワークステーション上で実現できた。PICのハードウェアは必要なかった。1986年、コンピューター生成アニメーションのポテンシャルを強調するため、ピクサーは有名な短編映画『ルクソーJr.』を制作した。ディズニーのアニメーション責任者は「この5分間の短編には、2時間の映画以上の感情やユーモアが込められている」と述べた。現在のピクサーのロゴに使われているこのクリップは、PICではなくワークステーションを使ってつくられた。

NeXT、ポラビジョン、ボーイング747と同様、PICも美しく強力で高価なマシンだった。だが顧客はつかなかった。ここでもルーンショットへの愛が、戦略の強さに打ち勝っていた。ファン・トリップやエドウィン・ランドと同じだ。ただし、ジョブズだけはモーゼの罠をもっと強化していた。

さらに2年たち、5000万ドル以上を投じたあげく、ジョブズはついにPICを断念した。1990年4月、ピクサーはハードウェア事業をカリフォルニアの技術企業ヴァイコム・システムズに売却した。ヴァイコムはその後すぐ倒産した。ジョブズは会社の規模を社員40人ほどに戻し、かつて強引に雇ったスタッフ全員を解雇した。

ピクサーもNeXTも低調で、とうとうキャッシュが底をつき始めた。ジョブズはピクサーのアニメーション部門（社員わずか5人）を閉じようとしたが、キャットマルたちが抵抗した。ジョブズはピクサーを売却しようとしたが、それなりの条件で買ってくれる相手が見つからなかった。後年、彼はその頃のことを「どん底」と表現している。仕事に出ず、自宅に引きこもりがちになった。

ずいぶん前、経営する会社がよくないニュースを発表せざるを得ず、私が落ち込んでいたとき、大手上場企業を何十年も経営したことのある相談役が、私の肩に腕を回して言った。「イヌになる日もあれば、消火栓になる日もあるさ」。ジョブズはその頃、消火栓になっていたのだろう。

バイオテクノロジーの世界では、スタートアップ企業が苦境に陥ると、業界大手の製薬会社にツールやサービスを売って時間を買おうとするケースが多い。目標は、社内のチームが独自の医薬品候補を生み出すまでの時間を稼ぐこと。

同じことをピクサーも映画の世界でやった。業界大手のディズニーにツールやサービスを売り、社内のチームが独自の製品を生み出すまでの時間を稼いだ。

しかしピクサーの場合、ジョブズは時間、そして予想もしなかった製品を得ただけでなく、アイデアも得た。ルーンショットを育てる別の方法を見いだしたのだ。

救世主　バズとウッディ

1995年の感謝祭前夜、ロサンゼルスのエルキャピタン劇場。照明が落ち、カーテンが上がり、おもちゃの宇宙飛行士バズ・ライトイヤーとカウボーイのウッディが登場する。業界で初めて全編をコンピューターで制作した長編映画、ピクサーの『トイ・ストーリー』は3週間連続で全米一の興行収入を記録した。映画評論サイト「ロッテン・トマト」ではいまだに100パーセントの評価を得ている。当時のレビューには「驚異の映像」「新しいアートの誕生」「新たな時代の幕開け」などの言葉が並んだ。10年前の『ルクソーJr.』と同じジョン・ラセターの監督によるこの映画がきっかけで、キャットマルとラセターはウォルト・ディズニー以来の偉大なアニメーターとして知られるようになり、かつてアニメーション部門を追い払おうとしたジョブズは突如、この新しいアートに大きな関心を持ち始めた。そしてもう一つの副次効果として、ジョブズは億万長者になった。

『トイ・ストーリー』はディズニーとの10年に及ぶ関係が結実した作品だった。ルーカスフィルムにいた頃から、キャットマルとスミスはディズニーに対して、PICを買ってアニメーションを自動化するよう説得していた。(注58)ピクサーの短編がグラフィック関係のコンベンションで大喝采を浴びるのを見たディズニーは、長編映画もいけるはずだと確信した。1991年、ラセターの引き抜きに失敗したディズニーはピクサーと3本の映画をつくる契約を結んだ。『トイ・ストーリー』はその第1弾だった。

封切りまでの何カ月か、ジョブズは銀行と一緒にピクサーの新規株式公開（IPO）の準備に奔走した。IPOの準備で何よりも重要なのは、目論見書（投資家に配られる会社資料）の作成だ。ピクサーの目論見書の表紙は、にっこり笑うバズ・ライトイヤーがコンピュータースクリーンから飛び出している図柄だった。私もたくさんの目論見書を作成し、IPOにもいろいろ参加してきたが、愛らしい玩具キャラを表紙に大きく載せた企業は見たことがない。実にタイムリーだった。

映画公開から1週間後のIPOでは常軌を逸したような株価がついた。初値は銀行の当初予測を250パーセント上回り、その日の終わりには企業価値が15億ドルに達した。ジョブズの持ち分は80パーセントだったから持ち株の資産価値は12億ドルに膨らんだ。ほんの少し前まで、事業を支え続ける資金力が疑われていたのが嘘のようだった。

先に私は、ニュートンとジョブズは「合成」に長けていたと言った。ニュートンは惑星天文学、運動の法則、微積分など、他の人が考案したアイデアをとりまとめ、世界が見たこともない首尾一貫した全体を築き上げた。ジョブズはデザイン、マーケティング、テクノロジーを組み合わせて、誰にもできない首尾一貫した全体を築き上げた。だが、彼には重要な要素が一つ欠けていた。やはりスキルの組み合わせが得意だったエドウィン・ランドと同じく、モーゼとして君臨していたにすぎなかった。

現在のアップル製品のファンから見れば、ジョブズがピクサーの成功で受け取った最大の贈り物は、投資による巨額のリターンではなく、ブッシュ・ヴェイル ルールが機能し始めたことだった。リーダーとしての新たなモデル、つまりルーンショットを育て、フランチャイズを拡大する一方、その二つのバランスをうまくとる方法を彼は学ぶことができた。

欠けていたその要素が、彼の「第3幕」のカギとなった。ジョブズはハードウェアの世界に戻り、かつて在籍した会社、そしてアメリカのコンシューマーエレクトロニクス業界全体を復活させたのだ。

映画と医薬品

ピクサーの物語には見事な筋立てがある。小さな会社が業界大手からは相手にされず苦戦していたところ、パートナーシップによって救われる。そのパートナーシップは業界を揺るがすヒットを生む。そのヒットが原因でＩＰＯが大成功を収める。その資金をもとにヒット作がまた続々と誕生する。『モンスターズ・インク』『ファインディング・ニモ』『Ｍｒ．インクレディブル』『カーズ』『レミーのおいしいレストラン』『ウォーリー』『カールじいさんの空飛ぶ家』『インサイド・ヘッド』……。

ピクサーの物語はいわばリメークだ。オリジナル版は15年前の1978年。ジェネンテックという小さな赤字会社が、遺伝子工学と呼ばれる未実証の新しいテクノロジーを開発していたが、業界大手にはほとんど無視される。ジェネンテックはある製薬大手とパートナーシップ契約を結ぶ。(注59) ピクサーの技術は手作業を自動化し、アニメーターが今までにない映画をつくることを可能にした。ジェネンテックの技術も手作業を自動化し、科学者が今までにない医薬品を開発することを可能にした。

ジェネンテックのIPOはピクサーと同様、タイミングが完璧で、宣伝も行き届いていた。株式公開は1980年10月14日。人気が沸騰し、初値は銀行の予測を200パーセント上回った。ピクサーのIPOは新たなアートを誕生させ、ジェネンテックのIPOはバイオテクノロジーという新たな産業を誕生させた。上場成功の資金をもとにヒット作がまた続々と誕生する。ハーセプチン（乳がん治療薬）、アバスチン（結腸がん、肺がん、脳腫瘍）、リツキサン（血液がん）……。

優れた創薬企業や映画スタジオはみんなそうだが、ジェネンテックもピクサーもルーンショットとフランチャイズのバランスのとり方を学んだ。なぜなら、その必要があったからだ。映画にも医薬品にもそれ以外の種類の製品はない。

バイオテクノロジーの世界では、ジェネンテックほどそれに長けていた会社は恐らくない。

2009年にロシュに売却されたとき、その企業価値は1000億ドルを超えていた。映画の世界では、ピクサーほどそれに長けていた会社はない。1995年から2016年にかけて発表した長編映画は17本。平均の興行収入は5億ドルを超える。映画評論サイト「ロッテン・トマト」での平均スコアは何と96パーセントだ。

醜い赤ん坊と野獣とのバランス

ピクサーのエド・キャットマルは映画の最初のアイデア（ルーンショット）を「醜い赤ん坊」と呼ぶ。言葉は目新しいが、考え方は何世紀も前からある。1597年、哲学者のフランシス・ベーコンは「生まれたばかりの生き物は醜いが、イノベーション、つまり生まれたばかりの時間も同様だ」と書いた。キャットマルは、映画のなかでルーンショットとフランチャイズ（「野獣」）のバランスをとる必要があることについて、次のように述べている。

オリジナリティーは脆い。それに最初の頃はかわいくも何ともないことが多い。だから映画の最初のモックアップを私は「醜い赤ん坊」と呼ぶ。それはいずれ成長して大人になったときの、その姿を美しく小さくしたものではない。そうではなく本当に醜い。野暮で未完成、脆弱で不完全。成長させるためには、時間をかけて我慢強く育てる必要がある。つまり「野獣」との共存はなかなか難しい……

野獣と赤ん坊について話すとき、ともすれば野獣が悪で赤ん坊が善のように思えるが、本当の現実はその中間のどこかにある。野獣は大食漢だが、意欲を喚起してくれる。赤ん坊は純粋でけがれておらず、可能性に満ちているが、予測がつかず、世話が必要で、夜にはあなたを眠らせない。重要なのは野獣と赤ん坊が平和裏に共存することであり、そのためにはさまざまな力のバランスをとらなければならない。

さまざまな力のバランスをとるのはとても難しい。なぜならルーンショットとフランチャイズは全く違う道のりをたどるからだ。そんなプロセスを生き延びるためには、異なるスキルや価値観を備えた、情熱的で責任感あふれる人々、つまり芸術家《アーティスト》と兵士《ソルジャー》が必要だ。

たとえば、『007』の第1作『ドクター・ノオ』が何度も却下されたのは、独創的な映画にはよくある話だ。同じく、スタチン開発の複雑な歴史は、画期的新薬には珍しくない。ジェームズ・ボンドはアメリカの映画スタジオにとってあまりに英国的すぎた。フレミングの小説は「全くテレビ向きではなかった」。10年前後たってシリーズが9作目に入った頃、フレミングは映画化の権利をスタジオに売るのをあきらめ、怪しげなふたりのプロデューサーにその権利を与えた。ひとりは自分の制作会社を倒産させたばかりで、もうひとりは映画の経験があまりなかった。このパートナーシップの出だしはよくなかった。最初の脚本家は『ドクター・ノオ』の悪役をＩＱの高いサルに変更した。そいつが子分の肩に乗っかっている。次の脚本家は最終稿（サルはなし）に相当悲観的で、自分の名前を載せないでほしいと言い張った。何人ものスターに蹴られたあと、ようやく主役に落ち着いたのは、ショーン・コネリーという32歳の無名の役者だった（それまでの出演作は『ターザンの決闘』『ダービーおじさんと不思議な小人たち』）。コネリーは役者になる前、ミルクトラックの運転手をしていた。配給会社は米国の大都市でこの映画が人気になるとは思わなかった。何しろ「英国のトラックドライバーが主役」なのだ。それで最初の上映場所は、オクラホマ州とテキサス州のドライブインシアターになった。

『００７』の第26作をつくること、あるいは10番目のスタチンを開発することは、それとは全く異なる体験だ。俳優は26番目の『００７』で役をもらおうと競い合う。映画会社はマーケティングの権利を求めて列をなす。現金がたくさん入ってくる。誰もが、ブリオーニのスーツを着た英国のスパイが人気になってチケットが売れ、次のスタチンがコレステロール値を下げることを知っている。紆余曲折はあるだろう。たとえば、バイコール（6番目のスタチン）は思いのほか毒性が高かったため、市場から引き揚げられた。ティモシー・ダルトン（4代目のボンド）は、わけあってボンド役を降板した。だが、方向性は明確である。『００７』が必要とするのは、悪者、スピードが出る車、口当たりのいい酒、二股をかける乙女、そしてダブルミーニング。後続医薬品は、安全性や効能をめぐる既知の条件をクリアすればよい。フランチャイズプ

邪悪なサルと戦うボンド

ロジェクトはルーンショットより理解しやすく、定量化しやすく、大企業の指揮命令系統に沿って売りやすい。このような続編や後続品の課題は、疑念や不確実性の長く暗いトンネルを通り抜けることではなく、前作をしのぐことだ。『007』とスタチンは当然、こうした課題を問題なく切り抜けた。『007』は歴史上最も成功した映画のフランチャイズとなり、スタチンは歴史上最も成功した医薬品のフランチャイズとなった。

「スティーブ・ジョブズ1・0」が後続製品であるアップルIIの開発者を「間抜け」呼ばわりしたように、ルーンショットを支持する発明家や創造的人物は、どうしてもフランチャイズをばかにしたくなる。だが、両者は互いを必要としている。フランチャイズの確実性がなければ、ルーンショットの高い失敗率によって会社や業界は破綻する。また、新鮮なルーンショットがなければ、フランチャイズの開発者はしなびて息絶えるだろう。『JUNO／ジュノ』や『スラムドッグ$ミリオネア』のような作品をもっとつくりたければ、次なる『アベンジャーズ』や『トランスフォーマー』が必要だ。がんやアルツハイマーにもっと効く医薬品を開発したければ、次なるスタチンの開発が欠かせない。

キャットマルたちが述べているように、ピクサーは、ルーンショットとフランチャイズのバランスをとりながらルーンショットを育てるための環境、相分離と動的平衡が両立する環境をつくり上げた。だが恐らく、ピクサーで最もわかりやすく興味深い教訓、モーゼの罠から逃れるためのカギは、組織をリードする際に二つの方法があるということだ。私はそれを「システムマインドセット」と「結果重視《アウトカム》マインドセット」と呼ぶ。

その違いを明らかにするため、ボードゲームの話をしよう。

チェスでいかに勝つか

ガルリ・カスパロフは15年間、世界のチェスチャンピオンとして君臨した。チェスの歴史上、最長の記録で、最も偉大なチェスプレーヤーと評されることも多い。システムマインドセットと結果重視マインドセットの違いは、彼の著書『決定力を鍛える』（邦訳はNHK出版）から導

ガルリ・カスパロフ

き出される一つの原則にある。カスパロフはその原則を成功のカギと述べている。

ある指し手がよくない理由（たとえばポーンでビショップを取って負けた理由）を分析するのは、レベル1の戦略、すなわち結果重視マインドセットと考えられる。しかし、よくない指し手で負けたあと、カスパロフはそれがよくなかった理由を考えるだけでなく、その背後の意思決定プロセスをどう変えるべきかを分析する。言い換えれば、その敵を相手に、そのとき、どのようにその指し手を決めたか、そして今後、どのように意思決定やゲームへの準備を変えるべきかを分析する。指し手を決めたプロセスの分析を、私はレベル2の戦略、すなわちシステムマインドセットと呼ぶ。

この原則は幅広く適用できる。投資が失敗した理由を分析する場合、たとえばその会社の業績がよくなかったと考えられる。これは結果重視のマインドセットだ。だが、その投資の意思決定に至ったプロセスを分析することで、もっと得られるものがある。あなたの「やるべきこと」リストにはどんな項目があるか。そのリストをどのようにチェックしているか。リスト上のその項目を見過ごした原因が何かあるか。同じミスを二度と犯さないようにするため、リスト上の項目、分析方法、結論の導き方など、投資決定に至るプロセスをどう変えるべきか。これがシステムマインドセットである。

配偶者と言い争いになった理由を分析する場合はどうか。たとえば、配偶者の運転に関するあなたの非難の言葉が原因だったとする。だが、その言葉を発しようと決めるまでのプロセスを理解すれば、夫婦関係をもっと改善できるかもしれない。それを口にする前、あなたはどんな状態にあって何を考えていたか。他の場面で同じような状態にあって誰かを非難しようと考えているとき、何か別のことができないか。ベッドに入って眠るとか。

同じ原則を組織に当てはめてみよう。最悪のチームは失敗を全く分析しない。同じことを続けるのみ。戦略なし、ということだ。

結果重視マインドセット（レベル1）のチームは、プロジェクトや戦略が失敗した理由を分析する。あらすじがあまりに単純で予測しやすかった（映画）。製品が競合他社の製品と代わり映えしない（メーカー）。医薬品候補のデータパッケージが不十分だった（新薬）。こうしたチームは今後、あらすじや製品の独自性やデータパッケージに関してもっと一生懸命に取り組む。

システムマインドセット（レベル2）のチームは、失敗の背後の意思決定プロセスを精査する。どのようにその決定に行き着いたか。関わる人間を変えるべきか、あるいは関わり方を変えるべきか。今後同じような決定を下す前に、チャンスの分析方法を変えるべきか。今のインセンティブが意思決定にどう影響するか。それを変えるべきか。

システムマインドセットとは、結果の質だけでなく、意思決定の質を注意深く検討することを意味する。たとえば結果がよくなくても、その背後の意思決定や意思決定プロセスが悪かったとは限らない。意思決定は間違っていないのに結果が悪いというケースがある。賢くリスクをとったが、報われなかったということだ。たとえば、１００枚に1枚当たる宝くじがあったとする。しかし販売されるのは3枚のみ。そのうち1枚が当たるとすれば、当然、3枚のうち1枚を買うのは、たとえそれが当たらない2枚のうちの1枚だったとしてもよい意思決定だ。そうした条件下では、常に同じ意思決定をしなければならない。

これとは逆に、よくない意思決定が時折よい結果につながる場合もある。戦略が誤っていたのに、敵が凡ミスをしたので勝ってしまった。ゴールキーパーへ向けて弱いボールを蹴ったが、キーパーが滑ってしまい、得点が入った。その場合、意思決定と結果を別々に評価する。勝利を批判的に分析することが、敗北の分析と同じくらい重要だ。勝利の分析を怠ると、よくないプロセスや戦略が強化されかねない。次も運がよいとは限らない。誤った投資をしたが、バブルのおかげで運良く儲かり、おれは投資の天才だと結論づけ、全財産を賭け、今度はすっからかんになる――というシナリオは避けたいところだ。

ピクサーのキャットマルは、勝利のあとも失敗のあとも、システムとプロセスの両方をチェックした。たとえば、フィードバックプロセスをどう修正すれば、できるだけ価値の高いインプットを、できるだけ受け入れやすい形で監督に届けられるか。芸術家はビジネスパーソンやマーケターなど、芸術家以外からのフィードバックを毛嫌いする傾向があるが、思慮深い同業者からのフィードバックは歓迎する。そこでピクサーでは、すべての監督が自身のプロジェクトについて、他の監督たちで構成されるアドバイザリーグループからフィードバックを直接得られるようにしている。また、自分も他の監督のためにそうしたグループでアドバイスを提供する。ほかにも検討項目はある。監督のインセンティブが、予算やスケジュール、作品の質に関する意思決定プロセスをどうゆがめているか。そうしたゆがみにどう対応すべきか。現在では必要性や生産性がない、映画制作上の時代遅れの習慣がないか。

第1章で書いたように、ヴァネヴァー・ブッシュは「戦争に対してはいかなる技術的貢献もしていない」と述べた。キャットマルも同様に、自分の仕事はプロジェクトの管理ではなくシステムへの目配りであると考えた。

それはジョブズも同じだった。彼はシステムのなかで、優れた交渉役、投資家としての役割を担った。たとえば、ピクサーのＩＰＯのタイミングを『トイ・ストーリー』の公開に合わせるよう主張したのも、ピクサーの売却についてディズニーと交渉したのもジョブズだ。だが彼は、映画に関する初期のフィードバックループからは外れるように言われた。彼の存在の重さが、初期段階の脆いプロジェクトを育てるのに必要な「デリケートな率直さ」を損ないかねないからだ。完成間近の映画に助言を求められたときは、まず次のように言った。「私は映画人ではないから、私の言うことは全部無視してくれて構わない」。ジョブズはプロジェクトの管理ではなく、システムへの目配りを学んでいたのだ。

創造的なプロジェクトに対するコントロールを手放し、発明家や芸術家などルーンショットの担い手を信頼することと、細部への配慮を手放すことは同じではない。ジェネンテックのCEOを14年間務めたアート・レビンソンは、科学的な正確さにこだわることで知られていた(恐れられてもいた)。数年前、バイオテクノロジー関連で最大規模のカンファレンスが開かれたとき、基調講演のためステージに上がったレビンソンは、背後にある主催者のロゴを指さした。DNAのらせん構造が大きく描かれている。彼は言った。「これは左巻きのらせんですが、自然界には存在しません」(DNA分子は右巻きらせんである)。聴衆はうなった。これだけ大きな業界なのだからDNAを正しく理解しなければならない、と彼は説明した。科学が大事、正確さが大事であるとのメッセージは、会場のすべての科学者に響いた。

ジェネンテックで技術者やマネジャーとして働いている友人から、レビンソンに関する逸話、たとえば研究所の若手助手に電話をかけ、データについて質問攻めにするという話をたびたび聞いたことがある。レビンソンやジェネンテックの創業者たちは、ブッシュとヴェイル、さら

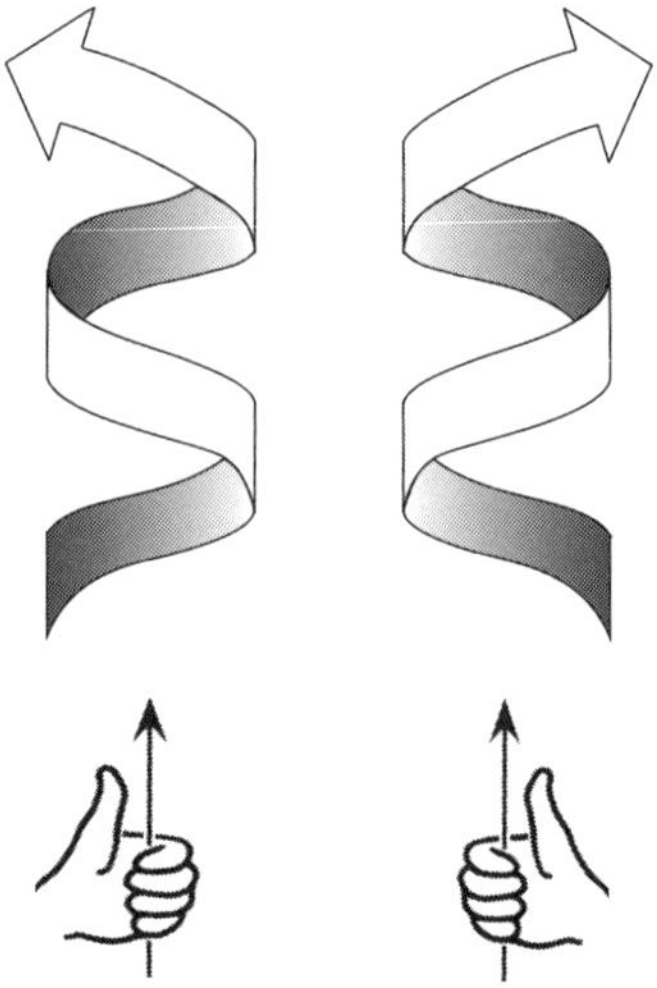

左巻きのDNAと右巻きのDNA

にはキャットマルのように、「相」に手段を合わせる必要があると知っていた。科学的な細部（または芸術的なビジョン、工学的設計）に対する強いこだわりは、科学者や芸術家など、創造的な仕事をする人を常に優秀たらしめるための、相に応じた手段だ。

ジェネンテックは科学界から最高レベルの尊敬を集めた。論文当たりの引用数ではＭＩＴに次ぐ第2位を記録しながら、フランチャイズの才能を失うこともなかった。過去20年間で最も重要な四つのがん治療薬を開発したほか、それらを研究室で生物を原料につくり、世界中の何百万という患者に届けるという、不可能に近いとされた課題を克服した。同社はそんな科学・製造上の専門知識を、年間売上高100億ドル超の製品に転換した。(注60) ルーンショットとフランチャイズのバランスを実にうまくとったことが、成功の大きな要因である。

アップルに復帰して3年後の2000年4月、スティーブ・ジョブズはアート・レビンソンを新たに取締役に迎えた。2011年にジョブズが亡くなったあと、レビンソンは彼に代わってアップルの会長となった。

救出作戦

ジョブズのアップル復帰と、その後同社が世界で最も企業価値の高い会社になった話は、時間との競争のなかでルーンショットを育て、フランチャイズを危機から救った素晴らしい事例だ。ただ、今となっては、あまりによく知られた事例でもある。

ヴァネヴァー・ブッシュは、技術競争ではるかに後れをとるフランチャイズを救うため、ワシントンに赴いた。第二次世界大戦勃発の数カ月前である。ブッシュのシステムは、世界的な軍事力を築く助けになっただけでなく、世界的な経済を築く後押しにもなった(第8章で詳しく見る)。セオドア・ヴェイルはAT&Tに戻り、電話の特許が切れてライバルたちに攻め込まれているフランチャイズを危機から救った。ヴェイルのシステムは、AT&Tを全米一の成功企業にしただけでなく、エレクトロニクス時代の先駆けとなる発明をいくつも生んだ（ノーベル賞を受賞した発明も含まれる）。

アップルの場合、救出作戦が始まったのは1996年12月。この月、同社はNeXTの買収とジョブズのアドバイザー就任を発表した。自社を救おうとする最後の試みだった。アップルのオペレーティングシステム（OS）とマシンは時代遅れだった。マイクロソフトのウィンドウズに対抗すべくOSの見直しに三度着手したが、失敗に終わっていた。市場シェアは4パーセントを切るまでに下落。多額の損失と負債のせいで倒産寸前の状態だった。取締役会は身売り先を探し続けたが、うまくいかなかった。ジョブズを1997年半ばに暫定CEO、2000年初めに正式なCEOに取り立てたことは最後の神頼みと評され、彼が会社を救う可能性は極めて低いと見なされた。NeXTでさんざん約束が破られていたため、業界アナリストやオブザーバーから見た、技術リーダーとしてのジョブズの信用は揺らいでいた。

トップに返り咲いたとき、ジョブズからはソルジャーを見下すような態度がなくなっていた。1998年3月、彼は「在庫のアッティラ王」ことティム・クックをコンパックから迎え入れて事業運営を任せた。

Sタイプのルーンショットを見ようとしない傾向もなくなっていた。たとえば、2001年にはインターネット上で音楽の著作権侵害が広がっていた。無料でダウンロードできる音楽をオンラインストアで販売する、そんな発想はばかげていると思えた。また、顧客が自分のコンピューターに保存できる音楽をオンラインで販売する者は誰もいなかった（当時、オンラインの音楽サービスは、月々の料金を払って楽曲をストリーミングするサブスクリプション方式だけだった）。もう一つハードルがあった。アルバム単位ではなく、個々の楽曲を1曲99セントで売っている者はほかにいなかった。「頭がおかしくなったのか。儲かるわけがない」と言いたくもなる。

ところが、頭がおかしいどころか、最初の6日間で100万もの楽曲がiTunesストアからダウンロードされた。新しいテクノロジーがからんでいたわけではない。誰もうまくいくと思わなかった戦略変更があったにすぎない。

もちろん、アップルのPタイプルーンショットは業界を変容させた。iPod、iPhone、そしてiPad。しかし、優れたデザインやマーケティングは別にして、結局のところ同社の成功の要因となったのは、基本となるSタイプのルーンショットだ（デバイス内のテクノロジーの大部分は他社が発明）。それは業界のほとんどのプレーヤーが却下してきたクローズドなエコシステムを形成する戦略だった。

多くの企業が顧客を囲い込もうとしては失敗していた。IBMはOS／2という独自オペレーティングシステムを搭載したパーソナルコンピューターをつくったが、コンピューターもOSも姿を消した。アナリストや業界専門家たちは、クローズドエコシステムはうまくいかない、顧客は選択を求めていると考えていた。ジョブズがNeXTに追放されている間、アップルはアナリストや専門家のアドバイスに従ってシステムを開放し、マッキントッシュのソフトウェアやアーキテクチャをライセンス供与した。ウィンドウズPCと同じように、クローン製品が増殖した。

アップルに戻ったジョブズは、クローンを締め出すことに同意せよと取締役会に迫った。既存の契約をキャンセルするのにかかった費用は1億ドル以上。倒産を懸命に回避しようとしていた企業にとっては痛手だ。だが、エコシステムを閉じるというSタイプのルーンショットにより、アップル製品は目を見張るほど売り上げを伸ばした。新しい製品のセックスアピールが顧客を惹きつけ、フェンスで囲われているので脱出も困難だった。フェイスブックに先立つフレンドスターの失敗、遠藤のスタチンに先立つコレステロール低下剤の失敗、ボーイング707に先立つコメットの失敗と同じように、IBMのOS／2の失敗は「偽の失敗」だった。

アップル救済に当たって、ジョブズはモーゼの罠から抜け出してみせた。PタイプとSタイプ、両方のルーンショットを促すようになっていた。相分離も実践していた。アップルの製品デザイン責任者、ジョニー・アイブはジョブズ直属の部下で、彼のスタジオは「マンハッタン計画のロスアラモス研究所と同じような立入禁止区域」になった。ジョブズはまた、アーティストとソルジャーの両方を愛するようになっていた。彼を引き継いでCEOになるほど重用されたのは、実務派のティム・クックだった。ジョブズは相に手段を合わせ、新しい製品と既存のフランチャイズのバランスをとった。その方法は、アップルをめぐる多くの書籍や記事に書かれてきた通りだ。ルーンショットを命じるモーゼではなく、それらを育む庭師になることを彼は学んでいた。

「会社を築くというのは実に魅力的なこと」と、ジョブズは伝記作家のウォルター・アイザックソンに語っている。「最高のイノベーションとは時に企業そのものである、私はそう気づきました。組織をどうつくるかということです」

ジョブズは、軍事歴史家のジェームズ・フィニー・バクスターが半世紀前にたどり着いたのと同じ結論にたどり着いた。ブッシュのシステムが第二次大戦の趨勢を変えたことについて、バクスターは次のように書いている。「どこかで奇跡が起きたとすれば、それは組織の領域だろう。成功の可能性を高める条件が整っていたのだ」

最初の三つのルール

ゼロックス・PARCの事例を何回か紹介してきた。PARTIの五つの章から学んだことをまとめる前に、PARCで何があったかに簡単に触れておきたい。そこからはモーゼの罠の別の（逆の）側面が浮き彫りになる。

1970年、ゼロックスはイノベーションの象徴だった。たった一つのテクノロジー（コピー機）で10年とたたずに売上高10億ドルに達した初の企業だ。アップルの先を行っていたと言える。同じ年に、もうコピー機というフランチャイズは成熟化していたため、ゼロックスのリーダーたちは新たなテクノロジーの研究を目指して、ニューヨーク州の本社やテキサス州の製造部門から遠いカリフォルニア州パロアルトに別のユニットをつくることにした。彼らはそれをパロアルト研究所（PARC）と呼んだ。PARCは最高レベルの優秀な人材を引き寄せた。PARCのエンジニアはコンピューターサイエンス分野の栄誉ある賞を数多く受賞したほか、先駆的なコンピューター企業の多く（アップルを含む）を創業または変革した。

1970年代、PARCのエンジニアは初のグラフィック対応パーソナルコンピューター（アルト）、初のビジュアルベースのワードプロセッサー、初のレーザープリンター、初のローカルネットワーキングシステム（イーサネット）、初のオブジェクト志向プログラミング言語など、多数の「初」を発明した。信じられないほど数々の成果をあげたが、こうしたブレークスルーは一つとしてゼロックスによって商業化されなかった。

「イノベーションの埋立地とも言える企業」とアップルのある幹部は書いた。PARCの優秀なエンジニアを何人かアップルに誘った人物である。「そこは偉大なアイデアが死にゆくゴミだめのような場所だ。PARCでは、製品がいっこうに市場投入されないため、主要な開発スタッフが次々にやめていった」

「アルト」のプロジェクトリーダーのひとりは、PARCのルーンショットグループとテキサスのフランチャイズグループ（タイプライターなどのオフィス機器をつくっていた）を引き離しているのは「費用面の問題や技術的な構想ではなく、会社の構造」だということに少しずつ気づいた。テキサスグループは「アルトⅢを徹底的に叩く必要があった。なぜなら、それに力を注いでも自分たちの目標数字は達成できないし、ボーナスももらえないからだ。タイプライター事業を成功させ、それと並行して世界初のパーソナルコンピューター事業を立ち上げるというのは、絶対にできない相談だった。それに、そんなふうに指示されたくもなかった。だから、アルトは撃墜された」

言い換えれば、先述のように、弱点となりやすいのはアイデアの供給ではなく、現場への適用《トランスファー》であり、その弱点の根源にあるのは人や文化ではなく、構造（デザインやシステム）なのだ。

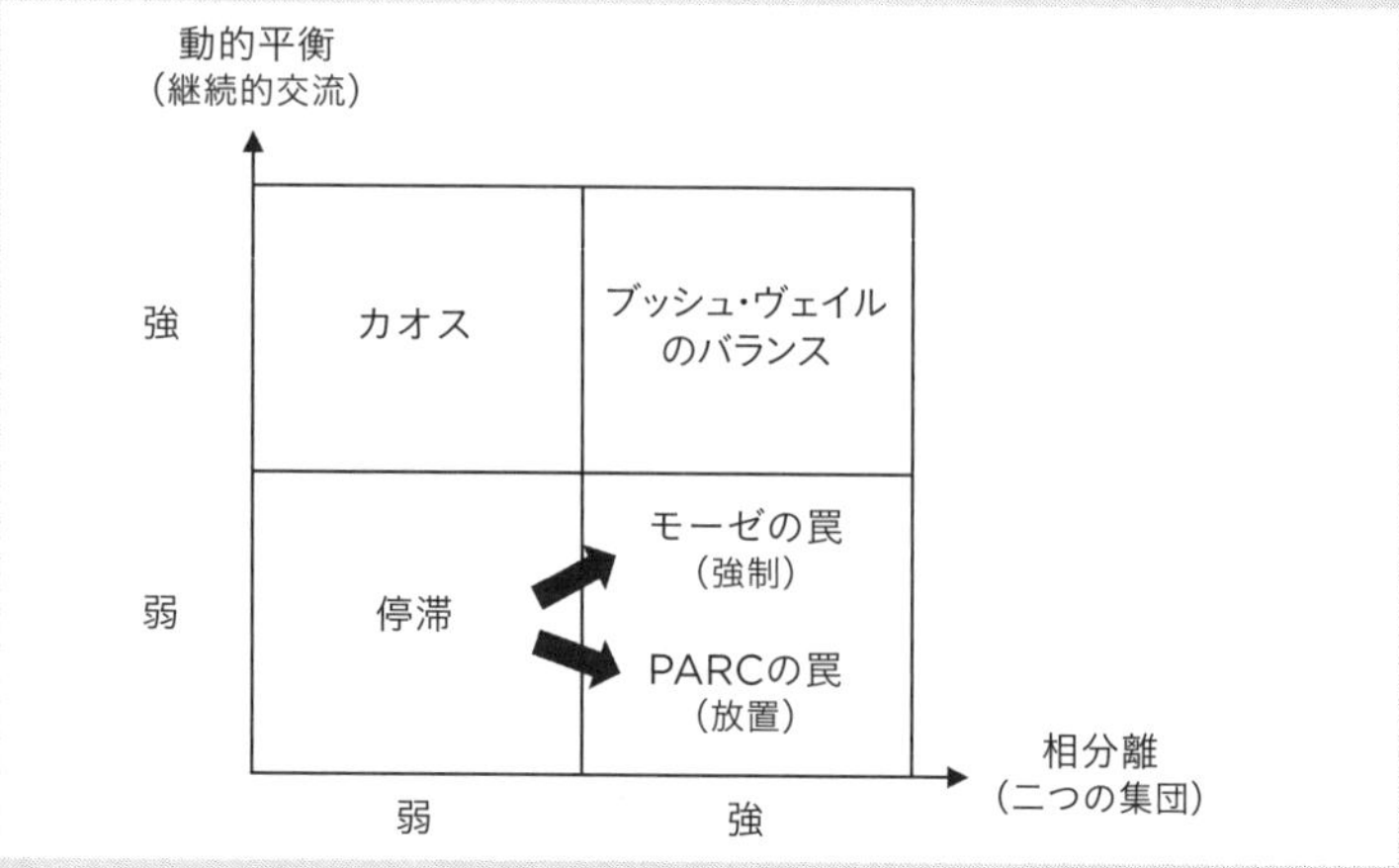

ＰＡＲＣはモーゼの罠の逆の事例だった。相分離はうまくいっている。しかし、モーゼのご託宣でルーンショットが選ばれるのではなく、ルーンショットは無視されたり、積極的に鎮圧されたりして（前述の「カラーは未来のオフィスには関係ない」）芽を出さない。

ＰＡＲＣ以外にも事例は山ほどある。ルーンショットが埋もれて世に出ないという「ＰＡＲＣの罠」は珍しくない。たとえば１９７５年、コダックの研究所に所属するスティーブ・サッソンは最初のデジタルカメラを開発したが、コダックはそれを10年間、葬り続けた。

善意のリーダーは、パフォーマンスの高い隔離された研究グループをつくることができる。ゼロックスのリーダーもそうだった。創造や発明にふさわしい環境がそこには備わっている。組織は左下の「停滞」象限から右へ移動する。だが、米軍が当初、ヴァネヴァー・ブッシュのグループから生まれたテクノロジーの多くに抵抗したように、新しいアイデアに対してはフランチャイズグループから必ず抵抗が起きる。

微妙なバランスを正しく保つには、内部の壁を克服するための紳士的な支援が必要だ。モーゼの側近ではなく、庭師が差し伸べる手が欠かせない。現場への適用や移転が強制的すぎたり、逆に支援がなさすぎたりすると、有望なアイデアやテクノロジーは研究室でしなびてしまう。組織はテクノロジーを失い、時間との競争に敗れ、投資家の信頼を失う。

PARTⅠでは、ブッシュ・ヴェイル ルールのうち最初の三つを扱った。

1　相分離を実行する

・アーティストとソルジャーを分離する
・「相」に合わせたツール（手段）を用意する
・死角に注意する——P（製品）とS（戦略）両タイプのルーンショットを育てる

2　動的平衡を築く

・アーティストとソルジャーを平等に愛する
・テクノロジーではなくトランスファーを管理する——モーゼではなく庭師になる
・橋渡し役となるプロジェクト推進者を任命・育成する

3　システムマインドを育む

・組織がその選択をした理由を問い続ける
・意思決定プロセスの改善方法を考え続ける
・結果重視のチームにシステムマインドを植えつける

本書ではまず、革新的な集団が突然、革新性を失う例を紹介した。たとえば、キャットマルが記したディズニーの低迷がそれに当たる。「このスランプはそれから（『ライオン・キング』の公開後）16年続いた。……その背後に隠された要因を知る必要がある、と私は感じていた」

ここまで述べたブッシュ・ヴェイル ルールは、相転移後の停滞や低迷をいかに防ぎ、優れたアイデアを抹殺しないようにするかが眼目だ。だが、「何（what）」や「なぜ（why）」にはまだ触れていない。何が隠された要因か、なぜそれらが出現するのか。言い換えれば、何が相転移を生じさせるのか。そこで今度は「何」と「なぜ」に目を転じよう。それを理解すれば、ブッシュ・ヴェイル ルールの四つ目のカテゴリーが明らかになる。まずは伝説的な探偵と、同じように有名な政治哲学者の話から始めたい。いずれも「隠された要因」を見つけ出すスペシャリストだった。

PART

II

突然の変化を科学する

個々の人間は解けない謎だが、
人間全体は数学的な確かさを持つ。
―― シャーロック・ホームズ（『四つの署名』より）

挿話

「創発」の重要性

チームや会社や人間集団に関するルールや一般論は、なぜこんなに信じられているのだろうか。人はみんな違うし、チームもみんな違う。

それでも、同じ目的を持って人が集まったときに何が起きるかを記述したルールのなかには、けっこう当たっているものがありそうだ。効率的市場、見えざる手……。これらのルールや法則はちゃんと証明されていて、疑いの余地はないはずだ。

連邦準備制度理事会の議長を19年務めたアラン・グリーンスパンは、２０１１年のフィナンシャル・タイムズ紙で次のように書いている。

今日の競争市場は、私たちが認識しようとするか否かを問わず、どうしようもなく不鮮明な、アダム・スミスの「見えざる手」、そのいわば国際版によって導かれている。ごく稀な例外（たとえば２００８年）を除けば、グローバルな「見えざる手」のおかげで為替レート、金利、物価、賃金率は比較的安定してきた。

ここに問題がある。バブルやバブル崩壊といった「ごく稀な例外」を除いた市場の分析というのは、嵐や干ばつを除いた天候を分析するようなものだ。嵐や干ばつのことを私たちはぜひ知りたい。

すべての経済学者がグリーンスパンに賛同したわけではない。ある者は彼の論理を外交の分析に当てはめてみせた。「ごく稀な例外を除けば、ドイツは20世紀の間、近隣諸国との平和的関係をおおむね維持してきた」

しかし、効率的市場や見えざる手はめったに破られない基本法則であるというグリーンスパンの見解は、幅広く支持されている。だが、それは誤りであり、それこそが、政策の大失敗の共通原因（投資家にとっては絶好のチャンス）だ。

効率的市場も見えざる手も基本法則ではない。どちらも「創発特性」である。(注61)

創発特性は集団的な振る舞い、つまり部分の細部に依存しない全体、ミクロを超えたマクロのダイナミクスである。分子はその細部の違いにかかわらず、高温だと自由に動き、低温だと凍る。水分子は三つの原子を持ち、三角形の構造をしている。アンモニアは四つの原子を持ちピラミッドのような形、バックミンスターフラーレン分子は60の原子を持ちサッカーボールのような形（略してバッキーボールと呼ばれる）をしている。しかしどの分子も、高温では同じ流体の力学を、低温では固体の力学を示す。

創発特性（たとえば液体の流れ）と基本法則（たとえば量子力学や重力）の違いの一つは、創発特性は突如として変化し得ることだ。温度が少し変わっただけで、液体はいきなり固体になる。ある創発的振る舞いから別の創発的振る舞いへのそうした突然の変化が、私たちの言う「相転移」である。

すべての人は違うし、すべてのチームは違うけれども、創発特性と相転移がおもしろいのは、予測がつきやすいということだ。組織は一定の規模を超えると必ず変化する。それは水が一定の温度を下回ると必ず凍り、車の密度が臨界点を超えると必ず渋滞が発生し、強風のなかで森の木が一つ燃えると必ず山火事になるのと同じで、[注62]いずれも相転移の事例だ。

それぞれの人やチームは謎かもしれないが、全体ではシャーロック・ホームズが言うように、集団が相転移を経験する可能性は数学的な確かさを持つ。

創発の科学で素晴らしいのは、相転移を一度理解したら、それをコントロールできるようになる点だ。もっと丈夫な素材、もっとよい道路、もっと安全な森をつくる――そして、もっと革新的なチームや会社をつくることもできる。

・　・　・

ここからグリーンスパンの見解について、あるいは万能の見えざる手に対する人々の信頼について、どんなことが言えるだろうか。見えざる手に対する絶大な信頼は、前章のニュートンとジョブズの話に戻れば、偽の偶像崇拝の結果だ。私たちは200年間、同じ17世紀の物理学者でもふさわしくないほうの人物に敬意を表してきた。

その意味を知るため、2世紀前の英国に時計の針を戻そう。

1790年7月11日の日曜日、人々の敬愛を集めたスコットランドの哲学者が、エジンバラの自宅で死の床にあった。自分では信じていない考え方、自分が言ったのではないフレーズでなぜか有名になった人物だ。彼はふたりの友人を呼び、未発表の原稿やノートを、一つを除いて全部燃やすよう頼んだ。ふたりは何カ月も前から同じようなことを頼まれていたが、心変わりしてくれるのを待って抵抗していた。だがその日、ついに折れた。彼らは全部で16の文書を焼却した。ほっとした哲学者はその友人たちと夕食をとった。9時半頃、彼は立ち上がるとベッドへ戻り、「諸君と一緒にいるのは楽しいが、そろそろおいとまして別の世界へ行かなければ」と言った。6日後、彼は息をひきとった。

このように死に方を心得ていた男アダム・スミスは、リバタリアンや自由市場主義者たちにとって一種の英雄、経済理論上の拠り所になっている（実際のアダム・スミスは市場の抑制を主張し、自分の仕事では経済学よりも倫理学に関するものを高く評価した）[注63]。スミスが友人たちに燃やさずにとっておくよう頼んだ原稿は、倫理学にも経済学にも関係なかった。それは大学院卒業後すぐに書いた『天文学史』だった。

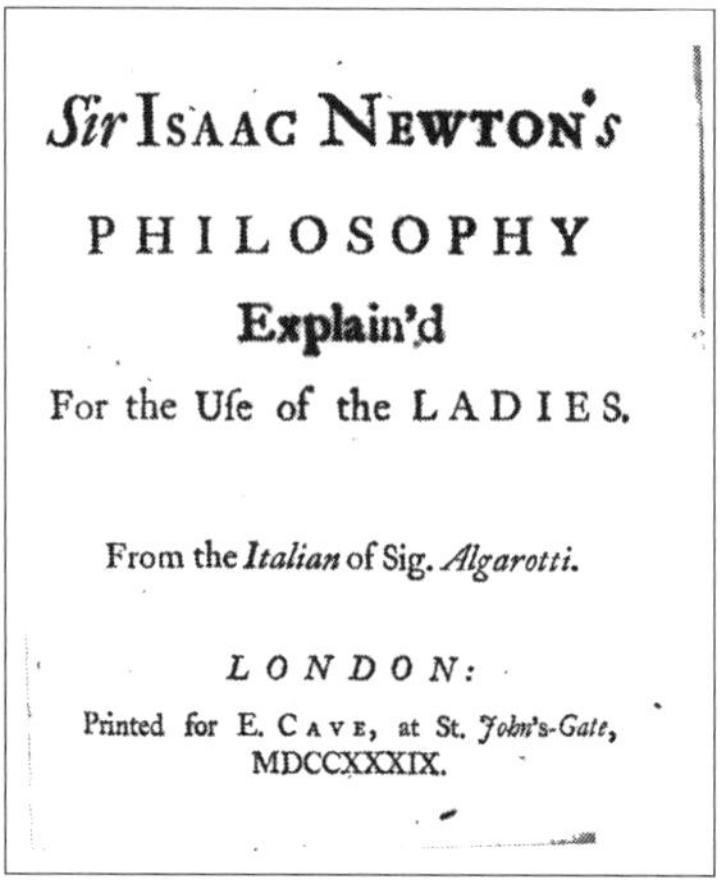

Sir ISAAC NEWTON's
PHILOSOPHY
Explain'd
For the Use of the LADIES.

From the *Italian* of Sig. *Algarotti.*

LONDON:
Printed for E. CAVE, at St. *John's-Gate*,
MDCCXXXIX.

『サー・アイザック・ニュートンの哲学――婦人向け解説書』1739年

そのなかでスミスは、哲学者の仕事は「自然の結合原理」、ばらばらの事象を結びつける「見えざる諸連鎖」を解明することだと述べている。彼は惑星運動の相反する理論を分析した結果、ニュートンの重力論は「人類がなし遂げた最も偉大な発見である」と深い敬意を示している（当時はニュートン崇拝が大流行していた。その頃の雰囲気を知りたければ、『サー・アイザック・ニュートンの哲学――婦人向け解説書（*Sir Isaac Newton's Philosophy Explain'd For the Use of the Ladies*）』というイカしたタイトルの本を参照）。

引力によって惑星の運動や潮の満ち引きが説明されたように、何か根本的な力によって複雑な行為を説明できるという考え方がスミスを惹きつけた。彼の『道徳情操論』（１７５９年）は人間の振る舞いを、『国富論』（１７７６年）は市場の振る舞いを説明する根本要因を提示している。

スミスは市場におけるその根本要因を「見えざる手」と呼ぶつもりはなかった。彼がその言い回しを使ったのは、全著作のなかでわずか3回。それも一貫性のない曖昧な使い方だった（最初は、迷信的な信仰に対する当てこすり、「少しばかり皮肉なジョーク」として使っている）。「手」の比喩は多くの書き手がすでに使っていたが、金融市場との関連では、スミスの死後170年間、顧みられることはなかった。1950年代になって、ある経済の教科書がこのフレーズを復活させ、現在のような意味を持たせた。そして、実はスミスがそれを言い出したと書いた。(注64)

起源はどうあれ、現在の意味は事実として幅広く受け入れられるようになった。純粋に自己の利益のために行動する個人が、複雑な市場行動を形づくる。価格は需要に応じて変化し、資源は効率的に分配される……。小売店が売り、人々が買う。そうした集団的行動が、言ってみれば必然的に現れる。肉屋が鶏肉を売ろうが牛肉を売ろうが、パン屋がカップケーキを売ろうがパンを売ろうが、同じ振る舞いが現れる。(注65)それは部分の細部に依存しない全体のダイナミクスである。

聞き覚えがあるはずだ。液体は水でもアンモニアでも、同じように流れる。市場の集団的振る舞いは、液体の流れのような創発特性であり、重力のような基本法則ではない。経済学者は200年間、ニュートン的な基本法則を追い求めてきた（国際貿易の「重力モデル」、経済学の「量子論モデル」、経済学の「保存則」――いずれもノーベル賞受賞者の発明だ(注66)）。彼らはみんなニュートンに刺激を受けてきた。ニュートンは結果的に物理学の一派（「カトリック物理学」と呼ぶことにしよう）の指導的存在に上り詰めた。この一派は、基本法則に対する教条的信頼や、それを見つけるための華やかな探索活動を説く。

しかしアダム・スミスの仕事は、もっと静かで、あまり知られていない「プロテスタント」学派に近かった。すなわち創発現象の研究だ。この一派の指導的存在は、ニュートンと同時代に幅広い評価を受けた人物、ロバート・ボイルだった。

両派の子孫同士の戦いは今も続いている。一方の側は、基本法則の探索こそが最優先事項と考え、次のように主張する。「私たちは人類の歴史の大きな転機となる時代を生きている。宇宙の最終法則を求める旅がいよいよ終わりに近づこうとしている」

もう一方の側は、基本法則などないと考える。自然の法則は果てしなく高い超高層ビルのようなものだ。それぞれの階層に異なる興味深いルールがあり、階段を下りるとそれが少しずつ姿を現す。この一派の主張はこうだ。「こうした創発原理の存在は明らかであり、教養ある社会では議論されない」。そして自分たちを否定する者に対しては、「自分が気に入った事実しか認めないという安全なスタンスは、そもそも科学とは相いれない。そんなものは早晩、歴史の力によって一掃されるにちがいない[注67]」（この発言の主のロバート・ラフリンはノーベル賞受賞者で、先出のフィリップ・アンダーソンの弟子に当たる。彼は私を含むすべての教え子に、アンダーソンの論文「多は異なり」を読めと言った）。

ルーンショット		**フランチャイズ**
誰からも相手にされないアイデア		
1922年	12歳の糖尿病患者を、膵臓をすり潰した抽出物で治療	インスリン
1935年	80ポンド（約36キロ）の爆弾をロケット推進により時速500マイル（約800キロ）に加速	長距離弾道ミサイル
1961年	32歳の元ミルクトラック運転手が、世界を救うメトロセクシャルな英国スパイを演じる	007（ジェームズ・ボンド）
1976年	『ルーク・スターキラーの冒険』というタイトルの台本にゴーサインが出される	スター・ウォーズ

相転移	
一つ以上の制御パラメータが臨界閾値《しきいち》を超えたときに生じる、システム挙動の突然の変化	
水	温度が下がると、液体から固体へ
高速道路上の車	車両密度が高まると、スムーズな流れから渋滞へ
森林火災	風速が上がると、抑制された状態から手に負えない状態へ
企業内の個人	会社の規模が大きくなると、ルーンショット重視から昇進重視へ

宗教の派閥の違いが無神論者には無関係であるように、物理学の派閥の違いなど門外漢には無関係と思うかもしれない。しかし、この違いが実は大きい。完全に効率的な市場（ニュートン的な基本的信条）にはバブルもバブル崩壊もない。他方、ボイル的な創発市場は、一定の合理的前提の下では、ほぼ常にバブルやバブル崩壊を伴う。

創発が重要だ、少なくとも創発を理解することが重要だというのはそのためだ。創発を理解すれば、多様性のメリットを享受しながら「集団災害」のリスクを減らすことができる。群衆の知恵を活かしながら市場暴落のリスクを減らし、信仰の多様性を活かしながら宗教戦争のリスクを減らすことができる。

アダム・スミスが（ニュートン的ではなく）ボイル的な科学を手がかりに、市場における個人の集団的振る舞いを理解しようとしたように、これからの章では、ボイル的な科学を手がかりに、企業における個人の集団的振る舞いを理解しようと試みる。

それは私たちが本当に知りたいことを知る助けになる。すなわち、大規模な集団の大きな目標（戦争での勝利、病気の治療、産業の変革）を実現してその恩恵を享受しながら、大切で脆いルーンショットが損なわれるリスクを減らすにはどうすればよいか——。

まずは車の運転について見ていこう。

第6章
相転移Ⅰ 結婚、森林火災、テロリスト

段階的な移行から突然の変化へ

仕事を終えて車で帰宅中のあなた。ちょっとスピードを出しすぎかもしれないが、とにかく高速道路上の車は流れている。だが突然、車の流れが止まり、道路は駐車場と化す。原因はわからない。途中に入り口や合流もなく、事故も見当たらない。冷えた夕食、怒る配偶者。そんなイメージが頭をよぎるなか、あなたは考える。この渋滞はどこからきたのか。

答えは「相転移」にある。二つの創発的振る舞いの間で突然の変化が起きたのだ。その振る舞いとは「一様流《いちようりゅう》」と「渋滞流《じゅうたいりゅう》」である。

次のように考えてみよう。道路がすいていたとする。数百メートル先を走る前方の車が一瞬ブレーキを踏んで離す。多分リスでも見たのだろう。ブレーキランプが短い間灯るが、その車とは距離があるのでスピードを緩める必要はない。

道が混んでいたら、前の車とはわずかな距離しかない。前の車のドライバーがブレーキを踏んだら、あなたもブレーキを踏む。目の前のブレーキランプが灯ったのが2秒間だったとしよう。しかし、前の車のドライバーがブレーキを離し、あなたも離すが、あなたの車がもとのスピードまで加速するには2秒以上かかる。4秒かかるかもしれない。後ろの車ではそれがもっと長くなり、もとのスピードに達するのに8秒かかるかもしれない。さらにその後ろでは16秒。ほんの少し踏んだブレーキが幾何級数的な影響を及ぼし、ついには渋滞が起きる。

1990年代初め、ふたりの物理学者が、高速道路上の車が臨界密度に達していなければ、車の流れは安定していることを示した。リスを見たドライバーがブレーキを踏むなど、ちょっとした混乱が起きても特に影響はない。交通工学の専門家はそれを「一様流状態」と呼ぶ。だが、その閾値を超えると、車の流れは突然不安定になる。ちょっとした混乱が幾何級数的に拡大する。それが「渋滞流状態」だ。一様流から渋滞流への突然の変化、それは相転移にほかならない。

ラッシュアワーが近づくと、車両密度が臨界閾値付近に達する。速度が遅いトラックの後ろに車がたまるなど、一定の範囲内の車の数が増えると、交通の流れは臨界点を超える。

原因がはっきりしないのに起きる失速状態は「自然渋滞」と呼ばれ、実験でも確かめられている。2013年、日本のある研究チームがナゴヤドーム内を周回する車の動きを観察した。すると予想通り、車両密度が臨界閾値を超えると自然渋滞がいきなり発生した。

交通流の相転移の実証実験（ナゴヤドーム）

交通工学の研究者はこの20年間、1990年代に発表された基本モデルのさまざまなバリエーションを提唱してきた。乱暴なドライバーが多いか少ないか、反応時間が短いか長いか、大型車（トラック）と小型車の割合はどうか……。いずれの場合も同じ相転移が生じる。密度が臨界閾値を超えると、システムは突然、スムーズな流れから渋滞へ転じる。

こうした相転移はあらゆるところに見られる。

相転移を通じてルーンショットのもっと効果的な育成方法を知るには、相転移に関する次の二つを知っておけばよい。

1　あらゆる相転移の本質は、二つの競合する力の綱引きである。

2　システム特性の小さな変化（密度や温度な

ど）によって二つの力のバランスが変わると、相転移が生じる。

この二つを説明するため、複雑になりがちな渋滞の話はいったん置いておいて、もっと単純な「結婚」の話から始めよう。

物理学者ジェーン・オースティン

財産のある独身男はきっと妻を欲しがっている。これは誰もが認める真理だ。

――ジェーン・オースティン『高慢と偏見』

オースティンによれば、二つの相反する力が独身男性を引っ張っている。財産はそれほどないが若くて活動的な独身男性は、富や名声、栄誉を求めてあちこち旅をする。その力を「エントロピー」と呼ぼう。

たくさんの財産に恵まれた、もっと年上で紳士的な独身男性は、パートナーを見つけて落ち着いた暮らしをしたがる。彼らが求めるのは家族、安定、ケーブルテレビ。その力を「結合エネルギー」と呼ぼう。

物理学者のリチャード・ファインマンは「他のアイデアを学ぶには、単純なことがらを理解しようとするのがいい。常に誠実かつ率直に」と言った。彼の弟子レニー・サスキンド（私の大学院時代の指導教員）はそのアドバイスを真剣に受け止めていた。さまざまな「曲面」を研究するトポロジーの複雑な考え方について、レニーは私に次のように説明してくれたことがある。「ゾウを想像したまえ。その鼻をつかんでそいつの尻の穴に入れる。それがトポロジーだ」

その意気で、縦20個、横20個、計400個の卵を入れる大きなケースを想像してほしい。ガラスの保護カバー越しに、内部の様子が観察できるようになっている。このあとケースをけっこう揺らすので、卵を入れるとぐしゃぐしゃになってしまう。なので、それぞれの穴にはビー玉を入れよう。それをジェーン・オースティンの男性たちに見立ててほしい。ビー玉は今落ち着いている。幸せな結婚をして、子どもを育てている。

卵ケースをゆっくり前後に揺らす。ビー玉は穴のなかで揺れるが、そこからは出ない。今度は徐々に揺らし方を強くする。ビー玉は穴のなかで跳ね上がるが、まだそこにとどまっている。そしてついに揺らす強さが一定の臨界閾値を超えると、大混乱が起きる。ビー玉は穴から飛び出て近くの別の穴に入る。さらにそこから飛び出て、また別の穴へ動く。もう収拾がつかない状態だ。ビー玉は秩序あるパターンに静かに収まることなく、ケース中をランダムに飛び跳ね、無秩序で乱雑なビー玉の海をつくる。

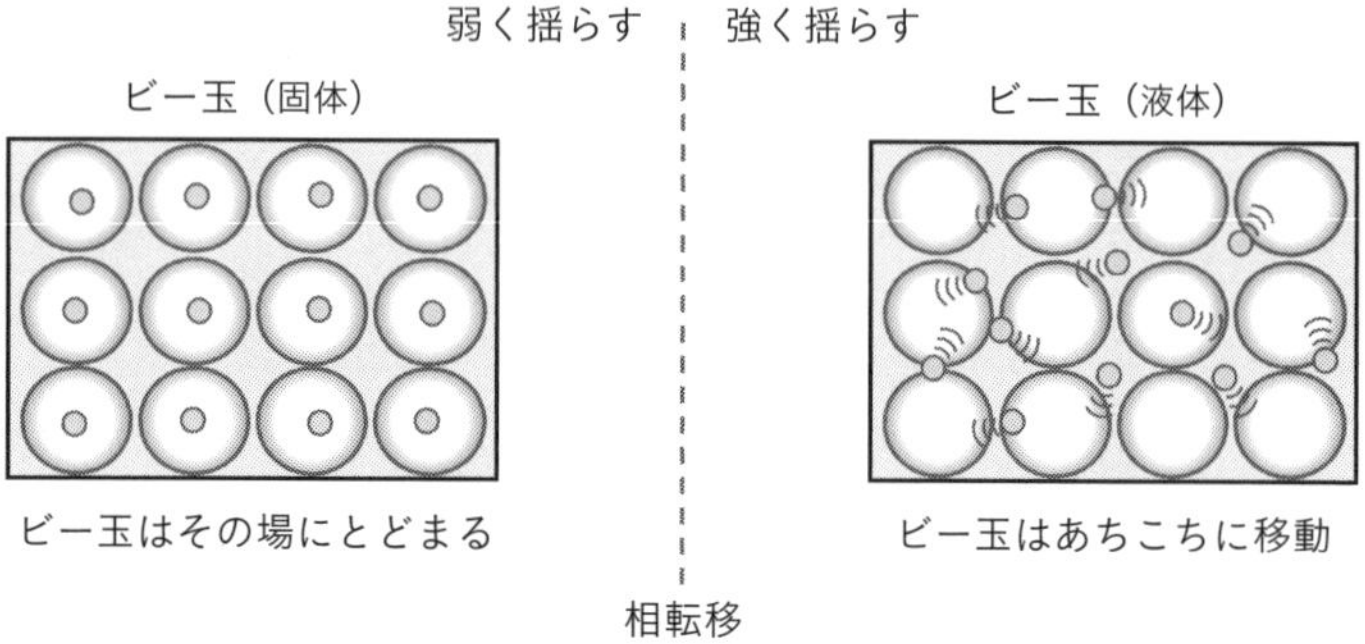

ビー玉の固体から液体への相転移。揺らす強さが閾値を超えると、ビー玉は突然自由に動き出す

マンハッタン・シングルズバーへようこそ。

物理学の言葉で言うなら、私たちはビー玉の固体から液体への相転移を引き起こしたのである。

相転移を引き起こすために少しずつ変化させるシステム特性のことを「制御パラメータ」という。渋滞の事例では道路上の車両密度が、ビー玉の固体から液体への相転移の場合は、揺らす強さが制御パラメータだ。この強さは測定可能で、「温度」と呼んでもいい。温度が高ければ高いほど、エントロピーが支配的になる（乱雑で自由に動き回ろうとする）。温度が低ければ低いほど、結合エネルギーが支配的になる（ケースの穴の底へ引き寄せられる）。温度が閾値、すなわちエントロピーと結合エネルギーの分岐点を超えると、システムは突然振る舞いを変える。それが相転移だ。

実際の固体では、結合エネルギーは固定された穴ではなく分子間に働く力から生じる。だが、それを除けばこのモデルはおおむね正しい。液体・固体間の相転移の背後には、こうしたエントロピーと結合エネルギーの目に見えない綱引きがある。

・
・
・

第7章では、液体・固体に対して温度が果たすのと同じ役割を、組織内のチームのサイズが果たすことを示す。チームのサイズが「マジックナンバー」を超えると、働く動機が「ルーンショット重視」から「昇進重視」へシフトし、バランスが変わる。

しかしマジックナンバーは一律ではない。固体がさまざまな温度で溶けるように、チームもさまざまな規模で変化する。その理由は四つ目のルールに大きく関わってくる。だからマジックナンバーは変えられる。システムには複数の制御パラメータがある。

卵ケースの例で、それぞれの穴の深さを100倍にしたとしよう。ビー玉を飛び出させるには100倍の強さでケースを振らなければならない。穴が深いのは、結合エネルギーが強い固体とも考えられる。たとえば鉄の結合エネルギーは水の結合エネルギーより100倍近く強い。だから鉄は約1500度で溶けるが、氷は0度で溶ける。結合エネルギーも制御パラメータの一つだ。

そうした他の制御パラメータを明らかにするのが、システムの転移タイミングを変えるためのカギとなる。固体が溶けるタイミング、車が渋滞するタイミング、そしてチームがルーンシヨットを拒絶し始めるタイミング……。

相図《そうず》

先ほどの渋滞の例に戻り、こうした問題について考えるために科学者が使う有効な手段を紹介しよう。

高速道路上のドライバーにとっての競合する二つの力は、スピードと安全だ。ドライバーは適切なスピードまで加速するが、前の車にぶつかるのを避けるためにブレーキをかける。先述のように、車間距離（平均的な車両密度）が一つの制御パラメータだが、それだけではない。前の車のブレーキランプがついたときにこちらもブレーキを踏むかどうかは、その車との距離だけでなく、あなたが出している速度との兼ね合いで決まる。時速30マイル（約50キロ）のときに必要な停止距離は、およそ車6台分。時速80マイル（約130キロ）のときの停止距離は車30台分になる。ブレーキをかけるかどうか判断する際、脳は必要な停止距離を直感的に見積もり、それを前の車との距離と比較する。車の平均速度と平均密度の両方が、相転移の発生に寄与している。

これら二つの制御パラメータを一つの図で把握できるのが「相図」だ。次ページ図では、縦軸が平均車間距離、横軸が平均速度になっている。速度が遅い、または道路上に車があまりな

交通流の相図

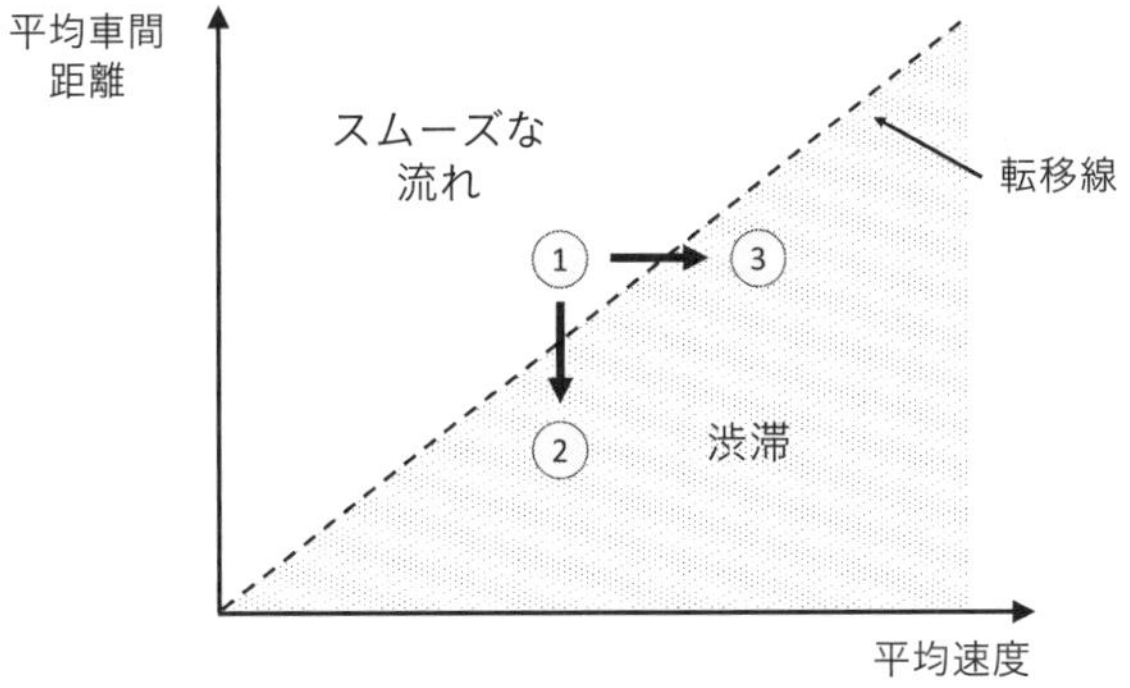

平均車間距離が転移線を下回る（①→②）か、平均速度が転移線を上回る（①→③）と、スムーズだった流れが突然渋滞に転じる

いとき（破線＝転移線の左上側の領域①）、車はスムーズに流れる。密度の増加（②）または速度の増加（③）の方向へ転移線を越えると、小さな混乱が幾何級数的に拡大して渋滞が発生する。破線で示した転移線が右肩上がりなのは、車の速度が増すと制動距離が長くなるからだ。つまり渋滞を避けるには、長い車間距離が必要になる。

平均車間距離が転移線を下回る（①→②）か、平均速度が転移線を上回る（①→③）と、スムーズだった流れが突然渋滞に転じる。

交通工学の研究者はこうした考え方をもとに高速道路設計の改善に取り組んでいる。混雑時に制限速度を下げるのは一見常識に反しているが、これは小さな混乱が渋滞を引き起こす確率を減らす効果がある（交通流を図の③から①にする）。「ランプメータリング」という手法も用いられる。車の密度や速度が図の破線（転移線）に近づくと、入り口の信号が高速道路への車の進入を一時的に制限し、車の流れを破線から遠ざける。また、トラックが他のトラックを追い越すのを禁止すると、トラックの後ろに車がたまりにくくなる。トラックの後ろにたまった車は一時的に車両密度を高め、渋滞を引き起こしやすい。ドイツのアウトバーンに関する研究によれば、このトラック追い越し禁止は効果がある。トラックの流れは多少悪くなるが、乗用車の流れは改善される。

・
・
・

渋滞の事例からわかるように、相転移の科学は学問的な好奇心にとどまらない領域へと拡大している。転移の制御パラメータが明らかになれば、その転移をコントロールすることが可能になる。私たちはそれと同じことをチームや企業に関して行おうとしている。ルーンショットを育成するために組織をどう変えていけばよいかを明らかにしたい。

このあと見るように、制御パラメータの修正に関する創造的なアイデアは、一見無関係だが、実は同じカテゴリーの相転移を共有しているシステム同士のつながりがヒントになる。

先に述べた固体・液体間の転移は「対称性の破れ転移」のカテゴリーの一つだ。時間的にならせば、液体はどの角度からも同じに見える。その意味で対称性を持っている。これを回転対

一様流から乱流への転移を実演してみせるハンフリー・ボガート

称性という。固体はそうではなく、回転対称性を破る。なぜなら、X軸に沿って見る分子の様子は、5度とか10度ずらして見る様子と全く違うからだ。数多くのノーベル賞が、この対称性の破れ転移で説明できる発見に対して贈られている。[注68]

車の流れの突然の変化は、相転移の二つ目のカテゴリー「動的不安定性」に属する。制御パラメータの変化により、ある種の動き(一様流)が別の動き(渋滞流)に変化する。これは一様流が小さな混乱(ドライバーがブレーキを踏む)にも敏感になるせいだ。

液体や気体も動的不安定性を経験する。臨界閾値以下の速度ならスムーズに流れるが、その閾値を超えると流れが突然乱れる。

たとえば、川をゆっくり下るボートの舳先《へさき》では水がきれいに二つに分かれるが、艫《とも》のほうでは、船が進んだあとのスペースを、水が速度を上げて埋めてゆくので、流れが大きく乱れる。また、たばこの煙が静かな空気中を上ってゆくさまを写真に撮ってみると、ハンフリー・ボガートのたばこから出た煙が、先端から数インチのところで拡散している（写真参照）。最初はきれいな円柱状をしているが、煙粒子の速度が上がると（たばこの先端から出る熱気が上方へ加速する）、円柱が突然崩れて煙が乱れる。ボートの周りの水流も、空気中を上るたばこの煙も、乱流への転移の事例だ。乱流は抗力と密接な関連があるので、この種の転移を理解すれば、船や飛行機、さらにはゴルフボールの設計改善にも役立つ（ゴルフボールにくぼみがたくさんついているのは、表面層近くのわずかな乱流が抗力を弱めるからだ。だから最新のゴルフボールなら、うまくいけば400ヤード以上飛ばすことができる。くぼみのないボールだと、その半分くらいしか飛ばない）。

1957年、英国のふたりの数学者が相転移の新しいカテゴリーを特定した。それによって私たちは、森林火災の広がりを理解し、油層の構造を予測し、近年では、テロリスト志願者のネットでの行動を分析することでテロ攻撃を予測することもできる。創発的振る舞いの魔法（「多は異なり」）のおかげで、今やオンラインプライバシーを侵すことなく利用できるテロ対策ツールが存在する。

始まりはガスマスクだった。

ガスマスクから森林火災まで

1954年、ジョン・ハマースリーという数学者がロンドンの王立統計学会のミーティングで異色の論文を発表した。一定のパターンが純粋に偶然の産物である確率を評価する、新しい統計手法に関するものだった。

スコットランド西部にある新石器時代のストーンサークルを彼は引き合いに出した。3000年以上前にドルイド人がつくったもので、直径は9〜100フィート（約2・7〜30メートル）。サークルを調べたアレクサンダー・トムというエンジニアは、どのサークルの大きさもある長さの倍数になっていると主張していた。考古学者たちはこれを一笑に付した。聴衆のひとりが、これは新石器時代人を未開人と考えるべきか、私たちの仲間と考えるべきかをめぐる論争だと述べた。しかし、ハマースリーの統計手法はトムの主張を裏づけた。ドルイド人は思いのほか教養が高い、私たちの仲間だった。

その日の聴衆のひとり、副業で詩を発表していた26歳のエンジニア、サイモン・ブロードベントは興味をそそられた。英国石炭利用協会で石炭生産の分析を仕事にしていたブロードベントは、炭鉱作業員向けのガスマスクをもっと改良できないか調べるように言われていた。ガスマスクには小さな粘着質の穴がたくさん開いた素材が使われ、空気が通ったときにここで危険な粒子を捕捉する。これらの穴は大きさがまちまちで、ランダムに分布していた。ガスマスクが機能するには、これらランダムな穴が少なくとも一つの「つながった通路」をつくり、作業員が呼吸できるよう、マスクの一方の側から反対側へ空気が通るようにしなければならない。

論文発表後の討議の場で、ブロードベントはハマースリーに尋ねた。「データのランダム性を分析するあなたの手法を使えば、ランダムに穴が開いていていて、なおかつ、つながった通路が最低一つある素材を予測できますか？」。言い方を換えれば、素材の種類がわかれば、その素材でつくったマスクの着用者が呼吸困難になるかどうかを予測できるか。

ハマースリーはすぐに、この手の統計問題は誰も考えたことがない（少なくとも答えが出されたことはない）と気づいた。ふたりは協力し始めた。34歳のハマースリーはオックスフォード大学で片手間に統計を研究していた（統計はまだ主要な学問分野になっていなかった）。仕事は、大学の事務局や教職員から提出される問題にとにかく対応することだった。ある年、森林学科で、樹木の生長に関するデータの収集・分析方法を教えてほしいと頼まれた。それから間もなく、ブロードベントの疑問が、ガスマスクの設計以外の問題にも広く応用できることに気づいた。森林にも当てはまるのではないか――。

森林を「木のランダムな分布」と考えてみよう。森林の一方の側で火災が発生したとする。隣の木が十分近いときに限って、火はそこへ燃え移ると仮定する。火災は森林の一方の端から他方の端まで燃え広がるだろうか。

森林火災の相図

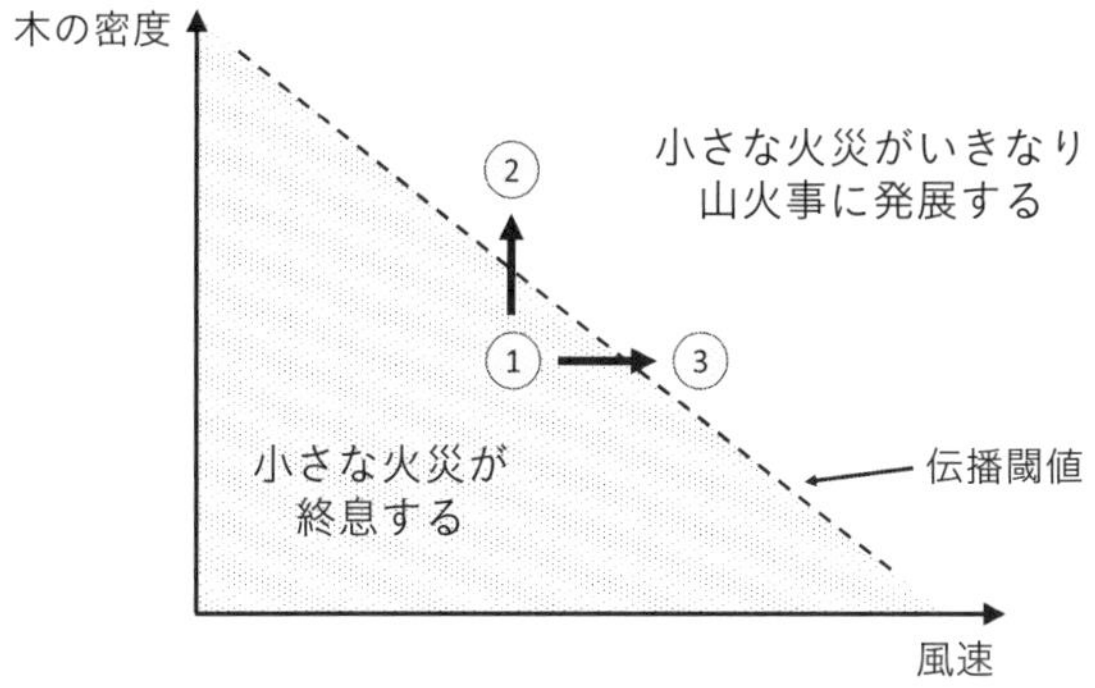

木の密度が伝播閾値を超える（①→②）か、風速が同じ閾値を超える（①→③）と、小さな火災がいきなり山火事に発展する

ブロードベントとハマースリーは、ガスマスクの問題も森林火災の問題も、相転移で答えを記述できることを発見した。ガスマスクの穴の密度が閾値以下のときは空気が通らないが、密度が閾値以上のときは、一方の側と反対側をつなぐ通路が常に現れる。森林の場合は、木の密度が閾値以下のときは火が消えるが、閾値を超えると森全体が燃えてしまう。

だが、木の密度だけが制御パラメータではない。道路上の車と同じく、パラメータは複数ある。風が強く吹いていたら、恐らく火の粉はたくさんの木に燃え移る。したがって風速が大きいときは、木の密度が小さくても「伝《でん》播《ぱ》閾値」が生じる。言い換えれば、上の相図において破線で示した転移線が右肩下がりになる。

ガスマスクの穴を空気が通り抜け、森林の

なかを火が燃え広がるさまは、パーコレーター（コーヒー抽出器付きポット）内の湯が挽《ひ》いたコーヒー豆の間に浸透する様子をハマースリーに連想させた。粉が細かくて密度が大きすぎたら、湯はそこを通り抜けることができない。密度が十分小さいときに、コーヒーが滴り落ちる。ハマースリーは自身の手法とアイデアを「パーコレーション理論」と呼んだ。

対称性の破れと同じくパーコレーション理論も、一見無関係な、実に幅広いシステムを結びつけることができる。

いつ岩が壊れるか。岩には時間とともに、圧力や応力がランダムに加わり続ける。そこから生じる小さな割れ目の数々が一つの大きな割れ目になり、岩の端から端まで貫通すると、その岩は二つに割れる。それがパーコレーション閾値だ。

いつ石油を掘ればよいか。地中深くの亀裂は、ガスマスクの穴と同じようにランダムにできる。亀裂がパーコレーション閾値以下のときは、独立した小さな原油貯留層にしか行き当たらないだろう。投資効率は悪い。だがパーコレーション閾値以上のときは、まとまった大きな埋蔵層を掘り当てる可能性が高い。こちらは投資効率がよい。

病気の小規模な発生がいつ流行に転じるのか。森林火災のモデルを思い出そう。火の粉を木から木へ飛ばす強い風は、伝染性の強いウイルスに似ている。樹木密度の高さは（都会などの）人口密度の高さに通じる。感染力や密度が臨界閾値を超えると、小規模に発生しただけの病気が突然流行し始める。閾値以下であれば、病気は直ちに終息する。それが伝染病の相転移だ。(注69)

では、実際の火災研究者はこうした新しい数学モデルにどう反応したのだろうか。彼らの反応はあまりよくなかった。消防士が統計物理学者に好意的になり、その考え方が受け入れられるまでには長い年月がかかった。幅広く使われている火災管理の教科書に次のような話が載っている。

古参の消防隊員は、同じような事象に直接出くわす機会がなかった隊員がいかに無知のままであるかに気づかないことが多い。

こうした経験不足による知識不足の実例として、ある中年の隊員が20年以上前に自分の身に起きた出来事について話をする。その日、若き森林警備隊員だった彼は年配の先輩隊員より一足早く火災現場近くに到着した。目の前では、それまで見たこともない猛烈な炎がうねりを上げている。その火に見とれ、おののきながら、彼はひとりつぶやいた。人間の力では絶対どうにもならない――。

先輩隊員が息を切らして到着した。たばこをくわえ、独り言のようにつぶやく。「30分もすれば先頭部分があそこの古い焼け跡に到達する。日没までには風もやんで、ほぼ収束するだろう」。そしてゆっくり向き直ると言った。「ジョー、本部に連絡だ。火は収まりそうだと」

こうした男たちが微分方程式に夢中になることはなさそうだ。

シンプルであるためには

1990年代、少数の研究グループがついに、パーコレーションの実用化に関係者の関心を向けさせることに成功した。森林管理当局は長年、「ミクロ」のデータを把握する火災シミュレーションモデルを利用していた。たとえば、タモとポンデローサ松の燃焼特性の違いや、傾斜勾配の関数としての延焼率などだ。こうしたモデルは、火の手は左に向かうか、右に向かうか、延焼のスピードが増すか、弱まるかといった時間単位の局所的挙動の予測に役立つ。だが、大火災の頻度などのグローバルなパターン、すなわち「マクロ」には効果を発揮できない。

先の話に出てくる森林警備隊員のような人たちの関心を引くため、地質学者、景観生態学者、物理学者で構成されるある研究グループは、ミクロとマクロの妥協点を見いだした。その経緯は、次章でチームや企業について検討する際のポイントになる。

初期の森林火災モデルが経験豊かな消防隊員の関心を引かなかったのは、あまりにもマクロで単純すぎたからだ。たとえば、樹木の再生スピードは森林内のどこでも同じだと想定されていた。だが実際はそうではない。焼失した場所が元通りになるには何十年もかかる。また、木が燃えると必ず隣にも燃え移ると想定されていた。だが実際の森林では、空気や地面の湿度、木の種類、土地の傾斜など、さまざまな要因が火災の広がりに影響する。たとえば、30パーセ

ントの上り勾配では火の回りが2倍速くなる。湿度が25パーセントを下回ると、小さな火でもたいてい手がつけられなくなる。だが、そうしたミクロな詳細データのすべてを、あらゆる森林について記録していたら、今度はマクロなパターンが予測できない。

研究者たちは、シンプルだが単純すぎない、そんなモデルをつくることで妥協点を見いだした。詳細なデータをあれもこれも投げ捨てたら、何も説明できない。詳細データは変わらず保持する。ただし、森林の安全性を高めるための一般原則を引き出すうえで、タモとポンデローサ松の燃焼特性の違いを知る必要はない。チームや企業の革新性を高めるための一般原則を引き出すうえで、137の事例や何十もの理論を調べる必要もない。求められるのは、ミクロな情報源を信頼しつつそこからマクロな知見を引き出せる、そんなシンプルなモデルだ。

別の言い方をすれば、木を見たうえで森を記述するモデルだ。

森林火災のマクロパターンを理解するために必要な主要パラメータは、結局のところ二つしかない。数ページ前の森林火災の相図で、横軸は「風速」となっている。だが、延焼の実態を表すには「バイラリティー（ウイルスのようにたちまち広がるという意味）」という言葉のほうがよいかもしれない。強い風、乾いた地面、低い湿度はバイラリティーを高め、火を広がりやすくする。反対に、風が弱く、地面が湿り、湿度が高ければ、バイラリティーは低下し、火は広がりにくい。

1988年、イエローストーン国立公園で火災が起き、総面積の36パーセント、80万エーカーが焼失した。同公園の歴史上、最大の火災となった。このとき初めて、パーコレーション理論がその存在意義を示した。公園の管理方針を分析したところ、1972年まで、森林警備員はどんな小さな火災でもすぐに消すことを求められた。原因が人間（たばこのポイ捨て）でも自然（落雷）でも、同じように対応した。だが、森林で起きる小さな火災の頻度（「スパーキングレート」と呼ばれる）を減らすという公園管理者の方針は、よかれと思ってのこととはいえ、森林に古い木々を密集させる結果になった。つまり、うかつにも先の相図の破線を超えてしまった。[注70]こうして伝播（1988年の火事のようなアウトブレイクの発生）は避けられなくなっていた。

現在はほとんどの森林当局が、スパーキングレートを人為的に下げることによる影響（「イエローストーン効果」）を認識し、小・中規模な火災はスタッフの監視下で放置するようにしている。

森林の状態が伝播の閾値（相図の破線）に近づきすぎたときは、そこから遠ざけるために、あえて小さな火災を起こすこともある（いわゆる野焼きに近い）。

ぼやの放置や野焼きなどの考え方は、今では直感的に理解できる。パーコレーションモデルはその直感を科学に基づいて広める効果があった。だが、同モデルが成功した最も興味深い点は、もっと意外なところにある。さまざまな規模の火災の頻度について、パーコレーションモデルの予測を歴史上の記録と比べてみたところ、おもしろい事実が判明した。

直感や経験、さまざまな木の種類や植生に関するミクロシミュレーションでは決して推測できないものを、パーコレーションモデルは予測する。創発の科学、相転移の科学ならではの予測だ。同モデルによると、森林が相転移に近づき、一触即発の危険な状態になると、火災の頻度が一定のパターンを示す。20エーカーの火災が起きる頻度は10エーカーの火災の半分、40エーカーの火災が起きる頻度は10エーカーの火災の4分の1、100エーカーの火災が起きる頻度は10分の1といった具合に、火災の規模に反比例して変化する。(注71) これは「べき乗則」と呼ばれる。驚くべき予測で、森林が転移寸前だという数学的手がかりになる。

こうしたパターンはほかにも見られる。このあと紹介するように、べき乗則のパターンは森林火災のモデルだけでなく、金融市場やテロ攻撃にも見ることができる。

しかし、一見無関係なこれら三つのシステムが統合されるには、あと10年はかかるだろう。森林火災以外の分野では、ハマースリーとブロードベントのパーコレーション理論に対する関心が低下し始めた。数学者はさまざまなバリエーションで木を置いてみた。四角形のネットワークのノード上（各ノードにつき隣り合う木は4本）、六角形のネットワーク（サッカーボールのイメージ。隣り合う木は3本）、19次元立体ネットワーク（隣り合う木は38本）……。そして木の密度がどれくらいのときに火災が一気に広がるかを計算しようとした。そのようなバリエーションが数多く分析され、主な問題の答えが出ると、同理論は少しずつ古い世界のものとなり、他の古参理論と同様、若手にあまり顧みられなくなった。

パーコレーション理論の驚くべき復活が始まったのは1996年1月のこと。サイモン・ブロードベントがジョン・ハマースリーにガスマスクに関する妙な質問をしてから40年後、ダンカン・ワッツという若きオーストラリア人がスティーヴン・ストロガッツという数学教授にコオロギに関する妙な質問をした。

6 次のケビン・クリケット

1990年代半ば、オーストラリア国防大学の卒業生で、ロッククライミングの非常勤インストラクターをしていた長身の青年ワッツ（24歳）は、コーネル大学の大学院で数学を学んでいたが、標準的な研究メニューに退屈し始めていた。卒業論文の指導教員にふさわしい人物を探していたところ、コーネルの応用数学科に加わったばかりのストロガッツ（36歳）と出会った。ストロガッツの専門は、言うなれば「高度な数学的手法のユニークな応用」（「ロミオとジュリエットの数学」という論文を書いたこともある）。当時は、自然界の同期現象を理解するための研究に取り組んでいた。何百万という心臓細胞がリズミカルに鼓動するのはなぜか、何千ものホタルが同時に光るのはなぜか。ワッツは興味をそそられ、彼の下で学ぶことにした。ふたりは共同で取り組む問題をどうするか考え、最終的に昆虫をテーマに選んだ。たくさんのコオロギたちの鳴き声はなぜ同期するのか。

ワッツとストロガッツはまず、コオロギを集めて、防音を施した個別の小さな箱に入れた。それぞれの箱にはマイクとスピーカーが取り付けてあり、他のコオロギの音をスピーカーから流した。誰が誰の声を聞くかを調整すれば、同期の理論をテストできるのではないかという設計だった。

キャンパスの果樹園でコオロギを集めながら、ワッツはふと考えた。研究室にこしらえたミニスタジオのなかではない、野外のコオロギたちの関係はどのように築かれるのだろうか。一番近い仲間の鳴き声を聞くのか。一定の距離より近いすべての仲間を聞くのか。指揮者みたいな存在がいるのか。

当時、ブロードウェーで上演された『6次の隔たり』によって、「友だちの友だち」をたどっていけば世の中の誰とでも6回以内につながるという考え方が知られるようになっていた。

コオロギのハーモニーはなぜ起きる？

3人の大学生が「6次のケビン・ベーコン」というゲームを始めた。この考え方に基づいて、まず、ベーコンと共演したことがある俳優は1次、その俳優と共演したことがある俳優は2次という具合に、映画俳優をランク付けする。[注72] すると驚いたことに、190万人もの俳優が3次以内でベーコンとつながっていた。「6次のケビン・クリケット《コオロギ》」はどうなるだろうか。

サイモン・ブロードベントのガスマスクに関する質問と同じように、コオロギに関するワッツの問いかけはもっと大きな疑問への扉を開いた。先述のように、パーコレーション問題については、四角形、六角形、多次元など、あらゆるネットワークが検討されていた。だが、社会的なネットワークについてはどうか。友だち(コオロギでも人間でもそれ以外でも)は遠く隔たった友だちをどこでつくるのか。

それまでのパーコレーションモデルは、森の木のような動かないものの間で、火災などがどう広がるかを研究するのに適していた。だが、コオロギは木とは違って跳ね回る。人間もそうだ。ずっと家にいて前後左右の隣家としか付き合わないということはまずない。子どもを学校へ送っていったら他の保護者とおしゃべりし、会社では同僚とニュースやスポーツの話をする。仕事帰りにはスーパーで友人と会って近況を報告し合い、時々は遠くの友だちとメールをやりとりするかもしれない。その友だちはあなたとは全く違う人たちと交流している。

一つの定《き》まったコミュニティーで多くのつながりを持ちながら、離れたコミュニティーとも時折つながるというパターンは、幅広いシステムを記述できる。脳のニューロンは基本的に一つのクラスター内でつながるが、時折、軸索が全く別のクラスターにまで伸びることがある。細胞のタンパク質は基本的に一つの機能グループ内で相互作用するが、時折、遠くの受容体とつながることがある。インターネット上のサイトは基本的に一つの定まったグループ内でつながっている（有名人ニュースサイトは他の有名人ニュースサイトとリンク。生物学サイトは他の生物学サイトとリンク）が、時折、グループの外側ともつながりを持つ（有名人ニュースサイトのTMZが神経科学の研究とリンク）。ケビン・ベーコンのゲームは、この種のネットワークの二つのノード（俳優）が驚くほど近い関係にあることを示した。そこでワッツとストロガッツは、ローカルなコネクションを基本としながらも時に遠方とつながるようなシステムを「スモールワールド・ネットワーク」と呼んだ。

コオロギに話を戻すと、ワッツは、スモールワールド・ネットワーク上のパーコレーションの研究事例はあるだろうかと考えた。基礎的な問題だからとっくに解決済みだろうと思い、図書館へ答えを調べにいったが、そういう研究はされていなかった。ストロガッツに尋ねると、彼も研究事例がないことを知っていた。これは昆虫の鳴き声以上の問題に迫れるチャンスかもしれない。

コンピューターウイルスがネット上に拡散するか、それともすぐに消え去るか。小さなニューロンの不発火が無害に終わるか、脳全体の発作を引き起こすか。アイデアが人々の間に爆発的に広まるか、すぐに消え失せるか。どれもスモールワールド・ネットワーク上のパーコレーションというダイナミクスに影響される。

ワッツとストロガッツの論文は1998年6月に発表された。2018年半ば時点で、引用された回数は1万6505回。ネットワークをテーマに科学誌に発表された180万の論文のうち、スモールワールド論文は第1位だ。アインシュタインの相対性理論に関する論文、ディラックの陽電子に関する論文、その他基礎物理のどんな論文よりも引用回数が多い。(注73)

・　・　・

少し前に、創発に関わるシャーロック・ホームズの名言を紹介した。「個々の人間は解けない謎だが、人間全体は数学的な確かさを持つ」。『四つの署名』のこのシーンで、犯人を追っていたホームズは確率を計算し、自身の犯罪者論をワトソンに説明する。

アーサー・コナン・ドイルがそんなせりふを書いてから1世紀、オックスフォード大学のある物理学者がテロリストを追い始めた。彼は森林火災のパーコレーションクラスターの原理を、スモールワールド・ネットワークのパーコレーションクラスターに当てはめた。

そのテロリスト追跡法は数学的な確かさに基づいていた。

分厚い裾野

いくらファラフェル（中東風コロッケ）が好きでも、1週間で食べられる数には限界がある。だから１９８０年代終わり、ハーバードで物理学を学ぶ大学院生のニール・ジョンソンは、ジェファーソン物理学研究所前の通りに停まったファラフェルの販売トラックを横目に、隣のロースクールのカフェテリアで昼食をとることがあった。そこで出会ったのが、ロースクールの学生でコロンビア出身のエルビラ・レストレポだった。それから間もなくふたりは結婚し、しばらくボゴタに住んだ。１９９２年にジョンソンがオックスフォード大学の教授に就任したので、ふたりは英国に居を構えた。

ゲリラ戦やテロに関するジョンソンの研究は、ある気づきがきっかけだった。「コロンビアの妻の実家を訪ねたときのことです。長年の内戦に関するニュースをやっていて、それはこんな具合でした。今夜は死者3人。今夜は死者8人。今夜は死者2人」と彼は私に話してくれた。

ジョンソンは楽しそうに笑う金髪の英国人で、科学に関してもユーモアを欠かさない。若きトニー・ブレア（人気があった頃）が微積分について説明しているところを想像してもらうといい。それがニール・ジョンソンだ。だが、ニュースの話をするときは笑いが消えた。昔の記憶が呼び起こされたのだという。「ロンドンで育ったとき、北アイルランドに関するニュースはこんな具合でした。今夜は死者2人。今夜は死者なし。今夜は死者4人」

オックスフォード時代のジョンソンは、物理学の手法を使って、一見ランダムな数字に隠されたパターンを探すのを専門にしていた。だから2003年に第二次イラク戦争が始まり、毎日の死者数が再び報じられるようになると、それらの痛ましい数字にパターンはないだろうかと考え始めた。

ジョンソンはコロンビアで続く内戦の犠牲者について詳細なデータを入手した。わかったのは、株式市場と同じパターンがそこに見られるということだった。だが、そのパターンを説明した者は誰もいない。

株式市場の振る舞いに関する教科書はたいてい、まるで聖書のように「信仰宣言」で始まる。初めに効率的市場があり、市場はあらゆる情報を価格に織り込む。効率的価格からの逸脱はランダムに起こる（「ランダムウォーク」とよく呼ばれる）。インサイダー取引、相場操作といった悪しき行状がショーを台無しにすることもあるが、よき振る舞いと適正な執行により、市場は純粋で完全に効率的な姿を取り戻す。リスクの推定、ストックオプションの価格を含め、現代金融理論の多くはこの考え方に基づいている。

しかし、実際の市場はこのように動いていない。年に一度のはずの価格変動が毎日のように起きる。ニューヨーク、ロンドン、パリ、東京の証券取引所はどこも同じパターンを示す。価格変動の頻度を測定したグラフは裾野《テール》の部分が細くなる（めったに起きない大きな変動を表す）はずだが、実際には細くない。極端な結果が予想以上の頻度で起きるとき、確率分布はいわゆる「ファットテール」の格好になる。

物理学者はファットテールが好きだ。コイントスのように隠れた関連性のないランダムシステムはテールが細く、ある意味おもしろくない。ファットテールはネットワークの興味深いダイナミクスを示唆する。それは、火災が広がってゆく木々のネットワークだったり、一つの見方が広がってゆく株式トレーダーのネットワーク（つまり金融市場）だったりする。ジョンソンをはじめとする物理学者は長年、金融市場のファットテールを研究し、その実態を解明しようとしていた。市場の暴落（グリーンスパンの言う「ごく稀な例外」）、ヘッジファンドの崩壊、銀行の突然のデフォルトは、ファットテールによって引き起こされる（少なくともファットテールがからんでいる）ことが少なくない。

2003年、ジョンソンは統計物理学の手法を市場に当てはめ、金融物理学に関する教科書を共同執筆した。この教科書は独特の見解を示していた。ほとんどの研究者は個々のトレーダーの振る舞いを分析することでファットテール問題を解こうとした。これに対してジョンソンはクラスターに注目した。トレーダーが小集団で行動する、つまり集団の全メンバーが同じ振る舞い（同じ売買の意思決定）をすると想定したとき、何が起きるか（チューリップバブルからインターネットバブルまで、市場における集団思考には有力な根拠がある）。クラスターは固定されていなくてもよい。ハイスクールの仲間集団のように、メンバーは変動する。集団ができては解散し、他の集団と合併したり、二つに分かれたりする。ポットの水を沸かしたとき、沸点の直前に気泡が現れる。気泡は大きくなったり壊れたり、他の気泡とくっついたり分かれたりし、その一方で新しい気泡が生まれてくる。ジョンソンは、株取引をする集団はこの泡のように振る舞うと考えた。

シンプルだが単純すぎないモデル、つまり細部に固執せず株取引の本質を把握するモデルを構築することで、ジョンソンは、それが金融市場のファットテール分布をうまく説明できる可能性を示した。そのファットテールは特徴的な形をしていた。べき乗則である。40人の集団の数は10人の集団の32分の1、160人の集団の数は40人の集団の32分の1という具合に、集団の数は規模の2・5乗に反比例していた。(注74)

コロンビア内戦による死者のデータも、ほぼ完全なべき乗則を示した。40人の死者を出した攻撃の数は10人の死者を出した攻撃の32分の1、１６０人の死者を出した攻撃の数は40人の死者を出した攻撃の32分の１……。記録された攻撃の数はやはり死者の規模の２・５乗に反比例していた。

株取引のデータとある国のゲリラ戦のデータが似ているのは偶然かもしれない。だが、奇妙な偶然だ。これだけ秩序立ったべき乗則は珍しい。そこでジョンソンと協力者たちは他の国の戦闘にも目を向けた。すると何と、イラクとアフガニスタンのデータも同じ２・５乗のパターンを示した。それから3年間、彼らは全世界の幅広い研究者から支援やデータを募り、最終的にコロンビア、イラク、アフガニスタンのほか、セネガル、ペルー、シエラレオネ、インドネシア、イスラエル、北アイルランドを加えた九つの戦争の5万４６７９件の暴力事案のデータベースを構築した。そして指数２・５のパターンは変わらなかった。

ジョンソンたちがデータを集めているとき、ニューメキシコ州サンタフェを拠点とする研究者グループが、入手可能な最大のテロ攻撃データベースを使って、全世界のテロによる死傷者について報告した。データの範囲は１８７カ国、５０００以上の都市の2万８４４５件の事案に及ぶ。時期は１９６８〜２００６年の約40年間。死者だけを分析した場合でも、死傷者を分析した場合でも、データは驚くべき統計パターンを示した。指数およそ２・５のべき乗則だ。

共通のパターンは手がかりではあっても、パーコレーションクラスター、すなわち無限のサイクルで形成と消滅、統合と分離を繰り返す集団の決定的な証拠ではなかった。べき乗則にはいろいろな説明が考えられる（指数が2・5になって当たり前というケースはそうそうないにしても）。ジョンソンはもっと確かな証拠を必要とした。

森林の場合は、航空写真を撮り、時間経過に伴う火災の広がりを追跡して証拠を集める。火災クラスターは形成と消滅、統合と分離を繰り返す。しかし、人の集団は航空写真では追跡できない。また、テロリストに「最近、どの集団に加わりましたか？」「どの集団から脱退しましたか？」といった社会的習慣に関するアンケートを依頼するわけにもいかない。ジョンソンたちのチームは、興味深いが決定力を欠く、そんな手がかりを前に立ち往生していた。

そんなとき、2014年にイスラム国（IS）が現れ、ジョンソンはネットに目を向けることにした。

テロが拡散するとき

ソーシャルメディア上で個々のユーザーのテロへの関心（たとえばテロに共感的な投稿やツイート）を追跡しても、将来のテロ攻撃をうまく予測できないことがわかった。しかし、個人よりクラスター（集団）を分析してきたジョンソンは、オンラインクラスタリング、つまりネット上でのクラスター形成の兆候や形跡を探しにかかった。

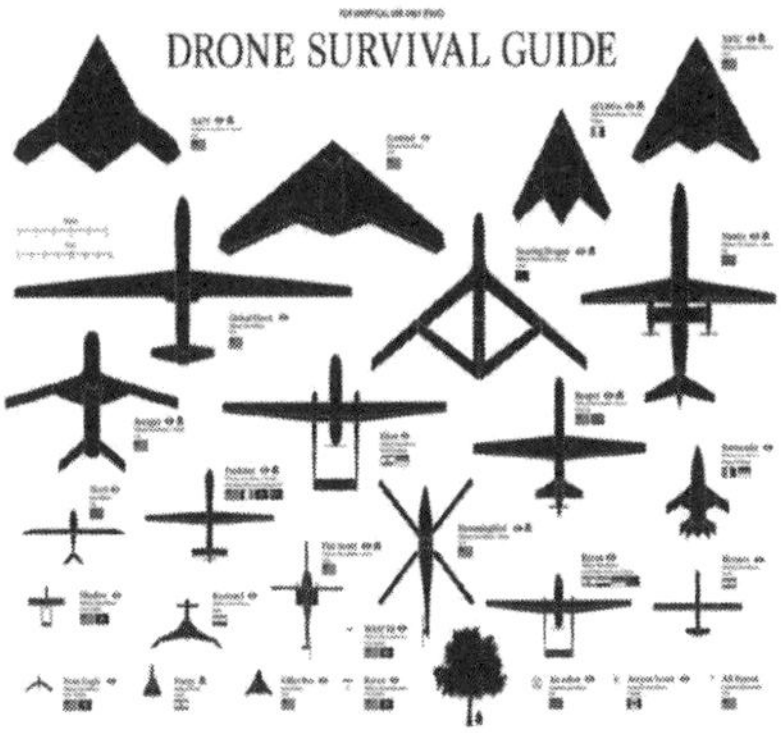

テロ集団サイトのコンテンツ例

するとすぐに、ロシア最大のソーシャルネットワーク「フコンタクチェ」上で、ＩＳに関心を持つ仲間たちのグループがいくつかできていることがわかった。彼らは共通のバーチャルなページ（特定のブランドや企業に関するフェイスブックのファンページのようなもの）にリンクすることで一体化を図っていた。フェイスブックはＩＳ支援のページがあれば直ちにこれを閉鎖する。しかし、当時３・５億人のユーザーを抱えていたフコンタクチェはそうはしなかった。各グループは新しい仲間の獲得を大っぴらに目指していたので、ジョンソンたちはＩＳ支援ページの動向を逐一観察できた。彼らは共通ページを使って、リアルタイムの戦闘状況を投稿し、実践的なサバイバル術（ドローンによる攻撃をいかに回避するか）を教え、（シリアへ行きたいがお金がない戦闘員のための）資金を調達し、当然ながらリクルート活動もした（「立ち上がれ、すべての兄弟たちよ！」）。

こうしたオンライングループ（バーチャルなテロ集団）は、たとえばバスターミナルのように固定的な拠点ではない。バスターミナルの場所は誰でも知っていて、昨日もそこにあり、明日もそこにある。いきなり出現したり、巨大化したり、解散したり、他のバスターミナルと合併したり、二つのバスターミナルに分裂したりはしない。

ところがオンラインのテロ集団は、ハイスクールの仲間集団や金融市場のトレーダー集団のように、そのすべての可能性がある。

オフラインの世界のテロ集団は特定や追跡が極めて難しい。それに比べてバーチャルなテロ集団は追跡が容易であると、ジョンソンのチームはすぐに気づいた。新しいユーザーがいつバーチャル集団につながり、いつ立ち去り、集団がいつ合併・分離し、いつオンラインエージェントに見つかって解散し、そのメンバーがいつ新しい集団を再結成するか……それらは、簡単なコンピューターアルゴリズムで発見・記録できる。

2014年から2015年末にかけてISが登場し始めたとき、ジョンソンのチームは、全部で196のバーチャルテロ組織とつながった10万8086人のオンライン行動に関する分刻みのデータを収集した。テロリストの行動に関する公開データとしては最大規模かもしれない。

次の図はこのネットワークをマップ化したものだ。個々のメンバーは小さな点、彼らがつながるページ（バーチャルテロ集団）は大きな点で表している。

データを分析したところ、バーチャルテロ集団はパーコレーションクラスターのように振る舞っており、ジョンソンの推測が裏づけられた。つまり森林火災と同じように成長、合併、分離、崩壊していたわけだ。森林火災の二つの制御パラメータは、本章の相図で示したように、木の密度と「バイラリティー」（火災が木から木へと広がる可能性）だ。臨界閾値以下だと小さな火災は消え、臨界閾値以上だと山火事に発展する。

　ジョンソンのチームは、ロシアのウェブサイト上のバーチャルテロ集団についても同様の制御パラメータを特定した。木の密度に相当するのが、クラスターの数。バイラリティーに相当するのが、感染力（ノードにつながった人が別の人をノードに呼び込む速度）だ。

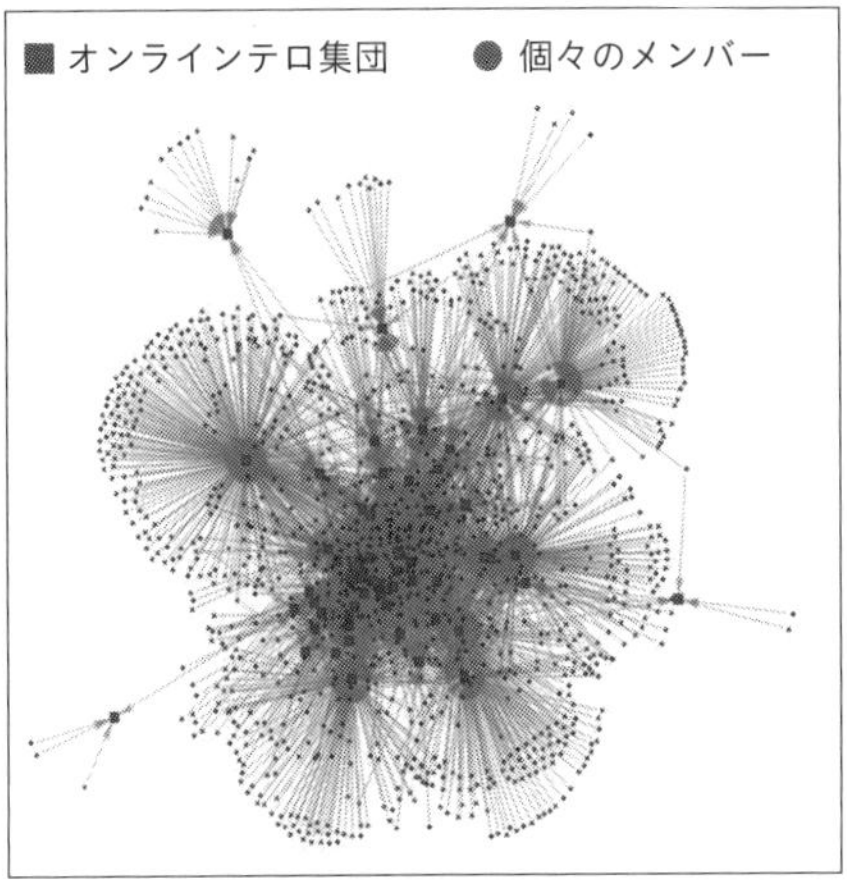

オンラインテロネットワークのマップ

　森林火災モデルからの推定により、ジョンソンたちは、これらの制御パラメータがいつ臨界閾値を超え、ネットワークが転移するか、言い換えればテロ攻撃がいつ起きそうかを予測できた。

　理論を検証するため、ジョンソンのチームはテロ攻撃のデータだけでなく、各国当局と協力し、同じ手法を使って、中南米の市民抵抗運動に共感するオンライングループのデー

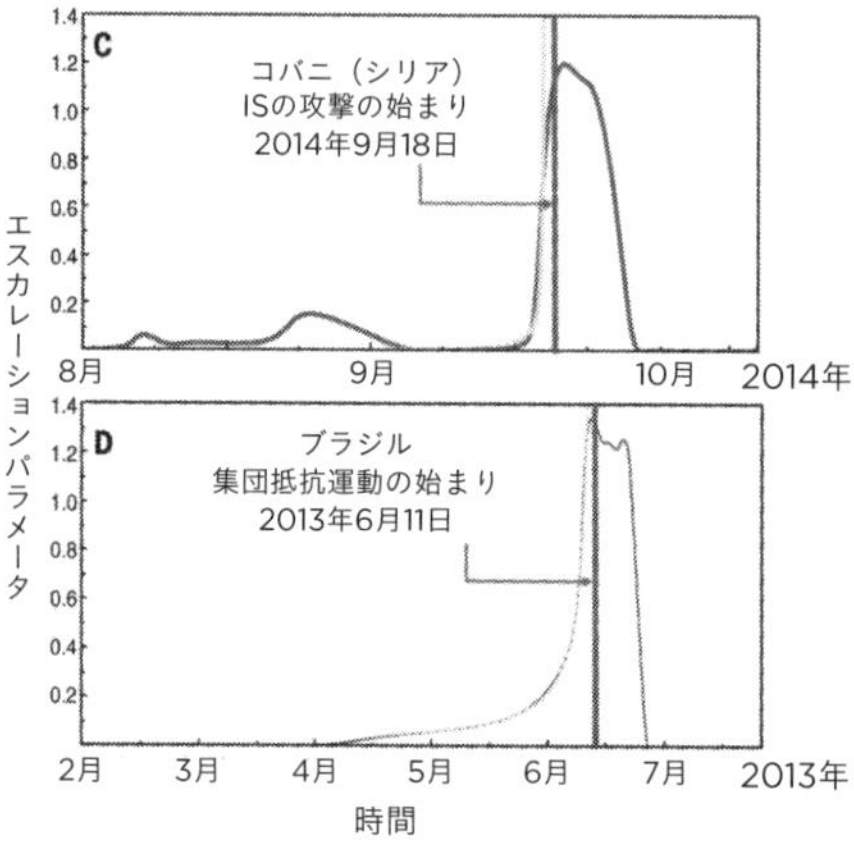

オンラインテロ集団の成長を測定することで、攻撃の勃発時期を予測

タも分析した。そこからわかったのは、テロ攻撃や集団抗議運動が始まったことを示す目印が何週間か前に現れるということだった。次の図は、テロネットワークが閾値を超える直前、急激に成長する様子を示している。これを目印にすれば、テロ攻撃のタイミングを数日単位で予測できる。

こうしたパーコレーション的なモデルをバーチャルテロ集団に適用することで、新しい検知・予測方法だけでなく、新しい戦略も可能になった。

第一に、何百万ものオンライン行動を個別にモニターしなくても、何十・何百単位の少数の集団の行動に注目したほうが時間や資源を有効に活用できることがわかった。

第二に、近年開発された数学的手法により、最も影響力が強いクラスター「スーパースプレッダー」を特定できる（ただしスーパースプレッダーはリンク数が最大とは限らない）。ワッツとストロガッツが述べるスモールワールド・ネットワークはあらゆるところに見られるが、それは興味深い特徴を備えている。非常に強く、かつ非常に脆いのだ。無差別攻撃や偶発故障に対しては強い。だから、たとえばサーバーがたまたま故障してもインターネットのトラフィックにほとんど影響はない。だが、インターネットに対する攻撃に見られるように、影響力が最も強いノードに対する攻撃にはめっぽう弱い。テロネットワークの拡大を阻止するには、ネット上のスーパースプレッダーを特定し、そこに打撃を加えるのが一つの方法だ。

第三に考えられる戦略は、フラグメンテーション率（クラスターの解散スピード）を高めることだ。目標は、野焼きによって森林を伝播閾値から遠ざけるのと同じように、テロネットワークを元のように伝播閾値から引き離すこと（関係論文は具体策をあえて語っていない）。現在、そうした戦略が数多く練られており、対象もISに限らず、学校での銃撃事件、ナショナリストグループによる爆破事件などにも広がっている。(注75)

2007年、ジョンソンはオックスフォード大学を辞め、マイアミ大学に移った。今年（2019年）、彼はマイアミ大学を去って、ワシントンDCのジョージ・ワシントン大学に加わる予定だ。彼のオンライン手法に関心を示した政府機関と協力するのが目的の一つだという。

21世紀の警察活動にとって、この手法はプライバシーを侵すことなく人々を守れることから希望の光となるかもしれない。「個人については何一つ知る必要がない」とジョンソンは言う。

オンラインでの集団的振る舞いを観察し、そのパターンを検知すればいい。それが創発のマジックだ。

微細な綱引き

微細な綱引きの潮目が変わると、システムは突然弾ける。液体は凍り、車は渋滞し、森は山火事になり、テロネットワークは攻撃を始める。二つの力がせめぎ合い、形勢が逆転する。

卵ケースの穴の底にあるビー玉は、ケースを激しく揺らすと穴から飛び出す。これは結合エネルギーとエントロピーのせめぎ合いだ。

車のドライバーは高速で運転したいが、前の車にぶつからないようブレーキをかける。これはスピードと安全のせめぎ合い。

火災は木から木へ広がるが、燃料切れになったり、雨で木が濡

れたりすることがある。暴力的な大義は拡散する可能性があるが、考え方そのものが陳腐化したり、ネット上のテロ集団が閉鎖されたりすることがある。これらはバイラリティーの増加と減少のせめぎ合いだ。

原子一つ、人ひとりが振る舞う場合は、変化は少しずつしか起きない。だが、それが1000倍や100万倍になると、システムが突然弾ける。それが相転移だ。

では、こうした考え方を、チームや企業など、何らかのミッションを持つ集団の振る舞いに当てはめたらどうなるかを見ていこう。

第7章

相転移Ⅱ マジックナンバー150

なぜ規模が重要か

前章では、二つの拮抗する力の綱引きが相転移を引き起こす様子を見た。水の温度が下がると分子の振動スピードが遅くなり、臨界温度に達すると結合エネルギーがエントロピーを上回り、結晶化して氷になる。これは液体から固体への相転移だ。

本章では、組織のなかでも同じようなことが起きることを説明する。集団が大きくなると、メンバーに対するインセンティブが、共通の目標の達成から、個々のキャリア形成や昇進にシフトする。つまり、集団の規模が臨界閾値を超えると、キャリアへの関心が勝り始めるわけだ。チームはルーンショットをないがしろにし、フランチャイズプロジェクトだけが生き残る。その結果、映画の続編、次なるスタチン、次なるフランチャイズの循環が幅を利かすようになる。

ここで重要なのは、その転移をどうコントロールするかだ。すなわち「マジックナンバー」

をどのように変えていけばいいのか、その方法を見ていこう。

モルモン、殺人、サル

1844年6月27日の午後、イリノイ州カーセージの小さな監獄の外に暴徒たちが集まった。なかにいる兄弟ふたりは、四つの州で何度となく、怒れる暴徒や法律による追及から逃れていた。しかし今回は分が悪そうだった。その日の朝、弟のジョセフ・スミスは妻のエマに手紙を書いていた。「運命に従うのみです。僕は何も悪いことはしていない。いつも最善を尽くしてきた」

看守が友好的だったため、兄弟は面会者にワインを1本持ってきてほしいと頼んだ。同房者のジョン・テイラーは後年、次のように書いている。「ワインを取り寄せたのは聖餐のためと言われているが、そうではなかった。気分が落ち込んでいたので、ワインで元気を取り戻したかった」

兄弟はテイラーに歌を歌ってほしいと頼んだ。彼は監獄にいる、さまよえる悲しい男の賛美歌を選んだ。「朝になったら裏切り者として死ぬ運命にある」男の歌だ。

「当時の気持ちにぴったりだった」とテイラーは書く。歌の最後に、このさまよえる男は救世主だと明かされる。

その数分後、何発かの銃声、次いでどすどすという足音が聞こえた。房の扉が勢いよく開き、マスケット銃が火を噴く。ジョセフはこっそり持ち込んでいたピストルで応戦し、テイラーは杖で襲撃者たちを追い払おうとした。間もなく兄弟は死んだ。脚を撃たれたテイラーは、ベッドの下に隠れていて救出された。

36年後、テイラーは兄弟が創設した「末日聖徒イエス・キリスト教会」の教主になった。信者たちは現在、モルモン教徒と呼ばれる。


ジョセフ・スミスが1820年代初めにニューヨーク州北部の小さな農村で最初の示現を受けてから20年で、モルモン教会の信者は2万5000人以上に拡大していた。当時のニューイングランドで、示現を公表し、信者を組織するのは珍しいことではなかった。メイン州では、エレン・ホワイトの受けた啓示がもとでセブンスデー・アドベンチスト教会ができ、ニューヨーク州では、神の啓示に触発されたジェマイマ・ウィルキンソンの信者がエルサレムという町をつくった。ハーバード神学校では、詩人のラルフ・ウォルドー・エマソン（聖職者の息子）が、誰でも霊的な悟りを得て他者を目覚めさせることができる、それがイエスの真のメッセージであると説いた。(注76)「教義を守ることにとらわれず、あなた自身が人々に神を伝えなさい」

地元での活動にとどまる預言者が多いなかで、スミスは信者のための新しいエルサレムを求めて西へ向かった。オハイオ州カートランド、ミズーリ州ジャクソン郡、イリノイ州ハンコック郡など、スミスと信者たちは各地に町をつくった。先住者たちは、政治経済的な影響力を増す「よそ者」に脅威を覚えた。ミズーリ州知事は、モルモン教徒を「絶滅あるいは州から追放」しなければならないとする行政命令を出していた（モルモン教徒の町を包囲し、その所有物を押収したミズーリ州の民兵軍の将軍は、すぐに出ていかなければ殺すと言った）。カーセージも同様の決議を採択した。はるか昔の流浪の民族と同じく、彼らも最初は遠ざけられ、次いでスケープゴートにされた。

1844年初め、既存の政党が信者を守ってくれないことに業を煮やしたスミスは、米国大統領の候補者として名乗りを上げた。この立候補により住民にとっての脅威はさらに高まり、カーセージの監獄でスミスを殺害する計画がいよいよ具体化した。

監獄襲撃・暗殺から1年後、目撃者の証言で殺人の罪に問われた反モルモン組織の指導者と地元民兵が、裁判で全員無罪となった。イリノイ州知事は、武装したモルモン教徒による報復が内戦に発展するのを恐れ、スミスの跡を継いだブリガム・ヤングとその信者に州から出ていくよう求めた。さらに、出ていかなければ強制的に追放すると要求をエスカレートさせた。ヤングは州を去ることに同意した。

ここでヤングは深刻な課題に直面する。永住の地を探しながら、何千もの家族や馬、牛、ラバ、羊、豚、ニワトリ、犬、猫、ガチョウ、ヤギをどうやって移動させたらよいかという問題だ。あれこれ思案し、助言者とも話し合った結果、１８４７年1月14日、ヤングは神のお告げがあったと発表する。教会を小さな集団に分割し、それぞれにひとりのリーダーをつけ、西へ向かうべし――。

ヤングは１４９人の第一集団を率いた。ロッキー山脈を越える長旅の末、山や川に囲まれた何もない平地にたどり着き、彼は「この地こそふさわしい」と宣言した（現在のソルトレークシティ）。それから1年間でさらに14の集団があとに続いた。

それらの集団の平均的な規模は１５０人である。

1世紀後、ユニバーシティ・カレッジ・ロンドンで人類学を研究するロビン・ダンバー（専門はゲラダヒヒの社会的習性）はおもしろい論文を発表した。

その経歴からして、ダンバーは平凡な霊長類学者ではない。サルの毛繕いに関する彼の論考を一部紹介しよう。

サルに毛繕いされると原初的な感情を経験できる。最初は未知の関係性に対する不安を感じ、次第に、素肌を上手にまさぐる熱心な指の動きに身を任せるようになる。新しいほくろやしみを見つけて相手の手が動くたびに、軽くつねられ、つつかれ、ついばまれるような心地よさ。肌をつねられた瞬間の戸惑うような痛みが、いつの間にか、うっとりするような喜びに変化する。その喜びがゆったりと外側へ広がってゆく。

あなたはこの手仕事の激しさに身を委ね始め、末端から脳へ素早く流れる神経シグナルの波に快感を禁じえない。心のどこか奥底で軽くドラムを打ち鳴らす、そんなシグナルの波に。

これを読んで私も一瞬、サルになってみたいと思った。

ダンバーは1992年の論文で、キツネザル、サル、類人猿の38種について、それぞれの脳の容積と社会的集団の平均規模を示した。そこからわかるのは、脳容積（新皮質の大きさ）と社会的集団の規模が比例することだ。つまり脳が大きければ大きいほど、社会的集団も大きい。

そこでダンバーは、種の社会的集団の最適規模は脳の大きさによって決まるという新しい説を打ち出した。個々の関係を保つには脳の力が必要だ、とダンバーは主張した。関係が増えれば、必要なニューロンも多くなる。霊長類の脳から推定して、人間の集団の最適規模は（もしこの仮説が正しければ）150人になることを彼は発見した。興味深い数字だ。

サルに関する造詣の深さにもかかわらず、ダンバーの論文はほとんど注目を浴びなかった。すると2000年にマルコム・グラッドウェルが *The Tipping Point*（邦訳『ティッピング・ポイント』高橋啓訳、飛鳥新社）という本を出した。この本はベストセラーになったが、そのなかに「150の法則」に関する章がある。グラッドウェルはそこで、サルの脳と集団規模をめぐるダンバーの考察に加え、狩猟採取社会の平均的な集団規模や陸軍の「独立した最小単位」がだいたい150人になるというダンバーの観察結果を紹介している。また、ゴアテックスのメーカー、ゴア&アソシエイツの興味深い事例も紹介している。同社は一つの建物で働く人の数を制限しているというのだ。「当社では工場ごとに駐車スペースを150台分設けており、駐車場外の芝生の上に駐車する人が出てきたら、そろそろ新しい工場を建てる時期だとわかる」と社長のビル・ゴアは言う。

その後、脳の容積をもとに人間関係を150で区切るという考え方は急速に広まった。フェイスブック草創期の社員だったデーブ・モーリンはダンバーに相談して、友だち登録は150人までという新タイプのソーシャルネットワーク「パス」を創業した。最近スタートしたオンラインエリート大学「ミネルバ」は、ダンバーに倣って1学年の学生数を150人までとする予定だ。ビジネスや社会学関連の人気ブログが、この「ダンバー数」の概念を広め続けている。

こうした流れに対して、科学者からやはり反発が出た。ダンバー自身、最初の論文で反論を予想していた。その反論とは、もともとのデータセットの範囲を大きく超えても同じ傾向が続くと推測するのは、科学的に疑問があるというものだ。ダンバーがサンプルに用いたサル種の半分は、体重がカボチャほどもない。科学者にとって、カボチャサイズのサルから人間のことを類推するのは、小型乗用車のミニクーパーを分析してタンクローリーの振る舞いを予測するようなものだ。また、生物学的な裏づけもない。ニューロンの数と霊長類の行動が関係するかどうかは、遺伝子の数と行動の関係と同じく、かなり疑わしい。たとえばタマネギのDNAは人間の5倍もある。生物学者にとって、サルの小さな脳の容積をもとに人間の行動を説明するのは、正気の沙汰ではないとも言える。

人類学者や社会学者は150という具体的な数字に反対した。その多くは、「狩猟採取民族や陸軍部隊はさまざまな規模で効果的に活動してきた」と指摘した。ビジネスの世界でも、もっと大きな規模で革新性を保っているチームや企業がある。

しかし、理論が少々奇抜だからといって、観察結果に見るべきものがないことにはならない。物理学の言葉で言うなら、観察は正しいが理論は間違っているというケースもあり得る。たとえば超伝導に関して、数々の理論が現れては消えていったが、観察結果は変わらなかった。ビル・ゴアやブリガム・ヤングは、ダンバーの理論をはじめとする社会モデルが登場するずっと前から、集団の人数を150に限定していた。チームや企業が一定の規模を超えると、そのなかで何かが変わることを、私たちは直感的に知っている。だが、新皮質の容積はそれと何の関係もないのかもしれない。

創発の科学ならもっと別の、いやそれ以上の説明ができる。その点を見ていこう。

見えない斧《おの》

あなたが製薬会社ファイザーの中間管理職《ミドルマネジャー》だったとする。あるアーリーステージの新薬開発プロジェクトを評価するための委員会の会議に出席するが、ご多分にもれず、欠点がいろいろある。重要な実験が行われていない、実験方法がずさん。最先端の科学的手法が使われていない。大きな製薬カンファレンスで基調講演を務める者たちが、その新薬の領域を相手にしていない。でも、あなたはこのアイデアが気に入っている。何かが心を捉えるのだ。さて、どうするか。

選択肢その1。テーブルを叩き、言い分を主張する。その後も、委員会の会議があるたびに同じようにテーブルを叩き、主張を繰り返す。却下されるかもしれない。だが、そこで勝利し、続いてまた何回か成功を収めたとしよう。とんとん拍子で上まで進み、ついにゴーサインが出る。そこから7年間は、ルーンショットの「三度の死」を乗り越えるための苦労が続く。プロジェクトがつまずくたび（それは不可避のことだ）、最初は励ましてくれた人たちが態度を豹変させ、あなたとあなたのプロジェクトを葬り去ろうとする。彼らはあなたの予算を狙い、邪魔だからどいてほしいと思っている。

このルーンショットが成功する確率、つまり薬が効き、みんながそれを欲しがる確率は、ざっと10分の1。[注77] 優れた医薬品なら、発売から数年以内に年間売り上げが5億ドルに達する可能性がある。つまり社員10万人、売上高500億ドルの会社を1パーセント動かせる。もしプロジェクトが成功したら、残る9万9999人がこぞって自分の功績を主張するだろう。もし失敗したら、9万9999人が後ずさりしながら、「こんなに欠点があるのに、それをすべて無視した」とあなたを指弾する。あなたのキャリアは傷つき、悪くすればクビになる。

選択肢その2。このルーンショットプロジェクトをおもしろおかしくけなし、その欠点や欠陥を挙げる。世界がその新薬のアイデアを敬遠している理由や、著名な基調講演者がそれについて言及しないのはなぜかを説明する。自身の機転、知識の幅、優れた判断力を会議室の全員に宣伝する。業界がどこへ向かっているかを短くまとめたあなたの話は、あなたの上司や上層部の考えとぴったり一致する。彼らはうなずき、一緒に笑う。

あなたは上層部の意向に沿った、もっと穏当な提案をする。売り上げの見通しが確かなフランチャイズプロジェクトだ。みんなが賛成し、トップのゴーサインもあっさり出る。政治的にうまく立ち回り続け、会議でしっかり活躍すれば（「敵」をおもしろおかしくこき下ろし、業界トレンドを巧みにまとめれば）、来年にでも上司の後釜に座れるだろう。給料が3割増え、言うまでもなく威信や影響力は倍増する。肩書と給料が上がったら、もし何かあったとき、他社でさらに高収入の仕事を見つけることもできる。

さて、どちらを選ぶか。「選択肢その1」は、7年間の苦難付きのルーンショット。リターンは1パーセントで、失敗確率も高い。「選択肢その2」は、フランチャイズプロジェクトと政治的駆け引き。1年で給料が3割増える可能性がある。

ルーンショットを無視してフランチャイズプロジェクトをとるのが合理的な選択だ。

では、小さなバイオテクノロジー企業で働いていたとしよう。映画のプロジェクトなら、小さな制作プロダクション。どんな分野にせよ、スケジュールにとらわれないが成功率の低いスタートアップである。社員数は10万人ではなく、50人程度。年間売上高は500億ドルではなく、現状はゼロ。ルーンショットが成功すれば、売り上げは1パーセントどころではなく、無限に（または大きく）増える。

会社の株（「ハードエクイティ」）を持っていたら、報酬は相当な額になる。それから、仲間や友人や家族に認めてもらえるという、金銭以外の報酬もある。そちらを「ソフトエクイティ」と呼ぼう。あなたは賭けをして勝った。なし遂げたのは、あなたやあなたの少人数のチームで、その勝利は永遠にあなたのものだ。

この場合、会議での活躍や上司の後釜につけるかどうかはどうでもいい。大事なのはルーンショットが生き残ることだ。力を合わせて「三度の死」から救い出し、栄光の座を目指さなければならない。

ルーンショットプロジェクトを一丸となって支援するのが合理的な選択だ。

小さなスタートアップの規模が少しずつ大きくなると、反対方向に作用する二つのインセンティブがちょうど釣り合うポイントに達する。その規模を超えると、ルーンショットを殺してフランチャイズを推進する行動が組織全体に現れる。そうした行動を「見えない斧」と呼ぼう。

見えない斧の突然の出現、それは相転移だ。

いろいろなことを想像をめぐらせてきたが、物理学者はこのような試みを「思考実験」と呼ぶ。どんな力が働いているかをイメージするための、頭の体操のようなものだ。

物理学を知りすぎると、よくも悪くも、もっと難しい思考実験をしたくなる。次に紹介する方程式は、先のような思考実験が現実世界でどのように展開するかを扱った、シンプルな数学モデルをもとにしている。

•
•
•

綱引き

前章で、森林火災に関する新たな知見を導くための重要なステップとして、シンプルだが単純すぎないモデルをつくるべきだと述べた。ヘミングウェイは「氷山の動きに威厳があるのは、8分の1しか水面上に出ていないからだ」と書いた。彼はそれを「省略の理論」と呼ぶ。美しい散文が持つ力は、何を省くかで決まる。科学も同じだ。美しいモデルが持つ力は、何をあえて省略するかで決まる。

したがって、組織内の相転移の仕組みを知るには、シンプルな組織モデルが必要だ。基本的

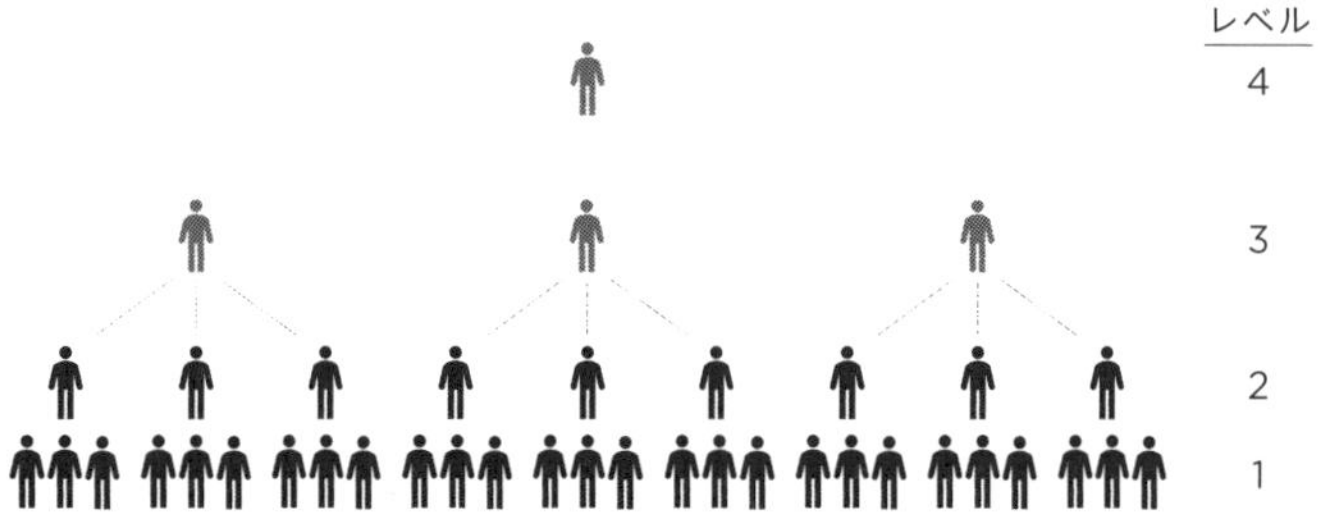

マネジメントスパン＝3

な考え方さえわかればいい。もっと手の込んだ理論を構築したいなら、あとでいろいろ付け足せばいい。

図にシンプルな組織モデルを示した。ピラミッドの頂上のマネジャー（実際の会社では本部長あたりか）には直属の部下が3人いる。その部下にもそれぞれ部下が3人おり、さらにその下にも同じように部下がいる。直属の部下の数は「マネジメントスパン」と呼ばれる。米国の企業の平均的なマネジメントスパンは長年5〜7だったが、最近の調査では10人くらいに増えている（スペースの都合上、図ではスパンを3としている）。

顧客が何にお金を払うかも考えておく必要がある。法律事務所、コンサルティング会社、投資銀行、広告代理店、デザイン会社などの専門サービス業者の場合は、基本的にプロジェクトごとの支払いとなる。法律事務所や投資銀行の顧客は、合併や株式上場、コンサルティング会社の顧客なら市場調査、広告代理店の顧客ならマーケティングキャンペーンなどにお金を支払う。

仕事をするのはプロジェクトチームだ。法律事務所なら、

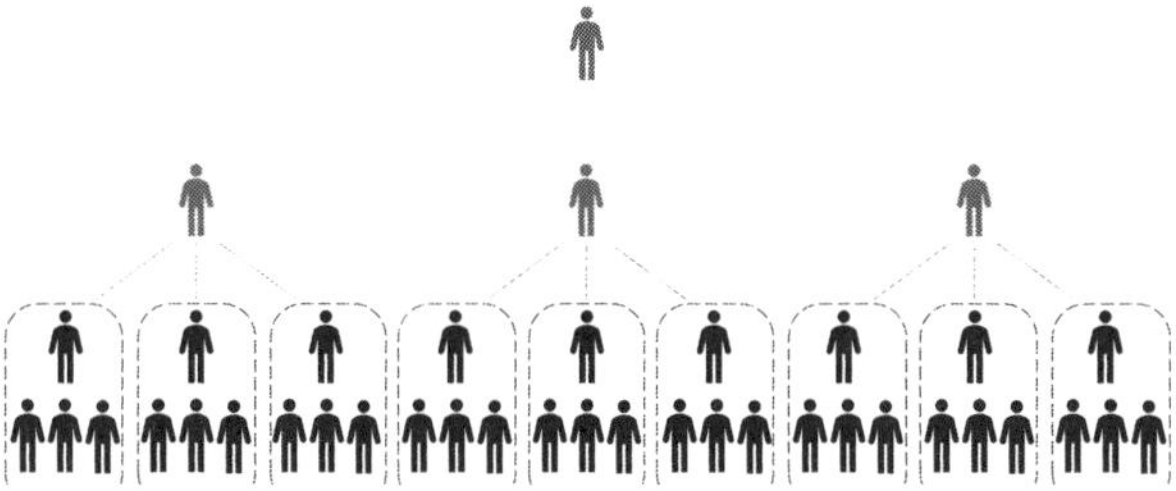

九つのプロジェクトチーム

少数のジュニアアソシエイト（図のレベル1）が調査を担当し、シニアアソシエイト（レベル2）がそれを監督する。コンサルティング会社、投資銀行、広告代理店、デザイン会社なども同様のモデルだ。サービス提供ではなく製品をつくるメーカーの場合は、プロジェクトチームは小さな製品（コーヒーメーカー）や大きな製品の一部（車の点火装置）を開発・販売する。

ピラミッドのどこにいようが、あなたは次の図に示すような選択をしなければならない。午前9時から午後5時までの勤務で、現在午後4時だとしよう。さて、残る1時間を何に使うか。（a）プロジェクトの価値を高める仕事（顧客向けプレゼンテーションのブラッシュアップ、コーヒーメーカーのデザインの調査）、（b）社内での人脈づくりや自己PR（上司、上司の上司、社内で影響力のある幹部へのご機嫌取り）。

あなたはどちらを選ぶか。この思考実験を定量的に捉えるため、まずあなたのインセンティブがどうなっているかを見てみよう。

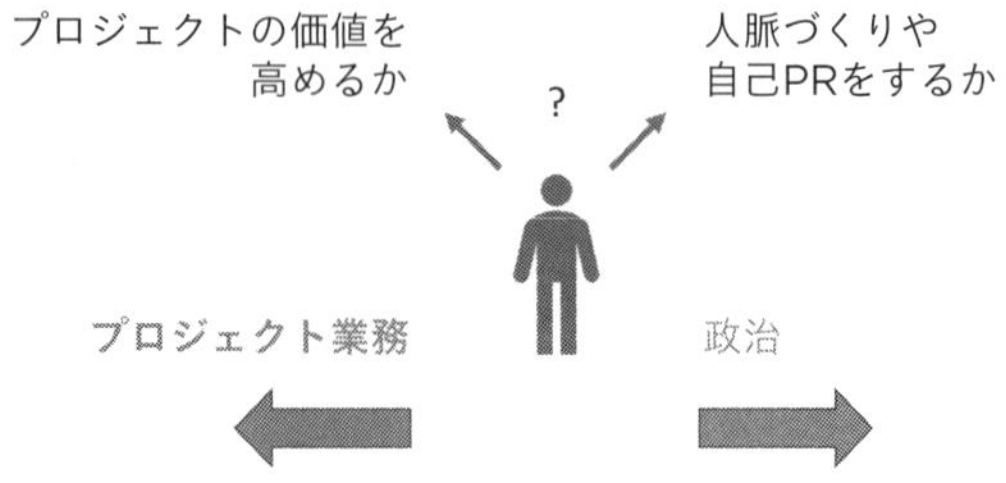

従業員にとっての2大インセンティブにはさまざまな名称や特色があるが、最も一般的な用語を使うなら「給料《サラリー》」と「エクイティ」だろう。「給料」の一例は基本報酬《ベースサラリー》、「エクイティ（プロジェクト成功の取り分を何らかの形で従業員に付与すること）」の一例はストックオプションだ。エクイティは、譲渡制限付き株式や利益分配、ボーナスなど、プロジェクトの結果と結びついた報酬なら何でもいい。

ただ、ストックオプションやボーナスなどの「ハードエクイティ」だけがエクイティではない。金銭的な報酬以外にも人を動機づけるものがある。たとえば、より高い目標を目指そうとする熱意、誰かに認められたいという願望、スキルを伸ばしたいという意欲。これらのソフトエクイティとハードエクイティは相互排他的ではなく、互いに補完し合うことができる。逆に、どちらか一方だけを重視して他方を顧みないと悪影響を及ぼしかねない。まずはハードエクイティから見ていこう。定量化しにくい、もっとソフトな要因は、次章で検討する。

○ 設計パラメータ（G、S、E）

シンプルな組織モデルでは、どの従業員も階層レベル（前出の図の右側に示した1〜4のレベル）に応じた基本報酬を受け取る。物事をシンプルにするため、基本報酬はレベルごとに同じ割合で増えるものとする。それを「給与アップ率（G）」と呼ぼう。これが一つ目の設計パラメータだ。昇進によって基本報酬が平均12パーセント上がるとしたら、「G＝12パーセント」となる。

残る1時間をどう使うか、その決定に給与アップ率がどんな影響を及ぼすかはわかりやすい。昇進のたびに給料が200パーセント（！）上がる組織があったとしよう。すると、その1時間を使って、社内で影響力が強い幹部たちに自分を印象づけるのが賢い方法だ。私はこういう者で、こんなよい仕事をしています、ほかの社員は大した貢献をしていません、ワンランク上の仕事を任せるなら私こそ適任です……。

しかし、昇進による給与アップが2パーセントだったらどうか。それなら、プロジェクトの目標達成に残りの1時間を投入したほうがいい。プラスアルファの努力を積み重ねれば、会社の売り上げが増えてボーナスなどの取り分が増えるかもしれない。

マネジメントスパン（Sとする）が、二つ目の設計パラメータだ。マネジメントスパンの雰囲気をつかむため、社員が約1000人の会社を考えよう。スパンが狭く、各マネジャーが社員3人を監督する場合（S＝3）、CEOと最下層の間には五つの層ができる。スパンがもっと広く、直属の部下が平均10人の場合は（S＝10）、層が間に二つしかできない。

マネジメントスパンがあなたの選択に与える影響は、次のように考えるとわかりやすい。まず、スパンが非常に大きく、直属の部下が100人以上いる組織を考えてみよう（そんな例を次章で検討する）。昇進はめったにないので、政治工作に時間を割いても意味がない。しかしスパンが「2」だったら、絶えず仲間と競い合うことになる。出世のことが常に頭から離れない。層が多いので、昇進したらすぐ次の昇進が気になってしまう。

スパンがインセンティブのバランスに及ぼす影響はほかにもある。層が少ないフラットな組織では、他の条件が同じなら、会社の成功に対するマネジャーの取り分は大きくなる。パイの分け前が大きいので、社内政治よりもプロジェクトの結果を重視するようになる。

三つ目の設計パラメータは、エクイティ比率だ。これを「E」とする。エクイティは、あなたの報酬と仕事の質を直接結びつけるものだ。魅力的なコーヒーメーカーをつくれば、販売数量が増えるので、あなたのエクイティの価値も高まる。優れた提案をすれば、顧客があなたの会社に何度も仕事を頼み、その仕事ぶりを他社に宣伝してくれるかもしれない。将来の収入が増える可能性が当然高まる。(注78) エクイティ比率が大きければ大きいほど、社内政治よりプロジェクト業務を選びたくなる可能性が高い。

○ 適合パラメータ（F）

これら三つの設計パラメータは単純明快だ。どんな会社の人事担当者も全社の平均的な「G」「S」「E」をすぐ出せるだろう。だが、あと二つ捉えづらいパラメータがあり、これもインセンティブの一部になっている。

あなたは仕事のスキルが高い、少なくとも担当プロジェクトのスキルが非常に高いとしよう。スキルが高いので、プロジェクトに投入する時間を毎日1時間増やすと、その価値は2倍にも3倍にもなる。歴史上最も素晴らしいコーヒーメーカーが完成し、業界一の売れ行きを記録するかもしれない。その場合、上司に取り入り、影響力がある他の幹部連中と人脈を築く必要はない。なぜなら、コーヒーメーカーの成功が何よりもモノを言うからだ。

他方、担当プロジェクトのスキルがあまり高くなかった場合はどうか。労働を毎日1時間増やしたところで、ぱっとしないコーヒーメーカーができるだけだ。それなら、その1時間を政治工作やロビー活動に使ったほうがいい。功を奏せば昇進できるかもしれない。

担当したプロジェクトのスキル（これを「プロジェクト・スキル適合度」と呼ぶ）が高ければ高いほど、あなたは残りの1時間をプロジェクトの仕事に投じる可能性が高い。一方、プロジェクト・スキル適合度が低ければ低いほど、政治工作を選択する可能性が高い。

もう一つの適合関連パラメータは測定しにくいが、どの社員もそれを感じている。これを

「政治利益」と呼ぼう。昇進に政治的な活動がどれくらい影響するかを示す指標だ。昇進は純粋に業務上の貢献で決まるかのか、それともロビー活動や社内人脈づくり、自己宣伝が意味を持つのか。

答えはもちろんマネジャーによって違うだろう。ご機嫌取りやロビー活動を受け入れやすい人もいれば、そうでない人もいる。しかし、人によって身長が違っても国ごとの平均値が出せるように、政治工作の重要性がマネジャーによって違っても、会社ごとの平均レベルを何かしら出すことはできる。私たちはA社がB社より「政治的だ」と何気なく言ったりするが、まさにそういうことだ。

昇進の判断に政治工作が極力からまないようにするため、客観的で徹底した評価を重んじる会社もあれば（次章で詳しく見る）、どこかのOB会のように、一握りの幹部がテーブルの周りに座って、誰の加入を認めるかを決めている会社もある。後者は前者より政治的になりやすい。

シンプルな組織モデルを見つけ出そうとしている私たちにとって大切なのは、「プロジェクト・スキル適合度」と「政治利益」の比率だ。組織全体の適合レベルの目安となるこの比率を「F」とする。適合レベルが高い組織では、報酬の評価体系から政治は排され、社員はその役割に合った能力を備えている。その結果、彼らは担当プロジェクト、すなわち優れたコーヒーメーカーの設計・製造に時間を割きたいと考える。適合レベルが低い組織では、政治力が昇進の判断に大きく影響し、社員は任務に応じた能力をあまり備えていない。その結果、政治工作に時間を割く傾向が強い。

もっと定量的に表現してみよう。もし10パーセント余分にプロジェクトに時間を割いたら、そのプロジェクトの期待値が平均でどれくらい高まるだろうか。1パーセントか10パーセントか、それとも100パーセントか（期待値とはビジネス・金融界で使う一般的な意味を指す。つまり、将来の収入源が持つ確率調整済みの価値）。社員がほとんど教育研修を受けなかったり、スキルとの適合度を考えずに担当プロジェクトを決めたりする会社では、この「プロジェクト・スキル適合度」は低く、教育研修に投資し、才能豊かな人材を採用し、担当プロジェクトを慎重に決める会社では適合度は高いだろう。

「政治利益」も同様に定義できる。もし10パーセント余分にロビー活動や人脈づくりに時間を割いたら、平均でどれくらい昇進の可能性が高まるだろうか。1パーセントか10パーセントか、それとも100パーセントか。昇進可能性が高ければ高いほど、「政治利益」も大きくなる。

マジックナンバー

給料とエクイティを組み合わせたインセンティブを調べていると、組織の臨界規模があることに気づく。マジックナンバー「M」だ。規模がそれ以上になると、プロジェクト重視から政

$$M \approx \frac{ES^2F}{G}$$

E：エクイティ比率

S：マネジメントスパン

F：組織適合レベル

G：給与アップ率

治重視へバランスが変化する。

この閾値以下だと、全社員がルーンショットを生み出そうと奮闘するが、閾値を超えると自身の昇進の重要性が高まり、政治がいきなり顔を出す。ルーンショットは軽んじられ、フランチャイズがもてはやされる。個々の社員はイノベーションを信じているかもしれないが、全体としては「見えない斧」が現れる。

では、このマジックナンバーとはどのようなものか。巻末の「付録B」に上の式を載せている。

この式に沿って考えてみよう。エクイティ比率「E」が分子にあるから、「E」が増えれば、マジックナンバー「M」は大きくなる。つまり、集団の人数が多くなっても政治とは無縁に、ルーンショットの相で協業できる。すでに見たように、これは合点がいく。取り分が大きくなれば、誰でも政治よりプロジェクトに時間を割きたいと思うようになる。マネジメントスパン「S」も分子にある（しかも2乗される）。マネジメントスパンが増えると層の数が少なくなり、政治の重要性は減る。また、プロジェクトの結果に対する従業員の取り分が増す。どちらも昇進を目指すより

$$M \approx \frac{50\% \times 6^2}{12\%} = 150$$

ルーンショットを重んじる傾向を後押しする。

しかし、給与アップ率「G」が大きいと逆の現象が起きる。社員は昇進による給与アップを目指して上司や幹部のご機嫌取りに精を出し、政治が幅を利かすようになる。すると、ルーンショットの相で協業できる人数の上限「M」が減少する。

最後の係数は、組織適合レベル「F」だ。政治に対する防御壁となり、従業員のスキル養成を重視し、従業員とプロジェクトを的確にマッチングする——そんな仕組みをつくった会社は、ルーンショットを生み出す可能性が高まる。

では、実世界のマジックナンバーMはいくつなのか。

マネジメントスパンは、先に述べた範囲の真ん中の「6」、昇進による給与アップ率「G」は、一般的なところで「12パーセント」としよう。「E」と「F」の典型的な値に関しては後ほど検討するとして、とりあえずはバランスが均等な会社を考えよう。エクイティと給料の比率がそれぞれ50パーセントで、スキルと政治の比率が等しい（F＝1）ケースだ。(注79)

これらの数字を方程式に当てはめてみよう（上の方程式）。

$$M \approx \frac{50\% \times 10^2}{33\%} = 150$$

なかなか興味深い。

先ほど、最近の調査ではマネジメントスパンが大きくなっていると述べた。デロイト（ビッグ4と呼ばれる国際的会計事務所の一つ）が2014年に248社を対象に実施した調査によると、平均的なスパンは9〜11だった。このようにスパンと責任範囲が増えると、当然、給与の伸び率も増える。マネジメントスパンを10とし、給与アップ率を思いきって（しかし非常識ではない）33パーセントとするとどうなるか（上）。

実に興味深い。

ブリガム・ヤング、ビル・ゴア、マルコム・グラッドウェル、ロビン・ダンバーは気づいていたのかもしれない。実世界の典型的な制御パラメータの値を見たとき、150というマジックナンバーを境にインセンティブが突然変化する。この規模のとき、綱引きをする力のバランスが変わり、システムは突然、「ルーンショット重視」から「昇進重視」へと変わり果てる。

しかし、ヤングやゴアやダンバーの手法（祈り、駐車、霊長類学）からは、このマジックナンバーを変えるために何ができるかはわからない。もっと大規模な集団が「昇進重視」のシステムから逃れ、ルーンショットを育成できるようにするにはどうすればいいのか。まさか「社員の新皮質の容積を増やす」わけにもいかないだろう。

一方、創発の科学からは実用的なヒントが得られる。制御パラメータを調整すれば、転移をコントロールできる。前述のように、雪が降りそうなとき、事前に歩道に塩をまいておけば、塩によって水の凝固点が下がるため、雪は溶けてしばらく凍結しない。

前章で、相図を見れば渋滞や森林火災の相転移の本質がよくわかり、転移をコントロールするための指針が得られると述べた。では今回の場合、相図はどんな感じになるのか。そしてそこから何がわかるか。

集団の規模が臨界閾値(前述の方程式のマジックナンバー)以下なら、ルーンショットを実現しようとするインセンティブが働く。そのマジックナンバーを超えると、政治重視(昇進のための政治工作)の方向へインセンティブが移動する(次ページの図の①→②)。典型的な集団構造の場合、マジックナンバーはおよそ150だ。しかし、構造のパラメータ(エクイティ比率、適合レベル、マネジメントスパン、給与アップ率)を調整することで、そのマジックナンバーを増やすことができる(だから破線は斜めに傾いている。調整不可能なら、破線は垂直になる)。同じことを別の表現で言うなら、政治重視の相(図の②)にとらわれた150人を超える集団は、その構造を修正することによって、ルーンショット重視の相を取り戻すことができる(②→③)。

相図——集団と企業

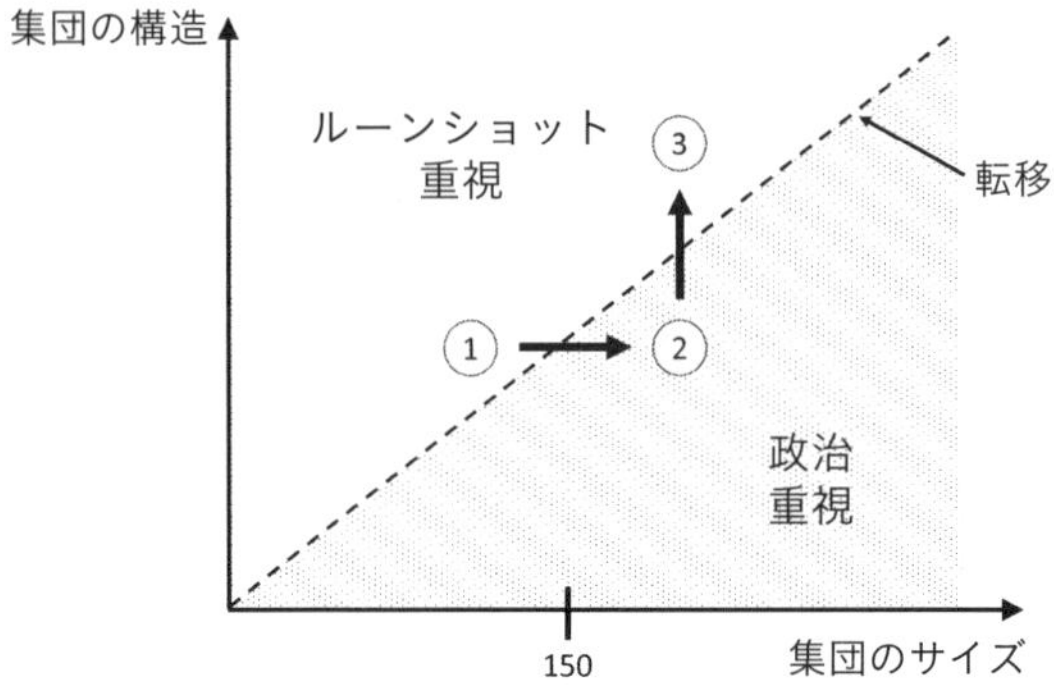

集団の規模がマジックナンバーを超えると（①→②）、インセンティブが「ルーンショット重視」から「政治重視」へシフトする。構造を修正することで、「ルーンショット重視」に戻すことができる（②→③）

先述のように、この考え方は、将来、規模が大きくなっても起業家精神を保ち続けたいと考える小さなチームだけでなく、ルーンショット育成の強力なチームをつくりたいと考える大企業も活用できる。

次章ではまず、200万人の大組織がいかに優れたルーンショット集団を築き、この半世紀間にどの組織もなしえなかった先鋭的イノベーションを実現したかを見てみよう。

第8章 四つ目のルール

マジックナンバーを増やす

１９５８年以降、ある大規模な組織のなかにある２００人の研究集団が、実にさまざまなテクノロジーを世に送り出してきた。インターネット、ＧＰＳ、カーボンナノチューブ、合成生物学、無人航空機（ドローン）、機械仕掛けの象、ｉＰｈｏｎｅの音声アシスタントＳｉｒｉ……。全米の伝説的な研究組織の多くが、そのＯＢたちに指揮されたり、その運営方法に影響を受けたりしてきた。本書で紹介する事例のほとんどもそうだ。それらの運営方法は、前章で述べた、パラメータを調整してマジックナンバーを増やすと、ルーンショットチームの創造的アウトプットを強化できるという実例になっている（なかには極端な例もあるが）。

詳しく見る前に、心に刻んでおきたいことがある。創造というエンジンをハイスピードで回転させる、つまり高い生産性と効率でルーンショットを育成するには、それだけたくさんのアイデアや実験が欠かせない。だが同時に、実験の失敗も必然的に増える。それはチームの種類によっては正しい選択にならない。たとえば飛行機を組み立てるのが仕事なら、送り出した10機のうち8機が落ちたら話にならない。飛行機の製造や組み立てはフランチャイズ集団に属する。ルーンショット集団が担うのは、飛行機に使われる全く新しいテクノロジーの開発だ。

さて、200人のルーンショット養成所だが、すべての始まりは宇宙で輝く金属製の球体が定常的に発するビープ音だった。

OSRDの再生

第1章で述べたように、ヴァネヴァー・ブッシュは軍部が資金を提供したがらない未実証テクノロジーを開発するために科学研究開発局（OSRD）をつくった。ただ、第二次世界大戦が終わって間もなく同局は解散し、後継機関はなかった。『果てしなきフロンティア』でブッシュが思い描いた国立研究機関はトルーマン大統領によってまず否認され、次いで議会の政争によって遅れが生じた。政争に敗れたあと、ブッシュはこう書いた。「私はとうとうストレスに参ってしまい、退場することにした」。彼が行政府に戻ることはなかった。

1950年には政争も収まり、議会は今日の国による科学研究体制の柱となるものを築いた。

1957年10月のスプートニクの打ち上げ

国立科学財団（NSF）、国立衛生研究所（NIH）をはじめとする機関は、疾病の拡大予防、浄水処理、地震予知に関する研究など、公益に資する科学を支援している。「市場の失敗」と呼んでもいい分野も支援対象に含まれる。つまり、商業的な未来が見通せないため、一企業では簡単に投資できない分野だ。50年前の遺伝子工学、現在の核融合などがそれに当たる。

NSFやNIHは文民機関である。冷戦がエスカレートしても、軍隊内でブッシュのOSRDに取って代わるルーンショット研究所は現れなかった。1949年、ソ連は自国初の核実験を実施。1950年には韓国で冷戦がヒートアップした。1952年、アイゼンハワーは大統領選でソ連の脅威と自身の軍歴を強調し（「もし選ばれたら韓国へ行きます」）、勝利した。2年後の1955年11月、ソ連は自国初の水爆実験を実施。これは広島に投下された原爆の100倍も強力なものだった（1960年、ソ連は広島の3000倍も強力な爆弾を実験している）。水爆一つで米国の東部沿岸を壊滅させる威力があった。

アイゼンハワーと軍事顧問たちは直ちに、ソ連の力の誇示に対してはさらに大きな力の誇示で応じる、と決定を下した。こうして米国のミサイル保有量は増大した。もっと大きく、速く、大量に——。まさにフランチャイズプロジェクトだった。ヴァネヴァー・ブッシュと彼がつくったルーンショット部門の教訓は薄れていた。

そして1957年10月、ソ連は、地上から見えやすいように磨き上げた約55センチのアルミニウム製の球体を軌道上に打ち上げた。双眼鏡があれば、この衛星「スプートニク1号」が米国上空を通るのを見ることができただろう。もしアマチュア無線をやっていたら、ぎょっとするような連続ビープ音が聞こえたはずだ。

スプートニクの打ち上げからしばらく、アイゼンハワーは肩をすくめていた。打ち上げの唯一の目的は「力の誇示」にある。米国もスプートニクのずっと前に衛星を打ち上げようと思えばできたのだが、アイゼンハワーはそんな無駄な出費に関心がなかった。しかし彼の政敵は、この機に乗じてきた。上院議員のリンドン・ジョンソンは「子どもが高速道路にかかる陸橋から車めがけて石を落とすように、ソ連は宇宙から私たちに爆弾を落とすだろう」と言い、別の上院議員は「危機にさらされているのはほかでもない、私たちの生存である」と述べた。マスコミも記事を書きたてた。ニューヨーク・タイムズ紙は共産主義の勝利を宣言し、ニューズデイ紙は「ソ連が宇宙競争に勝利」と書き、ワシントン・ポスト紙は「米国は歴史上最も深刻な危機に直面している」との極秘レポートについて報じた。水爆の父と言われるエドワード・テラーはテレビのインタビューで、今回の打ち上げは真珠湾攻撃をも上回る惨事だと述べた。

すでにその年、国防長官が引退を表明していた。スプートニク打ち上げのわずか5日後に正式に後任となったニール・マッケロイは、マスコミの取材攻勢に遭った。ヴァネヴァー・ブッシュと同じく、マッケロイも軍事の門外漢だった。だがブッシュと違い、彼には技術的なバックグラウンドもなかった。彼のキャリアの始まりは、プロクター・アンド・ギャンブル（P&G）での石鹸の訪問販売で、家庭の主婦が昼間に見るテレビ番組を販促に利用するというアイデアを思いついた。そうすればお茶の間に直接広告を届けられる。「文学的趣味に対する欲求をどう満たすかという問題は、学校でやってほしい。ソープオペラ（テレビのメロドラマ）は石鹸《ソープ》をたくさん売っている」とマッケロイは説明する。彼のルーンショットはP&Gに多額の売り上げをもたらした。マッケロイはブランドマネジメントの草分けで、「アイボリー」「タイド」「ジョイ」など、個々のブランドを少人数のチームがそれぞれ担当する考え方を取り入れた。若くて聡明な「ブランドマネジャー」が、それらのチームを独立した会社のように運営する。マッケロイはやがて別の文脈でそのアイデアを再現することになる。

アイゼンハワーとマッケロイは、大組織は過激なアイデアに対して抵抗することを知っていた。マッケロイはテレビのメロドラマの活用という突飛もない発想に対する抵抗を克服した経験があった。アイゼンハワーは長い軍隊生活のなかで、軍部間の対立がいかに進歩を阻害するかを思い知っており、その点に関する不満を隠そうとしなかった。だから彼はマッケロイを起用した。軍隊や連邦政府と過去に何のつながりもないアウトサイダーなら、既存のシステムを思う存分揺るがすことができる。スプートニクをめぐる騒ぎはそのチャンスでもあった。

1957年11月20日、スプートニクの打ち上げから1カ月後、マッケロイは「斬新な」アイデアに資金を出す、彼直属の新しい組織の設立を提案した。言い換えれば、軍隊が資金を出ししぶる未実証のテクノロジーを開発する集団だ。

軍幹部たちはこのアイデアを嫌い、第二次大戦の最初の頃にブッシュの同じような提案を先達が却下したときと同じ反応を示した。空軍の責任者は、新組織の概要案をマッケロイから受け取ったあと、「空軍はこれが提言であると理解します」と返信した。マッケロイは「これは提言ではない」と応じた。

米国で最も成功した消費財研究所の設立に一役買ったことがあるマッケロイなので、研究所に埋もれたまま実用化されない技術や、現場からのフィードバックにいち早く対応できない研究組織は役に立たないことを知っていた。別の言い方をすれば、ブッシュ・ヴェイル ルールの最初の二つ、「相分離」と「動的平衡」の本質を理解し、新組織の計画案に盛り込んでいた。

ＯＳＲＤと似ているのは偶然ではない。科学のバックグラウンドを持たないアイゼンハワーとマッケロイは、ＭＩＴ学長のジェームズ・キリアン、マイクロ波レーダーにもマンハッタン計画にも貢献したノーベル賞受賞者のアーネスト・ローレンスなど、ブッシュと仕事をした科学者たちから助言をもらっていた。1958年2月7日、マッケロイの新しい組織が正式に動き始めた。彼はそれを高等研究計画局（ARPA）と呼んだ。

ブッシュのOSRDがよみがえった。

核の巨大座薬

ARPA（1996年に「国防（Defense）」が加わってDARPAと改称）が資金を出したか、少なくとも真剣に検討したルーンショットの物語はどれも伝説的である。私のお気に入りの一つは「核の巨大座薬」というアイデアだ。

1960年代初めに冷戦の核の恐怖がピークに達した頃、大胆な発想で知られ、広く尊敬を集める独学の物理学者が、巨大な粒子ビームを使ってソ連のミサイルを撃ち落とすことを提案した。その名はニコラス・クリストフィロス。彼はかつてアテネでエレベーター技術者として働く傍ら物理学を独学し、その後、兵器研究を専門とするリバモア国立研究所に勤務した。ニコラ・テスラが「殺人ビーム」の見出しで報じられてから30年、テクノロジーは進歩し、クリストフィロスが同じアイデアを部屋いっぱいの物理学者と真剣（またはやや真剣）に議論できるほどになっていた。(注80)反論として、ビームの発生装置を収容する巨大なトンネルの建設コストがとんでもない額にのぼるという意見が出た。

「もっとよい方法があります」とクリストフィロスは言った。核兵器を使ってトンネルを掘るというのだ。「座薬だと思えばいいんです」と彼は説明した。核兵器が座薬？「そいつを岩に押し込む。すると岩が溶け、完璧なチューブ状になる。引き続き押し込んでいけば熱でまた岩が溶ける。岩のなかを通す、ただそれだけです」。ほとんどの物理学者は言葉も出なかった。座薬プロジェクトは資金を得られなかった(訳注＊ここで言う「核の座薬(nuclear suppository)」は「核貯蔵施設(nuclear repository)」をもじっていると思われる)。

もちろん、DARPAの風変わりなプロジェクトの多くは資金を得た。そしてその後、失敗した。たとえば、ベトナムのジャングルで軍装備品を運ぶための機械仕掛けの象。ハフニウム元素からつくる超強力爆弾(歯科用X線機器の実験をしていた物理学者が発見したと言われる)。液体中の泡を急速に崩壊させて核融合を実現させる計画(洗浄液を改良したものが使われた)。「群衆の知恵」を利用するため、投資家が次のテロ発生場所に賭ける予測市場(このプロジェクトは良識に欠けるという理由でお蔵入りになった)など。

一方、産業を一変させ、新しい学術分野を築いたルーンショットもある。初期のコンピューターネットワークARPANETはインターネットへと進化した。衛星を使った位置情報システムは、まず軍のGPS、次いで自動車やスマートフォンに使われるGPSに進化した。音声コマンドを理解するソフトウェアで兵士を支援するプロジェクトは、iPhoneのSiriにつながった。地震と核実験を区別するためにDARPAが設置した世界規模の感震センサーシステムは、初の核実験禁止条約を可能にした（地球の振動を通じて核爆発を検知するのは不可能だ、核実験禁止条約は的外れであり検証できないからやめるべきだというのが軍の論調だった。軍幹部は、地震学に基づいたアイデアを進めるDARPAの小さな担当チームを「無能集団」とこき下ろした）。地震学プロジェクトは派生効果として、プレートテクトニクス理論を復活させ、追ってその正しさを証明した。この理論は地質学を根本的に変えた。

DARPAは、初の大規模なコンピューターグラフィックス研究所の設立にも資金を提供した。資金提供を受けたのはユタ大学。第5章で紹介したユタ大学のグループの共同リーダーだったのが、DARPAの元プログラムマネジャー、アイバン・サザランドだ。サザランドは、ピクサーの創業者エド・キャットマルのコンピューターグラフィックスに関する博士論文のアドバイザーを務めた。キャットマルは、DARPA式の創造力育成法に「とても影響を受けた」と述べている。DARPAが資金提供した技術者にはダグラス・エンゲルバートという男もいた。最初のコンピューターマウス、最初のビットマップスクリーン（初期のグラフィカルインターフェース）やハイパーテキストリンクをつくった人物だ。彼はそれらを1968年に実演《デモンストレーション》した。現在のコンピューター科学者たちはそれを「すべてのデモの母」と呼んでいる。

1970年、エンゲルバートのチームメンバーの多くは、新しくできた研究グループに移った。リーダーはＤＡＲＰＡの元プログラムマネジャー、ボブ・テイラー。それがゼロックスＰＡＲＣだった。パーソナルコンピューターの黎明期にさまざまな発明を生んだ組織である。テイラーは「ＤＡＲＰＡの運営原則を参考に」この伝説的な研究グループを率いたという。

ＤＡＲＰＡのプログラムマネジャーやディレクターの出身者は、フェイスブック、グーグル、マイクロソフト、ＩＢＭ、ドレイパー研究所、ＭＩＴリンカーン研究所などで研究グループのリーダーを務めている（または最近まで務めていた）。この小さな集団の運営原則が米国中の産業界や公的研究の世界に広まり、ＤＡＲＰＡのネットワークを築いている。

それらの原則が、前章で述べた制御パラメータ（例のマジックナンバー方程式の変数）とどう関連するかを見ていこう。マジックナンバーを増やすことで先鋭的なイノベーションがどう強化されるかがポイントになる。

6 次のレッド・バルーン

○ 政治利益を減らす

従来の組織構造では、出世が究極の「ニンジン」となる。この目標を達成すれば、もっと広いオフィス、もっと高い給料、もっとたくさんの部下が約束される。すると当然、政治活動もはびこりやすくなる。

DARPAは小さなスタートアップ企業の緩やかな集合体のように運営されており、出世の階段はない。100人前後のプログラムマネジャーがそれぞれ一つのプロジェクトや研究分野を統括する。マッケロイのブランドマネジャーとは異なり、DARPAのマネジャーは自由度や認知度が極めて高い。たとえば2009年9月、空軍のテストパイロット、ダグ・ウィッカートは人材交流プログラムの一環でDARPAの各部門を回っていた。カリフォルニア工科大学で機械工学の博士号を取得したレジーナ・デューガンは、DARPAのディレクターに任命されたばかりだった。ウィッカートとの最初の顔合わせで、デューガンは、2週間後にチームメンバーと一緒に何かアイデアをプレゼンテーションしてほしいと言った。「ほかのプログラムマネジャーみたいにね」

当時、デューガンらDARPAのスタッフは、インターネット40周年をどう祝おうか考えていた。1969年のARPANETスタートから40年という意味だ（このリモートネットワークは1969年10月29日に産声を上げた。カリフォルニア大学ロサンゼルス校のチャーリー・クラインのコンピューターが、カリフォルニア州メンロパークのスタンフォード研究所のコンピューターと交信した。クラインが「ログイン（login）」の「l」と「o」を打ち込んだところで両方のコンピューターがクラッシュした）。

ウィッカートはインターネットの持つ力を試すため、全米の人たちが協力してどのくらい短時間で問題を解決できるか競わせてみたらどうかと考えた。そこで思いついたのが、気球を使った風変わりな課題だった。全米のどこかの公立公園10カ所に設置した、気象観測用の赤い気球10個を、どれだけ早く見つけられるか――。「最初はまあジョークのつもりでしたが、そのうちに真剣になりました」とウィッカートは私に言った。

１カ月後の２００９年10月29日（インターネット40周年記念日）、デューガンはＤＡＲＰＡの「赤い気球《レッド・バルーン》チャレンジ」企画を発表した。気球は12月５日土曜日の朝に、各公園の木やベンチにつながれ、10個の気球すべてを最初に見つけたチームに賞金４万ドルが授与される。発表から競技開始まで37日しかないのは、意図してのことだった。実際の危機に直面したら準備時間は限られている。各チームをそれと同じ状況に置こうとした。

ウィッカートらのチームは事前に、ＤＡＲＰＡのオフィスの後ろにある野原で10個の気球を膨らましてみた。一つの直径は約２・４メートル。全員がすぐにその扱い方を理解したわけではなかった。ウィッカートはそのときの経験をうれしそうに「空軍の僕が海軍のやつに結び目のつくり方を教えた」と表現した。

コンピューターの新技術に関するプロジェクトのリーダーとしてＤＡＲＰＡに加わったばかりの元コンピューターサイエンス教授、ピーター・リーがそこへやってきて、気球を見上げると、ＤＡＲＰＡの楕円形のロゴが描かれている。「こいつは怖い」と彼は言った。「でっかいラーの目に見えるぞ！」（訳注＊ラーはエジプトの太陽神。自分を敬わない人間を滅ぼすために殺戮の限りを尽くしたとされる）。リーから話を聞いたデューガンは、巨大な目に見えるものが描かれた気球が全米に突然現れるのはまずいと考え、新しいデザイン気球の発注をすぐに指示した。

12月5日土曜日の午前10時、「目」のない気球がフロリダ州からオレゴン州までの各地の公園に上がった。DARPAは午後5時に気球を下ろし、最大1週間、同じことを繰り返す予定だった。だが、開始からわずか8時間52分41秒後、MITのあるチームが10カ所すべてを突き止めた。さらに驚いたことに、チームがこの企画について知ったのはほんの4日前だった。

彼らは巧みな報酬システムを取り入れたネットワークを築いて問題を解決した。まず気球ごとに賞金4000ドルを割り当てる。もしスーザンが赤い気球を一つ見つけてMITチームのウェブサイト上で報告したら、彼女は半分の2000ドルを得る。この競技についてスーザンに教えたのがグレッグなら、彼は残りの半分、1000ドルをもらう。グレッグに教えたのがカレンなら、彼女が残りの半分、500ドルを受け取る……という具合に、報告の連鎖に加わった全員が何らかの分け前をもらえる仕組みだ（余った分は慈善団体に寄付される）。

このシステムが優れているのは、家から出ず、普通なら気球を見つけられない人も参加して、MITの勝利を助ける気になることだった。人がどうつながるかはすべてチームのウェブサイト（2日間でつくった）を通じて追跡された。気球ハンターの多くは地元の友人と連絡を取っていたが、なかには遠方の知り合いに連絡する者もいた。言い換えるなら、スモールワールド・ネットワーク、「6次の赤い気球」である。わずか36時間で4400人が参加していた。

「レッド・バルーン・チャレンジ」の準備をするDARPAのスタッフ

第2位のジョージア工科大学のチームは3週間早く取りかかり、「ドーナツやピザ、アドレナリンを燃料に」フェイスブックページを立ち上げ、グーグルボイスの番号を取得し、検索エンジン最適化を施したウェブサイトを構築した。だが、どうにか雇えたのは1400人止まりだった。同チームは「利他主義」に賭けていた。自分たちが勝ったら、賞金の全額を寄付すると約束していたのだ。

「レッド・バルーン・チャレンジ」から学べることはたくさんある。私たちが考える以上にインセンティブが重要だということのほか、参加者の誰も予想していなかった驚くべき教訓が数多く見つかった。一流の科学誌もそれらの多くについて書いている。現代的なネットワークを活用して集団を動員し、差し迫った問題を解決する――そのための方法を理解するうえで大変重要な教訓だ。たとえば、行方不明の子どもや兵士をどうやって探すか、災害復旧のリソースをどうやって調達するか。また、それらは新しいテスト課題のなかで検証され続けている。たとえば、米国務省は最近、「タグ・チャレンジ」というものを実施した。参加チームは12時間以内に、米欧の五つの都市に隠れた5人の「泥棒」(俳優)を探さなければならない。識別の手がかりは顔写真だけ(これも同じMITのチームが勝った)。

「バルーン・チャレンジ」のようなクレイジーなプロジェクトがDARPAで成功する理由の一つは、出世の階段がないことだ。プロジェクトマネジャーは、2〜4年間の期間限定で採用される(IDカードには契約終了日が印刷されている)。DARPAでは、政治活動に時間を費やすメリットがない。つまり、会議で賢く見えるように振る舞い、同僚のばかげたルーンショットをこき下ろして昇進を勝ち取る必要がない。

○ソフトエクイティを利用する

DARPAには出世という伝統的なニンジンの代わりが用意されている。プロジェクトマネジャーは社会的に顔が売れ、コミュニティーで広く知られた存在になる。プロジェクトを選び、契約交渉、スケジュール管理、目標設定の権限が与えられている。こうして認知度と自由度を組み合わせることで、強力なやる気の素が生まれる。それは仲間から認められるということだ。

エクイティと聞いて普通思い出すのは、ストックオプションやボーナスなど、プロジェクトの成功に対して社員に金銭的に報いる方法で、これは有形のエクイティだ。仲間から認められるというのは無形のエクイティ、ソフトエクイティである。株価やキャッシュフローでは測定できないが、ニンジンと同じくらい、場合によってはそれ以上の動機づけになる。

「戦士は色付きのリボン（勲章）のために長く懸命に戦う」とナポレオンは言った。認知度と自由度を付与された中間層の企業戦士の場合、色付きのリボンは仲間に認めてもらうことだ。コンピューターグラフィックスのパイオニアが、あるグラフィック関連のカンファレンスで壇上に呼ばれ、同僚たちの喝采を浴びながらトロフィーを贈呈されるところを想像してみよう。

この無形エクイティはすぐ有形に変化する。外部の仲間と協力して新しいアイデアを生み出すのがあなたの仕事で、その仲間たちから頼りになるマネジャーだと認められたら、科学者や発明家などの創造的な人たちはあなたと仕事をしたがり、次なる偉大なルーンショットを持ってくるだろう。それはキャリアのうえで大きな意味を持つ。もちろん、仲間内での評価や評判が高まれば、今後の仕事のオファーにもプラスになる。(注81)

パートナーシップは別の形でも政治利益を減らす。外部の仲間は政治工作の影響を受けにくく、公平な判断を下しやすい。成功に対しても失敗に対しても公平な見方をするのは、第5章で述べたシステムマインドに必要不可欠だ。プログラムが失敗したのは、それを支えるテクノロジーが機能しなかった（仮説の誤り）からか、それとも担当者がへまをした（運用上の誤り）からか。プログラムが成功したのは、担当者が素晴らしい仕事をしたからか、それともミスをたくさん犯したにもかかわらず運がよかったからか。野球ファンは、見事なヒットで打点をあげる選手と、野手のトンネルのおかげで打点をあげる選手の違いを知っている。

高い自由度と認知度、内部よりも外部の優れたアイデアの重視というDARPAの原則は、どんな企業にもそのまま当てはまるわけではない（そもそも「核の巨大座薬」で解決するような問題に直面している企業はほとんどない）。だがどんな組織も、自由度や認知度、ソフトエクイティを高めるチャンスを見つけることはできる。

一例は、急速に広がっているオープンイノベーションだ。この場合、企業は顧客（アーリーアダプター、熱狂的ファンなど）やビジネスパートナー（サプライヤー、共同マーケターなど）と一緒に、新しいアイデアやテクノロジーを生み出し、市場を開拓する。「レッド・バルーン・チャレンジ」も同様で、ある組織（DARPA）が全国の優秀な人材を雇って、ネットワーク理論の重要な問題を考える手助けをしてもらった。つまり、集団をスピーディーに動員するにはどうすればよいかという課題だ。

オープンイノベーションはテクノロジーの世界によく見られる。ソフトウェア企業は日常的に、未完成の製品を結束力の強い開発者コミュニティーと共有し、迅速に意見を引き出している。バイオテクノロジー企業は大学の研究者と協力して製品を開発することが多い（最近は患者グループとの協力も盛んだ）。(注82) テクノロジー関連以外の事例も増えてきた。ビール会社のクアーズはオープンイノベーションによって「コールド・アクティベイテッド・パッケージ」の缶ビールを開発した。缶に印刷された山のロゴが、飲み頃の温度（クアーズによると摂氏6〜10度）になると白から青に変わるというものだ。クラフトフーズは、オープンイノベーションを通じて溶けにくいチョコレートを開発した。おかげで子どもたちの親は、夏場にチョコレートのベタベタ汚れに悩まされずに済む。

オープンイノベーションには「ダブルボーナス」がついてくる。企業はまず新鮮なアイデアに接することができる。ドーナツとアドレナリンを燃料にがんばったジョージア工科大の学生や、MITチームの機転の利く学生など、企業にとってありがたい熱心な協力者からアイデアを得られることが少なくない。同時にまた、仲間から認められるというソフトエクイティも強化できる。こうしたメリットと、機密保持の必要性とを秤にかける必要がある。

研究のペースがますます速まるにつれて、多くの企業はオープンイノベーションのメリット（特に長い目で見て機動性の高い組織になれること）のほうが、閉鎖性・機密性の高いモデルのメリットに勝ると考えるようになっている。

・・・

DARPAのやり方が伝統的な組織デザインに対する「根治手術」だとすれば、マッキンゼー・アンド・カンパニーのやり方はもう少し限定的だ。だが、それでも効果がある。マッキンゼーは、大学を離れて第一歩を踏み出そうとする学者にとっては、社会復帰訓練所みたいなところだ（私は物理をやめてからバイオテクノロジーの世界に入るまでの3年間、ここで働いた）。社員数は2万7000人、売上高は100億ドルを超える。急速に変化する経営コンサルティングの世界を何十年にもわたって支配している。

コンサルティング企業はたいていそうだが、マッキンゼーでも出世が強力な動機づけ要因だ。しかし違う点がある。ほとんどの企業では、その地域・国のオフィスや担当業界のグループが昇進の判断をする。たとえば、カリフォルニア州オフィスがカリフォルニアの昇進候補者について判断を下し、自動車業界担当グループがグループ内のメンバーについて判断を下す。しかしマッキンゼーでは、重要な昇進の判断をする場合、候補者のオフィスや担当業界との重複が限られるシニアパートナーを選び、そのパートナーが第三者的な評価を実施する。候補者と距離があるため、政治工作の影響を減らすことができる。たとえばサンフランシスコのトムがパートナー候補になった場合、ブリュッセルのマリアンヌが20人を下らない数の同僚やクライアントにトムのパフォーマンスについてインタビューする。終わるまでに長ければ3カ月もかかる。調査は徹底している。あるパートナーによると、評価担当者は最終的に候補者の強みと弱みを本人の母親以上に知っているという。時間をかけるからお金もかかる。その分、クライアントとの仕事ができないので、会社の売り上げも落ちる。

だが短期的にコストがかかっても、長期的には組織を強くするための投資となる。組織適合レベル（前章で触れたF）に投資することなく、部下に対してもっと革新的になれと命じるリーダーは、軽いジョギングしかしていない人にいきなりマラソンを走れと命じるのと同じだ。そんなことをしたら体が悲鳴を上げる。マラソンに体を慣れさせるのには時間がかかる。そのプロセスに投資し、徐々に適合度を上げていけば、最初は平均以下でも、笑顔でゴールすることができる（私はグループで長距離トライアスロンの訓練を受けたことがあるが、コーチは常にそのフレーズを口にした。私たちは全員が完走した。コーチが説明してくれなかったのは、笑顔は喜びだけでなく、マゾヒズム的苦痛の表れでもあるということだった。激しく変化する大組織にもだいたい同じことが言えそうだ）。

DARPAのモデルは、言ってみればキャリアをなくすことでキャリア政治を減らすという極端なものだ。マッキンゼーはもう少しだけ穏当なやり方で、同じ目標にアプローチする。キャリアの階段は残しながらも、昇進判断の主観性を減らすことに思いきって投資している。

歯磨き粉問題

○プロジェクト・スキル適合度を高める

組織のイノベーション能力が従業員のスキルと関係しているのは当然だが、もっと関心を払うべきなのは、それがどのくらい重要かということだ。プロジェクト・スキル適合度は、現在の担当プロジェクトに対する従業員のスキルを測定する。その人がプロジェクトにもう少し時間を割いたとして、プロジェクトの価値は全く高まらないか、少しだけ高まるか、それともかなり高まるのか。もしその価値がチームや会社全体で低ければ、社員の能力が低い可能性が高い。キッチン家電メーカーを経営していて、優れたコーヒーメーカーを設計できる社員が誰もいなければ、それは人材を惹きつけるのが下手、あるいは社員の教育研修が下手なせいかもしれない（その両方ということも考えられる）。

しかしもう一つの可能性は、スキルは悪くないのに、社員とプロジェクトのマッチングが下手というケースだ。

マッキンゼーでコンサルタントとして働き始めた1年目か2年目に、私はある消費財メーカーとのプロジェクトに配属された。メンバーは全部で４人。その企業が売っていたのは、石鹸、歯磨き粉、スキンケア用品など、どこのスーパーでも扱っているような製品だった。私が前職で付き合っていたのは、物理学者やソフトウェアエンジニア、投資銀行のトレーダーなど。パーソナルケア製品に対する私の関心度はあまり高くなく、おまけにマーケティングのマの字も知らなかった。プロジェクトマネジャーのなかには、新しいメンバーに知識やスキルを授けるのが好きな人もいるが、私の上司はそうではなかった。プロジェクトは大失敗に終わった。付加価値をほとんど提供できなかった私は落ち込み、会社を辞めることも考えた。

多くの企業では、社員がプロジェクトで大失敗し、上司から悪い評価を受けたらクビになる。なかには、「役割を変えてもう一度チャンスを与えてみたらどうか」と誰かが言ってくれる会社もあるかもしれない。しかし、マッキンゼーの場合は、プロジェクトとスキルのマッチングを専門とするチームがある。担当者はマッチングがうまくいっていない事案を探し出し、状況を改善するべく救いの手を差し伸べる。私もそのプロジェクトとそのマネジャーから引き離され、もっとスキルに合った場所に再配属された。私は元気を取り戻し、その後は無事に会社生活を送った。

これはスキルや経験が仕事と合っていなかった例だ。だが、合いすぎている場合にも問題が起こる。スキルがプロジェクトのニーズを上回りすぎているため、社員がすぐに仕事をやりきってしまうのだ。若きフランク・ロイド・ライトにコーヒーメーカープロジェクトを任せたら、もちろん素晴らしい仕事をするだろうが、数時間もしたら退屈するだろう。ぎりぎりまでがんばらなければならないプロジェクトでないと、社員にしてみればそれに多くの時間を割いたところで得るものはほとんどない。前章で、勤務時間の最後の1時間をプロジェクト業務に使うか政治活動に使うかという選択があったのを思い出そう。プロジェクトの価値を高めるためにそれ以上できることがないと感じたら、残る1時間を使って、自分こそは昇進にふさわしいと上司にアピールし、ライバルの取り組みがいかに貧弱かを強調するほうがよい。「スキルがありすぎると、プロジェクト・スキル適合度が下がる」というのは、「人は暇を持て余すと、ろくなことをしない」ことを意味している。

目指すべきは、張り詰めすぎず、緩すぎない状態、すなわち社員がその役割にちょうどめいっぱいのエネルギーを費やさなければならない状態だ。その状態を保つための専任チームをつくるためにはお金がかかるが、先に述べた政治工作を減らす取り組みと同じく、そのコストは適合性を高めるための長期的投資になる。マラソンの完走へ向けて毎週走る練習をするようなものだ。しかし、その投資には人材を惹きつける助けになるという短期的な効果もある。

大学を出たての若者が就職先を探しているとする。A社は、誰々の下で（またはどこそこのグループで）これだけの給料で働いてください、とごく普通の条件を提示している。B社も似たような内容だが、上司や政治とは関係なくその人にふさわしいプロジェクトを見つける専任担当者や部隊がいる。マッチングを確かなものにするための専任スタッフがいると、仕事が合わないせいで失敗したり、悪意ある上司にクビにされたりする（私もそうなりかけた）リスクが減り、前向きに取り組める仕事が見つかりやすくなる。長い目で見たキャリアにもプラスになる。給料や機会が同じでも、入るならB社のほうがいい。

プロジェクト・スキル適合度の重要性は、教育研修に対する考え方も変化させる。教育や訓練への投資は普通、品質向上や売り上げアップといった目標を掲げて実施される。コーヒーメーカーの設計者を製品設計に関するワークショップに送り込めば、もっとよい製品ができる。営業マネジャーをマーケティング研修に送り込めば、売り上げが増える。だが、教育研修には別のメリットもある。新しい技法を学んだ設計者や新しいスキルを身につけたマーケターは、それを試したくなる。したがってプロジェクトに時間を割くことが促され、ロビー活動や政治工作にかける時間が少なくなる。言い換えれば、組織適合レベルが向上する。

同じことは上層部にも言える。グループダイナミクスについて指南を受けたリーダーは、部下たちと過ごす時間が長くなる可能性が高い。あなたのことをよく理解してくれる、パフォーマンスの高いチームと仕事をするのは楽しい。一方、あなたのことを嫌っている、機能不全を起こしたチームと時間を過ごすのは楽しくない。

文書引き裂き問題

○中間層を機能させる

前のセクションでは、DARPAがソフトエクイティをどのように利用しているかを見た。仲間からの評価など、プロジェクトの成功に対する非金銭的な報酬を指す。大規模から中規模の会社は、ソフトエクイティの力をめったに活用しないだけでなく、ストックオプションやボーナスといった普通の（ハード）エクイティの使い方も間違っている。たとえば、最上位層の人間には手厚いストックオプションやボーナス（年間の基本報酬の100パーセントなど）を与え、低・中位層にはわずかな額（10パーセント以下）しか支給しない。これは組織の最も脆くて危険な部分である中間層にとって誤ったインセンティブになる。

組織の最低位層では、ひとりの人が多くの他人に依存することなく一つの製品やサービスを監督しているため、評価はそれほど難しくない。コーヒーメーカーが成功したか、しなかったか。ゲームアプリがユーザーを惹きつけたか、惹きつけなかったか。クライアントがプレゼンテーションを気に入ったか、気に入らなかったか。

組織の最上位層のCEOや取締役は、社内の抗争に目を光らせ、必要に応じて直接介入し、個人的な課題と組織全体の利益を切り離すことができる。CEOや取締役は全組織を見渡す立場であり、縄張り争いから得るものが最も少ない。

政治とルーンショットの対立リスクが最も大きいのは、その二つに挟まれた中間層だ。評価は最下層より複雑になる。コーヒーメーカーのほかにもたくさんの製品・サービスがあり、それが内外のさまざまな要因の影響を受ける。マネジャーがコントロールできる要因はその一部にすぎない。また、そのマネジャーはCEOや取締役の監視の目から遠く離れているため、政治的な小さな火種が消されることなく静かにくすぶり続ける。AはBの予算が欲しい。BはCが邪魔なのでどいてほしい。DはAのスタッフが欲しい……。最上位層に多額のボーナス、最低位層に少額のボーナスというエクイティ付与の偏りは、そうした対立・抗争の危険を増大させる。多額のボーナスは、ミドルマネジャー（A、B、C、Dなど）にとっては1層か2層上の世界。もうじき手が届く。だから同僚を蹴落とし、生き残った者が巨額の報酬を手にするといった争いが繰り広げられる。

もし昇進のご褒美がそれほど豪華ではなかったら（プロジェクトに成功したら夢のような報酬が与えられ、昇進でもらえるのはティッシュ程度だったら）、抗争はそれほど熾烈を極めないだろう。社員は中傷合戦に時間を使うよりも、偉大な製品をつくり、ルーンショットを育てることにもっと時間を割く。昇進よりもプロジェクトに対する報酬を手厚くするのは、階層ではなく成果を重視することを意味する。階層重視の例としては、基本報酬のアップに加えて、専用の駐車場やカフェテリア、上級管理職のためのハワイ研修……といった特典が挙げられる。

前章の用語で言うなら、階層ではなく成果を重視すると、エクイティ比率「E」が増加し、給与アップ率「G」が減少する。その両方ともマジックナンバーを増やす効果がある。言い換えれば、大きな集団がイノベーションを起こしやすくなる。最近の研究でも同様の結論が出ている。ある研究グループは「賃金格差の拡大は生産性の低下、連携の縮小、離職率の増加につながる」と指摘する。「G」の拡大はよくないということだ。(注83)

昇進重視ではなくプロジェクト重視に報酬の舵を切るのは、政治利益を減らすための変革と同じように難しい。マネジャーに対する要求も多くなる。業績がよかった年にはグループ全員に年間の基本報酬の10パーセントのボーナスを支給し、悪かった年には何も払わないのは簡単だ。もっと変動やばらつきが大きなシステム、たとえばプロジェクトの成功である人は基本報酬の60パーセントのボーナスをもらい、別の人は失敗して何ももらわないというシステムは難しい。決算年度末にもめるのを避けるため、簡単に測定・理解できる目標を注意深く設定し、それに合意を得てパフォーマンスを公正に評価することが不可欠だ。難しいメッセージは実用的な提言とともに発信し、将来の報酬アップへの道筋をはっきり示さなければならない。

だが、インセンティブを設計し直すうえで最も難しい仕事は、ビジネス界における「ヒポクラテスの誓い」(「何よりもまず害をなすな」)かもしれない。ゆがんだインセンティブをうっかりつくってしまうことが驚くほど多い。

ちょっと違った背景の事例を紹介しよう。死海文書がベドウィンの羊飼いによって死海近くの砂漠の洞窟で初めて発見されたとき、考古学者は新しい紙片を見つけるたびに報酬を支払うと羊飼いたちに申し出た。そこで羊飼いたちは文書を見つけるとそれを破って小さな紙片にした。考古学者は理論的に正しいアイデアを思いついたが、ゆがんだインセンティブが働くことまでは考えなかった。

同じことがビジネス界でも頻繁に起きる。請負業者に時間給で報酬を支払うと、問題が倍増する。売り上げベースで報酬を払うと、利益がなくなる(値引き販売するので)。発売した製品の数や臨床試験に入った薬剤の数に対して報酬を払うと、リコールや試験の失敗が急増する。最上位層にボーナスを弾み、下位層のボーナスを少なくするのはよいアイデアに思えるが、それ

死海文書を切り刻む

は結果的に、脆弱な中間層をウィリアム・ゴールディングの小説『蝿の王』の少年たちのように豹変させてしまう。

善意の目標が及ぼす思わぬ影響については、あまり研究されていない。例外の一つは「目標設定の副作用」という最近の論考で、不十分な目標設定が原因で起きた有名な悲劇をいくつか紹介している。たとえば1960年代、フォード・モーターは日本の安価な小型車との競争に躍起になっていた。そこでCEOは思いきって、2000ドル以下、重さ2000ポンド以下の新しい車をつくるという高い目標を掲げた。その結果、生まれたのが「フォード・ピント」だ。不幸にも、この目標とタイトなスケジュールのせいで、安全性をチェックする時間が十分にとれなかった。ピントは燃料タンクが後車軸のすぐ後ろにあり、いわゆるクラッシャブルゾーンが約25センチしかなかった。後日、訴訟で明らかにされたように、この設計上の欠陥が原因で、車は衝突時に爆発することがあった。

完璧なインセンティブ制度というものはないが、死海文書の考古学者が思い知ったように、ひどい制度は簡単にできてしまう。

もっと多いのは、何の役にも立たない報酬を分配する制度だ。大企業はよく会社の利益に応じて若手や中間層の社員にボーナスを出すが、あなたのプロジェクトが利益に及ぼす影響が1パーセントにも満たないとしたら、会社の利益に基づくボーナスがどうして動機づけになるのか。それならむしろ、仕事は適当にこなし、上司をだましてあなたが必要不可欠な人材であると信じさせたほうがいい。利益が増えたら増えたで、それにただ乗り（フリーライド）するまでだ（経済学者は公共財の利用をめぐる同様の問題を「フリーライダー問題」と呼ぶ）。

○ナイフを使った戦いに銃を持ち込む

会社の利益に基づくボーナスにお金を使うなら、インセンティブの機微をマネジャーに考えさせるためのプロセスや人材にお金をかけたほうがいい。大企業の人事部には報酬の専門家がいることが多いが、彼らは他社の制度のコピペや既存の制度の追認をしがちだ。

企業は最高情報責任者、つまり高い評価を得ている技術専門家を任命して、最先端のコンピューターネットワークを築くことが多い。もし報酬設計の機微に通じ、最先端のインセンティブ制度の実現に専念する最高インセンティブ責任者を任命したらどうなるだろうか。チームや個人に対する報酬が純粋な成果と密接にリンクしたら、どのくらい政治工作が減り、創造性が向上するだろうか。

一つのコーヒーメーカーの設計に対してひとりの人間に報酬を提供するのがシンプルな例だ。このシンプルな報酬と、全員に付与される、無駄が多いただ乗り報酬の間のどこかに、「チームの結果に対してチームに報いる」という重要で価値の高いスイートスポットがある。チーム報酬の設計はなかなか難しい。そのためには、さまざまな選択肢のベネフィットと、ゆがんだインセンティブの可能性の両方を慎重に考え抜かなければならない。追認ばかりしている報酬の専門家には、その分析能力がない。だから戦略的な最高インセンティブ責任者が必要だ。

優れたインセンティブ責任者はコストも削減できる。無駄なボーナス（前述のただ乗りボーナスなど）を明らかにし、仲間からの評価、通勤時間の短縮、仕事の選択、「パッションプロジェクト」に取り組む自由など、非金銭的な報酬をもっと活用する。このポジションを戦略的と考えるべき理由はそこにもある。営業・販売部門のトップは、一定の営業予算で最大の売り上げをあげようとするが、優れたインセンティブ責任者も限られたリソースから最大限のリターンを得ようとする。つまり、一定の報酬予算で最も意欲の高いチームをつくろうとする。

この10年ほど、環境の微妙な変化に人がどう反応するかを知ろうとする科学アプローチが急速に発展している（本章末の「追記」を参照）。優秀な最高インセンティブ責任者（言い換えれば、認知バイアスの複雑な心理を理解した専門家）がいる企業は、有形・無形のエクイティの活用術に長け、ゆがんだインセンティブにも鼻が利く。したがって競合他社よりも、優れた人材を惹きつけ、引きとめ、その意欲を引き出すのが上手だ。つまり戦略的優位性を築くことができる。

多くの組織は小さすぎて、このような役職の人をフルタイムで雇えない。私の会社も最初は最高財務責任者（CFO）や最高技術責任者（CTO）をフルタイムで採用する余裕がなかったので、他の小規模な組織同様、非常勤で専門家を雇った。CFOやCTOに限らず、インセンティブの機微に通じた専門家も非常勤で雇えばよい。人材やルーンショットをめぐるライバルとの戦いにおいて、インセンティブは大きな武器である。ライバルがみんなナイフを使っていたら、こちらは銃を用意したいところだ。

最後に、報酬が（最上位層においても）現金だけとは限らない理由、インセンティブの機微を理解することが重要な理由について、ヨーロッパのある成功した企業のCEOが、研究者のアンケートに対して答えた内容を紹介しよう。現金よりも重要な無形エクイティがあるのはなぜかを、彼は説明している。

ハーバードのMBAを持つ鼻持ちならぬ経営者を雇い、取締役会でそいつのレクチャーを聞いて年収10億ユーロと配当をもらうより、年収1億ユーロくらいで、今を楽しみ、年を取って会長になったときに尊敬されるほうがいい。

○マネジメントスパンを微調整する

認知バイアスをめぐる議論は報酬を扱う部門のなかでまだ一般的ではないが、マネジメントスパン（マネジャー一人当たりの直属の部下の数）については何十年も盛んに議論されてきた。「企業にとって正しいマネジメントスパンは？」をテーマにした文献はたくさんあるが、そのほとんどは「紅茶にとって正しい温度は？」という設問と同じ問題を抱えている。紅茶の設問について大規模なサンプルで平均をとったら、答えは「室温」となるかもしれない。それは誤った問い、無益な答えである。半分はホットティー、半分はアイスティーが好きなだけだ。

マネジメントスパンの設問に対する答えも同じように二つに分かれる。スパンが広い（直属の部下15人以上）と、管理が緩くなり、独立性が高まり、試行錯誤的な実験が増える。実験の失敗も増えるだろう。スパンが狭い（直属の部下5人以下）と、管理が厳格になり、重複のチェックが行き届き、評価基準の精度が高まる。失敗も減るだろう。[注84] 会社の平均を出しても正解にはならない。相に応じた手段が必要だ。飛行機を組み立てる場合は、狭いスパン、厳格な管理が求められる。その飛行機向けの先進テクノロジーを開発する場合は、広いスパン、たくさんの実験が必要だ。

ビル・コフランはチームリーダーとして「カオスに陥らない程度に手綱を締める」と言う。コフランはベル研究所で20年間、コンピューターの研究を主導したあと、西海岸に移り、小さなスタートアップに加わった。2年後、グーグルの創業者たちに雇われ、エンジニアリンググループのリーダーを務めた。グループのマネジャーはほぼ全員、解任されたばかりだったが、コフランは数カ月後、次のように語っている。「それが最善の決定ではないと気づいたのでしょう。……それで私が『大人の監督者』のひとりとして雇われたわけです」

最終的に5000人以上を擁したエンジニアリンググループは、データストレージを担当していた。コフランが入社した頃、グーグルは毎日インターネットのバックアップを行っていた。その後間もなく、何十億ものメール（Gメール、2004年）や動画（ユーチューブ、2006年）が加わった。従来のデータストレージモデルでは対応不可能であり、抜本的な解決策が求められた。コフランは直属の部下であるエンジニアが100人以上もいる組織体制を築き、あるときはその数が180人に達した。グループのエンジニアリング・ディレクターはそれぞれ30人ほどの部下を統括した。スパンが広く、管理は緩い。実験が奨励され、ルーンショットが促進される。彼のチームは莫大なデータを保存する抜本的ソリューションの開発に成功した。異なるソリューションを試して競い合うチームもあったが、最後はみんなが協力し、ルーンショットがつまずいたときは互いに支え合った。

そこからもう一つ、広いマネジメントスパンがルーンショットの育成に役立つ理由がわかる。仲間から建設的な意見が得られるということだ。たとえばゼロックスのPARCでは、40〜50人の研究員全員がボブ・テイラーの直属だった。あるエンジニアはこう語る。この構造のおかげで「相互評価が絶えず可能になった。刺激的でやりがいのあるプロジェクトは、金銭的な支援や事務的な支援以上のものを得ることができる。他の研究員が助けてくれたり参加してくれたりする。その結果、質の高い仕事は勢いを増し、あまり関心を引かない仕事は勢いを失っていった」。もっと層が多かったら「集中力が削がれて、研究員は問題解決よりも役職や地位を気にかけていただろう」。

キャットマルが映画監督のことを理解していたように、テイラーとコフランはエンジニアのことを理解していた。クリエイティブな人材は他のクリエイティブな人材からの意見に最もよく反応する。キャットマルは、映画監督たちがあるプロジェクトについてその監督に助言できるシステムを設計した。マーケターやプロデューサーからの「進軍命令」ではなく、同僚からの率直なフィードバックが有効なのだ。クリエイティブな人は自分と信条が異なる人間を疑ってかかる。創薬の世界もそれと似ている。生物学者や化学者は同類からの批判には耳を傾けるが、ＭＢＡ保有者からの提言には反応しない。

マネジメントスパンが広いと、映画監督、ソフトウェア設計者、化学者など、クリエイティブな人材は同僚の問題解決を助けるために協力しようとする。他方、スパンが狭いと、仲間を妨害して昇進を勝ち取ろうとする力学が働きやすい。

まとめ――マジックナンバーを増やすためには

・政治利益を減らす

昇進・昇給のための働きかけやロビー活動を難しくする。昇進の決定がその人の上司に依存するのではなく、もっと独立して行われるようにする。

・ソフトエクイティを利用する

仲間からの評価、内因性の動機づけ要因など、効果的な非金銭的報酬を活用する。

・プロジェクト・スキル適合度を高める

社員のスキルと担当プロジェクトのミスマッチを見つける人員やプロセスに投資する。ミスマッチが見つかったときは、役割を修正したり、人事異動を実施したりする。社員がその役割にめいっぱいのエネルギーを費やさなければならない状態が目標だ。

・中間層を機能させる

ゆがんだインセンティブ、つまり善意の報酬によって生じる意図せぬ結果を明らかにし、修正する。ルーンショットと政治の戦いにおける最大の弱点、ミドルマネジャー層に特に注意を払う。昇進をめぐる争いに拍車をかけるインセンティブから、結果に重点を当てたインセンティブへシフトする。序列ではなく成果を重視する。

・ナイフを使った戦いに銃を持ち込む
人材やルーンショットをめぐる戦いの競争相手は、時代遅れのインセンティブ制度を使っているかもしれない。こちらはインセンティブの機微に通じた専門家、すなわち最高インセンティブ責任者を雇い入れよう。
・マネジメントスパンを微調整する
ルーンショット集団（フランチャイズ集団ではない）のマネジメントスパンを広げて、管理を緩くし、実験を増やし、仲間同士の問題解決を促進する。

追記

ノーベル賞と「ナッジ」からルーンショットの育成へ

インセンティブや環境要因が行動にどう影響するかを専門に扱う、行動経済学という学問分野が急成長している。そこで研究される影響は簡単に捉えにくいものが多い。その理由は、インセンティブの影響が隠れていて見えにくい、または認知バイアスという心理現象に基づいているからだ。認知バイアスの例を一つ挙げよう。ある研究で、経験豊かな裁判官に判決の前にサイコロを振ってもらった。すると彼らが科した刑期は、大きい目が出たときのほうが小さい目が出たときより60パーセント長かった。(注85)

ちょっと笑っていられない例だが、あくまで対照実験として実施されたものだ。実世界の例で深刻なのは、患者と医師による出産方法の選択である。1980年以降、米国では帝王切開の比率が倍増し、現在は3分の1近くにのぼる。世界保健機関や公衆衛生局が指針とする10〜15パーセントをはるかに上回り、今や一般的な外科的処置となった（帝王切開は重篤な合併症のリスクを高める）。行動経済学の最近の研究によると、米国の出産方法選択の背景には、ゆがんだ金銭的インセンティブがある。病院が受け取る医療費は、普通分娩より帝王切開のほうが高い。ある研究では、その差額が大きければ大きいほど、帝王切開の比率が高かった。こうした結果を受けて、一部の病院では従来の方針を変更し、どちらの出産方法も同じ価格に設定した。(注86)

帝王切開と普通分娩の両方を同じ価格にしても、医師や患者はどちらを選ぶべきか指示されるわけではない。その点では、シートベルトの着用を指示するシートベルト法制化とは性格を異にするが、それでもゆがんだインセンティブは消滅する。望ましい行動を（強要するのではなく）促すちょっとした変化は「ナッジ」と呼ばれる。キャス・サンスティーンとリチャード・セイラーは『実践 行動経済学（Nudge）』（邦訳は日経BP）という著書のなかで、深刻なもの（社員の退職後の貯蓄を増やすためのプラン）から、さほど深刻ではないが同じように効果があるもの（男性用の小便器の内側にハエの絵を描くと尿のこぼれが80パーセント減る）まで、いくつかの事例を紹介している。行動経済学という分野の立ち上げに貢献した研究成果に対して、セイラーは2017年にノーベル賞を受賞した。(注87)また、個人の意思決定に関する心理学(認知バイアス研究)を経済学に持ち込んだ功績に対して、ダニエル・カーネマンは2002年にノーベル賞を受賞した(カーネマンの研究はセイラーにも大きな影響を与えた)。

では、これらのノーベル賞やナッジと、本書でここまで述べてきたルーンショットをもっと効果的に育成するためのアイデアとの間に、どんなつながりがあるか。

共通しているのは、インセンティブや環境が時にこっそりと、時に思わぬ形で行動に影響する様子を注意深く分析することだ。相違点は、行動経済学はこれまでのところ、個人の意思決定に対する影響を分析してきた点だ。一方、本書はここまで、集団の意思決定に対する環境の影響、言い換えればチームや企業がルーンショットを拒絶する理由について述べてきた。

たとえば、サイコロで大きい目が出たあとに長めの刑期を言い渡す裁判官は不合理に見える。だが、一見不合理なその背後には、脳の意思決定に関する一定のルールがある。このルールは日常的な仕事を効率的にこなすために進化してきた(サイコロを振ってから判決を言い渡すのは日常的な仕事ではない)。同様に、メンバーから生まれた価値あるルーンショットを却下するチームは不合理に見える。私たちは、チームがそうした決定に至る合理的理由、言い換えれば、個人だけでなくチームや企業も「予想どおりに不合理」なのはなぜかを探ろうとしてきた。

いずれの場合も、行動を理解すれば行動をコントロールしやすくなる。個人の意思決定をサポートする環境をつくるべきときもあれば、大規模な集団のイノベーションをサポートすべきときもある。

個人に関する研究と集団に関する研究の違いからは、フィリップ・アンダーソンの「多は異なり」というモットーが思い出される。アンダーソンは、一部の物質が突然、金属（電気の良導体）から絶縁体（不良導体）に変わる金属絶縁体相転移という現象の理由を説明してノーベル賞を受賞した。彼はまた、一部の物質が突然、普通の金属から電気抵抗が全くない超伝導体に変わる理由も説明した。どちらも集団的な振る舞いの例だ。なかの電子は同じである。個々の電子の振る舞いだけを切り離して分析しても、これらの転移は理解できない。

ここまでしてきたのは、ノーベル賞を組み合わせること、つまり、これら二つの異なる分野の原理を同じ問題に当てはめることだ。インセンティブの微妙な変化が集団の意思決定にどう影響するかを、私たちは明らかにしようとしている。

個人の振る舞いだけを切り離して分析しても、チームや企業が突然イノベーションを起こせなくなる理由は理解できない。イノベーションの能力は集団的振る舞いであり、これもやはり「多は異なり」の例だ。

最後に一言。ここまでの内容はすべて、チーム内の個人同士、チーム同士がどうやって協働するかという「構造《ストラクチャー》」の話と考えることができる。一方、「文化《カルチャー》」については前に述べたように文献がたくさん書かれている。

しかし、ある用語やテーマがさんざん使われてきたからといって、それを完全に無視してもよいというわけではない。複雑系という言葉がある。市場の売り手と買い手、会社の社員と経営者、急流のなかの原子や分子など、多くの相互作用因子を指す専門用語であるが、そうした名前がついたのには理由がある。興味深い設問に対しては、単純な答えはめったに出ない。たとえば人体という複雑系では、特定の遺伝子が糖尿病やがんの可能性を高める。だが生活様式も大切だ。糖分が多い飲み物をがぶ飲みしていたら糖尿病になりやすく、ヘビースモーカーは肺がんになりやすい。遺伝子と生活様式の両方が大切だ。それはチームや集団についても同じで、構造と文化の両方が重要になる。

ＰＡＲＴＩでは、ブッシュとヴェイルの構造に関する教えや、チェスチャンピオンから拝借したアイデアが、カオス、停滞、モーゼの罠を打ち負かす助けになることを見た。ＰＡＲＴⅡでは、相転移の科学が、イノベーティブな集団の構築に関する新鮮な知見をいかに生み出すかを見た。また、それらを組み合わせることで戦争に勝ち、病気を治し、産業を変革した事例をいくつか見た。では最後にもう一つ、人間という種の歴史を題材に話をしてみよう。

PART

III

すべての
ルーンショットの母

単純な物事を説明できるようになり、説明とは何かがわかったら、もっと繊細な問題に進んでよい。

—リチャード・ファインマン

第9章

なぜ世界は英語を話すのか

ニーダム問題

1937年8月のある晴れた日、英国ケンブリッジ大学のキャンパスで、33歳の魅力的な訪問者が著名な生化学者のドアをノックした。胚の形成・成長に関するジョセフ・ニーダムの大著はダーウィンの『種の起源』にたとえられるほど関係者の評価が高かった。伝説的な研究者ニーダム博士と、同じく一流の生化学者である妻のドロシー・ニーダムに会い、あわよくば一緒に働くため、魯桂珍は上海から2カ月かけて8000マイルを旅してきた。

「ぼうぼうの顎ひげをたくわえたおじいさん」を想像していた魯が見たのは、背が高くすらりとした30代半ばの男性で、その力強い声は「物静かで、やや舌足らずな感じ」さえした。彼女はその声に魅了された。それからすぐ、ニーダムの関心の幅が異様に広いことがわかった。信心深く、ヌードスイミングに熱中し、自由恋愛を実践していた。ドロシーも承知のうえで、ニーダムは魯と関係を持ち始めた。

ニーダムの日記によると、数カ月後のある夜遅く、彼は魯とベッドでたばこを吸っていた。そのとき、彼はいきなり彼女に向かって「たばこ」は中国語でどう書くのかと尋ねた。ふたりは一緒に「香煙」と日記に書き込んだ。

ニーダムは書道を習い、次に中国語を覚えたいと言った。魯はそう振り返る。彼女が先生になる番だった。彼の関心は中国語からさらに中国の歴史へと広がった。西欧の学者は多くの発明や技術が中国で最初に生まれたことを知らない、と魯は何度も彼に教えた。

1942年の夏、ニーダムは1枚の紙に次のように書きつけた。「中国で科学全般が発展しなかったのはなぜ?」。多くのアイデアが中国で最初に生まれたのなら、なぜ科学革命は中国でなく西ヨーロッパで起きたのか、と彼は魯に問うた。彼女にも答えはわからなかった。ニーダムは中国を訪れてその答えを調べ、短い論考にまとめようと決心した。

彼は生化学の世界へ戻ることなく、27巻、5000ページ、300万語に及ぶ力作を誕生させた。ある査読者は「ひとりの人間が手がけた歴史統合および異文化コミュニケーションの仕事としては、恐らく最も偉大なもの」と評した。これをきっかけに、東洋に対する西洋の理解は一変する。(注88) 技術・軍事・政治分野の数多くの進歩は中国で最初に起きたという魯の主張を、ニーダムは証明した。西洋より数百年、場合によっては1000年以上も早かった。

だが、そもそもの疑問にはまだ答えられていなかった。それだけのアドバンテージがありながら、なぜ科学革命は中国で起きなかったのか。これは歴史関係者の間で「ニーダム問題」として知られるようになった。(注89)

・
・
・

もしあなたが宇宙から地球を訪れて、類人猿から狩猟採集民、定住農民に至る人類の歴史を小説のように読みながら、科学や産業の革命がいつどこで起きるだろうと想像したなら、ほぼ間違いなく中国やインドと考えるのではないか。

紀元後、最初の1000年の半ばから次の1000年の半ばまで(紀元500年から1500年くらいまで)の1000年間、世界の経済を支配したのは中国とインドだ。この間、両国を合わせたGDPは平均で世界の半分を超えていた。対して、西ヨーロッパの5大国は平均でわずか1~2パーセント。紙と印刷が中国で登場したのはヨーロッパより何百年も前。磁気コンパス、火薬、大砲、クランク軸、深井戸掘削、鋳鉄、紙幣、高度な天文台も中国が最初だ。年間受験者100万人以上、合格率1パーセント以下の公務員試験「科挙」は、ヨーロッパで最初の大学が門戸を開く1000年近くも前に、中国でエリート層を生み出していた。当時の識字率は中国で推定45パーセント、イギリスは6パーセント程度。15世紀初め、中国海軍は2万8000人、艦船300隻、総重量3100トンという大部隊で北アフリカとの間を往復した。数十年後、クリストファー・コロンブスは小さな船3隻、総重量100トンで航海した。

中国のゴリアテはヨーロッパのダビデよりはるかに大きく、裕福で、技術的に進んでいた。だが、そうした長い期間のうちに妙なことが起きた。巨人の中国が内向きになり、多大なリソースを要する大規模プロジェクトに着手し始めたのだ。新しい首都（北京）、万里の長城、大運河。すなわちフランチャイズプロジェクトである。中国の指導者たちは、誰からも相手にされないばかげたアイデアへの関心を失った。たとえば、惑星の動き、気体の性質。こちらはルーンショットである。

英国が18世紀に貿易の拡大を中国に迫ったとき、乾隆帝はジョージ3世に次のような書面を送った。「わが国では何も不足していません。見知らぬもの、独創的なものは重んじられておらず、貴国の製品は必要ありません」。その後間もなく、そんな見知らぬ独創的なアイデアの一つが中国沿岸に到来した。それを動力とする英ネメシス号の艦隊は、数週間もたたないうちに中国海軍の古い木造ジャンク船をことごとく沈めた。

ダビデのパチンコに相当するもの、それは蒸気機関だった。

この頃のインドは、さまざまな君主や皇帝による600年の統治を引き継いだムガル帝国が支配していた。ムガルの指導者たちも大規模なフランチャイズプロジェクトを堪能した。たとえば、タージ・マハル。中国の皇帝と同じく、彼らもルーンショットを看過した。1764年に英国の貿易会社がインドの支配権を握り、1857年にインドは英国の植民地となった。

西ヨーロッパ由来の「見知らぬ独創的なもの」は、もっと大きくて裕福な帝国、中国とインドを制圧した。それらは2000年にわたる異文化との接触の賜物だった。トレドのカトリック司祭はユダヤ人を雇って、ギリシャの文献に対するアラビア語の批評をドイツ人が読めるようにラテン語に翻訳させた。中国からは各種の技術、インドからは数学、イスラム世界からは天文学が輸入された。哲学者や教皇、メガネ、磁石、時計、そして血の交流。そうした接触・交流は新しい考え方につながった。つまり、私たちが目にするあらゆるものの根底にあるのは、測定や実験を通じて判断できる普遍の真理、換言すれば自然の法則であるという考え方だ。

今なら当たり前に思えるが、当時は、宗教的な権力者や聖なる支配者、偉大な哲学者が物事の真偽を決めていた。誰でも真理を知ることができるという考え方は極めて急進的で、反体制的と言ってもいい。そんな考えの持ち主は頭がおかしいと言われることも少なくなかった。

現在は「科学的方法」というちゃんとした名前で呼ばれるその考え方こそ、恐らくはすべてのルーンショットの母だ。

中国とインドの指導者が同じ認識にたどり着いたのは、何百年もたってからだった。ルーンショットを見過ごすと命取りになりかねないことがわかる。

産業・歴史に見るルーンショット養成所

本書は、組織のなかでルーンショットを促す条件づくりに焦点を当ててきた。なぜ中国やインドではなくヨーロッパだったのかというニーダムの問いには、ルーンショットを促す条件や原則が組織の間でどう適用されるかを見ることで答えられる。まず、ルーンショット養成所が産業界の各企業の間でどのように形成されるか、次に、ルーンショット養成所が国家の間でどのように形成されるかを見ていこう。

さらに次の点も検討していく。独立した都市国家や小王国を数多く抱える西ヨーロッパ（イギリスを含む）と大帝国の中国・インドとの関係が、ボストンの競合がひしめくバイオテクノロジー市場とメルクやファイザーとの関係、あるいはハリウッドの小さな映画制作スタジオの数々とパラマウントやユニバーサルとの関係に等しいのはなぜか。ティコ・ブラーエが成功し、その500年前の中国の前任者が成功しなかったのはなぜか。西ヨーロッパが当時、ルーンショット養成所として栄えたのはなぜか。また、かつての中国・インドの二の舞いを避けたいと考えている現代の国々にとって、それは何を意味するか。

ではまず、先ほどの「すべてのルーンショットの母」について詳しく見ておこう。

世界を変えた8分

自然の法則という考え方、そしてそれらの法則を明らかにするための科学的方法にたどり着くまでの道筋は、地球が太陽の周りを回っているという地動説への道筋とよく似ていた。天と地の初歩的な疑問について聖なる支配者の答えが誤っていたら、別の新しい方法で真実を定義・探求する必要がある。

地動説の考え方は紀元前4世紀に最初に登場し、その後2000年近く、思い出したように再浮上しては(時に容赦なく)叩かれるということを繰り返した。6世紀にインドの天文学者アーリヤバタは、地球が24時間ごとに地軸を中心に回転しているはずだと述べ、空の星や太陽の自転について説明した。地球の動きを組み込んだ理論は、キリスト教ヨーロッパとイスラム帝国の両方で14~15世紀にその兆しが現れた。

ポーランドでは、1510年前後につくられ、非公式に配布された小冊子のなかで、カトリック教会の敬虔な聖職者ニコラウス・コペルニクスが、太陽の周りを地球が回る仕組みを詳しく解説した。その考え方が宗教と矛盾しないことを、彼は苦労して説いた。ローマ法王は興味を抱き、コペルニクスにそれを出版するよう促した(教会との対立が始まったのは約100年後、ガリレオが教会の指導者たちを冷笑したのがきっかけだ)。だがコペルニクスは渋った。周りの教会関係者にどう思われるかが気になり、自説の欠点を指摘されても反論できなかったからだ。もし地球が24時間ごとに地軸を中心に高速で回転しているのであれば、なぜ鳥は巣から放り出されないのか。太陽の周りを猛スピードで回っているのであれば、なぜ月は置いていかれないのか。要するに、彼の理論は欠点だらけだった。これはルーンショットの宿命だ。

熱心な弟子の勧めもあって、コペルニクスは30年後の1543年、死を目前にしてとうとう出版に踏み切った。彼の説を本気にする者はほとんどいなかった。本人が恐れていた通り、大半の人はその欠点をあげつらい、全く相手にしなかった。1589年、イタリアの著名な天文学者ジョバンニ・マジーニはコペルニクスの考えについて、「彼の仮説はほぼ全員にばかばかしいと見なされている」と書いた。ある歴史家は、コペルニクスの死後50年たった当時でも、「彼の地動説を信じている学者はヨーロッパで5人しかいない」と述べた。(注90)

5人のうちのひとりは、ドイツのエバーハルト・カール大学テュービンゲンの教師、ミヒャエル・メストリンだった。惑星運動に関する彼の講義に感銘を受けたのが、17歳の学生だったヨハネス・ケプラーである。ケプラーは日記で自分のことを次のように書いている。

見た目は小さな飼い犬のようだ。体つきは細いながら筋肉質で均整がとれ、動きは機敏である。食欲も似たようなもので、骨や乾いたパンの耳をかじるのが好き……。

会話にはうんざりしているが、訪問客があれば小さな犬のように歓迎する。だが、とっておきのものが奪い去られると、怒りを爆発させて吠えたてる。……多くの人々を極端に嫌うのでうとんじられているが、ご主人様には好かれている。

ケプラーはコペルニクスの考えに魅了されていった。ただ、わからないことや欠点がまだたくさんある。その理論は古代ギリシャの政治制度と同じくらい複雑で、軌道を説明するのにたくさんの従円と周転円が必要であり、広く使われている地球中心システム（天動説）と同じように精度を欠く。したがって実用性もなかった。

心なしかロマンチストで、少なからず神秘主義的なところもあったケプラーが惹かれたのは、コペルニクスの発想の優美さだった。太陽中心の世界（地動説）のほうが、そのなかの惑星運動（なぜ水星と金星は太陽から離れないのか）や惑星周期のずれを自然に説明できる。太陽に最も近い惑星は軌道を一周するのが早く、最も遠い惑星は一周する時間が最も長い（注91）。

ケプラーは24歳のとき、空中の巨大なピラミッドや立方体が惑星の軌道を形づくっている様子をたくさんのイメージ図で表した本を出版した。彼は熱心に自著を紹介した。「このテーマを人類全般に知らしめるのは私が初めてだ。……神がまるで建築家のようにこの世界を創られた、その経緯をご覧に入れよう！」。彼の考え方はすべて間違っていた。後に本人がその多くを撤回している。だが、数学者としてのケプラーの才能は疑いようがなかった。彼はその本を、ヨーロッパを代表する天文学者のティコ・ブラーエに送った。ティコは直ちにケプラーを助手に雇った。若いケプラーの力を借りて、自分なりに温めている惑星運動理論を確認したかった。ティコはケプラーに火星の動きを分析させた。ケプラーはまず円運動を想定して計算に取りかかった。天体の動きとして考えられるのはそれしかなかった。バビロニア人からギリシャ人、アラブ人、コペルニクスやティコを含むヨーロッパ人まで、先人はみんな同じ方法をとっていた。だが、5年間とりつかれたように分析を続けたものの、計算で予測した火星の位置と、ティコの観測装置で見た実際の位置がどうしてもわずかに違っていた。角度にして8分《ぶ》、1パーセントの20分の1に満たない誤差だ。(注92) 従円、周転円、擬心、偏心など、当時のギリシャ、イスラム、ヨーロッパの天文学者が使っていた数学技法をいくら適用しても、その小さな差はなくならなかった。そこでケプラーは「私たちの頭のなかだけに存在し、自然界が全く受け入れてくれないもの」、すなわち円運動という前提を否定することにした。

ケプラーの行動に火がついた。著書『新天文学』（1609年）のなかで彼は「この8分の差は無視できない。それだけでも天文学の再編に道を開くことになるだろう」と述べている。

医学や生物学や動物学では、研究の対象が多種多様で対象の振る舞いも幅広いため、一般法則が成り立つ余地はほとんどない。腎臓や猫の普遍的理論はない。しかし、惑星は何千年もの間、毎年同じ軌道を繰り返す。よって普遍的な真理を提案し、注意深く検証できる。

普遍的真理としてケプラーが示した考え方はどれも過激だった。楕円軌道（軌道という発想自体、進歩的だった）、惑星を動かす太陽からの力、惑星運動をつかさどる自然法則という考え方。

そして、注意深い測定によってその法則を推測しなければならないという考え方。どれもそれまでにない新しいものだった。過去の発想にとらわれない点では、ケプラーはニュートンの比ではなかった。ニュートンは（主に）ケプラーの軌道を説明するという目的のため、既存の原理を統合した。ケプラーの精神はアインシュタインに近かった。アインシュタインも300年後、過去に全くとらわれない発想をした。まずはエーテルという昔からの考え方、すべてのものの比較対象とすべき、唯一無二の宇宙の枠組みを否定した（彼の特殊相対性理論によれば、物理法則はどんな枠組みにおいても同一であり、特別なものは何もない）。次に、ニュートンの遠隔作用の重力、つまり惑星が遠くの物体に不思議な引力を及ぼすことができるという考え方を否定した（彼の一般相対性理論は、物質が周りの空間をどのようにゆがめるかを示すことで、その力を説明した）。

アインシュタインはケプラーを「同志」と考えた。宗教的迫害、貧困、個人的な悲劇、聴衆の不信、神秘主義的な思考を乗り越えた同志だ。(注93)「ケプラーの生涯の仕事は、生まれた時代の知的伝統から大きく解放されて初めて可能になった」と、アインシュタインは書いている。

ケプラーと違ってアインシュタインは、すでに確立した大きな科学コミュニティーから恩恵を受けた。前述のように、1919年の日食は、その4年前に発表されたアインシュタインの重力理論を実証した。一方、ケプラーの考え方が実証されるまでにはもっと時間がかかった。ケプラーが「火星との戦い」を発表してから何十年もの間に、天文学者、占星術師、航海士は、ケプラーの説のほうが天動説よりよほど筋が通っていることに少しずつ気づき始めた。ガリレ

同志――アルベルト・アインシュタインとヨハネス・ケプラー

オによる木星の月の発見、ウィリアム・ギルバートの磁石の実験、ロバート・フックによる万有引力の着想、そしてニュートンの統一法則とともに、ケプラーの急進的な発想は、新しい天文学に対する幅広い支持をもたらしたほか、権力者ではなく実験結果が真実を判定するという新しい考え方の浸透にもつながった。(注94)

ケプラーの死後、17世紀の西ヨーロッパで科学的方法が台頭して爆発的に広がり、それに伴い関連ツールに革命が起きたことで、人類の歴史上かつてなかった規模とスピードで変革が誘発された。(注95)

1万年もの間、平均寿命はほとんど変わらなかったが、1800年から2000年にかけて2倍に延びた。紀元1年から1800年まで、世界の人口増加率は年0・1パーセントに満たなかったが、20世紀半ばにはその20倍になっていた。世界の一人当たり経済生産高の平均値は1800年以前の2000年間ほぼ一定で、1990年時点のドル換算で450〜650ドルだったが、1800年以降1000パーセントも増加した。

イギリスを中心とする西ヨーロッパの小さな国民国家は、そんなルーンショットの波に乗って世界を支配した。グローバルなビジネス言語が中国語やアラビア語やヒンズー語ではなく英語なのは、それが主な理由だ。

ルーンショット養成所の三つの条件

「なぜ西ヨーロッパだったのか」というニーダム問題に戻る。まず、よく一緒にされる二つの問題を切り離しておこう。この200年の間に経済が成長した国もあれば、悪化した国もあったのはなぜか。この疑問はよくニーダム問題と混同される。だがニーダムが問うているのは、初登場、創出にまつわる疑問であり、もっとあとになってからの差は言ってみれば導入の問題だ。一部の国が他の国より早く科学や産業の新しいアイデアを導入したのはなぜか。

たとえば、20世紀のハイチの経済は低迷していたが、同じ時期、ドミニカ共和国の一人当たりGDPは5倍になった。両国は同じ島にある。歴史の検証は困難だが、反証が難しくない

(少なくとも無視してよさそうな)説明はいくつかある。よく言われてきた人種や文化、気候、地理の違いは、ハイチとドミニカの例から無視してもよさそうだ。政治・経済制度の違いのほうが説明としては自然である。(注96)

ニーダムの問いは、ハイチとドミニカのような比較的新しい格差を指すのではなく、ルーンショットに関わるもの、もっと言えば「すべてのルーンショットの母」をめぐる問いだ。富や貿易、組織的研究、初期の科学技術については、中国、インドおよびイスラム帝国が1000年間も世界をリードしていたのに、なぜルーンショットは17世紀頃の西ヨーロッパに現れ、急速に広まったのか。

たとえばイスラム帝国は、9〜15世紀に、数学、天文学、光学、医学、さらには西欧の科学を生んだ図書館、病院、初期の大学、天文台に関して、西洋にも中国にも勝っていた。コペルニクスは重要な数学的手法の多くをアラブの天文学者から直接拝借した。1025年、ペルシャの医師・哲学者のイブン・シーナー(西洋ではアヴィセンナ)は『医学典範』を著した。これは700年もの間、ヨーロッパで医学の教科書として最も広く使われた。

ここでも、文化、気候、地理という古い説明は無視できる。もし西ヨーロッパの文化、気候、地理が中国、インド、イスラムのそれよりも進歩や発展に向いていたなら、それらの帝国が世界の経済・技術のイノベーション(紙、印刷、磁気コンパス、火薬、運河の水門、先進的な採掘技術など)を何百年も支配してきたのはなぜか。文化や山の高さが突然変わったとは考えられない。

答えを知るため、さまざまな産業のなかでルーンショットを促す条件をまず見ていこう。どの産業もおなじみのパターンを示すはずだ。すなわち、二つの市場への相分離と、それらの市場間の動的平衡だ。次にそのパターンを国に当てはめる。西欧の台頭、それ以外の国々の衰退にとって、文化や気候、地理よりも「構造」が重要だったのはなぜかを検討する。

ある会社、または産業のなかでルーンショット養成所が花開くには、三つの条件をクリアしなければならない。

> 1　相分離——ルーンショット集団とフランチャイズ集団を分ける
> 2　動的平衡——両集団間のシームレスな交流
> 3　クリティカルマス——ルーンショット集団がプラスの連鎖反応を起こすのに十分な規模にある

「1」と「2」は、PARTⅠで述べた最初のブッシュ・ヴェイル ルールであり、「3」はどのくらい肩入れするかと関係がある。優秀な人材を雇い、初期段階のアイデアやプロジェクトを支えるための資金がなければ、いくらうまく設計してもルーンショット集団はしぼんでしまう。ルーンショット集団が栄えるには連鎖反応が欠かせない。人気の医薬品やヒット商品、評価の高いデザインを生み出す研究所は、トップクラスの人材を引き寄せる。発明家などの創造的な人材は、新しいアイデアを糧に勝ち続けるチームの勢いに乗りたいと考える。成功すれば、資金がさらに注入される。プロジェクトが増え、資金が増えれば、ヒットの可能性も高まる。こうしてプラスの連鎖反応が起きていく。

クリティカルマスに達するにはプロジェクトがいくつ必要か。一つのルーンショットの成功確率が10分の1だとしよう。プラスの連鎖反応を高い確度で引き起こす、そんなクリティカルマスに到達するには、少なくとも2ダース（24個）のルーンショットに投資する必要がある（10個のルーンショットを擁する多様なポートフォリオのうち、最低一つが成功する確率は65パーセント。2ダースだと確率は92パーセントになる）[注97]。

これら三つの条件が各産業にどう当てはまるかを見ていこう（一企業の内部ではなく、企業間の関係に着目）。まずは映画産業から。ここでは連邦政府が相分離（条件1）を手助けしていた。

映画

1900年代初め、ヨーロッパからの若い移民、金属スクラップ収集業者、毛皮商人、安物宝石の行商人たちが、トーマス・エジソンの発明した映画《モーションピクチャー》に飛びついた。名字はズーカー、メイヤー、ゴールドウィン、ロウ、コーン、ワーナー、フォックスなど。ほとんどがユダヤ系で、カトリック教徒も一部いた。彼らはエジソンの映画装置を買い、短編映画をレンタルで借り、それを5セント映画館などで上映した。この新しい娯楽を電灯や電話、蒸気機関と比較した1931年の文章がある。

機械時代の発明で、これほど驚きや関心が広がったものはほかにない。……この新しい「活動写真」は、人手を減らしたり、時間を節約したりするための退屈な道具ではなく、金持ちにさらなる慰安や贅沢をもたらす手段でもなかった。普通の人々に娯楽を提供する、空想をかき立てる発明品だった。

映画でひと儲けしようと狙う先のような連中は、エジソンの特許などお構いなしに、全国的なブームに乗った。劇場を建て、脚本家や俳優、監督を雇って自ら映画をつくり、その劇場で上映した。エジソンはニュージャージーを拠点とする特許会社を通じて、その動きを抑え込もうとした。悪党を雇って機械を壊し、劇場に火をつけた。そこで彼ら映画人はメキシコ国境に近い西海岸へ移動した。エジソンの特許警察が現れると、「海賊版」装置を持って直ちに逃走する。彼らはハリウッドという自分たちの町を築いた。

それから30年、5セント映画館を始めた若者たちは立派なスタジオ経営者になった。パラマウント、ユニバーサル、MGM、ワーナー・ブラザース、コロンビアといった映画スタジオが、劇場から撮影所、タレントとの長期契約までのすべてをコントロールした。このような寡占は、スタジオ経営者にとっては名誉なこと、スターにとっては魂を売ってでも欲しい契約、そして独占禁止法規制当局にとっては格好の標的だ。司法省は1920年代に映画スタジオを訴え始めた。大恐慌と第二次世界大戦による中断の後、ついに1948年の最高裁判決により、パラマウントをはじめとする映画会社は解体を余儀なくされた。映画をつくっている会社が劇場を所有できなくなった。

自由化された市場には各方面から参入が相次いだ。自動車部品会社、飲料メーカー、ホテル、芸能プロダクション、さまざまなコングロマリット企業……。イタリア人詐欺師がフランスの政府系銀行と組んで映画スタジオを買収したケースもあった。椅子取りゲームがピークに達したのは、ワーナー・ブラザースがタイムと合併し、そのあとAOLに買収された2000年頃。(注98) 1860億ドルという買収額は、失敗に終わったM&Aとしては史上最大規模だ。

椅子取りゲームが落ち着くにつれ、映画業界は二つの市場に分かれた。現在の大手であるワーナー、ユニバーサル、コロンビア、フォックス、パラマウント、ディズニーは、フランチャイズ(続編)や優良プロジェクトの獲得・運営を得意とする。優良作品をできるだけ多くのチャネルを通じて、できるだけ多くの観客に届けようと競い合う。得意とするのは、公開初日夜のニューヨークでのイベント、シティバンクを通じたレバレッジド・ファイナンス、韓国での初リリース、ネットフリックスでのオンデマンド放映、任天堂ゲーム機向けのビデオゲーム化、ウォルマートでの玩具販売、日本のテーマパークとの契約などに必要な規模拡大や関係づくり。アナリストや投資家（フィデリティやティー・ロウ・プライスなどの大手ミューチュアルファンド）向けの四半期ごとの業績報告会では、『アイアンマン』のフランチャイズ（続編）の予定、はしかの流行がテーマパークの収益に及ぼす影響など、予算規模の大きな事案が議論される。アナリストは次の四半期の業績やグローバルな市場トレンドを予測する。大手スタジオが最近入手した新しい脚本について議論することはなく、アナリストや投資家もそこにあまり興味を持たない。ヤンキースがトレントンのダブルＡ（日本で言えば三軍）の選手について議論することはなく、ファンやスポーツライターもそこにあまり興味がないのと同じだ。メジャーリーグ市場が得意とするのはフランチャイズ（すでに活躍している有力選手）の獲得とマネジメントだ。

もう一つの市場では、何百という小さな独立の制作会社が断片化したネットワークを構成している。彼らは脚本や人材、投資家を集め、長く暗いトンネルを経由して映画を完成させる。新しい素材、クリエイティブなトップ人材、映画祭での高い評価、乏しい資金をめぐって競い合う。フィデリティやティー・ロウ・プライスが出資することはまずない。資金を出すのは、大手に見捨てられた、まともではないプロジェクトに賭けてもいいと考える金持ちや個人投資家たち。たとえば、長距離ミサイルとふわふわな毛のネコで悪党から世界を守る色男の英国スパイ（『００７』のジェームズ・ボンド）、クイズ番組に出場するムンバイのスラム街出身の少年

（『スラムドッグ$ミリオネア』、アカデミー賞8部門受賞）、刀とピザを愛する爬虫類（『ティーンエイジ・ミュータント・ニンジャ・タートルズ』、興行収入12億ドル）。ここはルーンショットを創作、育成、売買する市場だ。

映画産業が生き残り、栄えているのは、二つの市場をつなぐパートナーシップ網があるからだ（動的平衡、条件2）。フランチャイズの確実性がなければ、失敗確率の高いルーンショットのせいで業界は破綻する。その一方で、フランチャイズは陳腐化するので、新鮮なルーンショットがなければ大手スタジオは消え去るだろう。

そうしたパートナーシップの多くは一度きりの取引だ。小さなスタジオが映画を制作し、興行権は入札を通じて大手スタジオに販売される。(注99) 長年継続的に取引するパートナーシップもある。たとえば大手映画会社のユニバーサルは30年間、50本の映画でイマジン・エンターテインメントと協業した。イマジンがストーリーを考え、映画を制作し、ユニバーサルが配給する。アカデミー賞を受賞した『アポロ13』『ビューティフル・マインド』はそうしてできた作品だ。

パートナーシップ網で結ばれた、二つの映画市場。それは企業のなかではなく、産業のなかの相分離と動的平衡の例である。小さなばかげた映画プロジェクトを発掘して実現させる、何百もの小規模スタジオで構成される市場。それは産業のルーンショット養成所の例だ。(注100)

映画界では、政府の介入によってスタジオの寡占状態が崩れたことが相分離を加速させた。

一方、バイオメディカルの世界では、新しいテクノロジーがその役目を果たした。

医薬品

1980年代まで、少数のグローバルな大手製薬会社（ファイザー、メルク、アボット、ロシュ、イーライリリー）が医薬品開発を支配した。ハリウッドの古いスタジオが1940年代まで映画業界を支配していたのと同じだ。どちらも製品開発は、業界の外でなされた創造的な仕事を利用することから始まる。映画なら、本のストーリーや雑誌の記事が起点となる（イアン・フレミングの小説から『007』が生まれ、漫画の『フラッシュ・ゴードン』が『スター・ウォーズ』に影響を与えた）。同様に、医薬品では、大学や国立研究所の研究が新薬開発の起点になる。たとえば、コンラート・ブロッホ、マイケル・ブラウン、ジョセフ・ゴールドスタインらのコレステロールの研究がスタチンの開発を後押しした。

1980年代半ばまでは、それが医薬品開発産業だった。学者が幅広い研究分野を担い、グローバルな製薬会社がその研究成果を利用して新薬をつくり、顧客に販売するという流れだ。かつてのハリウッドの大手スタジオと同じように、製薬大手が生産（制作）と販売（配給）の両方をコントロールしていた。ところがそうしたなかで、14歳の少年を治療していた若い医師が、全く新しいタイプの医薬品を生み出すことに成功した。

私たちが使う医薬品のほとんどは、動植物、微生物などの自然由来だ。こうした天然物医薬品の有効成分は比較的小さな分子で、ヤナギの樹皮からつくるアスピリンは原子が21個しかない。ケシからつくるモルヒネは原子が40個、菌類からつくる遠藤章のスタチンは62個。これらの薬はタンパク質に作用して効果を発揮する。タンパク質は細胞のなかで主に仕事をする。天然物医薬品の有効成分に比べると分子はずっと大きい。これが正常に機能しないと細胞が制御不能に陥り、病気が発症する。天然物医薬品は暴走するタンパク質の小さな隙間に入り込み、ブレーキをかける。制御不能になった巨大ロボットの中心部に小さなレンチを突っ込んで動きを止めるのに似ている。アスピリンは炎症に関わるタンパク質をブロックし、モルヒネは痛みを伝えるタンパク質をブロックする。スタチンはコレステロール値を調整するタンパク質をブロックし、化学療法は細胞分裂に必要なタンパク質（またはその他の非常に大きな分子）をブロックする。19世紀から20世紀後半にかけて開発された医薬品はほぼすべてこのタイプだ。

新しいタイプの薬が誕生するきっかけになったのは、カナダに住む少年だった。1921年12月2日、14歳のレナードはトロントのある病院に入院した。体重は30キロ弱、気力が出ず、髪の毛が抜け、尿にアセトンが混ざり、血糖値が異常に高い。現在で言う1型糖尿病の末期だった。最先端の治療法は飢餓療法。余命は数カ月と診断された。その25年前、ポーランド系ドイツ人の科学者オスカル・ミンコフスキーが、動物の膵臓を摘出すると糖尿病の症状が生じることを発見した。ミンコフスキーをはじめとする多くの医師は、動物の膵臓をすり潰して患者に投与してみたが、うまくいかなかった。そのまま20年以上が過ぎた頃、アメリカの有力な糖尿病研究者は教科書に次のように書いた。「膵臓製剤の投与が役に立たず、むしろ有害であることは、その道の権威がみんな認めている。失敗はミンコフスキーに始まり、現在まで途切れることなく続いている」

その頃、研究の経験もなければ資金もない29歳のカナダの外科医（扁桃腺の摘出手術や医療機器の販売で生計を立てていた）が、膵臓に関するある記事を読んだ。興味をそそられた彼はこの問題に取り組んでみようと決心した。相次ぐ失敗にもめげない勇気があったのか、あるいは勉強していなかったので相次ぐ失敗をそもそも知らなかったのかもしれない。彼は、血糖値を制御している可能性がある謎の物質を抽出する新しいアイデアを思いついた。トロントのチームと協力して何匹かのイヌにその製剤を試したところ、有望な結果が得られた。1922年1月11日、彼はそれをレナードに試した。チームメンバーたちと廊下で待っていたが、何も起こらなかった。彼らの抽出物は濁って見えたため、生化学の専門家に改善を依頼した。12日後、レナードに新しい抽出物が投与された。

すると24時間とたたずに血糖値は80パーセント近く下がり、尿中のアセトンと糖は90パーセント近く減少した。患者は「元気になり、活力を取り戻し、具合もよさそうで、気分がいいと言った」。急きょ発表された医学レポートのなかで、この抽出物を開発した外科医、フレッド・バンティングは書いている。膵臓抽出物はタンパク質であることが判明し、バンティングはそれをインスリンと呼んだ。それがレナードの命を救ったのだ。(注101)

新しい治療法の噂はたちまち広まった。糖尿病研究者としてよく知られたアメリカのフレデリック・アレンはトロントへ飛び、その薬剤を一瓶、手に入れた。アレンをサポートする看護師のひとりは、彼がその瓶を持って診療所に帰ってきた夜のことを次のように書いている。

ただの幻想かもしれないのに、新しい暮らしを求めて次々に患者が現れた。大きなおなか、骨と皮だけの首、骸骨みたいな顔、弱々しい動きの老若男女。何週間も寝たきりだった糖尿病患者が、壁や家具につかまりながらよろよろと歩き始めた。それは復活だった。ゆっくりとした目覚めだった。ぼんやりとした春の夜……。

みんな静かに、漂うようにやってきた。むくんだ幽霊みたいに。お互いの顔を見るだけで、簡単に叶うとは思えない希望がすっかり消えてしまうかもしれないと思ったのか、みんな下を見たまま、ただ黙って待った。

回廊を歩いてくる足音を全員が聞いた。その人は入り口を過ぎ、中央廊下へ。奥様も一緒だった。コツコツと響く速い足音が、彼の足音と相まって奇妙なリズムを刻む。患者たちは沈黙したままその音に神経を集中させた。

ドアが開いて彼が現れると、100人の懇願するような視線が注がれた。今でもはっきりと覚えているが、彼が口を開くまでに何分か間があった。患者に対する気遣いと、期待を裏切らないよう最善を尽くした興奮とが入り混じった声で、彼は言った。「皆さんにおみやげがあります」

インスリンは医学を変えた。タンパク質はもはや薬の標的ではなく、薬そのものになることがわかった。制御不能なロボットを小さなレンチで止めるのではなく、ロボットを丸ごと代えるやり方だ。

だが、一つ問題があった。すべての糖尿病患者のために動物の膵臓を摘出するのは、すべての高熱患者のためにヤナギの木を切り倒してアスピリンをつくるのと同じくらい非現実的だ。解決策を見つけるのに50年かかった。1970年代に遺伝子工学が発展し、ヒトタンパク質を研究室で大量に精製できるようになったため、ようやくバンティングのインスリンの発見を現実的な治療法に転換することができた。

大手製薬会社のほとんどは、人工タンパク質という新しい薬剤の可能性に目を向けなかった。しかし、タンパク質を改変して医薬品にするアイデアは、1980年代初めの一握りの起業家にとっては少しもばかげていなかった。そんな彼らが、現在のバイオテクノロジー企業を興した。第5章で述べたジェネンテックを筆頭に、彼らのIPOの成功によって、売上高や利益はゼロ、営業部門がなく、製品化がいつになるかわからない企業でも市場に参入できるようになった。初期の起業家たちは、ルーンショットの公開市場を築いたと言ってもいい。

ハリウッドのスタジオシステムを解体したのが政府の介入だとすれば、製薬システムを解体したのは遺伝子工学だろう。遺伝子工学が生産（新薬を発明する科学者）と販売（それを売る製薬会社）を切り離した。

製薬大手は少数の多国籍企業である（ノバルティス、ファイザー、メルク、ジョンソン・エンド・ジョンソン、イーライリリーなど）。アルゼンチンでの製品発売、フランス規制当局の承認取得、プエルトリコでの製造、JPモルガンを通じたレバレッジド・ファイナンス、日本の償還価格制度……などに対応できる規模や関係性を備えている。アナリストや投資家（フィデリティやティー・ロウ・プライスなどの大手ミューチュアルファンド）向けの四半期ごとの業績報告会では、コレステロールや糖尿病関連のフランチャイズ（訳注＊開発済みの薬）の今後など、予算規模の大きな事案が話し合われる。アナリストは次の四半期の業績やグローバルな市場トレンドを予測する。分子の作用経路やアーリーステージの新薬候補について大手製薬会社が議論することはなく、アナリストや投資家もそこにあまり興味を持たない。製薬大手の舞台は、フランチャイズの獲得・マネジメントのための市場である。

しかし、バイオテクノロジー市場の何百という小さな会社をフォローする投資家やアナリストは、科学の世界に深く身を投じる。製品はまだ研究中または臨床試験中で、FDAの承認を得ていないことが多い。売り上げについて議論のしようもなく、話題にできるのは生物学、化学、臨床試験のデータくらいだ。バイオテクノロジー企業は、出発物質（大学や国の研究所で開発されたテクノロジー）、創造的な人材（生物学者や化学者）、投資家からの限られた資金をめぐって競い合う。そこは製薬大手がたいてい見向きもしない、流行とは無縁のアイデアの市場だ。20年前の遺伝子治療、10年前の免疫療法、現在なら幹細胞治療がそれに当たる。

映画界と同じように、共生のためのパートナーシップ網が二つの市場を結びつける。多くは一度きりの関係だ。第5章で、一度きりの取引が創業間もないジェネンテックを救った話をした（イーライリリーとの提携）。これはディズニーとの一度きりの契約が初期のピクサーの生き残りに寄与したのと同じだ。一部にはもっと長い契約もある。スイスの製薬大手ロシュと、サンフランシスコに拠点を置くジェネンテックとの20年に及ぶパートナーシップは、バイオテクノロジー医薬品のヒット作を次々に生み出した。たとえば、ジューダ・フォークマンの研究をヒントに開発されたアバスチン（第2章を参照）、乳がん治療を変革したハーセプチンなど。ロシュから莫大なリソースが投入されジェネンテックが次々とルーンショットを生む、この共同プロジェクトの年間売上高は300億ドルを超えている。

こうした数多くの上場バイオテクノロジー企業や個人出資のバイオテクノロジー企業が、バイオメディカル界のルーンショット養成所になっている。

・　・　・

映画産業も創薬産業も、フランチャイズを扱う大手の市場と、ルーンショットを育成する小さな専門事業者の市場の二つに分かれている。そして、二つの市場はパートナーシップ網でつながっている。この分離と接続は、先ほどの三つの条件の最初の二つ、すなわち相分離（条件1）と動的平衡（条件2）の例だ。

条件3のクリティカルマスは、次のような事例で説明するとわかりやすい。

米国のほとんどの大都市はこの10年間ほど、「バイオテクノロジーハブ」として自己改革するという発想を持つようになった。あなたがもし生物学または化学の博士号を取得したばかりだとしたら、キャリア向上のため、次のどちらの都市に引っ越すか。バイオテクノロジー企業が少数あるデトロイトか、それとも200以上の企業に加えて、毎年何十もの新しい会社を立ち上げるベンチャーキャピタリストやバイオテクノロジー起業家が何百人もいるボストンか。たいていのバイオテクノロジー企業は、ルーンショットと同じく生き残りに苦労する。会社が潰れたときに備えて、近くに「バックアップ」が欲しい。同様の理由から、一流の投資家やベンダー、サプライヤーはボストンに集まる。近くに選択肢やバックアップが欲しいからだ。最近、世界最大級のバイオテクノロジー企業の多くは、買収可能な会社や製品の近くにいたいと考えるため、研究本部をボストンに移している。買収が増えればベンチャーが潤い、ベンチャーが潤えば企業数も増える。好循環がこうして回り出す。

ボストンはクリティカルマスを達成し、勢いがついたが、デトロイトはそうなっていない。

帝国の運命

では、三つの条件をさらに国家に当てはめてみよう。

まず、ふたりの男の運命を比べてみる。ひとりはヨーロッパの科学革命に寄与した人物。もうひとりは同じようなアイデア、同じような手法、同じような（あるいはそれ以上の）天賦の才を持ちながら、中国の科学革命に寄与できなかった人物だ。

ティコ・ブラーエがヨーロッパ一の天文台を建設した頃からさかのぼること500年、沈括《しんかつ》は中国一の天文台の建設を指揮した。デンマークの貴族だったティコはデンマーク王からの支援を取り付けた。王は彼にヴェン島を与えたほか、たくさんのスタッフを雇い、最高の機器を買うための資金を提供した。沈括は一般家庭の出で、科挙に好成績で合格した。時間があるときに天文学を学び、順調に出世し、ついに皇帝から天文局の責任者に任命された（天文学はヨーロッパの王と中国の皇帝にとって、同じような理由から重要だった。つまり、天を観察することは神のお告げを知ることだと考えられていた）。

ジョセフ・ニーダムは沈括のことを「中国の科学史を通じて最も興味深い人物」と述べた。沈括は実に幅広い分野の学問について研究・執筆し、それに貢献した。天文学、数学、地学、気象学、地図製作法、考古学、医学、経済理論、軍事戦略、解剖学、生態学……。初めて磁気コンパスというものを考え、真北と磁北の差を明らかにした（これは航法を大きく変革した）。知られている例としては最も早く三角法を適用し、無限小という数学概念（微積分の先駆け）を考え出した。今で言うなら科学的好奇心が旺盛な人間だった。家に落ちた雷で金属は溶けるのに、木材に何の影響もないのはなぜかを考察した文章から引用する。

木製の棚、口の部分が銀でできた漆器に雷が落ちた。銀は溶けて床に落ちていたのに、漆器に焦げた痕はない。また、高価な鋼の剣は溶けて液体になっていたが、付近の家の構造物は何も影響を受けていなかった。屋根わらや木材が最初に焼けそうなものだが、見ると、金属は溶け、屋根わらや木材は何ともない。

ティコと同じく、沈括も天空の惑星の奇妙な動きに考えをめぐらせた（固定された背景の星々に比べて、たいてい東へ動いてゆく。しかし軌道の一部については逆に西へ動いているように見える）。そしてやはりティコと同じく、もっと正確に測定しないと理解は深まらないと考えた。沈括はティコと同様、彼の時代としては最も優れた天文測定ツールを設計した。皇帝に対して、各惑星の位置を毎晩3回、5年間、正確に測定するプログラムを提案し、ティコと同様、優秀な助手を雇ってプログラムを完遂した（ティコはケプラーを、沈括は盲目の数学者の衛朴を雇った）。

沈括は自身のプログラムが高くつくことを知っていた。資金確保には強力な政治的支援が必

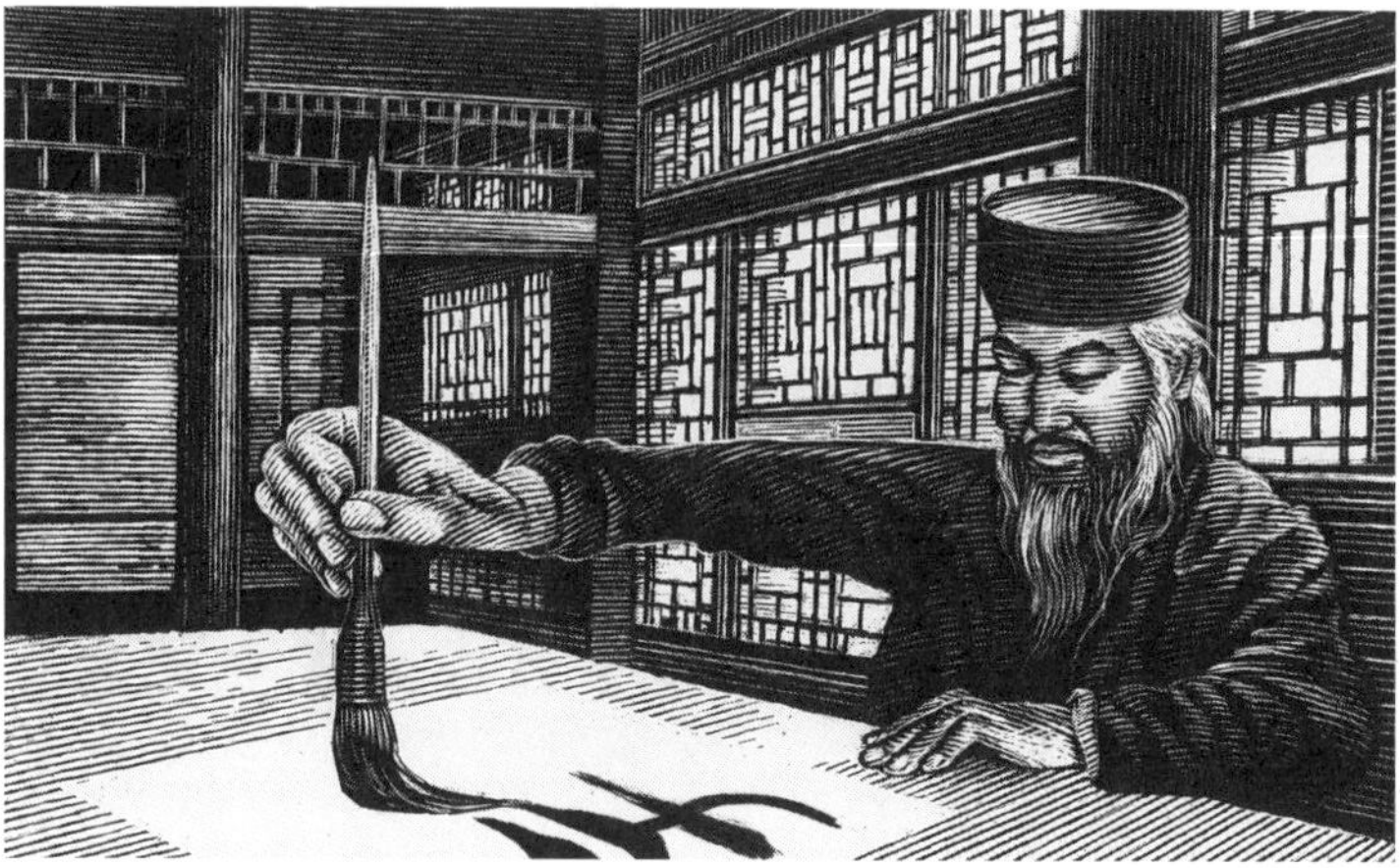
沈括「私の話し相手は筆と硯だけだった」

要だ。彼は最終的にその支援を失った。これもティコと同じだ。ティコの場合は、デンマーク王フレゼリク2世の死後、その息子である19歳の新しい王と折り合いが悪くなった。ティコはその若き王、クリスチャン4世に手紙を書き、天文台と大勢のスタッフへの支援を続けるべき理由を説いた。自分はデンマークを誉れ高き国にした有名な知識人だとアピールした。ところが王からは、「あなたの厚かましさと良識のなさ」「私たちと同格であるかのような書きっぷり」に愕然とした、との返信が届いた。ティコは予算をカットされ、島を失い、強制追放された。沈括の場合もやはり政権交代や政争のあおりを食い、政府から追放された。

しかし決定的な違いがあった。ティコはデンマークを去ったあと、ヨーロッパ中で新しいパトロンを探した。するとプラハのルドルフ2世が手を挙げた。ティコはそこへ天文台を移し、ケプラーとともに仕事を続けた。それが最終的にケプラーの「火星との戦い」、天文学の再編へとつながった。

他方、沈括は政府を去ったあと、行き場がなかった。天文学を支援できる支配者がほかにはいなかったうえ、天の研究は皇帝にしか許されておらず、民間人が天文学を支援するのはご法度だった。(注102) そのため沈括は人生の最後の10年を隠遁者として過ごし、うち半分は自宅軟禁の状態だった。いくつもの研究分野をカバーした彼の最も有名な著作は『夢渓筆談(Brush Talks)』と呼ばれる。「隠居して森のなかに住んで以来、私は隠遁者の生活を送り、社会的なつながりを断った。時折、客人との雑談を思い出し、筆でひと言かふた言書きつけた。……私の話し相手は筆と硯だけだった」

パラマウントやユニバーサルなどの大手スタジオで脚本がボツにされたり、グローバルな大手製薬会社で初期の創薬プロジェクトがボツにされたりしたら、二度と日の目を見ない。同様に、中国やイスラム帝国のさまざまな国・地域で、最高指導者が天文学に関する新しい有望なアイデアを却下したら(沈括のアイデアも皇帝に却下された)、それで終わりだ。(注103)

沈括の時代、つまり11〜12世紀の中国・北宋はクリティカルマスに達した。鋼や鉄の生産が爆発的に伸び、紙幣、印刷、市場取引が急増した。宋の技術革新は、軍事(銃、大砲、爆弾)から運輸(水門付きの運河)、航法(磁気コンパス、船尾舵)、製造(水力紡績機)にまで及んだ。この時期は「最初の奇跡的な産業発展期」と呼ばれている。(注104) これに匹敵する生産性や技術革新は、

600年後のヨーロッパまで現れなかった。

中国はクリティカルマス（条件3）を達成したが、相分離（条件1）と動的平衡（条件2）を実現できなかったため「点火」しなかった。政争や皇帝の偏見が「科学者」の結論より常に優先された。たとえば、沈括が天文学の新しい体系づくりに取り組み始めて7年後、皇帝はもう十分だと考え、プロジェクトを打ち切り、沈括の重要な助手を解雇した。ルドルフ2世がティコに「もう十分だ」と言い、ケプラーをクビにしたのと同じだ。

宋の皇帝はルーンショット集団を隔離（相分離）せず、ルーンショットとフランチャイズのバランス（平衡）を保たなかった。言い換えれば、第二次世界大戦中のヴァネヴァー・ブッシュのような行動をとらなかった。

同じ話をあえて別の言い方で表すなら、次のようになるかもしれない。もし宋の皇帝が中国版のヴァネヴァー・ブッシュを任命し、その人の声に耳を傾けていたら、科学革命や産業革命は500年早く起き、現在、世界の人々は中国語を話していただろう。

ルーンショットの生命維持

ルーンショット養成所の重要な役割は、失敗や拒絶を乗り越えられるように脆いルーンショットの命をつなぐことだ。

前述のように、創薬や映画の世界では、大手の制薬会社やスタジオでボツになったプロジェクトは二度と復活しない（完全に死んではいなくてもゾンビ状態になる）。しかし、ボストンの小さなバイオテクノロジー企業やハリウッドの小さな制作会社の場合、一度打ち切られたプロジェクトも案件として残し、新しい投資家が手を挙げるのを待つ。ルーンショット養成所たるゆえんだ。たとえば、免疫系を発動させて腫瘍と戦う現在の画期的ながん治療法は、当初、大手製薬会社からは全く相手にされなかった。大学や国立研究所の研究者と密に協力する、一握りの小さなバイオテクノロジー企業がそのアイデアの命をつないだ。多くの生物工学の技術は失敗したが、わずかだが成功した技術もあり、それががん治療を変えた。創薬の重要なブレークスルーの大多数は、最後の課題をクリアするまで、そうやって生き残る場所を探してきた。最後まで生き残って初めて、幅広い評価を得ることができる。

ティコはデンマーク王からの支援を失ったあと、後援者を求めて転々とし、2年後にプラハに落ち着いたが、それも同じようなことだ。型破りの研究（と、やや反抗的な研究者）にお金を出す支配者がルーンショット養成所として機能したため、ティコの天文台は救われ、コペルニクスの地動説も生き永らえた。ドイツ・ヴィッテンベルクのある学校は、ティコとケプラーがコペルニクスの説を裏づけるまで、評判が悪かったコペルニクスの説を60年も教え続けた。

だが、ルーンショット養成所の存在（相分離＝条件1）だけでは十分でない。西ヨーロッパでの近代科学の台頭に焦点を当てたヨーロッパ中心の歴史記述では、大きな帝国との頻繁な交流（動的平衡＝条件2）の重要性が見逃されがちだ。インドの学者やイスラムの天文学者から拝借した数学がなければ、コペルニクスの理論はなく、[注105]中国から輸入した航法、交通、通信、灌漑《かんがい》、鉱業、軍事技術がなければ、星の動きを理論化するための富や知識はヨーロッパに育たなかっただろう。それらがあったからこそ、西ヨーロッパはクリティカルマス（条件3）を達成できた。

そして、クリティカルマスは必要不可欠な要素だった。何千年にもわたる定説をひっくり返すには、たった一つではなく、いくつものルーンショットが必要だった。なかには他の社会でもっと前に登場していたものもあった。惑星が太陽の周りを回るという考え方や、微積分のもとになる重要な概念は、ケプラーやニュートンの何世紀も前にインドのケーララ学派で登場した。だが中国の場合と同様、そうした先駆け的なアイデアに火がつくことはなかった。他方、クリティカルマスに達したヨーロッパでは、新しい発見が連綿と続いた。望遠鏡（オランダ）を空に向けた（イタリア）結果、楕円軌道（ドイツ）や地球の動き（ポーランド）が確認され、それが最終的に慣性（イタリア）や幾何学（フランス）の考え方と組み合わされて運動の統一理論（イギリス）につながった。この連鎖反応がクリティカルマスだ。

中国、イスラム、インドの各帝国はいわば大手の国家で、西ヨーロッパの多様で活力ある国々は、当時、世界に新しいアイデアを供給するルーンショット養成所だった。何百という小さなスタジオが新しい映画のルーンショット養成所として機能し、何百という小さなバイオテクノロジー企業が新しい医薬品のルーンショット養成所として機能するのと同じだ。

「大手《メジャー》」という言葉はスポーツに由来している。野球《ベースボール》でメジャーといえば、フランチャイズプレーヤーが主役のリーグである。有能な若い選手はマイナーリーグで育成される。用語は違っても、たいていのスポーツは似たような構造を持っている。野球がユニークなのは、連邦最高裁から独占禁止法の適用を特別に免除されている点だ。(注106) メジャーリーグはそのメンバー構成を自由にコントロールできる。したがってマイナーリーグはマイナーリーグのままだ。

野球以外の業界では、マイナーが成長してメジャーになれる。ディズニーはマイナー中のマイナー、たったふたりの人間（ウォルトと兄）でスタートした。耳が大きなネズミや、七人のこびとと知り合うお姫様が思わぬ成功を収めて、5大スタジオの一つへと成長した。アムジェンは前述のように小さなバイオテクノロジー企業としてスタートした。倒産寸前まで追い詰められたマイナー企業だったが、最初の医薬品で驚くほど大きな成功を収め、押しも押されもせぬ大手へと成長した。現在、アムジェンの年間売上高は200億ドルを超える。

国家の世界でも、マイナーが成長してメジャーになれる。イギリスもディズニーやアムジェンと同じようにマイナーだったが、やはり強力なルーンショット（すべてのルーンショットの母）が思わぬ成功を収めた。イギリスはそのアイデアをもとに工業化や兵器開発を推し進めてメジャーになり、さらに自国の言語や慣習を世界中に広めることができた。

なぜイギリスか？

ここまでは「なぜ近代科学が中国やイスラムやインドではなく西ヨーロッパに最初に現れたのか」というグローバルな視点からの疑問について検討してきた。だが、もっとローカルな疑問もある。なぜフランスやイタリアやオランダではなくイギリスだったのか。

優れた科学者をイギリスが独占していたから、という答えは成り立たない。すでに述べたように、西ヨーロッパのほとんどの国に優れた科学者がいた。

創造や発明の分野では運とタイミングが常に重要な役割を果たす。最初がどこだったかという疑問の本質と言ってもいい。野球殿堂入りしたブランチ・リッキーは、ファーム制度という人材育成システムを導入した球団経営者である。選手はマイナーリーグでしのぎを削り、成績がよければメジャーに上がる。彼はそのシステムを利用して、八つのチームをワールドシリーズ進出に導いた。第1章で紹介した「運は計画の副産物である」という言葉はブランチ・リッキーのせりふだとされる。

イギリスには近隣諸国と違う点、近隣諸国より秀でた行動が一つあり、それが運を呼び寄せた。どこよりも早く、国のなかにルーンショット養成所をつくって成功させたのだ。

1660年創設のロンドン王立協会には、ロバート・ボイル、ロバート・フック、アイザッ

空気ポンプを披露するロバート・フックとロバート・ボイル

ク・ニュートンなど、イギリスの近代科学の創始者がほぼ全員集まった。王立協会がニュートンに重要な影響を与え、支援を提供したことはよく知られている。ある歴史家は「王立協会がなかったら『プリンキピア』が存在していたかどうか疑わしい」と書いた。(注107)言い換えれば、ニュートンの法則として現在知られているものが別の名前になっていた可能性が高い。たとえば、ドイツのゴットフリート・ライプニッツはニュートンと同じ頃、独自に微積分を考案した。オランダのクリスティアーン・ホイヘンスは、遠心力という概念、光の波動説、現代の確率論を考え出したほか、振り子時計を発明した。スイスのダニエル・ベルヌーイ、ドイツのレオンハルト・オイラー、フランスのピエール＝シモン・ラプラス——みんなニュートンとさほど変わらぬ時代の数学・物理学の巨人だ。

王立協会はニュートンとイギリスが時間との競争、自然の真実を発見する競争に勝つ手助けをした。だが、その設立目的は純粋な基礎研究ではなかった。「科学は技術発明の振興を通じて人類の運命の向上に資するように育成・促進しなければならない」

1667年、協会初の歴史家にしてプロモーターのトマス・スプラットは、「時計、錠前、銃」「流行病の治療法」などの類まれな発明について書き、「人々はこのような素晴らしい成果に対する権利を持つべきだ」と主張した。そして王立協会の目的をこう述べた。

すべての尊い発明の根本を究め、イギリスを西洋世界の栄誉ある国にするための確かな道筋を提案すること。

ヴァネヴァー・ブッシュのレポートよりも少し大胆な言い方だが、基本的な考え方は変わらない。ブッシュの300年前の話である。

スプラットがこれを書いている頃、ロバート・ボイルは気体の膨張・圧縮に関する実験を終えようとしていた。実験助手を務めたロバート・フックは、その後間もなくヨーロッパで有名な研究装置となる「空気ポンプ」をボイルのためにつくっていた。ボイルはこれを使って、気体の圧力はその密度に比例するという「ボイルの法則」を発見した。

ボイルの下で数年間働くうち、フックは自身の研究（顕微鏡の発明、万有引力の提案）が忙しく

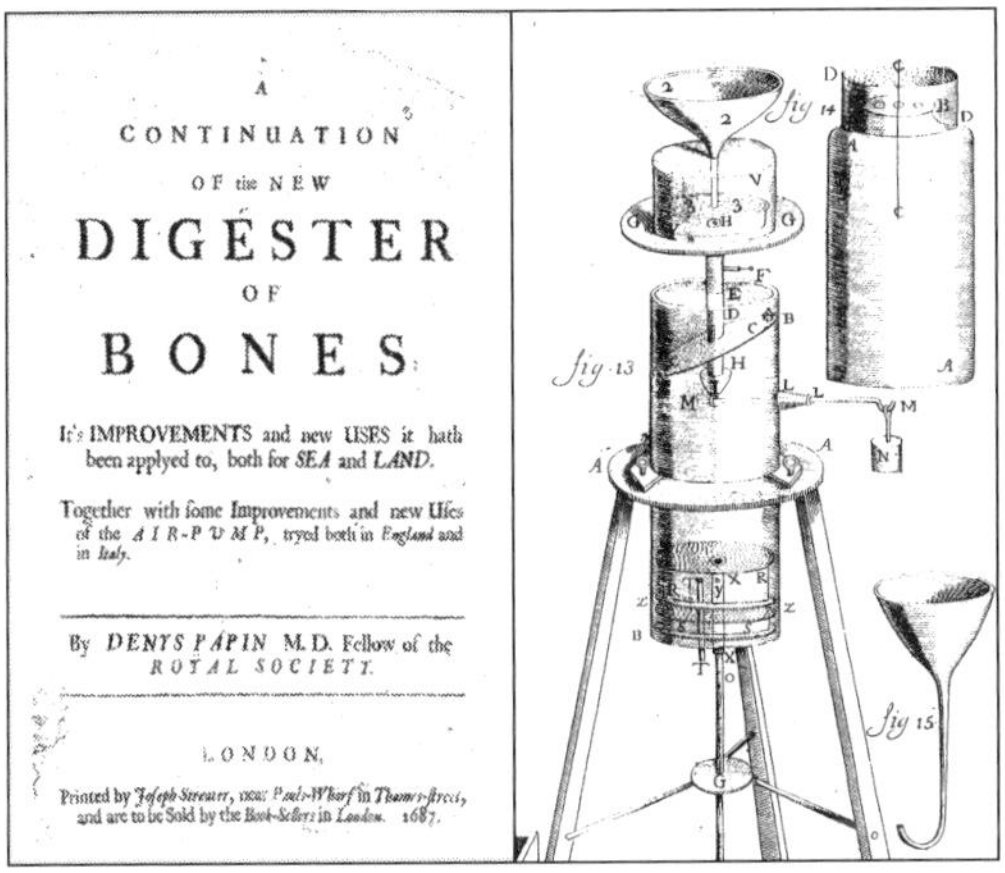

ドニ・パパンの発明。調理器具に関する本の後ろに埋もれていた

なった。それで1675年にボイルはドニ・パパンというフランス人医師を新しい助手に雇った。パパンは空気ポンプの実験を続けたが、そこにひと工夫を加えた。ポンプにピストンを付けたら、圧縮と減圧のサイクルが回り出すのではないかと考えたのだ。

1687年、パパンはフックとボイルの空気ポンプを使った料理法の本を出した。彼は改良を加えた新しいポンプを「ボーンダイジェスター（骨の蒸解釜）」と呼んだ。骨を圧《お》し潰して食べられる大きさにするからだ。1687年の本は、今で言う圧力釜の発明に関する最初の本の続編だったので、パパンはそれを『続・ボーンダイジェスター』と呼んだ。その本の後ろのほうに、牛の角や乾燥させた毒ヘビの料理法を解説したページのあとに埋もれるように、ボイルの空気ポンプにピストンを付けるにはどうするかの答えが示してある。偉大な発明をこれほど目立たなくした例は歴史上ないかもしれない。そこに描かれていたのが蒸気機関だった。

王立協会の学者たちはパパンのアイデアにほとんど注意を払わなかった。料理本の後ろのほうに出ていたのだから無理もない。だが、イギリス・ダートマスの技術者、トーマス・ニューコメンはそれを見逃さなかった。彼は哲学にはほとんど興味がなかったが、圧力釜のようなお役立ち道具には目がなかった。

1712年、ニューコメンはパパンが考案したポンプ内の可動ピストンを、初の実用的な蒸気機関に変換した。この発明はたちまちヨーロッパ中に広がった。その後の100年間に発明家たちが同機関の効率アップに取り組んだ結果、何千年もの間、変わらなかった生産性が一気に上昇した。イギリスで起きたこの変革は他のヨーロッパ諸国にも広がり、西ヨーロッパの世界的な台頭、古い大帝国の敗退、人口の激増をもたらした。

ロンドン王立協会、ヴァネヴァー・ブッシュの戦時ルーンショット養成所OSRD、セオドア・ヴェイルのベル研究所——この三つには共通点があった。いずれも当時最大のルーンショット養成所だった。歴史上の三大ルーンショット養成所と言って間違いないだろう。そこから科学革命が起き、第二次世界大戦の勝利が導かれ、トランジスタが生まれた。

なぜ中国、イスラム、インドの各帝国は、富と歴史的アドバンテージがあったのに科学革命を起こせなかったのか。同じ理由でマイクロソフトはモバイルを見逃し、メルクはタンパク質医薬品を見逃し、大手映画会社は『マイ・ビッグ・ファット・ウェディング』（北米で興行収入2億ドル超えのヒット作）を見逃した。ルーンショットはルーンショット養成所で栄える。フランチャイズ一筋の帝国では栄えない。ルーンショットが得意か、フランチャイズが得意か、それは各組織（チーム、企業、国家）の相による。創発の科学はそのことを教えてくれる。

次なる革命がどんなものであっても、それを生き延びるには、国家とそのリーダーはヴァネヴァー・ブッシュとセオドア・ヴェイルの教えを参考にすべきだ。ここまでに紹介してきたチームや企業向けの教訓のなかには、国家にも当てはまるものがある。もっと多くの教えに触れたいなら、ルーズベルト大統領の要請でブッシュが1945年に書いたレポート『果てしなきフロンティア』が参考になるだろう。

ルーズベルトはブッシュへの手紙で次のように書いた。「人間精神の新たなフロンティアが私たちの前に開けています。今回の戦争を戦ったのと同じ洞察、勇気、意欲をもってそのフロンティアを切り拓けば、より充実した雇用を創出し、より充実した暮らしを創造することができます」

わずかな後押しと、わずかなサイエンスがあれば、私たちは個人として、チームのメンバーとして、国民として、自らの果てしなきフロンティアめがけて前進することができる。

おわりに――ルーンショットとディスラプション

この「おわりに」は、ビジネス論やイノベーション論に並々ならぬ関心を持つ方々を主に想定して書いている。そんな方なら「破壊的《ディスラプティブ》」とか「破壊的《ディスラプティブ》イノベーション」という言葉を聞いたことがあると思う。

まず、はっきりさせておきたいのだが、第3章で述べた2種類のルーンショットは、ルイス・ガランボスが1992年に名づけた「適応的」イノベーションと「発展的」イノベーション、クレイトン・クリステンセンが1997年に名づけた「持続的」イノベーションと「破壊的」イノベーションとは無関係だ。ルーンショットは、新しい戦略（Sタイプ）と新しい製品・テクノロジー（Pタイプ）という分け方をする。ガランボスとクリステンセンは、既存製品の改良（持続的）と市場を最終的に大きく変えるテクノロジー（破壊的）を区別し、クリステンセンは特に新規参入者による新しい製品を重視する。質が劣り、市場の「ローエンド」でスタートするものの、少しずつ改良を重ね、ついには既存事業者のハイエンド顧客を奪い取るような製品だ。

Sタイプとpタイプのルーンショットは、持続的にも破壊的にもなり得る。逆も同様で、持続的イノベーションと破壊的イノベーションはそれぞれSタイプにもPタイプにもなり得る。これらは身長と髪の色のように、全く違う無関係な属性を表している。

○ルーンショット（現在）vs ディスラプティブ（あとづけ）

ルーンショットとは、ほとんどの指導的科学者やビジネスリーダーがうまくいかないと考える、または仮にうまくいったとしても大したことはない（お金にならない）と考えるアイデアやプロジェクトをいう。ルーンショットは常識にとらわれない。これに対して、ある変化が「破壊的」かどうかは、発明や発見が市場にどんな影響を及ぼすかという問題だ。

本書で扱うのは後者ではなく前者だ。経験豊かな起業家なら知っているように、革新的と見なされているアイデアやテクノロジーは、開発当初、どんな製品になるのか見当もつかなかったものが多い。そんなアイデアを育てて、製品化にこぎ着けたのだ。急速に進化する市場のなかの初期プロジェクトは、嵐のなかを舞う葉っぱのようなもの。最後にどこへ行き着くか予測するのは難しい。

葉っぱが着地したあとで、このテクノロジーが市場を破壊したと言うのはやさしい。トランジスタがエレクトロニクス時代を開いたのは誰でも知っている。パーソナルコンピューターが個人に普及し、メインフレームやミニコンピューターに取って代わったことや、ウォルマートが大成長を遂げ、ライバル企業を消し去ったことや、バイオテクノロジーが重要な医薬品を生み出していることは誰でも知っている。だが、それらのアイデアが最初に姿を現したときはどうだったか――。

○ トランジスタ

1940年代に固体のバンド理論やゲルマニウム半導体や表面状態について研究していたベル研究所の科学者は、自分たちが破壊的なテクノロジーを研究しているとわかっただろうか。電話に使われていた増幅器やリレースイッチの性能を高めるという漠然とした目標を、彼らは与えられた。先の定義によれば、それは「持続的」な目標だった。

1947年の点接触型トランジスタの発明から何年かたっても、それをどう活かせばよいか誰もわかっていなかった。ようやく1952年の終わり頃になって、補聴器の内部で初めて商業利用された。トランジスタに関わっていた技術者やマネジャーは、最初から補聴器市場を破壊してやろうと思っていたのか。答えは「ノー」。もっとよいスイッチをつくろうとしていたにすぎない。

トランジスタは新規参入者が開発し、最初はローエンド向けの低価格製品だったか。こちらも「ノー」。国内最大の企業による持続的イノベーションとしてスタートした。当初は真空管よりずっと高価（20ドル対1ドル）で、軍隊などのハイエンド顧客に売られた。

その後はご存じのように、トランジスタは安価になり、ほぼすべての市場を破壊した。

○オンライン検索

グーグルは創業当初、自分たちが破壊的イノベーションを起こしたとわかっていただろうか。ラリー・ペイジとセルゲイ・ブリンが改良した、インターネット検索結果最適化アルゴリズム「ページランク」は、ユーザーにとって他の既存検索エンジンよりも少しずつ便利になっていった。定義によれば、それは「持続的」イノベーションだった。

○ウォルマート

大都市から遠く離れた地域に店を出したとき、サム・ウォルトンはそれが戦略的・破壊的イノベーションだと思っていただろうか。

「私は大都市のデパートのオーナーになるつもりだった」と、彼は1号店の開設に関して書いている。最初はセントルイスを考えていた。「そのとき、ヘレンがきっぱりと言った。法の宣告である」。妻はこう言った。「どこでもあなたについていくわ。ただし大都市はやめて。1万人もいれば十分」。結局選んだのはアーカンソー州のベントンビル。人口は3000人。理由の一つはウズラ猟だった。「オクラホマ、カンザス、アーカンソー、ミズーリと四つの州に近接するので、四回のウズラ猟シーズンを楽しめた」

結果はたまたま。嵐のなかの葉っぱである。

ウォルトンは後年こう書いている。「私たちが学んだ最初の大きな教訓は、アメリカの小さな町には、私も含めて誰も気づかなかった、実にたくさんのビジネスチャンスがあることだ」

○ イケア

小売業の話が出たついでに、家具について見ておこう。

1948年、クリスマスカードやペン、写真立てなどの小さな通販事業を営んでいたイングバル・カンプラードという22歳のスウェーデン人が、家具を商品リストに加えた。地元のデザイナーの手による商品だ。事業は順調に伸び、国内の大きな家具店を脅かすほどになった。家具店のオーナーたちは突然、家具展示会に彼が参加することを禁止した（カーペット業を営む友人がボルボの後部座席に彼を乗せ、上からカーペットをかけて展示会に潜り込ませたこともあった）。

やむを得ず、カンプラードは郊外の大きな倉庫いっぱいに家具の見本を並べて、顧客が注文前に実物を見られるようにした。それが最初のイケアのショールームだ。ある社員がテーブルを自分の車に押し込もうとしていて、ふと気づいた。脚を外してテーブルの下に置いたほうがスペースを節約できる。輸送費が高騰していたので、顧客への発送時にも同じ方法を試すことにした。顧客はこれを支持し、自分で組み立てる方式が誕生した。注文は見る見るうちに増えていった。

家具店のオーナーは対抗策として、デザイナーがカンプラードと仕事をするのを禁じた。彼は自社独自のデザイナーを雇わざるを得なくなり、それがイケアブランド、イケアならではのスタイルにつながった。ポエング、エルヴェンゲン、グルンドヴァトネットなど、何とも発音しづらいブランドたちだ。

カンプラードが自社独自の家具をつくり始めると、家具店のオーナーは木材の供給業者をはじめとするメーカーが彼と仕事をするのを禁じた。それでカンプラードはポーランドへ行き、クオリティーの高い供給業者を見つけた。しかも価格は半額だった。彼はその分を顧客に還元した。当然、事業は成長した。後年、カンプラードは書いている。「もし彼ら（スウェーデンの家具メーカー）が私たちに正々堂々と戦いを挑んでいたら、こんなに成功できたかどうかはわからない」

1965年、イケアはストックホルムに1号店を出した。お客があまりに多かったので、店長は客が裏の倉庫から好きな商品を直接取ってこられるようにした。セルフサービスウェアハウス方式はここから生まれ、その後、すべての店舗で顧客が倉庫を物色する方式にした。

2017年のイケアの売上高は440億ドルを超えた。49カ国にある403の店舗を訪れた客の数はほぼ100万人に達した。

世界最大の家具店になったイケアだが、それは決して業界を「破壊」するために始まったのではない。何としても生き残ろうと考えた末の苦肉の策、小さくてばかみたいなアイデアが決定的な要素になった。

○創薬をめぐる真実

創薬の世界では、初期段階の製品の市場予測は全く当てにならないことが知られている。「はじめに」で触れた、赤血球の産生を増やすアムジェンの薬剤は、腎臓病患者のごく一部（腎臓の赤血球の産生が少なすぎる患者）にしか役立たないと思われていた。大手製薬会社のほとんどはアムジェンやその技術の買収を検討したが、市場規模が小さすぎるという理由で手を出さなかった。アムジェンは一時、資金が底をつきそうになった。その後、研究者は同じ薬剤が化学療法を受けているがん患者（赤血球の数がやはり少なくなる）にも効くことを発見した。何百万という患者がこの薬剤の恩恵を受けた。現在、アムジェンは200億ドル企業に成長した。

1980年代初め、がんに効くのではないかという薬がまた現れ、科学者と一般市民の関心を集めた。インターフェロンだ。インターフェロンがウイルスの活動を妨げることが研究室の実験で観察できたため、その名が知れ渡り、感染症の特効薬になる期待が高まった。しかし、臨床試験は期待外れだった。当時、がんはウイルスによって引き起こされる説が有力だったので、一握りの研究者が、がん治療に使えるかどうかを試すことにした。(注108) 当初の結果は良好で、マスコミもそれを「魔法の薬が少年を救う！　インターフェロンの奇跡！」と大袈裟に報じた。だが、その後のがんや感染症の試験は期待外れに終わり、関心は瞬く間にしぼんだ。

何年かの後、この薬剤が多発性硬化症に驚くほどよく効くことを一部の科学者が発見した。どうして効くのかはいまだにわかっていない。彼らはただ、それがウイルスによって引き起こされると考えて臨床試験を始めた。がんの場合と同じくウイルスが原因ではないと現在では判明しているが、それでも薬は効果を発揮しており、年間売上高60億ドル以上のフランチャイズ製品になった。インターフェロンを研究する科学者は、自分たちが「破壊的技術」に取り組んでいると胸を張って宣言できただろうか。どんな市場があるか、最初はわからなかったはずだ。

多発性硬化症のニーズは想像以上に大きかったが、関節リウマチのニーズには到底及ばなかった。関節リウマチの治療薬が初めて開発されたとき、大手製薬会社のほとんどは見向きもしなかった。リウマチは高齢女性の病気で市場が小さいと思われていたからだ。現在、主要な関節リウマチ治療薬の年間売上高は300億ドルを超えている。(注109)重篤な関節リウマチは、クローン病、乾癬、潰瘍性大腸炎など、さまざまな重い自己免疫疾患の一つだということがわかった。いずれも新しい薬剤で効果的に治療できる可能性がある。

数年前、私はある大手製薬会社の新任CEOとランチをとった。彼は出世の階段を上るなかでも、マーケターに対する懐疑的な見方を失わなかった。新薬の市場予測に話題が及んだとき、彼はある話をしてくれた。CEOに任命された直後、マーケティンググループに次のような依頼をしたという。直近の20の自社製品についてデータをまとめ、実際の売り上げが予測の半分から2倍の間で収まったものがどれくらいあったかを教えてほしい、と。答えはゼロだった。

こうした話から、また本書ですでに取り上げてきた話から、どんなことがわかるだろうか。

○歴史分析のための「破壊的イノベーション」「信条」を試すためのルーンショット育成

破壊的イノベーションという概念をめぐる最近の議論を取り上げた論考のなかで、クリステンセンは、なぜウーバーが「破壊的」イノベーションではなく（彼の定義による）、iPhoneも持続的イノベーションとしてスタートしたのかを説明している。(注110)第3章で、新規参入者ではない既存の大手企業、アメリカン航空が、ハイエンド顧客をターゲットにした数々の「持続的」イノベーションで規制緩和後の航空業界をリードした話を書いた。何百という格安のスタートアップ航空会社、言ってみれば「破壊的イノベーター」は姿を消した。

もしトランジスタ、グーグル、iPhone、ウーバー、ウォルマート、イケア、そしてアメリカン航空のビッグデータをはじめとする画期的アイデアが、どれも最初は持続的イノベーションであり、多数の「破壊的イノベーター」がうまくいかなかったとしたら、恐らく「持続的」と「破壊的」の違いは（学問的に、またはあとづけ分析的に興味深いとしても）リアルタイムの事業経営にとってはあまり重要でない。

それもあって、私は本書でそうした違いを採用していない。私が使うのは「Sタイプ」と「Pタイプ」の違いだ。チームや企業、あるいは大きな組織には、戦略と製品の両方に関する深い「信条」のようなものがある（それは意識されていることもあるが、たいていは無意識のものだ）。そしてルーンショットはそうした信条に反する逆張り的な性格を持つ。恐らく、あなたが製品やビジネスモデルについて正しいと確信していることはどれも正しく、あなたの信条に反するおかしなアイデアを口にする人は間違っているのかもしれない。だが、もしそうでないとしたらどうか。ライバル企業のプレスリリースを読んでそれに気づくよりも、自身の会社の研究所や試験段階で気づくほうがよくはないか。おかしなアイデアを口にする人のアイデアを無視することは、それなりのリスクが伴う。

フランチャイズとの微妙なバランスをとりながら、ルーンショットが育つようにチームや会社、国の設計をしたい。そうすれば、「見知らぬ独創的なもの」を相手にしなかった清の乾隆帝のようにならずに済む。結局、その見知らぬ独創的なものが敵の手に渡り、清の運命は決定づけられてしまった。

謝辞

いろいろな質問に我慢強く答え、何度も何度も読み返して本書の完成を手伝ってくれた数多くの友人や専門家に心から感謝したい。とりわけ、私が「これはおもしろい」と思ったことがそれほどおもしろくない理由を、時折、気を遣いながらやさしく説明してくれたことにお礼を言いたい。

科学に関する第一級の助言をくれる長年の友に感謝。ラン・ボー・チェン、スティーブ・キベルソン、ボブ・ラフリン、ブライアン・リン、レニー・サスキンド、それから今は亡きジェームズ・ブラック卿とジューダ・フォークマン。

ビジネスや金融に関する助言と友情に感謝したい人は山ほどいる。多くの時間や労力を割き、私に多くのことを教えてくれた。挙げだしたらきりがないので、ここでは名前を出さないけれど、そう、あなたのことです。何もかもありがとう。

価値あるコメント、執筆上の実践的アドバイス、そしてルーンショットの具体例に関わるサポートに感謝。クリストファー・ボナノス、クリスタ・ブール、ドリー・クラーク、スーザン・デイビッド、土居眞樹、イマン・エルハリリ、遠藤章、アレックス・ファーマンファーマイアン、ベン・フェーダー、ジョシュ・フォア、オーウェン・ギンガリッチ、マット・ゴード、ジョセフ・ゴールドスタイン、ニール・ハコヘン、スー・ハルパーン、ケン・ハウリー、ニール・ジョンソン、マノリス・ケリス、ジョナサン・リーフ、ジェニファー・8・リー、ニミット・マンカド、アート・マクマホン、ダグ・ミラー、リチャード・ミラー、ロバート・モンゴメリー、スコット・オニール、リチャード・プレストン、ベス・ラシュバウム、スーザン・シュミット、キム・スコット、ネイサン・セビン、デイビッド・スパーゲル、スティーヴン・ストロガッツ、ベッキー・スウェレン、ローレン・テリー、フィリップ・ソーンキット、エド・トリップ、グレッグ・ワーナー、アレックス・ウェラースタイン、ダグ・ウィッカート、山本章。3人の英雄、すなわちポール・クレイグ、ジョン・トンプソン、そしてアンドリュー・ライトは、終わりのない草稿に最後まで付き合い、すべてのステージで貴重な提言をくれた。たくさんの優れた助言者の皆さんにあらためて感謝する。ここに名前を挙げたのは感謝の気持ちを表すためであり、本書の内容の確かさを請け合ってもらうためではない。誤りや見落としがあったなら、それはひとえに私の責任だ。

以下の方々に特別の感謝を。私を大統領科学技術諮問委員会に誘ってくれたビル・プレス。法的な助言をくれたジック・ルービン。思慮深く心やさしい長年の相談役、ポール・クレイグ。ジム・レヴィンを推薦してくれたオリビア・フォックス・カバンとダン・アリエリー。アンドリュー・ライトを推薦してくれたティム・ハーフォード。チアア・エバーズを推薦してくれたダイナ・クラフト。もっと早くチアと出会っていたら、本書はさらによいものになっていただろう。彼女は持ち前のリサーチ力を活かして不明瞭な事実を追いかけ、不明瞭な参考文献を探し出し、関連のない幅広い分野の5000を超える難解な学術論文、書籍の章、ニュースソースをもとに実用的な文献一覧をつくり上げた。私が何年も書きためたメモを解読することも、その作業には含まれていた。笑顔と冷静さを失うことなくそれをやり遂げた彼女に、私はいつまでも感謝する。

フリーマン・ダイソンは私をずっと励ましてくれた（「専門家の予測とは違って、本は今でもアイデアを広める効果的な方法なんだ」）。『生命の起源』（邦訳は共立出版）という著書のなかで、彼は積年の問題について考えるための新たな手段として「トイモデル」を丁寧に紹介している。問題追究のためなら、「縄張り」に侵入された専門家がどう思おうがお構いなし。それはダイソンの生涯変わらぬ姿勢である。私もそれを見習った。

本文ページの見事なイラストを描いてくれたのはアンター・ダヤル。漠然としたアイデアや稚拙なスケッチを、生き生きとしてユーモアあふれる独創的な様式美に変身させた。それは彼の協力的で生き生きとした仕事の仕方にも通じるものがある。

セントマーチンのティム・バートレットは評判通りの素晴らしい編集者だった。余分な箇所を削り、もつれた糸をほぐし、やさしく提言する——ミクロとマクロの視点を併せ持つ、その道のプロだ。どの作家と話をしても、彼と仕事ができてラッキーだと言われた。全くその通りだ。セントマーチンではそのほか、アラン・ブラッドショー、ローラ・クラーク、キャサリン・ヘイグラー、アリス・ファイファーにもお世話になった。原稿と著者の両方に目配りできる、優秀な専門家だ。

ジム・レヴィンは、ちっぽけな作文をもとに辛抱強く本を完成させ、不慣れな私を上手に導き、大きなアイデアや偉大なストーリーの喜びや不思議さをタイミングよく私に思い出させてくれた。LGRのジムの同僚、エリザベス・フィッシャーとマシュー・ハフの丁寧なサポートにも感謝する。

バーコール家の面々の支援と激励のおかげで、この仕事は成就した。ダン、オルリ、そして母にはとても感謝している。母のネタ・バーコールは、科学、なかでも天文学の歴史について貴重な情報を提供し、草稿を何度も読んでくれた。それからほんの時折、本業はどうなのと私に尋ねた。

イーサン、ジュリア、マグダが私の人生をどれほど豊かにしてくれたか、それは言葉では表せない。本書は私のインスピレーションの源である父に捧げたい。そして私を導く光、マグダと、子どもたちにも心からの感謝を。

用語解説

本書のために考案した用語には「＊」印をつけている。

複《ふく》雑《ざつ》系《けい》

一定のルールや原則に従って相互作用し合う多数の部分から成る全体。

(例) ①水——電磁力によって引きつけ合い、反発し合う多数の分子から成る。②交通——目標スピードに達しようとしながら、他の車に衝突しないようにする多数のドライバーから成る。③市場——できるだけよい製品をできるだけ安く手に入れたいと考える買い手と、できるだけ利益をあげたいと考える売り手から成る。

制《せい》御《ぎょ》パラメータ

複雑系の状態を変え得る変数。

(例) ①水——温度や圧力の小さな変化が、固体から液体への相転移《そうてんい》を引き起こす。②交通流——高速道路上の車の密度や平均速度の小さな変化が、一様流《いちようりゅう》から渋滞流《じゅうたいりゅう》への変化を引き起こす。③市場——ある買い手の行動が別の買い手の行動に及ぼす影響の程度（ハーディング）

によって、市場が変化する。ハーディングの度合いが高ければバブルの相が促進され、ハーディングの度合いが低ければバブルの相は抑制される。

動的平衡《どうてきへいこう》

二つの相がその一部を継続的に交換しながら、一方が他方を犠牲にして拡大・縮小することなく、バランスを保って共存している状態。たとえば氷と水が共存し、両者の間で分子が行き来している状態。

創発的振る舞い（創発特性）《そうはつてきふるまい（そうはつとくせい）》

部分だけを調べても定義・説明できない全体の特性。それらの部分が個別に何をするかではなく、集団的にどう作用し合うかが、その振る舞いを形づくる。

(例) ①水――氷は固く、叩くと割れる。液体の水は滑らかで、注ぐと流れる。こうした振る舞いは水の分子だけを調べても定義・説明できない。②交通流――高速道路上の車はスムーズに流れることもあれば、ちょっとした混乱がきっかけで渋滞することもある。こうした創発的振る舞いは、車の細部やドライバーに左右されるものではない。③市場――買い手が何を買い、売り手が何を売るかにかかわらず、価格は需要に適応し、資源は効率的に配分されていく。

基本法則とは違って、創発的振る舞いは突然変化することがある。たとえば市場に独占やカルテルが現れると、価格は需要に適応せず、資源は効率的に配分されなくなる。

偽《にせ》の失敗《しっぱい》＊

実験の設計が誤っているため、有効な仮説から否定的な結果が導かれること。

フランチャイズ

オリジナル製品・サービスの続編や更新版。

（例）第9のスタチン、『007』の第26作、iPhone X。

境界《きょうかい》を生《い》きる＊

相転移の境界を生きる――制御パラメータを調整し、複雑系を転移の境目に持っていくこと。

（例）水温を0度に調整する。相は分離し、動的平衡の下で共存する。

ルーンショット＊

誰からも相手にされず、頭がおかしいと思われるようなアイデアやプロジェクト。

ムーンショット

大きな意義を持つと誰からも期待される、野心的でお金のかかる目標。ムーンショットは到達目標であり（貧困をなくす、など）、ルーンショットの育成はその実現方法である。

モーゼの罠《わな》＊

全権を握るリーダーが裁判官や陪審員になってルーンショットの運命を決めること。

相《そう》

特定の創発的振る舞いを特徴とする複雑系の状態。

（例）①水――水の分子は、秩序立った格子状になることもできれば（固体相）、ランダムに動き回ることもできる（液体相）。②交通――小さな混乱が渋滞へと拡大することもあれば（渋滞流）、影響を全く及ぼさないこともある（一様流）。③市場――買い手は、売り手の商品の推定公正価値《フェアバリュー》に反応することもあれば（合理相）、他の買い手の行動に反応することもある（バブル相）。

組《そ》織《しき》の相《そう》＊

組織を複雑系と見なしたとき、その系が相や相転移を示すと考えられる。

（例）「ルーンショット重視」を促す相と、「昇進重視」を促す相。

相転移《そうてんい》

二つの相、すなわち2種類の創発的振る舞いの間の突然の変化。
（例）固体と液体、高速道路上の一様流と渋滞流、市場の合理相とバブル相。

Pタイプのルーンショット＊

誰もうまくいくと思わない新しい製品や技術。

Sタイプのルーンショット＊

誰も目標を達成すると思わない新しい戦略やビジネスモデル。

付録A まとめ——ブッシュ・ヴェイル ルール

1 相分離を実行する

・アーティストとソルジャーを分離する
・相に合わせたツール（手段）を用意する
・死角に注意する——両タイプのルーンショットを育てる

2 動的平衡を築く

・アーティストとソルジャーを平等に愛する
・テクノロジーではなくトランスファーを管理する——モーゼではなく庭師になる
・橋渡し役となるプロジェクト推進者を任命・育成する

3 システムマインドを育む

・組織がその選択をした理由を問い続ける

・意思決定プロセスの改善方法を考え続ける
・結果重視のチームにシステムマインドを植えつける

4 マジックナンバーを増やす

・政治利益を減らす
・ソフトエクイティ（非金銭的報酬）を利用する
・プロジェクト・スキル適合度を高める（ミスマッチを見つける）
・中間層を機能させる（ミドルマネジャー向けのゆがんだインセンティブを減らす）
・ナイフを使った戦いに銃を持ち込む（最高インセンティブ責任者を雇う）
・マネジメントスパンを微調整する（ルーンショット集団には広く、フランチャイズ集団には狭く）

★ ルーンショットを目指すうえで、必ず心がけること

・「偽の失敗」に気をつける
・最悪の発言に好奇心をもって耳を傾ける
・結果重視マインドではなくシステムマインドを用いる
・精神《スピリット》、人間関係、時間を常に意識する

最初の三つのルールはPARTⅠ（第1〜5章）で、四つ目のルールはPARTⅡ（第7〜8章）で検討している。

1 ——相分離を実行する

○ アーティストとソルジャーを分離する

発明家の集団とオペレーターの集団を分ける。次なるトランジスタを発明するかもしれない人たちと、電話に出る人たち。全く新しい兵器を開発する人たちと、飛行機を組み立てる人たちを分ける。水が同時に液体と固体になれないように、同じ集団に両方をやらせることはできない。

○ 相に合わせたツール（手段）を用意する

広いマネジメントスパン、緩い管理、柔軟（創造的）な指標が、ルーンショット集団にはふさわしい。狭いマネジメントスパン、厳格な管理、厳格（定量的）な指標が、フランチャイズ集団にはふさわしい。

○ 死角に注意する

ルーンショット養成所が両方のルーンショットの種をまくよう留意する。特にあなたが苦手だと思うほうを重視する。Sタイプのルーンショットは大きな効果があるとは誰も思わない戦略の小さな変化、Pタイプのルーンショットは誰もうまくいくと思わないテクノロジーである。

2 動的平衡を築く

○ アーティストとソルジャーを平等に愛する

アーティストはアーティストを、ソルジャーはソルジャーを好む傾向がある。チームや企業が生き残り、成功するには両方とも欠かせない。アーティストとソルジャーが同じように尊重・評価されていると感じる必要がある（どちらかを「間抜け」呼ばわりするのを避ける）。

○ テクノロジーではなくトランスファーを管理する

多少の成功体験がある革新的リーダーは、自らをルーンショットの裁判官・陪審員に指名しがちである（モーゼの罠）。そうではなく、プロジェクトがルーンショット養成所から現場へ適用《トランスファー》され、貴重な意見や市場の情報が現場から養成所へフィードバックされるようなプロセスを整備しよう。適用のタイミングも大切である。早すぎると脆いルーンショットが永久に粉砕されてしまい、遅すぎるとその後の調整が難しい。必要なときだけ、やさしく介入する。言い換えれば、モーゼではなく庭師になろう。

○ 橋渡し役となるプロジェクト推進者を任命・育成する

ソルジャーは変化に抵抗し、アーティストが出したばかりのアイデアの欠点にしか目が行かない。アーティストは自分のかわいいアイデアをみんなに褒めてもらいたい。ソルジャーに対して、「一度試して貴重な意見をください」と説得できる技量はまず持っていない。アーティストとソルジャー両方の言葉に通じた専門家を特定・育成し、橋渡しをしてもらおう。

3 システムマインドを育む

○ 組織がその選択をした理由を問い続ける

レベル0のチームは失敗を分析しない。レベル1のチームは、製品がどうして市場ニーズを満たさなかったのかを評価する（結果重視マインド）。レベル2のチームは、組織がその選択をした理由を考える（システムマインド）。失敗だけでなく成功も分析する。よい結果がよい意思決定を意味するとは限らない（運がよかっただけ）、また悪い結果が悪い意思決定を意味するとは限らない（読みは間違っていなかった）と知っているからだ。言い換えれば、レベル2のチームは単なる結果の質ではなく、意思決定の質を分析する。

○意思決定プロセスの改善方法を考え続ける

影響を与える主な要因（関わる人、検討するデータ、分析方法、選択肢の決め方、市場や会社の状況がその決め方にどう影響したかなど）のほか、個々のチームメンバーやチーム全体に対する金銭的・非金銭的インセンティブを明らかにする。それらの要因をどう変えれば、今後の意思決定プロセスが強化されるかを考える。

○結果重視のチームにシステムマインドを植えつける

製品や市場の分析は技術的に難しいとしても、なじみのある単純明快な作業である。それに対して、チームがある決定を下した理由の分析は、なじみがないうえに愉快でもない。その分析には、チームメンバーの自覚、誤り（特に対人的な誤り）を認めるだけの自信、言いにくい意見を交換できる信頼や率直さが必要だ。チーム外の中立の専門家に入ってもらえば、効率が上がり、痛みも少なくて済むだろう。

4 マジックナンバーを増やす

○ 政治利益を減らす

報酬や昇進を手にするためのロビー活動を難しくする。昇進の決定を直接の上司にさせるのではなく、他部署の公正な第三者に評価させる。

○ ソフトエクイティを利用する

有効な非金銭的報酬を用いる。

(例) 仲間からの評価、内因性の動機づけ要因。

○ プロジェクト・スキル適合度を高める

社員のスキルと担当プロジェクトのミスマッチを探し、役割の変更や人事異動を手助けする人材やプロセスに投資する。目標は、社員がその役割にちょうどめいっぱいのエネルギーを費やさなければならない状態である。

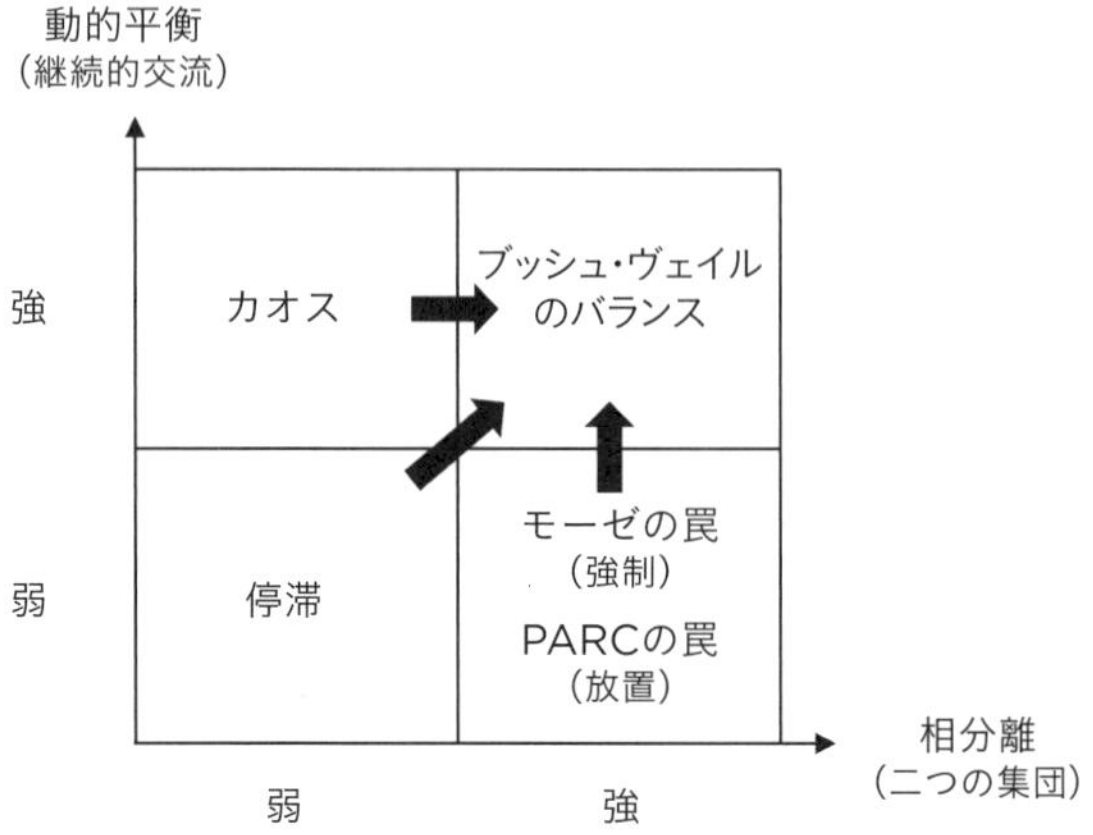

○ 中間層を機能させる

ゆがんだインセンティブ、つまり善意の報酬の思わぬ影響を特定・是正する。危うい中間層、すなわちルーンショット対政治の戦いにおける最大の弱点に特段の注意を払う。昇進競争をあおるインセンティブから、結果重視のインセンティブへ移行する。序列ではなく成果を大切にする。

○ ナイフを使った戦いに銃を持ち込む

人材やルーンショットをめぐって争うライバル企業は、時代遅れのインセンティブ制度を使っているかもしれない。その道を知り尽くした専門家、すなわち最高インセンティブ責任者を雇い入れよう。

○ マネジメントスパンを微調整する

ルーンショット集団（フランチャイズ集団ではない）

のマネジメントスパンを広げて、管理を緩め、実験を増やし、仲間同士の問題解決を促す。

★ルーンショットを目指すうえで、必ず心がけること

○「偽の失敗」に気をつける

第2章で見た、フレンドスター（ソーシャルネットワーク）の偽の失敗、スタチンの偽の失敗（ラットとイヌの誤った結果）を思い出そう。よくない結果が出たのは、アイデアに欠陥があるからか、それともテスト方法に欠陥があるからか。テスト方法に欠陥があると考える材料は何か。その仮説をどうやって評価するか。

○最悪の発言に好奇心をもって耳を傾ける

プロジェクトに魂を注いでいれば、批判的な人に反論し、相手をはねつけたくなるだろう。だが、そこをぐっとこらえて、なぜ投資家が「イエス」と言わないのか、パートナーが去るのか、顧客がライバルを選ぶのかを、純粋な好奇心から調べたほうが成功の確率は高まる。自分の赤ん坊が誰にも好かれていないという話を聞くのはつらい。それはなぜかを問い続けるのはもっとつらい。（第2章）

○ 結果重視マインドではなくシステムマインドを用いる

どんなルーンショットも長く暗いトンネルを通らなければならないが、そのときの対処の仕方をみんなが間違えやすい。意思決定に至ったプロセスを知ろうとしたほうが実りが多く、気持ちもいい。どんな準備をしたか。何の影響を受けたか。どうやって意思決定プロセスを改善するか（第5章）。

○ 精神《スピリット》、人間関係、時間を常に意識する

最後に、本文では触れなかったことを以下に述べる。ここまで読んでくださった方への付記とでも思っていただきたい。

ルーンショットを支援するのはいいが、ともすれば、何が大切か、なぜこんなことをしているのかを見失いやすい。こだわるのはよいにしても、こだわりすぎはまずい。

私の場合、持続的・生産的で適度なこだわりを持つのに役立ったのは、一歩下がって「精神、関係、時間」について考えることだった。

精神《スピリット》

神や仏に尽くすことに意義を見いだす人もいれば、国のために働くことに意義を見いだす人もいる。あるいは家族を養うこと、喜びを広めること、人々の暮らしをよくすることに意義を見いだす人もいる。誰もが使命や尊い目的を持っている。たとえばウィリアム・フォークナーは、作家や詩人の尊い目的について語っている。

人間はただ耐え忍ぶだけでなく、繁栄できると思います。人間が不滅であるのは、生物のなかで唯一言葉を持っているからではなく、思いやりや犠牲や忍耐を可能にする魂、精神があるからです。

これらについて書くことが、詩人、作家の責務です。人々の心を高めることで、つまり過去の輝かしい記憶である勇気や栄誉、希望、誇り、思いやり、憐れみ、犠牲的精神を思い出させることで、人々の忍耐を助ける――それは作家の特権です。

プロジェクトやキャリアに深く入り込むと、人の心はあまり大切でもないことにすぐ迷い込んでしまう。私が最初に仕事をしたのは学問の世界で、その尊い目的は真理の追究だった。その後移ったバイオテクノロジーの世界では、患者の命を救い、生活を向上させるのが使命だった。どちらの世界にも（どんな世界でもそうだろうが）、見かけ倒しの金《きん》と本物の金がある。気高い目的を思い出さないと、その二つを区別することはできない。

目的は精神の糧になり、精神は私たちの原動力になる。精神が充実すれば、この先の戦いに腰を据えて臨める。

人間関係

疑念や不確実性の長いトンネルをくぐり抜けるのに必要なサポートは、モノではなくヒトから与えられる。数年前、ターミナルケアに携わる医師から、彼の人生を変えたある気づきについて教えてもらった。人生の終わりを迎えようとする数多くの人たちと接するなかで、ガレージにどんな車があるかとか、どんなガレージを持っているかといった話をする人には誰ひとり出会わなかったというのだ。彼らは常に家族や恋人の話をした。

こだわりが過ぎると、人との関係がお留守になりやすい。だが本当は、それこそが私たちにとって最も必要なものだ。私はその誤りを犯していることに気づくと、医師に教わった人生最後の会話を思い出すことにしている。

時間

ばかげたアイデアを推進し、専門家に楯突き、何度も拒絶されるのが不安になると、ただ意味もなくカレンダーの予定を埋めるようになりやすい。緊急性の高い（しかし重要性の低い）仕事を終わらせると、達成感や支配感が得られる。だが、人間関係が喜びや支援を提供してくれる貴重な資源であるように、時間も貴重な資源だ。

友人のフィリップ・ラダーはよくこんなふうに言う。私たちはみんなたくさんのボールをジャグリングしているけれど、何よりも重要なのは、どれがゴム製でどれがガラス製かを知ることだ、と。私の場合、落として永遠に失ってしまわないように注意深く扱うべきボールは、いつだって精神と人間関係と時間だった。

付録B　イノベーション方程式

第7章で述べた簡潔な企業モデル（物理学者はこれをトイモデルと言う）は、組織内の相転移という考え方を説明し、本文中に示した方程式を導くために有効だ。

組織は第7章の「綱引き」の項で示したツリー構造をしている。マネジメントスパン「S」は定数である。ツリーの底部（レベル$\ell=1$）は「作業者」、つまりプロジェクト業務を行う社員（顧客サービス会社のアソシエイト、ソフトウェア会社のプログラマーなど）。一つ上のレベル（$\ell=2$）はプロジェクトマネジャーの層。レベル3より上はプロフェッショナルマネジャーの層（マネジャーのマネジャー。地域スーパーバイザーなど）。すると、この会社の社員総数は「$N=(S^L-1)/(S-1)$」となる。ここで「L」はレベルの総数を表す。たとえば「$L=2$」のとき、レベルは二つで、プロジェクトは一つしかなく、社員数は「$S+1$」である。

各社員の報酬を「$C=C_S+C_E$」と表す。「C_S」は年間の基本報酬、「C_E」は譲渡制限付き株式やストックオプションなど、株式連動のエクイティ報酬（現金ボーナスの項を加えるのも難しくないが、まずは最もシンプルなモデルで始めよう）。基本報酬がレベルごとに一定の比率「g」だけ上がるとすると、「基本報酬 $C_S = C_{S0}(1+g)^{\ell-1}$」。エクイティ報酬の値は「$C_E = a N_{EU}(\ell) P_{sh}$」のように額面の一定比率で表す。ここで「$N_{EU}$」はレベル$\ell$で平均的に保有されているエクイティユニット数、「$P_{sh}$」は会社の株価、定数「a」は全社員共通の比率である（結論にとって重要な意味を持たない）。ブラック・ショールズなどの高度なモデルによる詳細データが必要とされない限り、エクイティ報酬の値を額面の単純倍数で概算するのはよく用いられる方法だ（よく知られたラドフォード社の報酬調査でも、公開企業の報告ガイドラインでも、この方法がとられている）。次に、エクイティ報酬が基本報酬と同じ比率で増加するとしたら、「$N_{EU}(\ell) = N_{E0}(1+g)^{\ell-1}$」。言い換えれば、「$g = 15\%$」のとき、各社員の基本報酬とエクイティ報酬は昇進のたびに15パーセント増加する。

社員の努力と企業価値を結びつけるため、組織の企業価値「V_{ent}」は個々のプロジェクトの期待価値の総和である（プロジェクト以外の貢献度は小さい）としよう。また、単純化するため、各プロジェクトの期待価値は同じ「V_0」であるとしよう。行動とインセンティブを結びつけるため、レベル1の社員が担当範囲のプロジェクトの期待価値（V_{sp}）の最大化に費やす労働時間の割合を「x」、政治工作（プロジェクト業務とは別に、次のレベルへの昇進可能性を最大化させること）に費やす割合を「y」とする。総労働時間は固定されているとしたら、「$x+y=1$」である。

プロジェクトスパン「V_{sp}」のレベルℓの社員にとって、政治工作に費やす時間割合「y」を増やすことによる報酬インセンティブの変化は次のようになる、と示すのは難しくない。

$$\frac{d\ln C}{dy} = \tilde{g}R_P - \left(\frac{C_E}{C}\right)\left(\frac{V_{SP}}{V_{ent}}\right)R_S$$

ここで「$\tilde{g} = \ln(1 + g)$」とし、政治利益「$R_P = (d\ell/dy)$」は、政治工作の漸増により昇進する可能性、技能スキル利益「$R_S = (d\ln V_{sp}/dx)$」は、仕事に割く時間の漸増（本文では「プロジェクト・スキル適合度」と呼んだ）により得られる担当プロジェクトの価値の向上率である。このモデルでは、社員が完全にプロジェクトを重視している会社（$x = 1$、$y = 0$）は、上記の値がマイナスである限り、政治活動はなしのままだ。言い換えれば、政治項（式の右側の最初の項）がプロジェクト項（右側の2番目の項）より小さいときは、政治に使う時間「y」を増やすと報酬インセンティブが減少する。その結果生じる不均衡を「非政治的状況」と呼ぶことができる。

上級管理職の場合、スパンは序列とともに増えるので、政治はそのなかの最下層（$\ell = 3$）にまず現れる。そのマネジャー一人ひとりは「S」個のプロジェクトの面倒を見る。組織内のプロジェクトの総数は、「$S^{L-2} \approx N/S$」（Sが大きい場合）。よってこの層では、「$(V_{sp}/V_{ent}) = S^2/N$」。したがって、組織のマネジャーの間で政治ゼロを確保する不均衡を式にすると、次のようになる。

$$N < \frac{ES^2F}{\tilde{g}}$$

ここで「エクイティ比率 $E = C_E/C_I$」、「組織適合レベル $F = R_S/R_P$」、そして「$\tilde{g} = \ln(1+g) \approx g$」(gが小さい場合)。ここから本文中の方程式が導かれる。

厳密な数学的意味では、相転移の考え方は相互作用する無数のものの熱力学的極限においてしか定義できない、と専門家は考えるだろう。だが、科学者がそれを非無限システムに適用する例は少なくない。高速道路上の車もそうだし、ロックコンサートの人間もそうだ。

この分野で一流の速報誌、フィジカル・レビュー・レターズの2013年5月号は、ヘビーメタルコンサートでの相転移を分析した記事を特集した。分析の結果、「『モッシュピット』(観客同士が体をぶつけ合うこと)と呼ばれる、気体のような無秩序状態と、『サークルピット』(観客が円を描くようにぐるぐる回ること)と呼ばれる、渦のような秩序状態」が明らかになった。著者はそれらのコンサートでの相分離を特定し、読者がそのダイナミクスをイメージしやすいように、変数が二つの相図*を示している(本書が第6章で森林火災や渋滞の相図を示したのと同様)。

ヘビーメタルコンサートの観客数は無限ではない(無限に感じることもあるだろうが)。相転移の科学が有限なシステムを記述するのに用いられるのは、大きなシステムが突然変化する様子

★データサンプルは、著者たちがユーチューブで見た100以上のコンサート動画を含む。そこから彼らは、モッシュピットとサークルピットは「頑強かつ再現可能で、音楽のサブジャンル、演奏のタイミング、群衆の規模、会場の規模、バンドからの声かけ、開催時期、モッシャーたちの社会経済的地位などの要因とはほぼ無関係」であると結論づけた。(Silverberg et al., "Collective Motion of Humans in Mosh and Circle Pits at Heavy Metal Concerts," *PRL* 110 [2013])

や理由を知るのに役立つからだ。私たちはその理解に基づいて、そうしたシステムをコントロールしようとする。つまり、もっと安全な森、もっとよい道路をつくるための参考にする。そして、私たちがここで初めて試みているように、もっと革新的な企業をつくる参考にもする。無限ではなく有限な「N」のなかの、小さな「N分の1」の効果は、そうした目的にとってあまり重要ではない（構成要素が100を超すシステムの場合、有限サイズ効果は1パーセントを下回る傾向にある）。

しかし、いわゆる純粋主義の人は、厳密な意味の相転移が起きるような「ラージN極限」を定義できないかと考えるかもしれない。前ページのモデルがそのケースだ。「N」が増加するにつれて減少する報酬アップ率を考えることができる。つまり「$\tilde{g}N \to g_0$」。ここで「g_0」は「N」とは無関係な定数だ。この場合、システムは「ラージN極限」において、「$S^2_{critical} = g_0/EF$」で定義される臨界マネジメントスパン（組織ツリーの傾斜）で転移を経験する。報酬アップ率の消失という前提がない、別の関連モデルでも、「ラージN極限」における明確な転移が示される。（エクイティではなく）一定比率の現金ボーナスを想定すると、上記と同様の非政治的状況が現れる。ただし、「ES^2/N」がボーナス比率「B」に置き換えられる。そのモデルでも「ラージN極限」における明確な転移が示される。

解説

法政大学大学院教授・一橋大学名誉教授　米倉 誠一郎

また、とてつもなく、とんでもない「イノベーション」の本がアメリカからやって来た。サクッと読めば、「まあ、これまで言われてきたようなことに新しいキャッチフレーズなる『ルーンショット』をくっつけただけ」の本のように見える。しかし、よく読み込んでいくと、これは単なるビジネス書にとどまらず、膨大な科学的・歴史的知識と国家論・産業論をベースにした「国家・社会の科学技術戦略のあり方を問うた」書であることがわかってくる。しかも、この書物自身が著者の言うルーンショットでさえある。

まず、この著者の造語である「ルーンショット」を解説しておくと、「ルーンショットとは、誰からも相手にされず、頭がおかしいと思われるが、実は世の中を変えるような画期的アイデアやプロジェクト」を指す。この何とも不思議な定義である「ルーンショット」をベースにした本書の本質を理解するには、著者の多様で多才な経歴を知っておかなければならない。

○ 著者サフィ・バーコールの経歴と本書執筆の意図

著者サフィ・バーコールは、1968年にプリンストン大学の物理学者の父と、同じくプリンストン大学の天体物理学者である母の間に生まれた。13歳から16歳の間にプリンストン大学の物理・数学の教室に通い、20歳でハーバード大学理論物理学学士となっている。その後1995年にスタンフォード大学で理論物理学の博士号（PhD）を取得し、国立科学財団奨学金、ハーバード大学創設者に因んで創設されたJohn Harvard Scholarship、カリフォルニア州立大学バークレー校のMiller Post-Doctoral Research Fellowshipなどの学業成績優秀者に贈られる奨学支援を受けつつ、超伝導理論、ランダム・マトリックス理論、粒子天体物理学の分野で研究を重ねた。その成果は、物理学会で最も権威のある雑誌Physical Review Lettersなどに発表され、高い評価を受けていた。著者の出発点は若き気鋭の物理学者だったのである。

しかし、1998年に彼は突然、物理学の道を捨ててマッキンゼーに入社してしまう。マッキンゼーではコンサルティング業務に3年間携わった。このときの仕事とスキルの適合に関する投資経験は、本書にも十分に生かされている。

2001年、マッキンゼーを辞めると、最も権威のあるがん研究機関の一つ、ダナ・ファーバーがん研究所（ハーバード大学医学部傘下）のLan Bo Chen博士とともにシンタ・ファーマシューティカルズを共同創業する。シンタ社は「がんおよび免疫異常による炎症性疾患」に特化した創薬ベンチャーで、彼はその後13年間CEOを勤めた。しかも、2007年には同社をナスダックに上場させている。起業家としての手腕も並大抵のものではない。この極めて確率が低く時間のかかる新薬開発事業の経験を通じて、彼は「人の命を救う医薬品は、ビジネスを変貌させるテクノロジーと同様、いかれたアイデアを唱える孤独な発明家に端を発することが多い」ことを学ぶ。本書で主張するルーンショットの重要性はこの経験に根ざしている。

さらに、2011年にオバマ政権下のPCAST（大統領科学技術諮問委員会）の委員に就任している。このときの国家戦略として科学技術を考える経験が、巨大組織におけるルーンショットの育成の「ブッシュ・ヴェイル バランス」確立のベースになっている。彼がPCASTで学んだのは、第二次世界大戦中にヴァネヴァー・ブッシュが設立したOSDR（科学研究開発局）のあり方だった。1930年代アメリカの科学技術水準と軍事力はドイツに対して決定的に後れをとっていた。ドイツは新型戦闘機や潜水艦Uボートなどの圧倒的な破壊力で大西洋を支配下に置き、核兵器の開発にも着手しつつあった。一方、当時の米軍はこれまで通りの飛行機・戦艦・武器といった現状兵力の拡大のみを考えていた。この事実に危機感をもった当時マサチューセッツ工科大学（MIT）副学長だったブッシュはその職を辞してワシントンに移り、軍の誰からも相手にされないような発明や発見を促進する機関（OSDR）の創設をフランクリン・ルーズベルト大統領に進言した。当然、軍人が支配する巨大組織がそんな組織を受け入れるはずがない。ブッシュは軍人《ソルジャー》と発明家《アーティスト》の巧みな共存を可能とする組織のあり方に優れた能力を発揮して、レーダー開発や核兵器開発を先導し、最終的に米軍と連合国軍を勝利に導いた。著者バーコールはこのOSDRのあり方から「ルーンショット」と「巨大官僚組織」の共存を可能とする「動的平衡」というアイデアを得ている。

「ブッシュ・ヴェイル バランス」のヴェイルとは、AT&T社長としてベル研究所を設立したセオドア・ヴェイルからとったものである。ヴェイルもブッシュと同様に、巨大化・官僚化したAT&Tにルーンショット組織「ベル研究所」を設立している。著者バーコールは、ノーベル賞およびノーベル賞級の発見・発明を次々と生み出したベル研究所をルーンショット組織として高く評価する。そして、巨大組織AT&Tとベル研の見事な動的平衡を果たしたヴェイルのバランス能力も高く評価して、彼の名前を冠しているのである。

○ルーンショットは何か？ 文化ではなくなぜ構造なのか？

前述のように、ルーンショットとは、「誰からも相手にされず、頭がおかしいと思われるが、実は世の中を変えるような画期的アイデアやプロジェクト」を指す。なるほど、そんなものならば、はじめから大きな支援を得ることは難しく、あっという間に葬り去られてしまう「脆《もろ》いもの」なのだろう。しかし、そうしたばかげたアイデアを具体的な製品や戦略に転換するには、最終的に大規模な組織やチームが必要だ。この事実がまた新たな問題を引き起こす。ルーンショットを見事に製品や戦略にすることに成功した企業やチームが、突然、ルーンショットを圧殺する集団に変貌してしまう問題である。

筆者はこうした「いかれたアイデア」を商品や戦略に高めるには「フランチャイズ」の力が必要と考える。フランチャイズという用語も著者独特のもので、イノベーションに関する先行研究を知る者にとってはわかりにくいが、アターバック＝アバナシーらの先行研究の言葉を使えばプロダクト・イノベーションに対するプロセス・イノベーションであり、クリステンセンの言葉では持続的（インクリメンタル）イノベーションのことだと理解すればわかりやすい。すなわち、今ある製品や戦略を改善・改良していく力のことだ。しかし、バーコールはこのフランチャイズ力がルーンショットを圧殺すると主張する。著者があげているノキアの事例はわかりやすい。

1970年代ノキアは、ゴム長靴やトイレットペーパーを製造するコングロマリット企業だった。しかし、その後、携帯電話・自動車電話事業に進出し、2000年には世界の携帯電話の約半数を生産し、企業価値は欧州一となった。経営陣はこの成功の秘訣が「常識にとらわれずに、ミスが許される企業文化」にあると大いに喧伝した。しかし、2004年に革新的企業文化を誇っていた経営陣は、社内の少数の技術者たちが提案した「大きなディスプレーと高解析度カメラを内蔵し、インターネットにつながったうえでオンライン・アプリケーションストアを持つ携帯電話の開発」というアイデアを却下した。突飛なアイデアよりも、今ある携帯電話をより高性能で、より安く、より効率的に売り上げるほうがより重要だと判断したのだ。技術者たちはその3年後に、彼らのアイデアをスティーブ・ジョブズという男が実現したことを知る。ノキアの携帯電話事業は行き詰まり、2013年に売却されてしまった。

著者はこうした組織の突然変異を解明するのに、「相転移（phase transitions）」という物理学的な知見を持ち込み、それが文化ではなく構造変化に根ざした問題であることを指摘する。同じ水分子でも、温度という「制御パラメータ」の変化によって「相（phase）」が変わる。温度が0度（閾値）超なら、水分子はエントロピー状態、つまり液体だが、温度が0度以下になると、突然、結合力が高まって氷になり、性質が一変する。つまり、人材が同じでも組織の相が転移（transition）すると、組織の成員は全く異なる動きをする。そして、ルーンショットはその境界域に生息し、二つの相の微妙な動的均衡の上にのみ存在し得る。ゆえに、両方の相のバランスをとる「ブッシュ・ヴェイル バランス」が必要であり、制御パラメータ（水分子の場合は「温度」）の精緻化が重要となる。

では、この相転移の科学を組織にどう応用すればいいのか。新しい科学的知見によってその答えを探りつつ本書の本領が発揮されるのが、パート2「突然の変化を科学する」だ。

○ 創発特性と相転移には予測可能性がある

創発特性とは、個々人の勝手な振る舞いとは無関係に全体のダイナミクスが存在することをいう。局所的な森林火災が突然大規模な山火事に広がる理由や、高速道路上の車のドライバーがランダムにブレーキを踏むという小さな行為が突然渋滞を引き起こすといった事例である。小さな振る舞いによって創発特性は突然変異を起こすが、筆者によれば創発特性の最も面白い特徴は予測がつきやすい点にある。よって、個人の小さな振る舞いを制御するパラメータをコントロールすれば、全体の行動特性を予測できるというのだ。うーん、目から鱗的に面白い。

創発特性と最新のネットワーク理論を用いると、テロの勃発さえも予測可能だという。ロシア最大のソーシャル・ネットワーク「フコンタクチェ」上でIS（イスラム国）に関心を持つ人間のオンライン上での行動を「クラスターの数」と「感染力（ノードにつながった人が別の人をノードに呼び込む速度）」を制御パラメータとして分析すると、どの段階で臨界閾値を超えテロが勃発するのかを予測できるという。さらに驚かされるのは、創発の科学から導かれる「マジックナンバー150」やインセンティブ・スキームをパラメータとした社内政治によるルーンショット圧殺の方程式である。こうした臨界閾値を超えて相転移が起こる規模に150というマジックナンバーが存在することが示唆されているのである。組織の規模が大きくなるとイノベーションが生まれにくくなることは何となくわかっていたが、その規模が150人であることを歴史的経験値とインセンティブのあり方をもって明らかにしている。さらに、本書ではそのマジックナンバーを拡大しても動的平衡が保たれるパラメータを特定していく思考実験が行われている。詳細は本文に譲るとして、以下の設問の答えは、会社のインセンティブのあり方と組織の階層や一人の上司が率いる部下の人数（マネジメントスパン）に極めて依存しているという。「午前9時から午後5時までの勤務で、現在午後4時だとしよう。さて、残る1時間を何に使うか。（a）プロジェクトの価値を高める仕事、（b）社内での人脈づくりや自己PR」。（a）をとるか（b）をとるかは企業文化でも個人の資質の問題でもなく、インセンティブ構造の問題なのである。

○ 日本企業がこの本から学ぶべきこと

2019年末の日本経済新聞の「経済教室」で、イノベーション研究の大家クレイトン・クリステンセン教授が、かつて破壊的イノベーションを起こし続けた日本企業がもはや安全な持続的イノベーションに走っているという警告の一文を寄せていた。本書の言葉で言えば「フランチャイズ」拡大ばかりに重点が置かれ、「ルーンショット」に目が向けられていない状況に対する警句である。しかし、こうしたフランチャイズ一辺倒の技術開発や製品サービス開発が幅を利かせている現状は、日本の経営者やビジネスマンが愚かだということを示しているのではない。給与体系、経営階層の厚さ、そして昇進の仕組みなど、現在の組織構造のもとでは、フランチャイズ（あるいは持続的イノベーション）を選好することに合理的があるから、そうしているのである。したがって、社内政治や自身の昇進よりも、「いかれたアイデア」を選好するような組織構造やインセンティブのあり方を設計し直さなければならない。その意味で旧来の常識にとらわれないベンチャー企業への期待が日本でも高まっているが、本書が示すように、巨大組織であっても「ルーンショット集団」と確実に成果をあげる「フランチャイズ集団」との共存は可能だ。むしろ、ルーンショットの連鎖反応を継続的に引き起こすには、規模の大きさが必要であり、日本の大企業はそこを学ばなければならない。

また、日本のエンジニアをはじめとする企業人の一人ひとりが、世界平均で劣っているかといえば決してそんなことはない。ただし、日本企業の低迷を見ていると、そうした個々人の優れたスキルと与えられる仕事（プロジェクト）の間の適合レベルが低い可能性がある。その点、著者のマッキンゼー時代の経験には学ぶべきものがある。マッキンゼーではコンサルタントのスキルとプロジェクトの適合レベルを向上させるために、長い時間とコストをかけてコンサルタントのスキルレベルを徹底的に調査するという。「評価担当者は最終的に候補者の強みと弱みを本人の母親以上に知っている」という程のレベルだ。調査を担当するのは他部署の人間（パートナーやコンサルタント）で、調査の間、その人たちの短期的売り上げは落ちる。しかし、スキルと仕事の適合レベルを徹底的に把握することは長期的に組織を強くする投資となるので損とは考えない。日本企業は仕事と社員のスキルの適合を図るのに、果たしてどれだけ投資しているだろうか。特に、終身雇用や年功序列の慣習下にある日本企業にとって、一度採用した人材の特性を的確に把握し、常にレベルアップさせていくための投資は、最も重要でなければならない。著者は言う。「この組織適合レベルに投資することなく、部下に対してもっと革新的になれと命じるリーダーは、軽いジョギングしかしていない人にいきなりマラソンを走れと命じるのと同じだ」と。日本企業にまかり通っている「精神論的イノベーション奨励」に、猛省を促す記述である。

もう一つ、日本企業が学ぶべき点は、社内の政治利益を求めるよりも、目前のプロジェクトの成功や「ルーショット」を許容するための、「インセンティブの機微をマネジャーに考えさせるためのプロセスや人材にお金をかける」という視点だ。現在の企業には最高財務責任者（CFO）や最高技術責任者（CTO）などが存在するが、ルーンショット育成を含め優れた成果を生むインセンティブの設計を専門とする責任者を擁する企業は多くない。「人材やルーンショットをめぐるライバルとの戦いにおいて、インセンティブは大きな武器」なのである。著者は、「ライバルがみんなナイフを使っていたら、こっちは銃を用意したらいい」と言う。かつて、解説者（米倉）がシリコンバレーにおけるベンチャーキャピタルやナスダックをはじめとした起業インフラの構造を日本と比較研究したときに、「B29と竹槍の戦い」と感じたことがあったが、今後、アメリカの大規模組織が「銃」に投資し始めたら、呑気にナイフを使っている日本企業はさらなる致命傷を受けるだろう。気づいてほしいのは、GAFAと呼ばれる革新的企業はすでに何万人、何十万人という雇用を抱える大組織であり、彼らも常に革新する努力を続けているということだ。

○ イノベーションとは嵐のなかを舞う葉っぱのようなもの

さて、イノベーション研究者という職業柄、個人的に興味があるのは、「ビジネス論やイノベーション論に並々ならぬ関心を持つ方々を主に想定して書いている」という「おわりに」である。バーコールはクリステンセンの「破壊的イノベーション」を事後的な解釈として辛辣に評価する。ある変化が破壊的かどうかは、ある発明や発見が市場にどんな影響を及ぼすかという結果であり、イノベーション遂行者が初めから意図したものではない。「革新的と見なされているアイデアやテクノロジーは、開発当初、どんな製品になるのかは見当もつかなかったものが多い。そんなアイデアを育てて、製品化にこぎ着けたのだ。急速に進化する市場のなかの初期プロジェクトは、嵐のなかを舞う葉っぱのようなもの。最後にどこへ行き着くか予測するのは難しい。葉っぱが着地したあとで、このテクノロジーが市場を破壊したというのはやさしい」というバーコールの言葉には説得力がある。

確かに今、求められているのは、事後的なる破壊を想定したようなイノベーションの遂行ではなく、これまでの常識や信条からいってあり得ないような「クレイジー」なアイデアを許容し、大事に育てる組織の構築なのかもしれない。結果がどうなるかわからないが、本人がワクワクして「これだ」とのめり込んでいるものは、「やってみて、3回以上失敗して、嘲笑や嘲り、裏切りや妨害を経て」しか結論は出ない。そんな貴重で脆いものを組織の都合や確率分布を根拠に排除していたら、絶対に面白い社会は来ない。

本書は逸話と理論が入り混じり、決して読みやすい本ではない。しかし、本書には「いかれたアイデア」に対する愛と信頼があり、前に進もうという勇気が湧く。今、日本の経営者に読んでほしい1冊であることは間違いない。

イラストクレジット

14　科学者とピラニア：Antar Dayal, AntarWorks LLC.
22　水、氷、ハンマー：Antar Dayal, AntarWorks LLC.
24　綱引き：Antar Dayal, AntarWorks LLC.
42　境界を生きる：Antar Dayal, AntarWorks LLC.
49　大西洋の戦い：Antar Dayal, AntarWorks LLC.
53　「科学分野での優位性によって」：Antar Dayal, AntarWorks LLC.
61　ブッシュ、コナント、コンプトン、ルーミス（カリフォルニア大学バークレー校）：© 2010 The Regents of the University of California, through the Lawrence Berkeley National Laboratory.
70　氷から水、水から氷：Antar Dayal, AntarWorks LLC.
86　スタチン治療を受けた初の患者：山本章。
89　遠藤章：Antar Dayal, AntarWorks LLC.
104　ブラウン、遠藤、ゴールドスタイン：遠藤章。
124　リンドバーグとトリップ：Pan American World Airways, Inc. Records, Special Collections, University of 000 Miami Libraries, Coral Gables, Florida.
133　チャイナ・クリッパー：Clyde Sunderland, collection of SFO Museum.
137　張からトリップへの手紙（1947年）：Trippe Family Archive, courtesy of the Pan Am Historical Foundation.
146　パンナムがジェット時代の幕を開ける：Antar Dayal, AntarWorks LLC.
170　3D映画の観客：J. R. Eyerman/The LIFE Picture Collection/Getty Images.
171　メロエ・モース：Polaroid Corporation Records, Baker Library, Harvard Business School.
173　ランドと娘：Polaroid Corporation Records, Baker Library, Harvard Business School.
175　初のインスタント写真を披露するエドウィン・ランド：New York Times, February 22 © 1947.
177　ウィリアム・ウェグマンのポラロイド写真：© William Wegman.
アンディ・ウォーホルのポラロイド写真：© Bill Ray.
ライフ誌の表紙を飾るSX70：Co Rentmeester/The LIFE Picture Collection/Getty

Images.
195 ランドとポラビジョンマシン:AP Photo/Bill Polo.
210 「タブレットを手に山から降りてこられました」:Antar Dayal, AntarWorks LLC.
217 『チューバのタビー』:Antar Dayal, AntarWorks LLC.
231 邪悪なサルと戦うボンド:Antar Dayal, AntarWorks LLC.
233 ガルリ・カスパロフ:Reuters/Jeff Christensen.
254 『サー・アイザック・ニュートンの哲学』:公有財産。なお、表紙は読みやすく編集している。
261 ナゴヤドーム:Tadaki et al., "Phase Transition in Traffic Jam Experiment," New J. Phys. 15 (2013).
269 ハンフリー・ボガート:Yousuf Karsh.
282 コオロギのハーモニーはなぜ起きる?:Antar Dayal, AntarWorks LLC.
291 テロ集団サイトのコンテンツ例:Science 352 (June 17, 2016): 1459. アメリカ科学振興協会の認可を得て転載。
293 オンラインテロネットワークのマップ:Science 352 (June 17, 2016): 1459. アメリカ科学振興協会の認可を得て転載。
294 攻撃の勃発時期を予測:Science 352 (June 17, 2016): 1459. アメリカ科学振興協会の認可を得て転載。
296 綱引き:Antar Dayal, AntarWorks LLC.
325 スプートニクの打ち上げ:Marcus familyの認可済み。Library of Congress, Prints & Photographs Division, LC-DIG-ds-04944.
336 「レッド・バルーン・チャレンジ」の準備をするDARPAのスタッフ:DARPA.
350 死海文書を切り刻む:Antar Dayal, AntarWorks LLC.
363 リチャード・ファインマン:Tamiko Thiel, via Wikimedia Commons.
375 アインシュタインとケプラー:Antar Dayal, AntarWorks LLC.
394 沈括:Antar Dayal, AntarWorks LLC.
401 空気ポンプを披露するフックとボイル:Rita Greer, via Wikimedia Commons.
403 ドニ・パパンの発明:公有財産。

参考文献

はじめに

12 ミラーのピラニア：

Company reports; interview with Richard Miller. Amgen: See Introduction note for "unable to repeat" on page 315. Nokia: Cord, 19, 39, 118–20; Fox; Baker; O'Brien; Troianovski. Merck: Company reports. For more on Merck and the statins, see chapter 2. Quotations: "law firm with a drug": Goozner, 128; conversations with industry insiders. "synonymous with success": Baker. "least hierarchical" and "have a bit of fun": Fox. "After The Lion King": Catmull, 130–131. "more is different": Anderson. For good surveys of the field of emergence see Ball; Gell-Mann; Johnson; Laughlin; and Miller. .

Anderson, P. W. "More Is Different."*Science* 177 (1972): 393.
Baker, Stephen, et al. "Nokia: Can CEO Ollila Keep the Cellular Superstar Flying High?"*Bus. Week* 3590 (1998): 54.
Ball, Philip. *Why Society Is a Complex Matter*. Springer, 2012.
Binder, Gordon M., and Philip Bashe. *Science Lessons*. Harvard, 2008.
Catmull, Edwin, and Amy Wallace. *Creativity, Inc*. Random House, 2014.
Cord, David J. *The Decline and Fall of Nokia*. Schildts & Soderstroms, 2014.
Fox, Justin. "Nokia's Secret Code." *Fortune* 141 (2000): 160.
Gell-Mann, Murray. *The Quark and the Jaguar*. Macmillan, 1994.
Goldwasser, E. "Erythropoietin: A Somewhat Personal History." *Persp. Biol. Med.* 40 (1996): 18.

第1章

海軍研究所歴史局のアンジェリーナ・キャラハン博士が、レオ・ヤングとのインタビュー(1953年)の記録を提供してくれた。

第2次世界大戦におけるレーダーの役割を軍事史家が詳しく述べたものとしては、Allison, *New Eye*; Brown, *Radar History*; Burns, "Technology"; and Guerlac, "Radar War"を参照。第2次大戦の広範な歴史を扱った優れた書籍には、Roberts, *Storm of War*がある。Dimbleby, *Battle of the Atlantic*も、本章で述べる戦域について同様の歴史を記述している。第2次大戦に関する幅広い文献が、Weinberg, *Short Introduction*とD. Kennedy, *Freedom from Fear*に簡潔に紹介されている。

30 冒頭／ドーチェスター：

Radar at the NRL: Allison, 39–82; Christman, 43–56 (which has been overlooked by most histories); Guerlac, *WWII*, 42–92; Page, 19–40; Young interview. *Radar at Pearl Harbor:* Prange, 366–75; US Congress, "Pearl Harbor," part 27, 527–29. 引用: *"secret war . . . in vain":* Churchill, *Finest Hour*, 337. *"irrespective of fog":* Allison, 40. *"since the airplane":* US Joint Board on SIP, 1. *"well exceed":* Allison, 116. *"wild dream"* and *"pained me":* Christman,

49, 56.

35 あえて戦わず：

Bush, *Action*; Wiesner; Zachary. 引用: *"how not to fight"*: Bush, *Action*, 74. *"lower caste"*: Bush, *Arms*, 19. *"already had a chemist"*: Greenberg, 58. *"rifle and bayonet"*: US War Department, 474. *"damn professors"*: Kevles, 133. *"tendency to fight a war"*: Bush, *Action*, 89. *"almost with awe"*: *Time*, "Yankee." *"await achievement"*: Stewart, epigraph.

39 嵐のなかの船出：

Wiesner; Zachary, 61–117; Sherwood, 154. 引用: *"sea captains"*: Zachary, 23. *"wing of the President"*: Kevles, 301. *"do-gooders"* and *"minor miracles"*: Bush, *Action*, 35. *"OK, FDR"*: Zachary, 112; Bush, *Action*, 36. *"explore the bizarre"* and *"end run"*: Bush, *Action*, 102 and 31–2.

41 摂氏0度で起きること：

Military, academic resistance: Bush, *Action*, 69–120; Kevles, 243–47, 254–58. *Loomis:* Alvarez, 309–31; Conant, 108–32, 213–17, 309. *Radar in England:* Phelps, 23–78; Rowe; Jones, *Secret War*. *Battle of Britain:* Bungay, 104, 122, 199, 334–36; Moore, 104; Murray, 47. *British-American relations:* Phelps, 124–25, 140. *Loomis and the Tizard Mission:* Bowen, 150–63; Conant, 179–208; Phelps, 152–62, 176–203, 214–45. 引用: *"tight organization," "close collaboration," "damned civilian,"* and *"Army did not want"*: Bush, *Action*, 28–30, 103, 104. *"describe that weapon"*: Lovell, 15. *"finest hour"*: Churchill, 1940. *"would be nil"*: Bungay, 334. *" foul specimen"*: D. Kennedy, 443.

47 大量殺戮：

Role of technology in the U-boat war: Baxter, 37–52, 136–86; Brown, 334–48; Burns; Guerlac, "Radar War"; P. Kennedy, 5–73; Kevles, 302–15; US Joint Board on SIP; Williamson. *American coast:* Dimbleby, 243–65; Gannon, *Drumbeat*, 214–41. *U-boat blockade:* Bungay, 339; Churchill, *Ring*, 4–5; Dimbleby, 121–46, 327–43, 376–89; D. Kennedy, 566–72; P. Kennedy, 30–37, 66–116. In mid-December 1942, Britain's fuel supply was 300,000 tons for commercial use and one million tons for emergency military use. Consumption ran at 130,000 tons per month—a runway of 10 months (Roskill, 217–18). *LORAN:* See chapter 1 note for *"a pilot could calculate his location"* on page 318. 引用: *"help yourselves!"* and *"tanker"*: Dimbleby, 260, 246. *"mushroom cloud"*: Gannon, *Drumbeat*, 216. *"massacre"*: Churchill, *Hinge*, 96. *"swallowed"* and *"swept through"*: Middlebrook, 250, 252.

51 一度にひとりずつ：

May 1943 battles: Burns, 343, 353–54; Churchill, *Ring*, 8–10; Dimbleby, 401–23; Gannon, *Black May*; Roberts, 370–71; Rohwer, 318–31. *Proximity fuse (spelled "fuze" at the time):* Baldwin; Baxter, 221–42; Bush, *Action*, 106–12; Conant, 271–72; Hartcup, 39–45. *OSRD achievements:* Bush, *Frontier*; Baxter. *Bush and the bomb:* Goldberg; Bush, *Action*, 56–63; Zachary, 189–217. 引用: *"driven under water" and other U-boat messages:* Syrett, 130–34. *"one at a time"*: Gretton, 156–57. *"some months past"*: Baxter, 46. *"we had lost"*: Doenitz,

Memoirs, 341. *"funny fuse":* Baldwin, 279.

56 果てしなきフロンティア／八つのノーベル賞：

FDR's hidden illnesses: Goldsmith; Lomazow. *Vail, AT&T:* Gabel, 345–48; Galambos; Gertner, 20–28; Hoddeson; Paine, 221–44; Reich, *American*, 151–84; Reich, "Bell Labs," 512–18. *Jewett and Bush:* Bush, *Action*, 32–37; Jewett. 引用: *"flat on its face":* Kenny. *"pacemaker":* Bush, *Frontier*, 19. *"the scientific method":* *NY Times*, "Defense." *"Soviet Russia":* Kaempffert. *"epoch-making":* *BusinessWeek*. *"a week to get to you":* *NY Times*, "Phone."

63 ブッシュ・ヴェイル ルール：

Bond: See chapter 5. *3M:* Hindo. *Jobs:* See chapter 5. 引用: *"In embryo":* Bush, *Action*, 72. *"combat regiment":* Bush, *Action*, 26. *"task allocation":* Reich, "Bell Labs," 519. *"unbalancing the whole":* Vail, 351. *"military men":* Bush, *Action*, 298. *"child psychologist"* and *"what the devil":* Bush, *Action*, 40, 111. *"I've seen":* Kevles, 309. *"hot potato":* Bush, *Action*, 45–46.

Allison, David K. *New Eye for the Navy*. Naval Research Lab, 1981.

Alvarez, Luis. "Alfred Lee Loomis." In *Biog. Mem. vol. 51*. Nat. Acad., 1980.

Baldwin, Ralph B. *The Deadly Fuze*. Presidio, 1980.

Baxter, James Phinney. *Scientists Against Time*. Little Brown, 1946.

Bernstein, Barton J. "American Conservatives Are the Forgotten Critics of the Atomic Bombing of Japan." *Merc. News*, July 31, 2014.

Bowen, E. G. *Radar Days*. Adam Hilger, 1987.

Breslin, Jimmy. *Branch Rickey*. Penguin, 2011.

Brown, Louis. *A Radar History of World War II*. Institute of Physics, 1999.

Budiansky, Stephen. *Blackett's War*. Knopf, 2013.

Bungay, Stephen. *The Most Dangerous Enemy: A History of the Battle of Britain*. Aurum, 2000.

Burns, R. W. "Impact of Technology on the Defeat of the U-Boat September 1939–May 1943." *IEE Proc. Sci. Meas. Tech.* 141 (1994): 343.

Bush, Vannevar. *Science: The Endless Frontier*. 1945.

———.*Modern Arms and Free Men*. Simon and Schuster, 1949.

———.*Pieces of the Action*. Morrow, 1970.

Business Week. "The Trend: 'Science—The Endless Frontier.' " July 21, 1945.

Christman, Albert B. *Target Hiroshima*. Naval Institute, 1998.

Churchill, Winston. *The Second World War, Vol. II: Their Finest Hour,* 1986 [1949]; *Vol. IV: The Hinge of Fate*, 1986 [1950]; *Vol. V: Closing the Ring*, 1986 [1951]. Houghton Mifflin Harcourt.

———."Speech in the House of Commons." July 30, 1934; June 18, 1940.

Conant, Jennet. *Tuxedo Park*. Simon and Schuster, 2002.

CSPO. "Science the Endless Frontier 1945–1995." Center for Science, Policy and Outcomes, Columbia, 1998.

Dimbleby, Jonathan. *The Battle of the Atlantic*. Viking, 2015.

Doenitz, Karl. *Memoirs: Ten Years and Twenty Days*. World, 1959.

Einstein, Albert. Letter to Franklin D. Roosevelt, dated Aug. 2, 1939; delivered Oct. 11, 1939.
England,J. Merton. *A Patron for Pure Science*. NSF, 1983.
Erskine, Ralph. "Tunny Reveals B-Dienst Successes against the 'Convoy Code.'" *Intel.*
Nat. Sec. 28 (2013): 868.
Fisher, David E. *A Race on the Edge of Time*. McGraw-Hill, 1987.
———.*A Summer Bright and Terrible*. Shoemaker & Hoard, 2005.
Gabel, Richard. "The Early Competitive Era in Telephone Communication, 1893–1920." *Law Cont. Prob.* 34 (1969): 340.
Galambos, Louis. "Theodore N. Vail and the Role of Innovation in the Modern Bell System."*Bus. Hist. Rev.* 66 (1992): 95.
Gannon, Michael. *Operation Drumbeat*. Harper & Row, 1990.
———.*Black May*. HarperCollins, 1998.
Gardner, W. J. R. *Decoding History*. Macmillan, 1999.
Gertner, Jon. *The Idea Factory*. Penguin, 2012.
Goldberg, Stanley. "Inventing a Climate of Opinion: Vannevar Bush and the Decision to Build the Bomb." *Isis* 83 (1992): 429.
Goldsmith, Harry S. *A Conspiracy of Silence*. iUniverse, 2007.
Greenberg, Daniel S. *The Politics of Pure Science*. 1967. U. Chicago, 1999.
Gretton, Peter. *Convoy Escort Commander*. Cassel, 1964.
Guerlac, Henry. *Radar in World War II*, vol. 8. 1987. Am. Inst. Phys., 1946.
Guerlac, Henry, and Marie Boas. "The Radar War against the U-Boat." *Military Affairs* 14 (1950): 99.
Hartcup, Gordon. *The Effect of Science on the Second World War*. St. Martin's Press, 2000.
Hasegawa, Tsuyoshi. *Racing the Enemy*. Harvard, 2005.
———, ed. *The End of the Pacific War*. Stanford, 2007.
Hindo, Brian. "At 3M, A Struggle between Efficiency and Creativity." *Bloomberg.com*, June 11, 2007.
Hoddeson, Lillian. "The Emergence of Basic Research in the Bell Telephone System, 1875–1915." *Tech. Cult.* 22 (1981): 512.
Jarboe, Kenan, and Robert Atkinson. "The Case for Technology in the Knowledge Economy."Prog. Pol. Inst., 1998.
Jewett, F. B. "The 1943 Medalist." *Elec. Eng.* 63 (1944): 81.
Jones, Reginald V. "Winston Leonard Spencer Churchill, 1874–1965." *Biog. Mem. Fell. Roy. Soc.* 12 (1966): 35.
———.*Most Secret War*. Penguin, 2009.
Kaempffert, Waldemar. "Dr. Bush Outlines a Plan." *NY Times*, July 22, 1945.
Kelly, Cynthia C., ed. *Manhattan Project*. Black Dog & Leventhal, 2007.
Kennedy, David M. *Freedom from Fear*. Oxford, 1999.
Kennedy, Paul M. *Engineers of Victory*. Random House, 2013.
Kenny, Herbert. "At 80, Scientist Bush Looks Back at Eventful Years." *Boston*

Globe, Sep. 20, 1970.
Kevles, Daniel J. *The Physicists*. Knopf, 1971.
Lane, Julia. "Assessing the Impact of Science Funding." *Science* 324 (2009): 1273.
Lomazow, Steven, and Eric Fettmann. *FDR's Deadly Secret*. PublicAffairs, 2009.
Lovell, Stanley P. *Of Spies & Stratagems*. Pocket Books, 1963.
Middlebrook, Martin. *Convoy SC.122 & HX.229*. Allen Lane, 1976.
Moore, Kate, and the Imperial War Museum. *The Battle of Britain*. Bloomsbury, 2010.
Murray, Williamson. *Strategy for Defeat: The Luftwaffe, 1933–1945*. Air Univ. Press, 1983.
NAS. *Rising above the Gathering Storm, Revisited*. Nat. Acad. Press, 2010.
New York Times. "Phone to Pacific from the Atlantic." Jan. 26, 1915.
———."Tesla, At 78, Bares New 'Death Beam.' " July 11, 1934.
———."Research for Defense." July 21, 1945.
Page, Robert M. *The Origin of Radar*. Anchor Books, 1962.
Paine, Albert Bigelow. *In One Man's Life: Being Chapters from the Personal & Business Career of Theodore N. Vail*. Harper, 1921.
PCAST (President's Council of Advisors on Science & Technology). "Report to the President: Transformation and Opportunity; The Future of the U.S. Research Enterprise," 2012.
Perutz, M. F. "That Was the War." *New Yorker*, Aug. 12, 1985.
Phelps, Stephen. *The Tizard Mission*. Westholme, 2010. Prange, Gordon W., et al. *Pearl Harbor*. McGraw-Hill, 1986.
Reich, Leonard S. "Industrial Research and the Pursuit of Corporate Security: The Early Years of Bell Labs." *Bus. Hist. Rev.* 54 (1980): 504.
———.*The Making of American Industrial Research*. Cambridge, 1985.
Rinzler, J. W. *The Making of* Star Wars. Del Rey, 2007.
Roberts, Andrew. *The Storm of War*. HarperCollins, 2009.
Roosevelt, Franklin D. Cable communication with Winston Churchill, May 4, 1941.
———.Letter to Vannevar Bush, Nov. 17, 1944.
Roskill, Stephen W. *The War at Sea, 1939–1945: Vol. II*. HMSO, 1954.
Rohwer, Jurgen. *Chronology of the War at Sea, 1939–1945. Vol. II: 1943–1945*. Trans. D. Masters. Ian Allen, 1974.
Rowe, Albert P. *One Story of Radar*. Cambridge, 1948.
Sherwood, Robert E. *Roosevelt and Hopkins*, revised ed. Harper, 1950.
Snow, C. P. *Science and Government*. Harvard, 1961.
Stewart, Irvin. *Organizing Scientific Research for War*. Little, Brown, 1948.
Syrett, David. *The Defeat of the German U-Boats*. U. South Carolina, 1994.
Tighe, W. G. S. "Review of Security of Naval Codes and Ciphers, September 1939 to May 1945." Public Record Office, 1945.

Time. "Yankee Scientist." Apr. 3, 1944.
US Congress Joint Committee on the Investigation of the Pearl Harbor Attack. *Hearings before the Joint Committee.* USGPO, 1946.
US Joint Board on Scientific Information Policy. *Radar: A Report on Science at War*. 1945.
US War Department, *Annual Reports*. USGPO, 1920.
Vail, Theodore N. *Views on Public Questions; a Collection of Papers and Addresses of Theodore Newton Vail, 1907–1917.* Priv. print., 1917.
Walker, J. Samuel. "Recent Literature on Truman's Atomic Bomb Decision: A Search for Middle Ground." *Dipl. Hist.* 29 (2005): 311.
———.Interview with Cindy Kelly, Mar. 16, 2014.
———.*Prompt and Utter Destruction*, third ed. UNC, 2016.
Weinberg, Gerhard L. *World War II: A Very Short Introduction*. Oxford, 2014.
Wiesner, Jerome. "Vannevar Bush." In *Biog. Mem.*, vol. 50. Nat. Acad., 1979.
Williamson, Gordon. *U-Boat Tactics in World War II*. Osprey, 2010.
Young, Leo. Interview. October 15, 1953.
Zachary, G. Pascal. *Endless Frontier*. MIT, 1999.

第2章

75 三度の死:

Gleevec: Vasella; Wapner; Monmaney. *Tehran:* Bohlen, 141–45. *FDR's health:* Lomazow, 56–60, 94–101; Bruenn; Lahey; Winik, 485–86, 507–12, 520–21. *Early heart disease history:* Leibowitz, 1–103; Steinberg, 4, 9–10. *NHI, Framingham:* Mahmood; Steinberg, 36–37; Strickland, 52–53; Truswell, 21–24. *Mortality trends:* Ford; Jones; NHLBI, 23 (75%); NIH; interview with Paul Sorlie, NHLBI. 引用: *"over my dead body":* Wapner, 156. *"great drops of sweat":* Bohlen, 143–44. *"out of the blue":* Lomazow, 9. *"hardly had a place . . . quiet, liquor, opium":* Heberden, 366–69.

78 菌類は走らない:

Cholesterol-lowering trials: Steinberg, 125–74; Truswell, 51–62, 109–20. *Endo, first statin:* interviews with Akira Endo, Joseph Goldstein, and Ed Scolnick; Brown, "Tribute"; Daida; Endo, "Gift"; Endo, "Origin"; Endo, "Perspective." *Keys:* Keys; Steinberg, 33–35; *Time*; Taubes, 16–41; Truswell, 33–38; 引用: *"disgusting"* and *"start to think": Time*. *"like sumo wrestlers":* Daida, 686.

81 ニワトリに救われる:

Cholesterol, Endo: as above; Yamamoto; Steinberg, 174–86; Tobert. *Brown and Goldstein history:* Brown, "Side Trips"; Brown, "Nobel Lecture"; interview with Joseph Goldstein. 引用: *"thousands of fat chemists":* Mann, 645. *"All well-controlled trials":* McMichael, 173. *"little more than zero": Lancet*, 605. *"Gilbert and Sullivan":* Steinberg, 104.

87 900億ドルの「偶然」:

Merck and Sankyo: See chapter 2 note for *"to collaborate, rather than compete"* on page 321. *Within days of:* Li, 60; Steinberg, 178; Vagelos, 134.

Statin development and usage, reviews: Collins; Goldfine; Goldstein; Li; Steinberg, 171–211; Truswell, 115–19; and references therein. 引用: *"sudden, unbelievable, the thrill of discovery":* Vagelos, 134–35. *"dramatic effect":* Goldfine, 1752. *"fungal extracts":* Brown, "Tribute," 16.

92 尻に刺さった矢を数える:

Begley; Cooke, *Folkman's War*, 180–87, 283–90, 296–99; Ferrara et al.; Folkman; Genentech; Rosenfeld; Stone. 引用: *"go to the bathroom"* and *"cured cancer again":* Begley. *"Spousal Activation Factor"* and *"clown":* Folkman, "Fine Line," 4, 13. *"Maybe we don't have to die":* McAlary. *"Judah will cure cancer":* Kolata. *"sign for me"*: Folkman, *Acad. Ach.* *"careers wouldn't be harmed":* Ezzell. *"only wish":* Cooke, "Progeny." *"arrows in his ass":* Cooke, *Folkman's War*, 154.

96 驚くほどの脆さから学ぶ教訓:

Social networks: interview with Ken Howery; Cowley; Kirkpatrick, 87–90; Thiel. *Deak Parsons:* Christman, 42–56. *Folkman:* King; Cooke, *Folkman's*, 296–98. 引用: *"little-known bit," "revolutionize naval weaponry,"* and *"door-to-door salesman":* Christman, 43, 47, 49.

Alberts, Alfred W. "Discovery, Biochemistry and Biology of Lovastatin." *Am. J. Cardio.* 62 (1988): J10.

Begley, Sharon, et al. "One Man's Quest to Cure Cancer." *Newsweek*, May 18, 1998.

Bohlen, Charles E. *Witness to History, 1929–1969*. Norton, 1973.

Brown, Michael S., and Joseph L. Goldstein. "A Receptor-Mediated Pathway for Cholesterol Homeostasis." In *Nobel Lectures Phys. Med. 1981–1990*, 284. World Scientific, 1993.

———."A Tribute to Akira Endo." *Athero. Supp.* (2004): 13.

———."Scientific Side Trips." *J. Biol. Chem.* 287 (2012): 22418.

Bruenn, H. G. "Clinical Notes on the Illness and Death of President Franklin D. Roosevelt." *Ann. Int. Med.* 72 (1970): 579.

Christman, Albert B. *Target Hiroshima*. Naval Institute, 1998.

Collins, Rory, et al. "Interpretation of the Evidence for the Efficacy and Safety of Statin Therapy." *The Lancet* 388 (2016): 2532.

Cooke, Robert. *Dr. Folkman's War*. Random House, 2001.

———."Dr. Folkman's Progeny." *Vector*, Spring 2008 .Cordes, Eugene H. *Hallelujah Moments*. Oxford, 2014.

Cowley, Stacy, and Julianne Pepitone. "Facebook's First Big Investor, Peter Thiel, Cashes Out." *CNNMoney*, Aug. 20, 2012.

Daida, Hiroyuki. "Meet the History: The Discovery and Development of 'Statin,' the Penicillin of Arteriosclerosis." *Shinzo (Heart)* 37 (2005): 681.

Endo, Akira. "The Origin of the Statins." *Athero. Supp.* 5 (2004): 125.

———."A Gift from Nature: The Birth of the Statins." *Nat. Med.* 14 (2008): 1050.

———."A Historical Perspective on the Discovery of Statins." *Proc. Jap. Acad.*

Series B 86 (2010): 484.
Ezzell, Carol. "Starving Tumors of Their Lifeblood." *Sci. Am.* 279 (1998): 33.
Ferrara, Napoleone, and Anthony P. Adamis. "Ten Years of Anti-Vascular Endothelial Growth Factor Therapy." *Nat. Rev. Drug Disc.* 15 (2016): 385.
Ferrara, Napoleone, et al. "Discovery and Development of Bevacizumab." *Nat. Rev. Drug Disc.* 3 (2004): 391.
Folkman, Judah. "Tumor Angiogenesis: Therapeutic Implications." *New Eng. J. Med.* 285 (1971): 1182.
———."The Fine Line between Persistence and Obstinacy in Research." Speech given in 1996. Folkman collection, Harvard Medical Library, Countway Library of Medicine, Box 45 Folder 19.
———.Academy of Achievement Interview, June 18, 1999.
———."Is Angiogenesis an Organizing Principle in Biology and Medicine?" *J. Ped. Surg.* 42 (2007): 1; and *Nat. Rev. Drug Disc.* 6 (2007): 273.
Ford, Earl S., et al. "Explaining the Decrease in U.S. Deaths from Coronary Disease, 1980–2000." *New Eng. J. Med.* 356 (2007): 2388.
Genentech press release. "Positive Results from Phase III Avastin Study in Metastatic Colorectal Cancer," June 1, 2003.
Goldfine, Allison B. "Statins: Is It Really Time to Reassess Benefits and Risks?" *New Eng. J. Med.* 366 (2012): 1752.
Goldstein, Joseph L., and Michael S. Brown. "A Century of Cholesterol and Coronaries." *Cell* 161 (2015): 161.
Heberden, William M. D. *Commentaries on the History and Cure of Diseases*. 1806. Luke Hansard, 1772.
Jones, David S., and Jeremy A. Greene. "The Decline and Rise of Coronary Heart Disease." *Am. J. Pub. Health* 103 (2013): 1207.
Kannel, William B., et al. "Factors of Risk in the Development of Coronary Heart Disease." *Ann. Int. Med.* 55 (1961): 33.
Keys, Ancel, et al. "Lessons from Serum Cholesterol Studies in Japan, Hawaii and Los Angeles." *Ann. Int. Med.* 48 (1958): 83.
King, Ralph T., Jr. "Human Test to Begin on Tumor Drug Despite Mixed Results of NCI Mice Tests." *WSJ*, Sep. 13, 1999.
———."Novel Cancer Approach from Noted Scientist Hits Stumbling Block." *WSJ*, Nov. 12, 1998.
Kirkpatrick, David. *The Facebook Effect*. Simon & Schuster, 2010.
Kolata, Gina. "A Cautious Awe Greets Drugs That Eradicate Tumors in Mice." *NY Times*, May 3, 1998.
Lahey, Frank. "Memo Regarding the Health of Franklin Delano Roosevelt," July 10, 1944. The memo was publicly revealed only 63 years later, in Goldsmith, Harry S., *A Conspiracy of Silence*, iUniverse, 2007.
Lancet. "Can I Avoid a Heart-Attack?" 1 (1974): 605.
Leibowitz, Joshua O. *The History of Coronary Heart Disease*. Wellcome, 1970.
Li, Jie Jack. *Triumph of the Heart*. Oxford, 2009.

Lomazow, Steven, and Eric Fettmann. *FDR's Deadly Secret*. PublicAffairs, 2009.
Mahmood, Syed S., et al. "The Framingham Heart Study." *The Lancet* 383 (2014): 999.
Mann, George V. "Diet-Heart: End of an Era." *New Eng. J. Med.* 297 (1977): 644.
McAlary, Mike. "I Cling to This Hope for Life." *NY Daily News*, May 6, 1998.
McMichael, John. "Fats and Atheroma: An Inquest." *Br. Med. J.* 1 (1979): 173.
Monmaney, Terence. "The Triumph of Dr. Druker." *Smithsonian* 42 (2011): 54.
NHLBI: National Heart Lung and Blood Institute. "Morbidity & Mortality: 2012 Chart Book on Cardiovascular, Lung, and Blood Diseases."
NIH: National Institutes of Health. "Heart Disease Fact Sheet." Oct. 2010.
NRC: National Research Council. NRC/1980: *Issues and Current Studies*. Nat. Acad. Sci., 1981.
Rosenfeld, Philip J., et al. "Ranibizumab for Neovascular Age-Related Macular Degeneration." *New Eng. J. Med.* 355 (2006): 1419.
Steinberg, Daniel. *The Cholesterol Wars*. Academic Press, 2007.
Stone, Edwin M. "A Very Effective Treatment for Neovascular Macular Degeneration." *New Eng. J. Med.* 355 (2006): 1493.
Strickland, Stephen P. *Politics, Science, and Dread Disease*. Harvard, 1972.
Taubes, Gary. *Good Calories, Bad Calories*. Knopf, 2007.
Thiel, Peter. *The James Altucher Show*, Oct. 2, 2014.
Time. "Medicine: The Fat of the Land." Jan. 13, 1961.
Tobert, Jonathan A. "Lovastatin and Beyond." *Nat. Rev. Drug Disc.* 2 (2003): 517.
Truswell, A. Stewart. *Cholesterol and Beyond*. Springer, 2010.
Vagelos, P. Roy, and Louis Galambos. *Medicine, Science and Merck*. Cambridge, 2004.
Vasella, Daniel. *Magic Cancer Bullet.* HarperBusiness, 2003.
Wapner, Jessica. *The Philadelphia Chromosome.* The Experiment, 2013.
Winik, Jay. *1944: FDR and the Year That Changed History*. Simon & Schuster, 2015.
Woodruff, H. Boyd., Exec. Adm. Merck Sharp & Dohme Research Laboratories Division. Letters to Issei Iwai, Director of Product Planning Dept., Sankyo, Apr. 16, 1976, and Sep. 23, 1977.
Yamamoto, Akira, Hiroshi Sudo, and Akira Endo. "Therapeutic Effects of ML-236B in Primary Hypercholesterolemia." *Athero.* 35 (1980): 259.
Yancopoulos, George D. "Clinical Application of Therapies Targeting VEGF." *Cell* 143 (2010): 13.

第 3 章

パンナム財団のダグ・ミラー、マイアミ大学図書館収蔵部のニコラ・ヘルマン・マクファーランド、エド・トリップが、記録資料の閲覧機会を提供してくれた。

106 冒頭／二つのタイプ and The two types:
Pan Am brand: Gandt, 54–55; Petzinger, 19; Verhovek, xix–xx; Davey. *Decline:* Dunlap; Lester, 263–69; Pyle. *Google, Walmart:* Doerr, 3–5; Vise, 40–43; Walton, 32–54. *Facebook:* see chapter 2. *Airline bankruptcies:* Cohen, C224; Dempsey, 427. *Eclipse of 1919:* Overbye. Quotation: *"just a toy":* Paine, 98–99.
113 JTとクランドー:
Trippe: Bender, 22–26, 101–2, 135; Daley, 95–96. *Crando:* Petzinger, 350–51; Rubin; Zellner. *Long Island:* Bender, 60–63; Daley, 9–11. 引用: *"Yale gangster":* Bender, 13. *"politest":* Bender, 490. *"if you don't win"* and *"Where were you?":* Maxon. *"batshit":* Petzinger, 55. *"academic eggheads":* Petzinger, 102 ("Crandall does not recall the comment but does not deny making it"). *"kerosene in his blood":* Rubin.
117 パイ事業にて:
AA innovations: Cohen; Petzinger; Reed; Rubin. 引用: *"legalized warfare":* Rubin. *"cannibalistic":* Zellner. *"Tuesday as opposed to Friday"* and *"yield management":* Petzinger, 304.
121 JTとリンディ:
C. A. Lindbergh (CAL) flight and mania: Berg, 112–32, 135–63; CAL, *AoV*, 70–83; Jackson, 271–77, 305–25; Van Vleck, 42–44. *Prior attempts:* Connor; Jackson, 369–70. *CAL, Trippe, Latin America:* Bender, 100–101; Berg, 172–75, 191; CAL, *AoV*, 83–96; Van Vleck, 56–64; Daley, 60–68, 484. *S-38:* Bender, 182–85, 100–101; Davies, 12–13. *Radio navigation, Fatt crash:* Aeronautical—1929, 108–9; Aeronautical—1930, 52; Bender, 155–63; Daley, 43–55. *Miles flown:* Daley, 484. *Honeymoon tour:* Bender, 136–40; Berg, 214–18; *NY Times*, "Lindbergh Log"; *NY Times*, "Four On Flight." 引用: *"flight of the gulls":* Daley, 41. *"load shifting," "Nordic race," "smiling American boy,"* and *"Not even Columbus":* Berg, 108, 116, 121, 142. *"boy in evening dress":* A. Lindbergh, 89. *"three hundred miles":* CAL, *AoV*, 93–94. *"not enough to keep me busy":* Daley, 55.
129 危険な好循環:
Atlantic: Daley, 105–8; Davies, 30; Van Vleck, 93. *Pacific:* Bender, 226; Conant; Daley, 152–53; Davies, 36; Jackson, 369–70; Van Vleck, 92. *Wake, Midway, Guam:* Daley, 106–8, 135–44; Van Vleck, 95. *China Clipper:* Bender, 248–53; Daley, 165–75; Davies, 38; Nugent; Van Vleck, 101. 引用: *"flying boat," "about to witness," "glorious history,"* and *"we all ducked":* Daley, 110, 169–74.
134 戦争、ルーンショット、鳩時計:
FDR, Churchill: Bender, 329–68; Daley, 302–14, 336–37; Van Vleck, 135–36. *Chang meeting:* Daley, 387–95, 512–13; Chang; Leslie. *Rockets:* see chapter 3 note for *"dismissed by academics and the military"* on page 323; Ford, 137; Brentford. *CAL vs. FDR:* Olson. *CAL, Goddard, Germany:* Berg, 210–14, 463–70; CAL, *Journals*, 101, 104–5, 955–59. *Return:* Daley, 330–32, 397–98; Gandt, 29–30. 引用: *"high schools"* and *"regrets the error": NY Times*, Jan. 13, 1920, and July 17, 1969. *"your own Dr. Goddard":* Berg, 472. *"dented the myth":* Arthur Schlesinger, cited in Olson, xv. *"Our next President":* Berg, 419. *"appeaser": NY*

Times, "Lindbergh Quits." *"young man's wings," " from Jesus to Judas":* Berg, 437, 433. *"white and shaky":* CAL, *Journals*, 958.

141 ジェット時代:

Comet: Anderson, 202–4; Bender, 467–68; Pushkar; Verhovek, 7–9, 17–18. *The 707:* Bender, 469–76; Daley, 396–414; Verhovek, 28–29, 108–10; *WSJ. Hotels, missiles, moon:* Bender, 486; Daley, 426–27; Gandt, 8–9. 引用: *"Elizabethan era":* Verhovek, 10. *"earthquake victim":* Bender, 475.

147 もっと大きく:

The 747: Daley, 430–39; Bender, 500–507; Petzinger, 19. *Monopoly weakens:* Daley, 346, 420; Petzinger, 99–100. *Deregulation, S-type loonshots:* Petzinger, 31–32, 122–53, 286, 351–52. *Decline:* Bender, 515–25; Bennett; Crittenden; Daley, 440–49; Gandt, 283–84; Petzinger, 100–101. Quotation: *"If you buy it":* Irving, 195.

151 死角に注意:

IBM, Microsoft, Intel: Chandler, 118; Chposky, 45; McGregor; Sanger.

Aeronautical Chamber of Commerce: Aircraft Year Books 1929 and 1930.

Anderson, Dale, et al. *Flight and Motion*. Sharpe, 2009.

Bender, Marylin, and Selig Altschul. *The Chosen Instrument*. Simon and Schuster, 1982.

Bennett, Robert A. "Pan Am's Disappearing Act." *NY Times*, Jan. 18, 1987.

Berg, A. Scott. *Lindbergh*. Putnam, 1998.

Boyne, Walter J. *The Messerschmitt Me 262*. Smithsonian, 1980.

Brentford and Chiswick Local History Society. "Finding Private Browning," Sep. 23, 2004.

Bush, Vannevar. *Modern Arms and Free Men.* Simon and Schuster, 1949.

Chandler, Alfred Dupont, et al. *Inventing the Electronic Century*. Harvard, 2001.

Chang, Kia-ngau. Letter to Juan T. Trippe, Sep. 8, 1947, and "Memorandum Re China," n.d. 1947 (Trippe Family Archive, courtesy Pan Am Historical Foundation).

Christensen, Clayton M. *The Innovator's Dilemma*. Harvard, 1997.

Chposky, James, and Ted Leonsis. *Blue Magic*. Facts on File, 1988.

Clary, David A. *Rocket Man*. Hyperion, 2003.

Cohen, Isaac. "American Airlines," in *Strategic Management*, 10th ed., edited by C. Hill and G. Jones. Cengage Learning, 2013, C224.

Conant, Jane Eshleman. "Dole Air Race—1927." *SF Call-Bulletin*, Oct. 10, 1955.

Connor, Roger. "Even Lindbergh Got Lost." *Air & Space Mag*. Accessed Oct. 6, 2017.

Crittenden, Ann. "Juan Trippe's Pan Am." *NY Times*, July 3, 1977.

Daley, Robert. *An American Saga*. Random House, 1980.

Davey, Helen. "Orphaned by Job Loss." *Huffington Post*, April 4, 2010.

Davies, R. E. G. *Pan Am: An Airline and Its Aircraft*. Orion, 1987.

Dempsey, Paul. "The Financial Performance of the Airline Industry Post-Deregulation." *Houston Law Rev.* 45 (2008): 421.
Doerr, John. *Measure What Matters*. Penguin, 2018.
Dunlap, David W. "Final Pan Am Departure." *NY Times*, Sep. 4, 1992.
Ford, Brian J. *Secret Weapons*. Bloomsbury, 2011.
Galambos, Louis. "Theodore N. Vail and the Role of Innovation in the Modern Bell System." *Bus. Hist. Rev.* 66 (1992): 95.
Gandt, Robert. *Skygods*. William Morrow, 1995.
Irving, Clive. *Wide-Body: The Triumph of the 747*. William Morrow, 1993.
Jackson, Joe. *Atlantic Fever*. Farrar, Straus and Giroux, 2012.
King, Benjamin, and Timothy Kutta. *Impact: The History of Germany's V-Weapons In World War II*. Sarpedon, 1998.
Leslie, John C. Letter to Samuel F. Pryor, April 25, 1974. (Courtesy of Pan Am Records, Special Collections, U. of Miami Libraries, Coral Gables, FL.)
Lester, Valerie. *Fasten Your Seat Belts*. Paladwr, 1995.
Lindbergh, Anne M. *Bring Me a Unicorn: Diaries and Letters, 1922–1928*. HBJ, 1972.
Lindbergh, Charles A. *The Wartime Journals of Charles A. Lindbergh*. HBJ, 1970.
——.*Autobiography of Values*. HBJ, 1978.
MacDonald, Charles. "Lindbergh in Battle." *Collier's* 117 (1946).
Maxon, Terry. "Tales from the Beat: Robert L. Crandall." *Dallas News*, Sep. 6, 2015.
May, Ernest R. "1947–48: When Marshall Kept the US out of War in China." *J. Mil. His.* 66 (2002): 1001.
McGregor, Jena. "The Biggest Mass Layoffs of the Past Two Decades." *Wash. Post*, Jan. 28, 2015.
NY Times. "Lindberghs to Take Four on Flight South." Sep. 18, 1929.
——."Lindbergh Log Sent by Radio Operator." Sep. 23, 1929.
——."Lindbergh Quits Air Corps; Sees His Loyalty Questioned." April 29, 1941.
Nugent, Frank. "Warner's China Clipper." *NY Times*, Aug. 12, 1936.
Olson, Lynne. *Those Angry Days*. Random House, 2013.
Overbye, Dennis. "The Eclipse That Revealed the Universe." *NY Times*, July 31, 2017.
Paine, Albert Bigelow. *In One Man's Life: Being Chapters from the Personal and Business Career of Theodore N. Vail*. Harper, 1921.
Pavelec, Sterling Michael. *The Jet Race and the Second World War*. Praeger, 2007.
Petzinger, Thomas. *Hard Landing*. Times Business, 1995.
Pushkar, Robert. "Comet's Tale." *Smithsonian*, June 2002.
Pyle, Mark. "December 4, 1991: The Last 'Clipper' Flight." *Airways Mag.*, Dec. 4, 2016.

Reed, Dan. *The American Eagle*. St. Martin's Press, 1993.
Rubin, Dana. "Bob Crandall Flies Off the Handle." *Texas Monthly*, Aug. 1993.
Sanger, David E. "IBM Sells Back Much of Intel Stake." *NY Times*, June 12, 1987.
Van Vleck, Jenifer. *Empire of the Air*. Harvard, 2013.
Verhovek, Sam. *Jet Age*. Avery, 2010.
Vise, David A., and Mark Malseed. *The Google Story*. Bantam Dell, 2005.
Wall Street Journal. "Pan American Orders 25 Jet Planes." Oct. 14, 1955.
Wallace, Max. *The American Axis*. St. Martin's Press, 2004.
Walton, Sam. *Made in America*. Doubleday, 1992.
Wedemeyer, General Albert C. *Wedemeyer Reports!* Holt, 1958.
Zellner, Wendy, and Andrea Rothman. "The Airline Mess." *Bus. Week* 3273 (1992): 50.

第 4 章

155 冒頭／ハン・ソロの脱出／消える魚:

Polaroid achievements: below. *Early Land:* Campbell, 198–200; Fierstein, 4–14; McElheny, 21–47. *Headlight glare:* Fierstein 5–6, 40–41; McElheny, 23, 28–29, 35–36, 50–57, 71, 86–107. *Sunglasses:* Campbell, 199–200; Fierstein, 20, 33–34; McElheny, 63–64; *Newsweek*, "General Patton." 引用: *"stunning": Time*, 81. *"remarkable":* Cordtz, 85. *"can't stop using it": Fortune*, 31. *"nearly impossible":* Land, "Letter." *"read the Bible," "doing to excess," "obsolete words," "most exciting single event," "see into my head,"* McElheny, 20, 34, 37, 60, 420. *"After the bellboy . . . anything like this":* Manchester, *New World*, 44. *"every second man": Life*, "Light Control," 72.

167 アートから戦争へ:

Harvard: C. Kennedy papers; McElheny, 109–11; Middeldorf; *NY Times*, "Kennedy." *Vectograph:* Fierstein, 31–37; McElheny, 115–18, 126–39. *3D movies:* McElheny, 118–25. *Adams, artists:* Adams, 293–307; Bonanos, 8–13; Fierstein, 24–25, 71–73. *Diversity:* Bonanos, 14–15, 35–36; *Life*, "Bonanza," 82; McElheny, 59–60, 210–18. 引用: *"more beautiful than the originals":* Kennedy, 212. *"irritate":* Middeldorf, 373. *"hear the dripping water," "soul mate":* McElheny, 19, 219.

172 初歩的な疑問:

Inventing instant pictures: Fierstein, 42–53; Laurence; McCune;
McElheny, 164–88. *Lean times:* Fierstein, 52; Wensberg, 11, 90–91. *Countless advances:* overviews, Bonanos; more technical, McElheny. *Sales:* Bonanos, 55; Holt. *New molecule:* McElheny, 233. *Color vision:* Land, "Experiments"; McElheny, 245–77; F. Smith. *El Capitan, Carter:* Adams, 302–6; McElheny, 205. *Intimacy pictures:* Bonanos, 71–73. 引用:*"see them now"* and *" from 1943 to 1972":* McElheny, 163. *"meet me at five"* and *"red phone":* Bonanos, 21. *"lots more outgo"* and *"Everyone went wild":* McCune. *"greatest advances":* Manchester, "60 Seconds," 167. *"what Mr. Land has done": NY Times*, "Does

the Rest." *"Nobel Prizes":* Bernstein.

180 ポラビジョン：

Instant movies: Bonanos, 111–21; Czach; McElheny, 409–24. *Small successes and final failure:* Bonanos, 117; McElheny, 431–35. *Land's exit:* Bonanos, 135–56. 引用: *"what the phonograph does for the Ear":* Edison. *"a second revolution":* Czach. *"impossible concepts into hardware":* Ortner. *"the film I had just made":* Fantel. *"highlight of his career":* Shumacher. *"more scientific and aesthetic appeal": Time*, "Instant Movies." *"cruel misuse of language":* McElheny, 433.

184 光子、電子、リチャード・ニクソン：

CCDs: Boyle; G. Smith. *Polaroid's digital efforts:* Tripsas. *NRO declassified materials:* Perry. *The Land Panel, U2:* Burrows, 110–27; McElheny, 278–305, 322–40; Norris, 49–51; Richelson, 12–15, 51–54, 58–59; TCP; Wang, 49–53. *Czechoslovakia:* Richelson, 170. *The battle over CCD surveillance:* Perry, 521–33. *KH-11:* Burrows, 217–21; Perry, 77–81; Richelson, 198–202. 引用: *"second term," "cautious step," "quantum jump," "presidential backing,"* and *"Nixon's desire":* Perry, 526–33. *"the influence he has had":* Webster.

190 恋に落ちて：

Selling film: Bonanos, 145–46; Estrin. 引用: *"bottom line's in heaven":* Wensberg, 229; McElheny, 420. *"principal cheerleader":* Czach. *"He was boss":* Blout, 47. *"hubris":* Gonci.

Adams, Ansel. *Ansel Adams: An Autobiography*. Little, Brown, 1985.

Bernstein, Jeremy. "I Am a Camera." *NY Rev. Books* 35 (1988): 21.

Blout, Elkan. "Polaroid: Dreams to Reality." *Daedalus* 125 (1996): 39.

Bonanos, Christopher. *Instant: The Story of Polaroid*. Princeton, 2012.

Boyle, Willard, and George E. Smith. "Charge Coupled Semiconductor Devices." *Bell Sys. Tech. J.* 49 (1970): 587.

Burrows, William E. *Deep Black*. Berkley Books, 1986.

Business Week, "Love Is Ammunition for a Texas Airline." June 26, 1971.

Campbell, F. W. "Edwin Herbert Land." *Biog. Mem. Fell. Roy. Soc.* 40 (1994): 197.

Cordtz, Dan. "How Polaroid Bet Its Future on the SX-70." *Fortune*, Jan. 1974.

Czach, Elizabeth. "Polavision Instant Movies." *Moving Image* 2 (2002): 1.

Edison, Thomas. Patent Caveat 110: Peephole Kinetoscope; Motion picture cameras, filed Oct. 8, 1888.

Estrin, James. "Kodak's First Digital Moment." *NY Times*, Aug. 12, 2015.

Fantel, Hans. "Instant Movies: Shoot Now, See Now." *Pop. Mech.*, Aug. 1977.

Fierstein, Ronald K. *A Triumph of Genius*. Ankerwycke, 2015.

Fortune. "Dr. Land's Latest Fantasy." June 1972.

Gonci, Richard. "A Boston Story in 50 Words." *Boston Globe*, Mar. 17, 2017.

Harvard University. "Kennedy, Clarence. Papers and Photographs, 1921–1958."

Holt, D. D. "Three Living Leaders." *Fortune*, Mar. 23, 1981.

Kennedy, Clarence. "Photographing Art." *Magazine of Art*, Apr. 1937.
Land, Edwin H. "Experiments in Color Vision." *Sci. Am.* 200 (1959): 84.
———."Chairman's Letter to Shareholders." *Polaroid Annual Report*, 1980.
Laurence, William L. "One-Step Camera Is Demonstrated." *NY Times*, Feb. 22, 1947.
Life. "Light Control: Polaroid Filters Make Enemy Targets Easier to See." Feb. 7, 1944.
———."Unique Company Hits a Photographic Bonanza." Jan. 25, 1963.
Manchester, Harlan. *New World of Machines*. Random House, 1945.
———."Pictures in 60 Seconds." *Sci. Am.*, April 1947.
McCune, William. Oral History, Concord Public Library, July 11, 1996.
McElheny, Victor K. *Insisting on the Impossible*. Perseus, 1998.
Middeldorf, Ulrich. "Clarence Kennedy 1892–1972." *Art Journal* 32 (1973): 372.
New York Times. "The Camera Does the Rest." Feb. 22, 1947.
———."Dr. Kennedy Dies: Art Historian, 79." July 31, 1972.
Newsweek. "General Patton." July 26, 1943.
Norris, Pat. *Spies in the Sky*. Springer, 2008.
Ortner, Everett H. "Instant Movies." *Pop. Sci.*, July 1977.
Perry, Robert L. *A History of Satellite Reconnaissance*. Ed. James Outzen. NRO, 2012.
Richelson, Jeffrey. *The Wizards of Langley*. Westview, 2001.
Shumacher, Edward. "Polaroid Corp. Unveils Home Movie Camera." *Wash. Post*, Apr. 27, 1977.
Smith, F. Dow. "The Vision and Color World of Edwin Land." *Optics & Phot. News*, Oct. 1994, 30.
Smith, George E. Oral History, January 17, 2001.
TCP. "Report by the Technological Capabilities Panel." In *Foreign Relations of the United States, 1955–1957, Nat. Sec. Pol., Vol. XIX*. GPO, 1955.
Time. "Polaroid's Big Gamble on Small Cameras." June 26, 1972.
Tripsas, Mary, and Giovanni Gavetti. "Capabilities, Cognition, and Inertia: Evidence from Digital Imaging." *Strat. Man. J.* 21 (2000): 1147.
———."Photography: At Long Last, Land's Instant Movies." May 9, 1977.
Wang, Zuoyue. *In Sputnik's Shadow*. Rutgers, 2008.
Webster, William H. "Proposed Remarks by William H. Webster, Director of Central Intelligence, at the Security Affairs Support Association Dinner." Bolling Air Force Base, May 25, 1988.
Wensberg, Peter C. *Land's Polaroid*. Houghton Mifflin, 1987.

第 5 章

198 冒頭／8メガバイトの性的満足：

Factory: Isaacson, 225; Schlender, 108–9; Stross, 124–25. *Businessland, NeXT sales:* Stross, 233–34, 274. *Sun:* Stross, 212–15, 258–59. *NeXT decline:* Linzmayer, 215; Pollack, "Quitting"; Stross, 218–20, 255, 274, 301–2, 329. 引用:

"Jobs is back" and *"Jobs is known for":* Pollock, "Star." *"This is a revolution"* and *"One of my heroes":* Jobs, NeXT Introduction. *" 'wow' back": Newsweek*. *"Vatican II":* W. Smith. *"piss on it":* Cringely, 311. *"write Sony a check":* Hume. *"can of paint":* Shore. *"sexual satisfaction": San Francisco Examiner*. *"kick the shit"* and *"screaming":* Stross, 210. *"risk our company":* Jobs, NeXT Introduction. *"Biggest mistake I made":* Stross, 301. *"Jobs is not one of them":* Pitta, 137.

203 賭け金を積み増すモーゼ：

Exit from Apple: Isaacson, 180–210; Schlender, 87–92; Sculley, 284–317. *Wozniak on early Apple: Wozniak*, 150–206. *Market share:* Reimer. *Bozos:* Sculley, 241. *Apple decline:* Schlender, 72–88; Sculley 227–91. *Fan:* Elliot, 30–31. *Get out of hardware:* Isaacson, 232; Stross, 310. 引用: *"unbalancing the whole":* Vail, 351. *"get his name":* Sculley, 230.

207 アイザック・ニュートンとスティーブ・ジョブズ：

Newton and predecessors: see chapter 5 note for *"launched Newton on the path"* on page 327. *Raskin:* Elliott; Hertzfeld; Isaacson, 108–13; Lammers, 227–45. 引用: *"unsociable temper":* Newton. *"shithead who sucks":* Isaacson, 95; Linzmayer, 74. *"the story's too complicated"* and *"tablet":* Schlender, 403–4.

211 未来世界／タビーからPICへ：

3D in Utah: Catmull, 16–17; Price, 10–15; Rubin, 106–13. *Schure:* Price, 16–29; Rubin, 103–33. *Lucas:* Price, 30–35; Rubin, 137–41. *The PIC:* Catmull, 30; Linzmayer, 225–28. *Alan Kay:* Catmull, 39; Price, 64–66; Rubin, 298–99. *Jobs buys Pixar:* Catmull, 41–44; Linzmayer, 218–19; Price, 61, 72–74; Rubin, 411–13. 引用: *"wasted two years":* Rubin, 130. *"office of the future":* Price, 20; A. Smith, 13–14. *"madman in Long Island":* Rubin, 121. *"the house of Utah":* A. Smith, 17. *"turns out to be a minuscule market":* Miller. *"compete with Apple":* Catmull, 41. *"after the divorce":* Price, 67. *"How could GM":* Price, 73. *"at the Movies":* Wilson.

221「消火栓」の時期／救世主 バズとウッディ：

Pixar stumbles, PIC falls: Catmull, 53; Deutschman, 120–22; Linzmayer, 219–22; Price, 111–16. Toy Story, *Disney:* Catmull, x–xi, 55–56; Linzmayer, 220–23; Price, 69, 93–95, 117–39. *IPO:* Linzmayer, 222–23; Levy, 153–60. 引用: *"will explode":* Linzmayer, 219. *"PC industry in 1978":* Wilson. *"ankle-deep":* Kahney. *"more emotion and humor":* Schlender, 169. *"visually astounding":* Rechtshaffen. *"rebirth":* Larsen. *"dawn":* Ebert.

226 映画と医薬品／醜い赤ん坊と野獣とのバランス：

Genentech: Hughes, 94–97; Robbins-Roth, 19–22. *Bond, monkey:* Broccoli, 126–78; Lycett, 393. 引用: *"illshapen":* Bacon, 387. *"Originality is fragile":* Catmull, 131, 135. *"not even good enough"* and *"Limey truck driver":* Broccoli, 128, 177.

232 チェスでいかに勝つか／救出作戦：

Candor at Pixar: Catmull, 85–105. *Genentech publications:* Fraser. *Jobs 2.0:*

Isaacson, 293–339; Schlender, 194–248. *iTunes:* Isaacson, 394–403. 引用: *"I'm not a filmmaker"*: Schlender, 333. *"left-handed helix":* Winslow. *"Attila the Hun"* and *"Los Alamos":* Schlender, 222, 234. *"best innovation":* Isaacson, 334. *"miracle":* Baxter, 7.

244 最初の三つのルール:

Xerox PARC: Hiltzik; D. Smith. *Kodak:* Estrin. 引用: *"innovation landfill":* Elliot, 162. *"had to sandbag":* Hiltzik, 264–65 (quoting John Ellenby). *"drought":* Catmull, 130–31.

Bacon, Francis. *Francis Bacon: The Major Works*. Ed. Brian Vickers. Oxford, 2008.

Ball, W. W. Rouse. *A Short Account of the History of Mathematics*. Dover, 1960.

Baxter, James Phinney. *Scientists against Time*. Little, Brown, 1946.

Broccoli, Albert R., and Donald Zec. *When the Snow Melts*. Boxtree, 1998.

Catmull, Edwin E., and Amy Wallace. *Creativity, Inc*. Random House, 2014.

Cohen, I. Bernard. *The Newtonian Revolution*. Cambridge, 1980.

Cringely, Robert X. *Accidental Empires*. Addison-Wesley, 1992.

Deutschman, Alan. *The Second Coming of Steve Jobs*. Broadway, 2000.

Ebert, Roger. "Toy Story." *RoberEbert .com*, Nov. 22, 1995.

Elliot, Jay, and William Simon. *The Steve Jobs Way*. Vanguard, 2011.

Elliott, Andrea. "Jef Raskin, 61, Developer of Apple Macintosh, Is Dead." *NY Times*, Feb. 28, 2005.

Estrin, James. "Kodak's First Digital Moment." *NY Times*, Aug. 12, 2015.

Fraser, Laura. "The Paper." Genentech: web.archive.org/web/*/www.gene.com/stories/the-paper.

Gal, Ofer, and Raz Chen-Morris. *Baroque Science*. U. Chicago, 2013.

Hall, A. Rupert. *Isaac Newton: Adventurer in Thought*. Cambridge, 1992.

Hertzfeld, Andy. *Revolution in the Valley*. O'Reilly, 2004.

Hiltzik, Michael. *Dealers of Lightning*. Harper, 1999.

Hooke, Robert. *Philosophical Experiments and Observations of the Late Eminent Dr. Robert Hooke*. W. Derham, 1726.

Hughes, Sally Smith. *Genentech*. U. Chicago, 2011.

Hume, Brit. "Steve Jobs Pulls Ahead of Microsoft Rival in Race for PC Supremacy." *Wash. Post*, Oct. 31, 1988.

Inwood, Stephen. *The Man Who Knew Too Much*. Macmillan, 2002.

Isaacson, Walter. *Steve Jobs*. Simon and Schuster, 2011.

Jardine, Lisa. *The Curious Life of Robert Hooke*. Perennial, 2005.

Jobs, Steve. Video: The NeXT Introduction. San Francisco, Oct. 12, 1988.

Kahney, Leander. "The Wilderness Years." *Newsweek* Oct. 10, 2011, 20.

Kasparov, Garry, and Mig Greengard. *How Life Imitates Chess*. Bloomsbury, 2007.

Lammers, Susan M. *Programmers at Work*. Tempus, 1986.

Larsen, Josh. "Toy Story." *Larsen on Film*, June 10, 2010.

Levy, Lawrence. *To Pixar and Beyond*. Houghton Mifflin Harcourt, 2016.
Linzmayer, Owen W. *Apple Confidential 2.0*. No Starch Press, 2004.
Lycett, Andrew. *Ian Fleming*. 1995.
Miller, Michael W. "Producers of Computer Graphics for Hollywood Find New Opportunities in Science and Industry." *WSJ*, Sep. 16, 1985.
Nauenberg, Michael. "Robert Hooke's Seminal Contribution to Orbital Dynamics." *Phys. Persp.* 7 (2005): 4.
Newsweek. "Mr. Chips: Steve Jobs Puts the 'Wow' Back in Computers." Oct. 24, 1988.
Newton, Isaac. Letter to Edmond Halley, June 20, 1686.
Pitta, Julia. "The Steven Jobs Reality Distortion Field." *Forbes,* Apr. 29, 1991, 137.
Pollack, Andrew. "The Return of a Computer Star." *NY Times*, Oct. 13, 1988.
———."A Co-Founder of Next Is Quitting the Company." *NY Times*, May 4, 1991.
Price, David A. *The Pixar Touch*. Knopf, 2008.
Rechtshaffen, Michael. "Toy Story." *Hollywood Reporter*, Nov. 20, 1995.
Reimer, Jeremy. "Total Share: 30 Years of Personal Computer Market Share Figures." *Ars Technica*, Dec. 15, 2005.
Robbins-Roth, Cynthia. *From Alchemy to IPO*. Perseus, 2000.
Rubin, Michael. *Droidmaker*. Triad, 2005.
San Francisco Examiner. "Eight Megabytes of Sexual Satisfaction." Oct. 16, 1988.
Schlender, Brent, and Rick Tetzeli. *Becoming Steve Jobs*. Crown, 2015.
Sculley, John, and John A. Byrne. *Odyssey*. Fontana, 1987.
Shore, Joel, and Kristen Hedlund. "NeXT Pulls No Punches." *Comp. Resell. News*, Dec. 4, 1989.
Smith, Alvy Ray. "Digital Paint Systems." *IEEE Ann. Hist. Comp.* 23 (2001): 4.
Smith, Douglas K., and Robert C. Alexander. *Fumbling the Future*. William Morrow, 1988.
Smith, Wes. "The Cult of Steve." *Chicago Tribune*, Oct. 23, 1988.
Stross, Randall E. *Steve Jobs and the NeXT Big Thing*. Macmillan, 1993.
Vail, Theodore Newton. *Views on Public Questions: A Collection of Papers and Addresses of Theodore Newton Vail, 1907–1917.* Priv. print., 1917.
Whiteside, D. T. "Before the Principia." *J. Hist. Astr.* 1 (1970): 5.
Wilson, John W. "Look What Steve Jobs Found at the Movies." *Bus. Week*, Feb. 17, 1986, 37.
Winslow, Ron. "Genentech's Levinson Sets the Record Straight on DNA." *WSJ*, Jan. 14, 2009.
Wozniak, Steve, and Gina Smith. *iWoz*. Norton, 2006.

挿話

Death of Smith: Rae, 434–35; Ross, 434–36. *Misinterpretations:* see Interlude note for *"prized his works on ethics"* on page 328. *Smith and Newton:*

Hetherington. *The invisible hand:* Kennedy; Rothschild, 116–56; Wight. *Phase transitions, emergence overviews:* Ball; Gell-Mann; Laughlin; Sole; Strogatz. 引用: *"notably rare exceptions":* Greenspan. *"Germany largely at peace":* Buchanan, 45. *"ultimate laws":* Greene, 373. *"cliche not discussed":* Laughlin, "Theory," 30. *"go to another world":* Rae, 435. *"invisible chains"* and *"greatest discovery":* Smith, "Astronomy," 45, 105. *"mildly ironic joke":* Kennedy, 239; Rothschild, 116.

第 6 章

259 冒頭／物理学者ジェーン・オースティン／相図:

Traffic, popular: Ball, 156–77. *Traffic, technical reviews:* Helbing; Nagel. *Nagoya Dome:* Tadaki. *Traffic interventions:* Treiber, 403–22. *Turbulence, golf:* Tsinober; Grinham. Quotation: *"understand Simple things":* Feynman, 230.

271 ガスマスクから森林火災まで／シンプルであるためには／6次のケビン・クリケット:

Percolation, history: Bacaer, 121–26; Broadbent; Grimmett; Hammersley; Hammersley and Morton (Druid circles); Kendall. *Percolation, epidemics:* reviewed in Newman, 591–675; Pastor-Satorras. *Forest fires:* Hantson (models); Malamud (Yellowstone); Scott, 349 (slope); Sullivan (models); Weir (humidity); Zinck (models). *Small world:* Strogatz, 233–48; Watts, *Degrees*, 31–42, 69–74, 93–95. *Networks, reviewed:* Newman. Quotation: *"The old-timer":* Scott, 342.

285 分厚い裾野／テロが拡散するとき:

Interview with Neil Johnson. *Fat tails, reviews:* Gabaix; Farmer; Johnson, *Financial*; Mandelbrot; Sornette. *Conflict data:* Bohorquez (insurgent conflicts); Clauset (terror events); Johnson, "Online Ecology"; Radicchi.

Anderson, Philip W. *More and Different*. World Scientific, 2011.

Bacaer, Nicolas. *A Short History of Mathematical Population Dynamics*. Springer, 2011.

Ball, Philip. *Critical Mass*. Farrar, Straus and Giroux, 2004.

Bohorquez, Juan C., et al. "Common Ecology Quantifies Human Insurgency." *Nature* 462 (2009): 911.

Broadbent, S. R., and J. M. Hammersley. "Percolation Processes." *Math. Proc. Camb. Phil. Soc.* 53 (1957): 629.

Brown, Laurie M., and Tian Yu Cao. "Spontaneous Breakdown of Symmetry." *Hist. Stu. Phys. Bio. Sci.* 21 (1991): 35.

Brown, Timothy J., et al. *Coarse Assessment of Federal Wildland Fire Occurrence Data*. Nat. Wildfire Coordinating Group, 2002.

Buchanan, Mark. *Forecast*. Bloomsbury, 2013.

Carroll, Sean M. *The Particle at the End of the Universe*. Dutton, 2012.

Clauset, Aaron, et al. "On the Frequency of Severe Terrorist Events." *J. Conflict Resolution* 51 (2007): 58.

Cooper, Leon N., and Dimitri Feldman, eds. *BCS: 50 Years*. World Scientific,

2011.
Farmer, J. Doyne, and John Geanakoplos. "The Virtues and Vices of Equilibrium and the Future of Financial Economics." *Complexity* 14 (2009): 11.
Feynman, Richard P. *Perfectly Reasonable Deviations*. Basic Books, 2005.
Gabaix, Xavier. "Power Laws in Economics: An Introduction." *J. Econ. Persp*. 30 (2016): 185.
Gell-Mann, Murray. *The Quark and the Jaguar*. Macmillan, 1994.
Greene, Brian. *The Elegant Universe*. Norton, 1999.
Greenspan, Alan. "How Dodd-Frank Fails to Meet the Test of Our Times." *Financial Times*, Mar. 30, 2011.
Grimmett, Geoffrey, and Dominic Welsh. "John Michael Hammersley." *Biog. Mem. Fell. Roy. Soc.* 53 (2007): 163.
Grinham, T. "How Do Dimples on Golf Balls Affect Their Flight?" *Sci. Am.* 290 (2004): 111.
Hammersley, J. M. "Origins of Percolation Theory." In G. Deutscher et al., *Percolation Structures and Processes*, Ann. Israel Phys. Soc. 5 (1983), 47.
Hammersley, J. M., and K. W. Morton. "Poor Man's Monte Carlo." *J. Royal Stat. Soc. B* 16 (1954): 23.
Hantson, Stijn, et al. "Global Fire Size Distribution." *Int. J. Wildland Fire* 25 (2016): 403.
Helbing, Dirk. "Traffic and Related Self-Driven Many-Particle Systems." *Rev. Mod. Phys.* 73 (2001): 1067.
Hetherington, Norriss S. "Isaac Newton's Influence on Adam Smith's Natural Laws in Economics." *J. Hist. Ideas* 44 (1983): 497.
Hoddeson, Lillian, ed. *The Rise of the Standard Model*. Cambridge, 1997.
Johnson, Neil F., et al. "New Online Ecology of Adversarial Aggregates: ISIS and Beyond." *Science* 352 (2016): 1459.
———.*Financial Market Complexity*. Oxford, 2003.
Kendall, David. "Toast to John Hammersley." In *Disorder in Physical Systems*, edited by G. Grimmett and D. Welsh., 1. Oxford, 1990.
Kennedy, Gavin. "Adam Smith and the Invisible Hand." *Econ. Journal Watch* (2009): 63.
Krugman, Paul. *The Self-Organizing Economy*. Blackwell, 1996.
Laughlin, R. B., and David Pines. "The Theory of Everything." *PNAS* 97 (2000): 28.
———.*A Different Universe*. Basic Books, 2005.
Lederman, Leon, and Dick Teresi. *The God Particle.* Houghton Mifflin Harcourt, 1993.
Malamud, Bruce D., et al. "Forest Fires: An Example of Self-Organized Critical Behavior."*Science* 281 (1998): 1840.
Mandelbrot, Benoit B., and Richard L. Hudson. *The (Mis)Behavior of Markets*. Basic Books, 2004.
McLean, Iain. *Adam Smith: Radical and Egalitarian*. Edinburgh, 2006.

Mirowski, Philip. *More Heat Than Light*. Cambridge, 1989.
Montes, Leonidas. "Newtonianism and Adam Smith." In *The Oxford Handbook of Adam Smith*, edited by C. Berry et al., 36. Oxford, 2013.
Nagel, Kai, et al. "Still Flowing: Approaches to Traffic Flow and Traffic Jam Modeling." *Op. Res.* 51 (2003): 681.
Newman, M. E. J. *Networks: An Introduction*. Oxford, 2010.
Pastor-Satorras, R., et al. "Epidemic Processes in Complex Networks." *Rev. Mod. Phys.* 87 (2015): 925.
Radicchi, Filippo, and Claudio Castellano. "Leveraging Percolation Theory to Single out Influential Spreaders in Networks." *Phys. Rev. E* 93 (2016).
Rae, John. *Life of Adam Smith*. Macmillan, 1895.
Romilly, Sir Samuel. "Letter LXXI, To Madam G—," Aug. 20, 1790, in *Memoirs of the Life of Sir Samuel Romilly*, edited by His Sons, Vol. I (1840), 404.
Ross, Ian S. *The Life of Adam Smith*. Oxford, 2010.
Rothschild, Emma. *Economic Sentiments*. Harvard, 2001.
Schofield, Robert E. "An Evolutionary Taxonomy of Eighteenth-Century Newtonianisms." *Stu. Eighteenth-Cent. Cult.* 7 (1978): 175.
Scott, Andrew C., et al. *Fire on Earth: An Introduction*. Wiley, 2014.
Smith, Adam. *An Inquiry into the Nature and Causes of the Wealth of Nations*. Glasgow Ed., Vol. 2. Oxford, 1976.
———."History of Astronomy." In *Essays on Philosophical Subjects.* Glasgow Ed., Vol. 3. Oxford, 1980.
Sole, Ricard V. *Phase Transitions*. Princeton, 2011.
Sornette, Didier. "Physics and Financial Economics (1776–2014)." *Rep. Prog. Phys.* 77 (2014).
Strogatz, Steven H. *Sync: The Emerging Science of Spontaneous Order*. Hyperion, 2003.
Sullivan, A. L. "A Review of Wildland Fire Spread Modelling, 1990–2007. 2: Empirical and Quasi-Empirical Models." *Int. J. Wildland Fire* 18 (2009): 369.
Tadaki, Shin-ichi, et al. "Phase Transition in Traffic Jam Experiment on a Circuit." *New J. of Physics* 15 (2013).
Treiber, Martin, and Arne Kesting. *Traffic Flow Dynamics*. Springer, 2013.
Tsinober, A. *An Informal Conceptual Introduction to Turbulence*. Springer, 2009.
Watts, Duncan J. *Six Degrees: The Science of a Connected Age*. Norton, 2003.
Watts, Duncan J., and Steven H. Strogatz. "Collective Dynamics of 'Small-World' Networks." *Nature* 393 (1998): 440.
Weir, John. "Probability of Spot Fires during Prescribed Burns." *Fire Mgmt. Today* 64, no. 2 (2004): 24.
Wight, Jonathan B. "The Treatment of Smith's Invisible Hand." *J. Econ. Educ.* 38 (2007): 341.
Witten, Edward. "Phil Anderson and Gauge Symmetry Breaking." In *PWA90*, edited by P. Chandra et al., WSPC, 2016.

Zinck, Richard D., and Volker Grimm. "Unifying Wildfire Models from Ecology and Statistical Physics." *Am. Naturalist* 174 (2009): E170.

第7章

299 モルモン、殺人、サル：

Assassination: Roberts, *VII*, 99–109; Wicks. *Mormonites:* Bowman, xiv. *Missouri militia:* Roberts, *III*, 202–4. *Conspiracy, trial:* Wicks, 157–80, 216–21, 233. *Young's revelation:* Young, 170. *To Utah, 150 at a time:* Data on Company sizes from Church Historian's Press. *Monkey brains and magic numbers:* Bennett (Morin); Fost, 64 (Minerva); Dunbar. *Criticism:* Andrew. 引用: *"resigned to my lot":* Roberts, *VI*, 605. *"to revive us"* and *"our feelings at the time":* Roberts, *VII*, 101. *"Cast behind you":* Brodhead, 57 (citing Emerson 1838 address). *"exterminated":* Roberts, *III*, 192. *"the right place":* Ostling, 44. *"To be groomed":* Dunbar, *Grooming*, 1. *"smallest independent units":* Dunbar, "Constraint," 686. *"parking spaces":* Gladwell, 185.

317 マジックナンバー：

Management trends: O'Leonard; Rajan.

Andrew, R. J., et al. "Open Peer Commentary on 'Coevolution of Neocortical Size, Group Size and Language in Humans.'" *Behav. Brain Sci.* 16 (1993): 681.

Bennett, Drake. "The Dunbar Number." *Bloomberg BusinessWeek*, Jan. 14, 2013: 52.

Bowman, Matthew Burton. *The Mormon People*. Random House, 2012.

Brodhead, Richard H. "Prophets in America ca. 1830." *J. Mormon Hist.* 29 (2003): 43.

Church Historian's Press. "Brigham Young Vanguard Company (1847)." *Mormon Pioneer Overland Travel, 1847–1868*. De Vany, Arthur S., and W. David Walls. "Motion Picture Profit." *J. Econ. Dyn. Control* 28 (2004): 1035.

Dunbar, Robin. "Neocortex Size as a Constraint on Group Size in Primates." *J. Hum. Evol.* 22 (1992): 469.

———."Coevolution of Neocortical Size, Group Size and Language in Humans." *Behav.Brain Sci.* 16 (1993): 681.

———.*Grooming, Gossip, and the Evolution of Language*. Harvard, 1996.

Epstein, Edward Jay. *The Hollywood Economist 2.0.* Melville, 2012.

Fost, Joshua. "New Look at General Education." In *Building the Intentional University*, edited by Stephen M. Kosslyn and Ben Nelson. MIT, 2017.

Gladwell, Malcolm. *The Tipping Point*. Little, Brown, 2000.

Leipzig, Adam. "Sundance 2014." *Cultural Weekly*, Jan. 22, 2014.

O'Leonard, Karen, and Jennifer Krider. "Leadership Development Factbook 2014." Bersin by Deloitte, 2014.

Ostling, Richard N., and Joan K. Ostling. *Mormon America*. HarperCollins, 2007.

Rajan, Raghuram G., and Julie Wulf. "The Flattening Firm." *Rev. Econ. Stat.* 88

(2006): 759.
Roberts, Brigham H. *History of the Church of Jesus Christ of Latter-day Saints*. Deseret News, Vol. III (1905); Vol. VI (1912); Vol. VII (1932).
Sparviero, Sergio. "Hollywood Creative Accounting." *Media Ind. J.* 2 (2015).
Wicks, Robert Sigfrid, and Fred R. Foister. *Junius and Joseph*. Utah State, 2005.
Wong, Chi H., et al. "Estimation of Clinical Trial Success Rates and Related Parameters." *Biostat* (2018).
Young, Brigham. *The Complete Discourses of Brigham Young*. Ed. R. S. Van Wagoner. Vol. 1. Smith-Pettit, 2009.

第 8 章

324 OSRDの再生:

NSF, NIH: see chapter 1 note for *"epoch-making"* on page 319. *Sputnik:* Brzezinski, 145–47, 176; Drury (Teller); *Newsday*; Schwartz. *McElroy, DARPA:* Daye; Hafner, 13–24. The name of the organization changed between ARPA and DARPA three times (1972, 1993, 1996). For simplicity I use the current name in all instances. 引用: *"go out of circulation":* Bush, 63. *" freeway overpasses"*: Weinberger, 34. *"our survival":* Mieczkowski, 16. *"gravest danger":* Roberts. *"lots of soap"* and *"the proposals are suggestions":* Hafner, 14, 19.

329 核の巨大座薬:

Christofilos: Jacobsen, 66–69; Weinberger, *Imagineers*, 94–97. *Mechanical elephants and more:* Mervis; Meyer; Taleyarkhan; Weinberger, *Imagineers*, 204; Weinberger, "Scary Things." *Created new disciplines:* DARPA, "Breakthrough Technologies"; Weinberger, *Imagineers*, 98–103 (seismology). *DARPA, Utah, Xerox PARC, Engelbart:* Catmull, 11–13; Rubin, 106–7; Weinberger, *Imagineers*, 121; Hern; Hiltzik, 14–18; Smith, 61–78, 87–88. 引用: *"suppository"* and *"bunch of incompetents":* Weinberger, *Imagineers*, 96, 101. *"profoundly influenced":* Catmull, 13. *"developed at DARPA":* Hiltzik, 145.

332 6次のレッド・バルーン／歯磨き粉問題:

ARPANET: Cerf. *Balloon Challenge:* Pickard; Tang; Trewhitt; interview with Doug Wickert. *DARPA structure:* Dugan; Mervis; Travis. *Coors, Kraft:* Martinez, 63–73, 139–53. 引用: *" fueled by donuts":* Trewhitt. *"a bit of colored ribbon":* attributed to Napoleon Bonaparte, speaking to the captain of HMS *Bellerophon* on July 15, 1815.

346 文書引き裂き問題:

Dead Sea Scrolls: Gell-Mann, 323. *Academic studies:* Bloom; Ordonez; Wade. *Coughran:* Hill; Bock, 388 (180 reports); interview with Bill Coughran. *Taylor, PARC:* Smith, 76–79; Hiltzik, 150–53. 引用: *"increased [wage] dispersion":* Wade, 528. *"rather be worth 100 million":* Bandiera, 625. *"keeping the reins":* Hill. *"wasn't the best decision":* interview. *"tended to wither":* Hiltzik, 152. *"organizational distractions":* Smith, 77 (both citing Charles Thacker, leader of the Alto personal computer project; coinventor of ethernet).

Postscript: See chapter 8 notes for "*jail terms*" on page 333 and "*for both types of deliveries*" on page 333.

Allin, Sara, et al. "Physician Incentives and the Rise in C-Sections." *NBER Working Paper*, Mar. 1, 2015.
Ariely, Dan. *Predictably Irrational*. Rev. ed. HarperCollins, 2009.
Bandiera, Oriana, et al. "Matching Firms, Managers, and Incentives." *J. Labor Econ.*33 (2015): 623.
Bersin & Associates. "High-Impact Leadership Development," 2011.
Bloom, Matt, and John G. Michel. "The Relationships among Organizational Context, Pay Dispersion, and Managerial Turnover." *Acad. Mgmt.* 45 (2002): 33.
Bock, Laszlo. *Work Rules!* Twelve, 2015.
Brzezinski, Matthew. *Red Moon Rising*. Times Books, 2007.
Bush, Vannevar. *Pieces of the Action*. Morrow, 1970.
Catmull, Edwin E., and Amy Wallace. *Creativity, Inc*. Random House, 2014.
Cerf, Vinton G. "The Day the Internet Age Began." *Nature* 461 (2009): 1202.
Csaszar, Felipe A. "An Efficient Frontier in Organization Design." *Org. Sci.* 24 (2013): 1083.
DARPA. "Breakthrough Technologies for National Security," Mar. 2015.
Daye, Derrick. "Neil McElroy Memo." *Branding Strategy Insider*, June 12, 2009.
Drury, Allen. "Missiles Inquiry Will Open Today." *NY Times*, Nov. 25, 1957.
Dugan, Regina E., and Kaigham J. Gabriel. " 'Special Forces' Innovation." *Harv. Bus. Rev.*, Oct. 1, 2013.
Gell-Mann, Murray. *The Quark and the Jaguar*. Macmillan, 1994.
Hafner, Katie, and Matthew Lyon. *Where Wizards Stay Up Late*. 1998. Touchstone, 1996.
Hern, Daniela. "The Mother of All Demos, 1968." *WIRED*, Dec. 13, 2013.
Hill, Linda A., et al. "Collective Genius." *Harv. Bus. Rev.*, June 2014.
Hiltzik, Michael A. *Dealers of Lightning*. HarperCollins, 1999.
Jacobsen, Annie. *The Pentagon's Brain*. Little, Brown, 2015.
Kahneman, Daniel. *Thinking, Fast and Slow*. Farrar, Straus and Giroux, 2013.
Levitt, Steven D., and Stephen J. Dubner. *Freakonomics*. Rev. ed. William Morrow, 2005.
Martinez, Marian Garcia, ed. *Open Innovation in the Food and Beverage Industry*. Woodhead, 2013.
Mervis, Jeffrey. "What Makes DARPA Tick?" *Science* 351 (2016): 549.
Meyer, Josh. "Trading on the Future of Terror." *LA Times*, July 29, 2003.
Mieczkowski, Yanek. *Eisenhower's Sputnik Moment*. Cornell, 2013.
Newsday. "Russia Wins Space Race." Oct. 5, 1957.
NPW (National Partnership for Women and Families). "Why Is the US Cesarean Section Rate So High?" Aug. 2016.
Ordonez, Lisa, et al. "Goals Gone Wild." *Acad. Mgmt. Persp.* 23 (2009): 6.
Pickard, Galen, et al. "Time-Critical Social Mobilization." *Science* 334 (2011):

509.
Roberts, Chalmers M. “Enormous Arms Outlay Is Held Vital to Survival.” *Wash. Post and Times Herald*, Dec. 20, 1957.
Rubin, Michael. *Droidmaker*. Triad, 2006.
Sah, Raaj K., and Joseph E. Stiglitz. “The Architecture of Economic Systems: Hierarchies and Polyarchies.” *Amer. Econ. Rev.* 76 (1986): 716.
Sakala, Carol, et al. “Maternity Care and Liability.” *Women's Health Issues* 23 (2013): e7.
Schwartz, Harry. “A Propaganda Triumph.” *NY Times*, Oct. 6, 1957.
Smith, Douglas K., and Robert C. Alexander. *Fumbling the Future*. William Morrow, 1988.
Taleyarkhan, R. P., et al. “Evidence for Nuclear Emissions during Acoustic Cavitation.” *Science* 295 (2002): 1868.
Tang, John, et al. “Reflecting on the DARPA Red Balloon Challenge.” *Comm. ACM* 54 (2011): 78.
Thaler, Richard H. *Misbehaving: The Making of Behavioral Economics*. Norton, 2016.
Travis, John. “Interview with Michael Goldblatt.” *Biosec. and Bioterr.* 1 (2003): 155.
Trewhitt, Ethan. Accessed July 20, 2018. https://cacm.acm.org/blogs/blog-cacm/76324-preparing-for-the-darpa-network-challenge.
Wade, James, et al. “Overpaid CEOs and Underpaid Managers: Fairness and Executive Compensation.” *Org. Sci.* 17 (2006): 527.
Weinberger, Sharon. “Scary Things Come in Small Packages.” *Wash. Post*, Mar. 28, 2004.
———.*The Imagineers of War*. Knopf, 2017.

第 9 章

364 ニーダム問題:

For a popular overview of Needham's decades-long relationships with Lu and with China, see Winchester, the source for the opening anecdote. For a bibliography on Needham and the Needham Question, see Nathan Sivin's entry in the Oxford Bibliographies. *Lu and Needham:* Winchester, 34–57 (citing Needham's diaries); Lu, 2–8, 24–25, 29–34. *Needham Question, reviewed:* Finlay; Sivin, “Revolution.” *GDP:* Maddison, 379–81. *Civil service:* Elman. *Literacy:* R. Allen, 25; Mokyr, 292. *Navy:* Dreyer; Hobson, 140–48; Morris, 16, 517. *India:* Metcalf, 29–91; Walsh, 100–136. 引用: *“When you have learned”:* Feynman, 230. *“bushy white beard”:* Lu, 2. *“almost a lisp”* and *“why not develop”:* Winchester, 37, 57. *“greatest single act”:* Finlay, 265. *“so much like my own”:* Needham, “Foreword,” xi. *“There is nothing we lack”:* Maddison, 164.

370 世界を変えた8分／ルーンショット養成所の三つの条件:

Earth's motion: Dutta; Eastwood; Linton, 24–39, 115–22; Padmanabhan, 5–13; Ragep; Ramasubramanian; Weinberg, 66–72, 77–86, 132–40. *Copernicus,*

Church: Koestler, 144–53; Westman, 133–34, 197. *Kepler:* Gingerich, "Kepler"; Koestler; Voelkel. *Hooke:* see chapter 5 note for *"launched Newton on the path"* on page 327. *Growth data:* Maddison, 72, 376, 382. *Islamic science:* Al-Khalili; Lindberg, 27–167; Ragep; Saliba; see chapter 9 note for *"no Copernican theory"* on page 336. 引用: *"as being absurd"*: Voelkel, 22. *"a little lap-dog":* Koestler, 236. *"For the first time":* Kepler, "Letter" (trans: Baumgardt, 31–32). *"exists only in the mind":* Kepler, *Astronomy*, 234 (trans. Koestler, 319). *"These Eight minutes"*: Kepler, *Astronomy*, 286. *"kindred spirit":* Cohen, "Kepler," 27. *" freeing himself":* Einstein, 226.

379 映画／医薬品／帝国の運命:

Rise of Hollywood: Easton, 21–23; Gabler; Hampton 7–13, 71–79; Gil; Russell, 237–39. *Leonard, insulin:* Banting; Bliss. *Drug discovery, biotech histories:* Hughes; Robbins-Roth; Sneader. *Tycho:* Christianson; Thoren. *Shen:* Sivin, "Shen"; Sun, 21–80; Zuo; Needham, vol. 3, 135–45, 262, 415–35, 603–18. *Shen project and assistant:* Sun, 61–69. 引用: *"No other invention":* Hampton, 13. *"useless and harmful":* F. Allen, 813–15. *"he felt stronger":* Banting, 144. *"It was a resurrection":* Kienast, 14–15. *"the most interesting character":* Needham, vol. 1, 135. *"On certain wooden shelves":* Needham, vol. 3, 482. *"audacity"* and *"our equal":* Thoren, 380. *"Since I retired":* Sivin, "Shen," 10; Zuo, 211 (Sivin translates the final phrase as "to chat with" rather than "to talk to").

396 ルーンショットの生命維持／なぜイギリスか?:

Wittenberg school: Voelkel, 22; Westman, 141–70. *Kerala school:* Joseph, 372–444; Plofker, 217–253. *Royal Society:* Gribbin; Sprat. *Boyle, Papin, pump:* H. F. Cohen, 111–25; Papin; Shapin, *Air-Pump*, 274–76; Shapin, *Truth*, 356–58; Wootton, 491–93, 499–508. 引用: *"Science was to be fostered":* Merton, 234. *"It is doubtful":* Cohen, *Modern Science*, 72. *"extraordinary Inventions . . . Glory of the Western World":* Sprat, 74–79.

Acemoglu, Daron, and James Robinson. *Why Nations Fail*. Crown, 2012.

Alito, Samuel A., Jr. "The Origin of the Baseball Antitrust Exemption." *J. Supreme Court Hist.* 34 (2009): 183.

Al-Khalili, Jim. *The House of Wisdom*. Penguin, 2011.

Allen, Frederick M. *Studies Concerning Glycosuria and Diabetes*. Harvard, 1913.

Allen, Robert C. *Global Economic History*. Oxford, 2011.

Banting, F. G., et al. "Pancreatic Extracts in the Treatment of Diabetes Mellitus." *Can. Med. Assoc.* 12 (1922): 141.

Baumgardt, Carola. *Johannes Kepler: Life and Letters*. Philosophical Library, 1951.

Bliss, Michael. *The Discovery of Insulin*, 25th Anniv. Ed. U. Chicago, 2007.

Brandt, Loren, et al. "From Divergence to Convergence: Reevaluating the History behind China's Economic Boom." *J. Econ. Lit.* 52 (2014): 45.

Christianson, J. R. *On Tycho's Island*. Cambridge, 2000.
Cohen, H. Floris. "The Rise of Modern Science as a Fundamental Pre-Condition For the Industrial Revolution." *Ost. Zeit. Ges.* 20 (2009): 107.
Cohen, I. Bernard. "Kepler's Century: Prelude to Newton's." *Vistas in Astr.* 18 (1975): 3.
———."Introduction." In *Puritanism and the Rise of Modern Science*, edited by I. B. Cohen, 1–111. Rutgers, 1990.
Daly, Jonathan W. *Historians Debate the Rise of the West*. Routledge, 2014.
———.*The Rise of Western Power*. Bloomsbury, 2014.
Diamond, Jared M., and James A. Robinson, eds. *Natural Experiments of History*. Harvard, 2011.
Dreyer, Edward L. *Zheng He*. Pearson Longman, 2007.
Dutta, Amartya. "Āryabhata and Axial Rotation of Earth." *Resonance* 11 (2006): 51.
Easton, Carol. *The Search for Sam Goldwyn*. U. Mississippi, 2014.
Eastwood, Bruce, and Hubert Martin. "Michael Italicus and Heliocentrism." *Greek, Roman, Byz. Stud.* 27 (1986): 223.
Einstein, Albert. *Out of My Later Years*. Philosophical Library, 1950.
Elman, Benjamin. *A Cultural History of Civil Examinations in Late Imperial China*. U. California, 2000.
Feynman, Richard P. *Perfectly Reasonable Deviations*. Basic Books, 2005.
Finlay, Robert. "China, the West, and World History." *J. World Hist.* 11 (2000): 265.
Gabler, Neal. *An Empire of Their Own*. Crown, 1988.
Gil, Alexandra. "Breaking the Studios." *NYU J. Law & Liberty* 3 (2008): 83.
Gingerich, Owen. "The Great Martian Catastrophe and How Kepler Fixed It." *Phys. Tod.* 64 (2011): 50.
Gingerich, Owen, and Robert S. Westman. "The Wittich Connection." *Trans. Am. Phil. Soc.* 78 (1988): i.
Goldstone, Jack A. *Why Europe?* McGraw-Hill, 2009.
Golinski, Jan. *British Weather and the Climate of Enlightenment*. U. Chicago, 2007.
Gribbin, John. *The Fellowship*. Allen Lane, 2005.
Hampton, Benjamin Bowles. *A History of the Movies*. Covici, Friede, 1931.
Hobson, John M. *The Eastern Origins of Western Civilization*. Cambridge, 2004.
Hodgson, Marshall G. S. *The Venture of Islam*. U. Chicago, 1974.
Hughes, Sally Smith. *Genentech*. U. Chicago, 2011.
Jacob, Margaret C. *Scientific Culture and the Making of the Industrial West*. Oxford, 1997.
Jaramillo, Laura, and Cemile Sancak. "Why Has the Grass Been Greener on One Side of Hispaniola?" *IMF Staff Papers* 56 (2009): 323.
Joseph, George G. *The Crest of the Peacock*. 3rd ed. Princeton, 2011.
Kepler, Johannes. *New Astronomy*. Trans. William H. Donahue. Cambridge,

1992.

———."To the Baron von Herberstein and the Estates of Styria," May 15, 1596.

Kienast, Margate. "I Saw a Resurrection." *Sat. Eve. Post* 211 (July 2, 1938): 14.

Koestler, Arthur. *The Sleepwalkers*. Macmillan, 1959.

Lin, Justin Y. *Demystifying the Chinese Economy*. Cambridge, 2012.

Lindberg, David C., and Michael H. Shank. *The Cambridge History of Science: Vol. 2, Medieval Science*. Cambridge, 2013.

Linton, C. M. *From Eudoxus to Einstein*. Cambridge, 2004.

Lu, Gwei-Djen. "The First Half-Life of Joseph Needham." In *Explorations in the History of Science and Technology in China*, edited by G. Li et al. Shanghai, 1982, 1–38.

Lunde, Paul, and Zayn Bilkadi. "Arabs and Astronomy." *Saudi Aramco World*, Jan./Feb. 1986, 4.

Maddison, Angus. *Contours of the World Economy, 1–2030 AD.* Oxford, 2007.

McClintick, David, and Anne Faircloth. "The Predator." *Fortune*, July 9, 1996.

Merton, Robert K. *The Sociology of Science*. U. Chicago, 1973.

Metcalf, Barbara D., and Thomas R. Metcalf. *A Concise History of Modern India*. Cambridge, 2006.

Mokyr, Joel. *A Culture of Growth: The Origins of the Modern Economy.* Princeton, 2016.

Morris, Ian. *Why the West Rules—For Now*. Profile, 2010.

Needham, Joseph. *Science and Civilization in China*. Cambridge, 1954–2015.

———."Foreword." In Edgar Zilsel, *The Social Origins of Modern Science*. Kluwer, 2003.

Padmanabhan, T., et al., eds. *Astronomy in India*. Springer, 2010.

Papin, Denis. *A Continuation of the New Digester of Bones: Its Improvements, and New Uses It Hath Been Applyed to, Both for Sea and Land: Together with Some Improvements and New Uses of the Air-Pump.* J. Streater, 1687.

Plofker, Kim. *Mathematics in India*. Princeton, 2009.

Ragep, F. Jamil. "Tūsī and Copernicus: The Earth's Motion in Context." *Sci. Context* 14 (2001): 145.

———."Copernicus and His Islamic Predecessors." *Hist. Sci.* 45 (2007): 65.

Ramasubramanian, K., et al. "Modification of the Earlier Indian Planetary Theory by the Kerala Astronomers." *Curr. Sci.* 66 (1994): 784.

Robbins-Roth, Cynthia. *From Alchemy to IPO*. Perseus, 2000.

Roston, Tom. " 'Slumdog Millionaire' Shoot Was Rags to Riches." *Hollyw. Rep.*, Nov. 4, 2008.

Russell, Thaddeus. *A Renegade History of the United States*. Simon and Schuster, 2011.

Saliba, George. *Islamic Science and the Making of the European Renaissance*. MIT, 2007.

Shapin, Steven. *A Social History of Truth*. U. Chicago, 1994.

Shapin, Steven, and Simon Schaffer. *Leviathan and the Air-Pump*. Princeton,

2011.
Sivin, Nathan. "Shen Kua." In *Science in Ancient China*. Aldershot, 1995.
———."Why the Scientific Revolution Did Not Take Place in China—or Didn't It?" *Chinese Science* 5 (1982): 45 (Revised 2005).
Sneader, Walter. *Drug Discovery: A History*. Wiley, 2005.
Sprat, Thomas. *The History of the Royal Society of London*. London, 1734 [1667].
Sun, Xiaochun. "State and Science: Scientific Innovations in Northern Song China, 960–1127." PhD thesis, U. Pennsylvania, 2007.
Thoren, Victor E. *The Lord of Uraniborg*. Cambridge, 1990.
Voelkel, James R. *The Composition of Kepler's Astronomia Nova*. Princeton, 2001.
Walsh, Judith E. *A Brief History of India*. 2nd ed. Facts on File, 2011.
Weinberg, Steven. *To Explain the World*. Harper, 2015.
Westman, Robert S. *The Copernican Question*. U. California, 2011.
Winchester, Simon. *The Man Who Loved China*. HarperCollins, 2008.
Wootton, David. *The Invention of Science*. HarperCollins, 2015.
Xu, Ting, and Khodadad Rezakhani. "Reorienting the Discovery Machine: Perspectives from China and Islamdom." *J. World Hist.* 23 (2012): 401.
Zuo, Ya. "Capricious Destiny: Shen Gua (1031–1085) and His Age." PhD thesis, Princeton, 2011.

おわりに

408 トランジスタ:

Gertner, 98–114; Riordan, 164–224. イケア: Barthelemy; Collins; Kristoffersson, 15–21; Torekull, 49–84. アムジェン: Binder, 26–27. インターフェロン: Edelhart; Jacobs; Pieters. 引用: "*Helen spoke up*," "*quail hunting*," and "*small-town America*": Walton, 27, 41, 64. "*honest fight*": Torekull, 84. "*magic drug*": Edelhart.

Barthelemy, Jerome. "The Experimental Roots of Revolutionary Vision." *MIT Sloan Mgmt. Rev.*, Oct. 2006.
Binder, Gordon M., and Philip Bashe. *Science Lessons*. Harvard, 2008.
Christensen, Clayton M. *The Innovator's Dilemma*. Harvard, 1997.
Christensen, Clayton M., et al. "What Is Disruptive Innovation?" *Harv. Bus. Rev.*, Dec. 2015.
Collins, Lauren. "House Perfect." *New Yorker*, Oct. 3, 2011.
Edelhart, Michael. "Putting Interferon to the Test." *NY Times Mag.* 130 (April 26, 1981): 32.
Galambos, Louis. "Theodore N. Vail and the Role of Innovation in the Modern Bell System." *Bus. Hist. Rev.* 66 (1992): 95.
Gertner, Jon. *The Idea Factory*. Penguin, 2012.
Goozner, Merrill. "The Longest Search: How Eugene Goldwasser and Epo Gave Birth to Biotech." *Pharm. Exec.* 24 (2004): 112.

Jacobs, Lawrence, and Kenneth P. Johnson. "A Brief History of the Use of Interferons as Treatment of Multiple Sclerosis." *Arch. Neur.* 51 (1994): 1245.
King, Andrew A., and Baljir Baatartogtokh. "How Useful Is the Theory of Disruptive Innovation?" *MIT Sloan Mgmt. Rev.*, Sep. 2015.
Kristoffersson, Sara. *Design by IKEA*. Bloomsbury, 2014.
Lepore, Jill. "What the Gospel of Innovation Gets Wrong." *New Yorker*, June 16, 2014.
Pieters, Toine. *Interferon*. Routledge, 2005.
Riordan, Michael, and Lillian Hoddeson. *Crystal Fire*. Norton, 1997.
Torkekull, Bertil. *The IKEA Story*. Trans. Joan Tate. Litopat, 2011 [1998].
Walton, Sam. *Made in America*. Doubleday, 1992.

原注

はじめに

1 不可逆的結合剤は、異なるタンパク質の機能を知るために研究室の実験で使われることがある。タンパク質をしっかり捕捉すると、通常の細胞機能におけるその役割を突き止めやすくなる。

2 アムジェンとジョンソン・エンド・ジョンソン(J&J)の赤血球生成促進剤(エポジェン、アラネスプ、プロクリット、エプレックス)の全世界売上高は2006年の98億ドルがピーク。1989年(エポジェンの発売年)から2004年(センシパーの発売年)までに、アムジェンは後続の派生的製品と、スローン・ケタリングがんセンターで発見された白血球生成促進剤(G-CSF)を売り出した。出典は以下の通り。製品売上高:証券取引委員会。G-CSFの歴史:Welte. ゴールドワッサーの役割:Goozner; Goldwasser. 初期のアムジェン:Binderならびにアムジェンと J&J の経営陣との会話。

3 新しい治療法の単一症例レポートはみんなそうだが、アレックスの快復に私たちの薬剤がどれくらい役立ったかを確実に知ることはできない。彼のがんは治療法に反応した(腫瘍がかなり縮小した)が、次いで実施した黒色腫の大規模臨床試験はうまくいかず、カポジ肉腫の後続臨床試験も行っていない。

4 最も強度が高い鋼鉄は、鉄にさまざまな遷移金属(チタニウム、クロミウム、マンガニーズ、コバルト、ニッケル)や他の微量元素を混ぜてつくられる。わずかな構造変化によって引張強度(どの程度の荷重に耐えられるか)を調整するのは、融解温度の調整よりずっと複雑な作業である。物質の融点は主に分子間の結合力に支配される。そうした結合力は水よりも鉄のほうが強いから、鉄の融点が摂氏1538度なのに対し、氷の融点は摂氏0度である(温度は全く違うが、秩序ある固体から無秩序な液体へという転移は同じ)。他方、金属合金の引張強度はもっと別の微細構造、すなわち原子配列の影響を受ける。原子配列やそれがどう破壊に影響するかは予測が難しい。したがって引張強度の科学は非常に複雑である。

第1章

5 「レーダー」という語は1939年になってからつくられ、一般にはここで言う連続信号ではなく、パルス信号を使った機器を指す。どちらも電波の反射を利用しているが、ヤングとテイラーの発見は正確に言うなら、電波干渉による検知(「ビート法」)である。

6 フランクリン・ルーズベルトは2期目の就任演説(1937年1月20日)で、「ただただ利己的な者たち」が科学を「人類の無慈悲な主人」に変えてしまったと述べた。多くの人々は省力化技術を、大恐慌時の高い失業率をもたらしたと非難した。

7 7人の大統領のアドバイザーを務めたブッシュは後年、ホプキンスのことを、最も偉大な大統領参謀だと述べた。「私が最も惹きつけられたのは、ボスに対する揺るがぬ忠誠心と、個人的な野心の徹底した抑制だ」。ホプキンスはまた、ふたりが初めて会ったとき、草の根発明家の協議会の招集に関わっており、両者は考え方が重なっていた。Kenny; Sherwood, 154; Bush, *Action*, 35を参照。

8 最終的な人数は2000人近くにのぼり、後のノーベル賞受賞者も9人含まれていた。

9 レーダーはソナーの親戚のようなものだ。第1次世界大戦中に開発されたソナー探知機は音波を発射し、その反射波を捉える。背景ノイズがあまりない水中の比較的短い距離や、真っ暗で静かな夜の大気中で有効である(クジラやイルカ、コウモリもソナーを利用している)。レーダー探知機は光パルス(電磁場の振動波)を発射し、反射光を測定する。光の波は空気中を音よりも遠くまで進むので(遠くの飛行機は見えるが音は聞こえない)、レーダーのほうが遠距離に向いている。

音にさまざまな周波数があるように、レーダーに使われる光にはさまざまな波長がある。大きなアンテナの電流からは波長の長い光(電波スペクトル)が生じ、小さなアンテナの電流からは波長の短い光(マイクロ波スペクトル)が生じる。したがって電波塔は高さが何十メートルにもなり、マイクロ波のアンテナは手に収まるサイズにもなる。

10 1934年7月、マンハッタンのニューヨーカーホテルで、当時78歳のニコラ・テスラは、自称「生涯で最も重要な発明」を発表した。それは粒子ビームを発射して、250マイル離れた敵機1万機を破壊する方法である。このビームを使えば、「何百万もの兵士をその場で跡形もなく殺す」ことができる。全滅の脅威はあらゆる戦争を終わらせるだろう。ニューヨーク・タイムズ紙は「殺人ビーム」との見出しで報じたが、米国では誰も本気にしなかった。

同じ頃、英国ではチャーチルがドイツの台頭を警戒し、ロンドンは「世界でも格好のターゲットである。まるで鎖につながれたまま肉食獣に襲われるのを待つ、丸々と太った牛のようだ」と述べた。当時のチャーチルは野に下っており、変人扱いされることも少なくなかった。彼は以前、空軍省の物理学者アルバート・ロウの内部メモを見たことがあった。そこには「科学の進歩によって新しい防衛支援策を生み出さない限り、次の戦争が10年以内に始まったら負ける可能性が高い」と書かれていた。レーダー史に詳しい物理学者のデビッド・フィッシャーによれば、チャーチルは空軍省の研究部門トップだったH・E・ウィンペリスを訪ね、殺人光線を検討すべきだと主張した。ウィンペリスが抵抗すると、第1次大戦で大活躍した戦車を思い出せ、とチャーチルは迫った。軍部は最初、戦車などというものを相手にしなかったが、最後はチャーチルがそのアイデアを救い出したのである。チャーチルの訪問から間もなく、ウィンペリスは無線技術者のロバート・ワトソン=ワットに連絡をとり、いわゆる「殺人光線」の実用可能性について助言した。ワトソン=ワットと助手はすぐさま、殺人光線は不可能だが、電磁放射ビーム(光波)を用いた探知は可能かもしれないことを立証した。1935年2月、空軍省の委員会はワトソン=ワットのアイデアを調べるための少人数のチームを設置した。その結果、4年後にチェーンホーム・レーダーシステムが実現した。

殺人光線がイギリスを救った経緯は以上である。

(Fisher, *Summer,* 54-68; Churchill, 1934などを参照)

11 あわせて不可欠だったのは、新しい数学的手法の開発と、レーダーからのデータを処理するための高度なリアルタイムデータ管理システム(ダウディング・システム)である。そこから現在のオペレーションズリサーチが生まれた。(Budiansky; Hartcup, 100-21)

12 1940年9月28日、英国はポータブルマイクロ波レーダーをつくるのに必要な、手のひらサイズの発電機をルーミスに届けた。アメリカのある軍事史家は、「空洞マグネトロン」と呼ばれるこのデバイスを「わが国にもたらされた最も価値ある貨物」と表現した。

(Baxter, 142; Conant, 179-208; Phelps)

13 チャーチルは後年、「大西洋の戦いこそ、この戦争を決する重要な要因だった。陸海空を問わず、それ以外の場所で起きているあらゆる出来事は、最終的に大西洋の戦いの結果次第だということを、われわれは一瞬たりとも忘れたことがない。……戦争中に私が唯一心から恐れたのはUボートだ」と書いている(Ring, 6; Finest Hour, 529)。ルーズベルトも同意見だった。1941年5月のチャーチルへの電信で、この戦争に勝つか負けるかは大西洋で決まると書いている。

14 英国の科学者がドイツのエニグマコードを解読していた話(「ウルトラ」プログラム)はよく知られているが、同プログラムは大西洋の戦いにはほとんど影響を及ぼさなかった。それはドイツも英国の暗号解読に成功していたことが主な原因である(こちらはあまり知られていない)。ドイツの諜報部隊は1938年の夏から1943年の終わりにかけて、敵海軍の重要なメッセージの多くを解読した。戦後のある分析によると、英国の諜報指揮官は恐れをなして次のように述べている。「敵のこの忌まわしい実績は、次のことによって間違いなく実証されている。(a)ドイツ海軍高官への取り調べ、……(b)われわれの解読済み暗号を含む、ドイツ軍の実際の記録文書」。上記分析についてはTighe、無線諜報の実態についてはSyrett, 96-180、英国とドイツの無線諜報の概要についてはErskine; Gardner, 210-18; P. Kennedy, 23, 35, 61-63を参照。

15 連合軍は米国とカナダ、さらにはグリーンランドとアイスランドの沿岸にアンテナ基地をつくり、大西洋全体をカバーできるようにした。このシステムは当初、「ルーミス無線ナビゲーション(LRN)」と呼ばれたが、後にルーミス本人の希望で「長距離ナビゲーション(LORAN)」に改称された。LORANにより、戦闘機や艦船はアンテナ基地から最大1400マイルまで、1パーセントの精度で自身の位置を特定できる。LORANは1990年代まで広く使われ、以降はGPSに取って代わられた。Baxter, 150-52; Conant, 231-34, 265-67を参照。

16 無線を傍受していたドイツ軍の担当者は、船団を守っている連合軍の戦闘機が1機か2機しかないことに驚いた。デーニッツは戦争日記のなかで「敵のレーダーはUボートをほとんど見逃さなかった」と結論づけている。(Syrett, 134)

17 かつての砲弾は時限信管を使っていた。ターゲットまでの飛行時間を目分量で推測したあと、砲手は砲弾を発射し、信管がターゲットの近くで爆発することを願う。ターゲットが動いている場合は特に困難が伴った。近接信管やVT信管と呼ばれるレーダー付き信管は、そうした推測の必要がなく、射撃効率を飛躍的に向上させた。近接信管は艦船や基地が到来機から自身を防御する能力を高め、陸上での射撃能力を大きく強化した。バルジの戦いの直後、米国のある将校は次のように書いた。「戦争捕虜報告書はどれも、われわれの大砲射撃について、これほど破壊的で相手の戦意を削ぐものは見たことがないと述べている」(Baldwin, 280)

18 1939年10月11日、経済学者のアレクサンダー・ザックスがフランクリン・ルーズベルト大統領にアルベルト・アインシュタインからの手紙を届けた。「アインシュタイン=シラードの手紙」として知られるその手紙は、最近の研究をもとに、「ウラン元素が新しい重要なエネルギー源となるかもしれない」「極めて強力な新型の爆弾が製造されるかもしれない」と警告を発している。

19 核開発プログラムの立ち上げでブッシュが果たした役割の詳細は、Goldberg, "Bush and the Decision"を参照。

マンハッタン計画が制御された核爆発を初めて成功させたのは、ドイツの降伏から2カ月後の1945年7月16日。最初の爆弾は8月6日に広島、2番目の爆弾は8月9日に長崎上空で爆発した。日本はそれから間もなく降伏した。

戦後間もなく発表されたスティムソンらの手記では、核兵器の使用が日本との戦争を早く終わらせ、100万人のアメリカ人の命を救ったとされる。これらの手記は広く読まれ、人々に受け入れられた。しかし同時に、多くの著名な軍指導者が公式見解に公然と異を唱えた。(たとえば日本への爆撃を指揮したカーティス・ルメイ将軍は「原爆は終戦とは何の関係もない」と述べた。日本の大都市はすでに連合軍の爆撃機によってことごとく破壊されていた。同国は通商を禁じられ、海軍は終わりを遂げた。石油と食糧はほぼ底をつき、唯一の同盟国ドイツも降伏していた)

歴史家のサム・ウォーカーは最近、日本に対する原爆使用の決定は「継続性や残虐性という観点から、アメリカの歴史で最も意見の分かれる問題であった」と述べている。議論の中心は、日本の降伏の理由(原爆が原因なのか、それとも8月8日のソ連の対日宣戦布告により、仲介による降伏の望みが絶たれたからか)、戦後のスティムソンらによる釈明の確かさ(あらゆる歴史家が虚構だと結論づけている)、トルーマン大統領の動機である。戦時の日本国天皇(昭和天皇)の崩御(1989年)やソ連の崩壊(1991年)以降に入手可能となった情報をもとにした優れた近現代史としては、Hasegawa, *Racing the Enemy*を参照。上述の議論をバランスよくまとめたものとしては、Walker, *Destruction*のほか、Kelly, 319–422やHasegawa, *Pacific*のなかの論考を参照。(LeMay: Bernstein)

トルーマン大統領と補佐官らが原爆使用のメリットについて話し合った形跡がほとんどないことは、ほぼすべての歴史家が認めている。一般市民が多く住む都市に爆弾を落とすとの決定は、連合国と枢軸国の双方が何年も前に下していた。(3月の東京大空襲では、8月の広島ないし長崎のとき以上の市民が犠牲になった)

チャーチルは当時、最も明快な見解を持っていた人物かもしれない。1944年、心配げな物理学者ニールス・ボーアに対して、戦後の核世界については何も心配する必要はないと説いた。「結局、この新しい爆弾は現在の爆弾より大きいだけで、戦いの原則は何も変わらない」(Jones, "Churchill," 88)。この見解はあとづけ的に変化したのだが。

20 『科学——その果てしなきフロンティア』の50周年を祝うカンファレンスで、ある歴史学者は、このレポートが科学政策の分野で「聖書のような地位」を得たと述べた。幅広く吟味・解釈され、しばしば正反対の結論が導かれたのだという。国立科学財団、国立衛生研究所をはじめとする多くの研究機関が、ブッシュ・レポートが述べる原則をモデルにしている。発表直後の詳細は第8章を参照。レポートの長期的影響については、CSPO, 1–35; England, 3–110; Greenberg, 68–148; Kevles, 267–321; Zachary, 240–60を参照。連邦政府の科学政策の経済的影響については、Lane; Jarboe; PCAST; and NASを参照。

21 これは野球殿堂入りした球団経営者、ブランチ・リッキーの言葉だとされる。彼はファーム制度(メジャーリーグとマイナーリーグ)をつくり、八つのチームをワールドシリーズ出場に導き、初のアフリカ系アメリカ人野球選手、ジャッキー・ロビンソンを見いだして契約を結んだ。(Breslin, 73)

22 ジェームズ・ボンド(初代はショーン・コネリー)のルーンショットを含め、映画や医薬品に関するもっと詳しい内容は、第5章を参照。『スター・ウォーズ』の撮影が始まった1976年に使われた第4稿脚本の正式なタイトルは「ルーク・スターキラーの冒険:ホイルス銀河史より」。1973年の最初の脚本案は「ザ・スター・ウォーズ」だったが、却下された。(Rinzler)

企業ではなく産業(創薬、映画)における「ルーンショット養成所」の詳細は、第9章を参照。同章ではまた、ルーンショット養成所の成功に必要なもう一つの原則についても説明している。本章のテーマからは大きくそれるが、それは「クリティカルマス」の原則である。

23　ブッシュはさらにこう続ける。「軍人は指揮命令のあり方を学ぶ。それは彼らの職業の中心をなすものだ。また、規律の強い集団で行儀よく振る舞うことを学ぶ。……礼儀が必要とされる場所で、きちんと魅力的な礼儀正しい態度をとることを知らなかった、そんな手に負えない男がである」(Bush, *Action*, 298)

24　バイオテクノロジーの場合、新薬の創出は手間のかかる複雑な作業なので、アーティストとソルジャーの両方で構成される大規模なチームが必要になる。具体的には、生物学者、化学者、医師、マーケター、法規制専門家など。これらの集団は互いに不信感を抱くことが多い。生物学者は、化学なんて科学というより魔術みたいなものだ、医学は決して科学ではない、ビジネスマンは邪悪な惑星から来た宇宙人だと考える。化学者は、真の医薬品開発者は自分たちだけだと考える。医師は、自分たちこそ最終的になくてはならぬ存在だと考える。ビジネスマンは、狂気じみた施設で静かに介護を担うのが自分たちだと考える……。新薬の承認を受け、患者に届けるためには、これらすべての集団が協力しなければならない。創薬プロジェクトのマネジャーは、集団同士の不信感を克服する術を知らなければならない。それにはまず、人が同類の者を好む傾向、それを打ち破ることだ。言い換えれば、バイオテクノロジーの世界で成功するには、ブッシュが軍隊で実践したように、あるいはヴェイルとジョブズがテクノロジー企業で実践したように、均等に敬意を払うことを学習・練習する必要がある。

25　対照的に、英国でブッシュと同じような立場にあった科学者は逆のアプローチをとった。チャーチルの科学顧問だったフレデリック・リンデマンは、空中浮遊機雷を使って敵機の攻撃を阻むというアイデアを熱心に主張した。政治家の気を引こうとする彼のおかしな振る舞いにより、英国のレーダー計画には遅れが生じた。チャーチルもルーンショットに深く首を突っ込むのを我慢できなかった。たとえば、重さ200万トンの氷の浮島をつくって戦闘機を運ぶという機密プロジェクトの推進を主張した。どんな氷を選ぶか、どのように着色するかなど、具体的な設計の指示も出している。このアイデアはルーズベルトの耳にも入り、彼はブッシュにどう思うかと尋ねた。ブッシュの答えは簡単だった。「同じコストで溶けない空母をつくれます」。それで話は終わった。(Snow, 10-38; Bush, Action, 123-25; Perutz)

第 2 章

26　この提言は当時、論議を呼んだ。食事の脂肪を減らせば健康になるという対照試験結果はどこにもなく、米国科学アカデミーの会長は議会の公聴会で次のように述べた。「連邦政府はいったい何の権利があって、証拠もほとんどないのに、アメリカ国民が自らを実験台に壮大な栄養実験を行うよう提案するのでしょうか?」。その後、大規模な臨床研究が繰り返されたが、低脂肪食の健康上のメリットを裏づける証拠は見つからなかった。しかし、低脂肪食を勧めるガイドラインはほんの最近まで存続した。Taubes, 3-88; NRC, 10を参照。

27　山本博士のメールによると、スタチン治療、2回の冠状動脈バイパス手術、血漿吸着法の組み合わせにより、SSさんは23歳で治癒し、26歳のときに子どもを授かることもできた。その後、(症状が比較的軽い)ヘテロ接合型家族性高コレステロール血症の患者たちに遠藤のスタチンを少量投与したところ、やはり効果があったため、山本と遠藤をはじめとする研究者は薬剤の効能を確信した。

28　メルクの化合物(MK-803、ロバスタチン、メビノリン、メバコール)と遠藤の化合物(ML-236B、コンパクチン、メバスタチン）はほぼ同じだが、後者の側環の水素原子1個が前者ではメチル基（炭素原子1個と水素原子3個）で置き換えられている。Alberts, "Lovastatin"などを参照。

29 メルクの科学者が書いたものには、Alberts; Cordes; Tobert; Vagelosなどがある。1976年4月から1978年10月にかけてのメルクと三共のやりとりを記した手紙は、遠藤章氏より提供していただいた。これらの手紙は主にH・ボイド・ウッドラフ（メルク研究所部長）と岩井一成（三共製品計画部長）の間で交換されたが、1通は遠藤に、1通は有馬洪（遠藤の上司、三共中央研究所所長）に直接宛てられた。1976年4月16日、ウッドラフは岩井への手紙でこう書いた。「この化合物（ML-236B）の特性は非常に興味深く、当研究所の生化学者たちもそれを評価したいと考えております。……情報交換の結果、ライセンスやロイヤルティーの支払いに適した製品が見つかることを願っております」。1977年9月23日付のメルクからの手紙は、事の概要をよく表している。「御社の化合物ML-236Bは素晴らしい特性を備えています。……遠藤博士の研究プログラムが実用的な治療法をもたらすのは間違いないと思われます」

　1975年にメルクに入社したバジェロスは回顧録のなかで、三共が「われわれのやり方を追いかけている」と書いた。遠藤が最初のスタチンを発見したのは1973年。三共を代表して特許を申請したのが1974年6月。動物モデルでスタチンの働きを実証したのが1976年初め。メルクの要請で機密データを開示したのが1976〜1978年。人間での最初の臨床試験を開始したのが1978年（そして、スタチンが患者を救えると実証した）。いずれもメルクのスタチンプログラムのスタート（同社によれば1978年10月）より前である。

30 バジェロスは1980年にイヌの試験結果を教えてほしいと三共に何度も依頼したが、驚いたことに断られたと書いている。「メルクは日本の製薬業界と強いつながりがあったので、このような直接的な質問にも答えてくれるだろうと考えていた」。三共が返答を拒んだのは「倫理的な問題」からではないか、とバジェロスは言う。（Vagelos, 149–50）

31 コレステロール論争やスタチンの優れた歴史解説としてはSteinberg; Goldsteinを参照。スタチンのメリット、リスク、効果についてはGoldfine; Collinsを参照。

32 メルクのフランチャイズに含まれるのは、メバコール（1987年発売）、その改良版ゾコール（1990年発売）、バイトリン（ゾコールをシェリング・プラウのゼティアと組み合わせた製品。2004年発売）など。バイトリンの純売上高はシェリング・プラウと分け合った。数字は企業レポートより。その他の代表的スタチンはリピトールとクレストール。リピトール（ワーナー・ランバートの科学者が開発。現在はファイザーが販売）の累積売上高は1400億ドルを超え、クレストール（塩野義の科学者が開発。現在はアストラゼネカが販売）の累積売上高は500億ドルを超える。

33 結腸がんでの好結果が発表された2003年5月19日から、FDA承認の2004年2月26日までに、ジェネンテックの市場価値は380億ドル増加した。5月19日の発表から翌日までの増加額は90億ドルだった。

　2006年、アバスチンの派生薬ルセンティスの大規模臨床試験により、この薬剤が失明につながる病気を改善できることが示された（アバスチンの注射にも同じ効果があることがわかっている）。ニューイングランド・ジャーナル・オブ・メディシン誌の付随論説は、この結果を「奇跡的」と評した。それまでの20年間で同誌が臨床試験の結果にこの表現を使ったのは一度だけである（胃バイパス手術）。Stone; Rosenfeldを参照。

34 米国での特許と、遠藤・三共が日本で申請した特許に重複部分があったため、メルクは最終的にメバコールの地域販売権の一部を三共からライセンスしなければならなかった。

第3章

35　ピーク時の企業価値が米国の株式市場全体に占める割合は、AT&Tが13パーセント（1932年）だったのに対し、アップル、マイクロソフト、GEはそれぞれ4パーセントに満たない。U. Chicago Center for Research in Security Prices, US Stock Database (Nov. 2017).

36　若い方はご存じないかもしれないが、シルベスター・スタローンの数ある映画のなかでも最高傑作と言える『ランボー』を意識している。

37　セイバーは最終的に独立会社としてスピンアウトし、現在はアメリカン航空に属してはいない。

38　トルーマンはアルバート・ウェデマイヤー将軍を中国へ送り、詳細を調査させた。同将軍は蔣介石への支援を拡大するよう進言したが、トルーマンはジョージ・マーシャル国務長官の助言でこれを拒否した。1949年、毛沢東は蔣介石を破り、中国の支配権を握った。蔣介石ら国民党員は台湾へ逃走した。そこから1950年代の米国では、「誰が中国を失ったか」という激しい議論が巻き起こった。(Wedemeyer; May)

39　Me262はドイツ語で「ツバメ」を意味する「シュヴァルベ」と呼ばれた。ヒトラーがこの名前を嫌ったため、後に「シュトルムフォーゲル」（嵐の鳥、海ツバメ）と改称された。

通常のエンジンでは、沸騰水や爆発ガスがシリンダー内のピストンを往復運動させ、旋盤や車軸やプロペラを回転させる。第2次大戦前の飛行機はすべてピストンエンジンとプロペラで飛んでいた。ジェットエンジンの場合は、燃料の制御爆発による排出ガスが推進力を生む。燃料と空気を混合させる「エアブリージング」ジェットがジェット機の動力源となる。ロケットは空気を取り込まず、内部の化学混合物が燃焼して排出ガスを生む。

40　ゴダードは1945年8月にがんで亡くなった。米国が自分のアイデアを実用化するのを見ることはできなかったが、彼の死後、ドイツのロケット技術が吟味され、彼自身のアイデアであることが認められた。

第2次大戦後、米国はゴダードの研究内容に詳しいドイツのロケット科学者たちを雇い、宇宙計画の策定を手伝わせた。1959年、米航空宇宙局（NASA）は同局最大の宇宙飛行研究所にゴダードの名を冠した。1960年、政府は国のロケット計画がゴダードの特許を侵害していることを認め、100万ドルでそれらを買い取った。

ヴァネヴァー・ブッシュはうかつにもジェットエンジンのポテンシャルを見逃した。V2ロケットは時速3000キロ以上で飛ぶため、対空砲火は効き目がなく、戦闘機による迎撃も難しい。連合軍にとって幸いなことに、ドイツのジェット機とロケットは実現するのが遅かったため、戦争の結果を変えるには至らなかった。圧倒的な制空権を背景に、連合軍はジェット機用の滑走路やロケットの発射場を爆撃することができた。(Boyne; Bush, *Arms*, 71–89; Clary; Pavlec; King)

41　何人かの伝記作家は最近、ナチスのシンパで反ユダヤ主義者というリンドバーグ像をめぐる議論について、さまざまな見解を示している。リンドバーグを擁護する立場の者は次のように言う。リンドバーグは1930年代に国務省や軍部の要請でドイツを訪れ、英米の政治・軍事指導者にドイツ空軍の能力について報告したのであり、その報告や評価は英米軍の展開上極めて重要だった。さらに次のような弁護もなされる。リンドバーグの当時の反戦思想は大半のアメリカ人と同じであり、スターリンのほうがヒトラー以上に大きな脅威であるとの考え方が動機になっていた。また、1938年終盤のナチスによるユダヤ人大虐殺事件「水晶の夜」以降、彼のナチス政権に対する考え方は他の多くの人たちと同じように変化した(リンドバーグはドイツ移住の計画をあきらめ、「ユダヤ人に対するドイツの行為を支持するように見える移住はしたくなかった」と書いている)。一方、リンドバーグが戦前、多くの友人や助言者(アレックス・カレル、トルーマン・スミス、ヘンリー・フォード)が信奉する人種観や優生思想に共感していたことを指摘し、彼がドイツ空軍の能力評価を誤ったことが1938年のミュンヘン宥和を決定づけたと主張する者もいる。

ほぼすべての伝記作家が同意見なのは、リンドバーグが政治的にうぶで、あらゆる方面の政治指導者に自身の名声を利用させてしまったということである(ナチスの高官だったアルベルト・シュペーアでさえ、戦後何年かたったとき、リンドバーグを「うぶ」と形容している)。反リンドバーグキャンペーンの中身には事実と異なるものが含まれていたにもかかわらず、本人がそれに関する公の発言を控えたため、彼のイメージはますます損なわれた。真珠湾攻撃のあと、リンドバーグは戦争支持に転じたが、そのイメージが回復することはなかった。(Berg, 355–458; Olson; Wallaceを参照。シュペーアの発言はWallace, 193、リンドバーグはBerg, 380で引用されている)

42 リンドバーグは最終的に航空機メーカー2社とコンサルティング契約を結び、1944年には、航空機の性能を評価するという名目の業界コンサルタントとして、太平洋を拠点とする海兵隊航空隊に籍を置いた。民間人であるリンドバーグは対日戦闘任務で50回出撃したが、これは厳密に言えば違法である。あるパイロットは次のように回想する。「リンドバーグは疲れ知らずで、普通の戦闘パイロットに期待される以上の任務をこなしていた。敵陣を急降下爆撃し、はしけを沈め、ヌンホル島の上陸部隊を警護した。西ニューギニアでは……たいていの対空砲に狙われた」。リンドバーグはパイロットたちに長距離飛行のテクニックを教えた。エンジンの回転数を下げ、吸気圧をもっと利用することで、燃料を温存し、飛行時間と戦闘行動半径を50パーセントも増やすことができる、というのがその内容だ。距離が増えれば戦闘機の安全性が高まり、敵陣深くまで入り込むことができる。これを聞いたマッカーサー将軍は、このテクニックは「天からの贈り物」だとリンドバーグに言った。そして他の隊にも教えてほしいと依頼し、好きな戦闘機に乗ることを許可した。(あるパイロットの回想:MacDonald. マッカーサーの発言はBerg, 452で引用されている)

第4章

43 偏光を可視化するには、ロープ(光線)の一端を腰の高さで壁に固定し、もう一方の端を持ってロープがぴんと張るまで壁から離れたところを想像しよう。ロープを上下に揺らすと、いわゆる垂直偏波ができる。ロープを左右に揺らすと水平偏波ができる。光線は電磁波の振動を伝えている。ロープの動きは電場の振動に相当する。

44 光は波のように振る舞うので、ドローンのたとえは完全ではない。45度の偏光は、水平偏波と垂直偏波が均等に混じっている。水平偏光フィルターは、より正確に言うなら、波の水平部分だけを選び出す。

45 費用が余計にかかるという理由でランドのアイデアを採用しなかった自動車メーカーを責める声は多いが、フロントガラスを偏光子でコーティングすると、視界そのものが最大50パーセント悪くなる可能性がある。特に光が少ない環境では、視界の減少は安全上深刻な問題となる。

46 LCDスクリーンから発する光は偏光しているので、偏光フィルターで遮断できる(試しに偏光サングラスをスクリーンの前に掲げて90度回転させてみるとよい)。LCDディスプレーは見にくいため、偏光サングラスの利用者は減っている。

47　写真フィルムは減色を使用する。つまりフィルムの化学物質が反対色を保存する(レッドに対してはシアン、グリーンに対してはマゼンタ、ブルーに対してはイエロー)。透過フィルムは加色を使用し、原色を保存する。

48　CCDチップは実際にはデジタルではなくアナログのデバイスである。センサーは画素にぶつかる光の強度に応じた、離散的(デジタル)ではなく連続的(アナログ)な電圧を生み出す。雨水をためているバケツが、離散的ではなく連続的な水位を測るのと同じである。その後、CCDにはアナログからデジタルへの変換器が付けられたため、そのアウトプットはデジタルメモリーチップ上に保存できる。CCDデバイスに当時使われていた他の用語(「電気光学イメージング」や「ソリッドステートデバイス」)は比較的正確だが、「デジタル写真」という言葉は光電プロセスを光化学プロセスと区別するようになった。本書ではこの言葉を、よくある現在の意味で使っている。

49　キリアンはランドの友人・同僚であり、後にポラロイドの取締役を務めた。ランドが率いたパネルは最初「インテリジェンス・パネル」と呼ばれ、次いで、その後の20年間は「ランド・パネル」「ランド偵察パネル」などと呼ばれた。キリアンとランドは密に協力し、アイゼンハワー大統領(その後はケネディ、ジョンソン、ニクソン)と会うときもたいていは一緒だった。(キリアンは「技術能力パネル」という上部組織を束ねていた)

50　国家偵察局の歴史家が2012年に書いたところによれば、同局が選挙サイクルに絡めたスケジュールを言い渡されたことは後にも先にもないという。(Perry, 526)

51　このバトルは、空軍(フィルムスキャナー)対CIAおよびランド(デジタル)という様相を呈していた。ランドはデジタルセンサーを使うことを提案し、CIA内の科学技術本部の設置などをサポートした。CIAはデジタル案を正式に支持し、ランドは大統領にもこのアイデアを示した。ある極秘メモによると、国家偵察局の局長は「電気光学イメージングがテクノロジー主導の動きだとすれば、ランド博士が主要プレーヤーだ」と述べている(Perry, 527)。CIA内に科学技術本部をつくり、ケネディがピッグス湾事件後にCIAの消滅を望んだ際、CIAを擁護するなど、ランドが果たしたいくつかの役割については、Richelson, 67-72を参照。

52　1949年からUSエアに買収される1986年まで運航したパシフィック・サウスウエスト航空は、最初の大手格安航空会社で、当初はカリフォルニア州内だけを飛んでいた。同社の航空機の先端部はスマイルマークに見えるようにペイントされていた(同社のスローガンは「笑顔を見つけて」)。現在のサウスウエスト航空(1971年に運航開始)はパシフィック・サウスウエスト航空をモデルにしている。サウスウエストの創業社長ラマー・ミューズは「コピーであろうが気にしない」と述べている。(*BusinessWeek*, "Love")

53　相転移が一時的に阻止される状態(過冷却水など)を、物理学者は「準安定」と呼ぶ。

第5章

54　ウォールストリート・ジャーナル紙は1面でウォズニアックの次のような発言を紹介した。「アップルIIはシカトされていました。そんなプロジェクトはやめてしまえと思われていたのです」(Bellew; 1985年2月7日)

55　ニュートンは10年ほど早く、1666〜1668年のノートのなかで、引力や惑星の動きに関する最初の考えを記しているが、それはデカルトの「渦」理論にからめてのことだった。

力学や引力についてはしばらく放り投げ、錬金術について調べていたとき、1679年にフックから連絡があった。フックからは、惑星の動きは直線的な慣性力と、太陽へ向かう求心的な引力とに分解されるはずだという重要なアイデアがもたらされた。このアイデアはニュートンの『プリンキピア』の起点（命題1）になっている（ある歴史家は、ニュートンが自身の理論の優先日を修正し、フックの貢献をなかったものにしようとしたのは「偽りの歴史」だと評し、別の歴史家はそれは「おとぎ話」だと述べている）。後年、王立協会の会長だったとき、ニュートンはフックを歴史から消し去ろうとし、ほぼ成功を収めた。フックの役割が歴史家によって再発見・評価されたのは数十年前のことにすぎない。

ケプラーについては第9章を参照。フックとニュートンの関係については、Cohen, 223–79; Gal, 161–230; Jardine, 1–19; and Nauenbergを参照。ニュートンと微積分："Foreshadowings of the principles and even of the language of [the infinitesmal] calculus can be found in the writings of Napier, Kepler, Cavalieri, Pascal, Fermat, Wallis, and Barrow. It was Newton's good luck to come at a time when everything was ripe for the discovery, and his ability enabled him to construct almost at once a complete calculus" (Ball, 347). その他のニュートンの先達については、Hall; Whitesideを参照。フックの全翼機、バネ付き靴、マリファナの実験：Inwood, 21, 334, 398. 偽りの歴史：Cohen, 248; おとぎ話：Whiteside, 14. フックとニュートンについては、よく知られる重力の逆二乗則を見いだしたのはどちらが先かに焦点が当てられやすいが、多くの人はケプラーの調和の法則とホイヘンスの遠心力を組み合わせて同じものを見いだしていた。

56 *An Account of the Plant call'd Bangue [Gange by the Moors], before the Royal Society,* Dec. 18. 1689 (Hooke, 210)より。

57 エドモンド・ハレーは『プリンキピア』のまえがきを書いた。

「神の酒」をご相伴にあずかる喜びよ。
いっしょにニュートンを称えましょう。
彼ほど神に近づける人間はいません。

「教理問答書は子どもたちに神を教えるが、ニュートンは賢人たちに神を教えた！」と。ヴォルテールは書きました。

58 クレジットのない特別出演というわけでもないが、ディズニーの説得に役立ったのは、キャットマルとスミスがシュアーや『チューバのタビー』のアニメーターたちと仕事をしていたという事実である。(Price, 93)

59 パートナーシップの相手はイーライリリー。目標は糖尿病治療のためのヒトインスリンの合成だった。それまでの半世紀、リリーをはじめとするサプライヤーはブタやウシの膵臓をすり潰してインスリンを抽出しなければならなかったが、遺伝子工学によりインスリンを研究室で「培養」できるようになった。Hughes, 75–106を参照。

60 ジェネンテックがロシュに買収される前年の、米国だけの売上高（米国外の売上に対するロイヤルティーを除く）。（ジェネンテックの2008年アニュアルレポートより）

挿話

61 ノーベル経済学賞を受賞したポール・クルーグマンは、経済と創発科学のつながりについて述べた『自己組織化の経済学』のなかで次のように書く。「アダム・スミスは、市場が『あたかも見えざる手によって』誰も意図しない結果へと参加者をいざなうと書いたが、そこで述べられているのは創発特性にほかならない」

グリーンスパンのコメントに対して、クルーグマンはニューヨーク・タイムズ紙で、経済危機を引き起こした責任を自覚していないことに「唖然とした」と書いた。「アラン・グリーンスパンは、史上最悪の連邦準備制度理事会議長であるとの評判を確かなものにしようと努力を続けている」(2011年3月30日)

62　市場が必ず暴落するのはなぜか——こちらはもう少々複雑な話になるが、二つの競合する力が関わるという原則は同じである。

63　アダム・スミスは次のように書いている。「すべては自身のため、他人は眼中になし——それは悪しき信条である」(McLean, ixより)。スミスに対する誤解に関しては、他にKennedy, 251–59; McLean, viii–ix, 82–98; Rothschild, 2–5, 116–56; Wightを参照。

スミスの自著に対する評価については、同時代の次のような記述もある。「人々がアダム・スミスの著作を正当に評価していないことはあまり驚くべきことではないのかもしれない。なぜなら彼自身、それらを正当に評価せず、『道徳情操論』のほうが『国富論』より大いに優れていると考えたのだから」(Sir Samuel Romilly, Letter to Madam G—, August 20, 1790)。Romillyは「彼(スミス)の死はこの地でほとんど顧みられず、注目されなかった。なのにジョンソン博士(サミュエル・ジョンソン)は、死後1年以上たっても称賛の声しか聞かれなかった」と嘆いている。

64　同時代の多くの作家だけでなく、オウィディウス、シェイクスピア、ヴォルテール、デフォーらもこの言い回しを使った。スミスは哲学の教授になる前、修辞学を教え、シェイクスピアの隠喩表現について講義したくらいだから、この手の用法はよく知っていたと思われる(彼の蔵書には、そのフレーズを使った本がたくさん含まれている)。経済学者のガヴィン・ケネディは次のように述べる。「もしサミュエルソン(教科書の執筆者)が、シカゴ大学で教師に教えられたことを思い出し、その同じ誤りを多数の読者(その多くも教師になった)に伝えるのではなく、『道徳情操論』や『国富論』をさまざまな編訳を通じて自ら読んでいたら、見えざる手に関する誤った考え方がここまで広まることはなかっただろう」。Rothschild, 2–5, 116–56; Wight, "Smith"も参照。

65　スミスの経済学については多くの著作があるが、彼の「頭韻法」について書いたものはほとんどない。「われわれが食事にありつけるのは、肉屋(butcher)や酒屋(brewer)やパン屋(baker)の博愛心(benevolence)のおかげではなく、彼らが自己の利益を追求しているからである」(Smith, *Wealth*, 26)

66　物理学と経済学の相互作用の歴史については、Mirowski、特に第7章"The Ironies of Physics Envy"を参照。ニュートンとスミスについては、Montes; Hetherington。ニュートンは基本法則に関して、弟子たちの多くほど独善的ではなかった。自身の重力法則についても、もっとよいものが出てくるまでの大まかな考え方だと認識していた。(Montes, 41–42; Schofield, 177: "Newton was not a Newtonian")

67　全文は次の通り。「創発行為を判断するうえで、より高いレベルの組織化原理が果たす重要な役割を、多くの物理学者がいまだに認めていない——現代科学の特性をめぐって、このような胸の痛む発言がなされる。量子力学を教え込まれ、それを毎日扱っている固体物理学者や化学者にとって……こうした原理の存在は明らかであり、そんなありきたりのことは教養ある社会では議論されない。しかし、それ以外の科学者たちは、その発想は危険でばかげていると考える。なぜなら、物理学の大勢を占める還元主義的思考と対立するからだ。だが、自分が気に入った事実しか認めないという安全なスタンスは、そもそも科学とは相いれない。そんなものは早晩、歴史の力によって一掃されるにちがいない」(Laughlin, "Theory," 30)

第6章

68　一部の金属は極低温以下になると電気抵抗が全く失われ、一般的な金属摩擦がなくなる。この突然の変化は、普通の金属から超伝導体への転移を意味する。アルベルト・アインシュタイン、ニールス・ボーア、ヴェルナー・ハイゼンベルク、リチャード・ファインマンは、現在の相対性理論、量子力学、素粒子物理学を生み出した。彼らはみんな超伝導を説明しようとして叶わなかった。超伝導の謎は1911年の発見から46年間、未解決のままだったが、1957年に3人の物理学者が、臨界閾値温度以下になると金属内の電子が対になることを示した。ダンスフロアをひとり当てもなくさまよっていた人が、音楽に突然反応してパートナーを探しにかかるように。前出のフィリップ・アンダーソンは、こうした電子対に関わる対称性の破れによって、電気抵抗がゼロになる理由が説明できることを示した。

何人かの素粒子物理学者はアンダーソンの発想をもとに、もう一つの長年の謎を解いた。宇宙における質量の起源についてどう考えるかということである。現在ヒッグス粒子と呼ばれているものを、彼らは共同で考え出した。(「クォーク」という言葉を生み出し、素粒子物理学の標準モデルの構築に貢献したことで1969年の物理学賞を受賞したマレー・ゲルマンは、ヒッグス粒子ではなく「アンダーソン・ヒッグス粒子」と呼ぶべきだと主張した)

超伝導の歴史:Schmalian; Cooper. ヒッグス粒子探索の歴史:Carroll, 135-62; Gell-Mann, 193-94; and Lederman. アンダーソン・ヒッグス メカニズムの技術史:Brown; Hoddeson, 478-522; Anderson, 4-49, 115-19; Witten.

69　1970年代終わりから1980年代初めにかけて、数学者たちは、パーコレーションモデルと疾病拡大モデルが同等であることを正式に証明した。

70　より正確には、スパーキングレートと木の再生スピードの比率が重要になる。スパーキングレートが再生スピードに比べて低ければ、森の木の密度は徐々に増え、ついには伝播閾値を超える。ちなみに、米国の火災の過半数は人間が原因である。1970〜2000年の山火事53万8809件の原因を調べたところ(2002年の調査)、57パーセントが人間、43パーセントが自然(大半は落雷)だった。(Brown, 15)

71　頻度が規模にきっかり反比例するという、べき乗分布の最も単純な例を示している。高度な森林火災モデルが予測する指数は1.0よりも1.15に近い。Hantson; Zinckを参照。

72　「オラクル・オブ・ベーコン」サイトによると、2018年10月現在、データベースに登録されている290万人の俳優のうち、230万人がベーコンとつながっている。うち3452人(0.1パーセント)が1次の隔たり、40万3920人(17パーセント)が2次、150万4560人(64パーセント)が3次である。

73　ワッツとストロガッツの1998年の論文に次ぐ僅差の2位は、バラバシとアルバートの1999年の論文である。これは同じような概念を説く一方で、「優先的選択」という考え方を新たに提示している。つまり、リンクの多いノードほど、さらにリンクが増えやすいということだ。言い換えれば、人気の高い子どもはさらに友だちが増える(グーグルの検索アルゴリズム「ページランク」も同じ原理に基づいている)。高エネルギー物理学のデータベース

INSPIREによると、基礎物理学(材料科学、計算手法を除く)で最も引用数が多い二つの論文は、素粒子物理学の標準モデルに関するスティーヴン・ワインバーグの1967年の論文(5905件)と、ひも理論に関するファン・マルダセナの1999年の論文(4651件)。引用数は必ずしも重要性を表しているわけではない。たとえばアインシュタインの論文が現在あまり引用されないのは、その考え方が各方面にすでに取り入れられているからだ。引用数データはすべてWeb of Science Core Collectionより。

74　4の2.5乗は32。森の木は物理的に近い木にしか影響を及ぼさないが、人間は大集団に素早く情報を広めることができるため、両ケースのべき乗則の形は異なる。専門的になるが、「隣人」の数が大きくなると(無限次元ネットワーク)、パーコレーション理論では指数が2.5(乗)になる。

75　統計物理学のネットワーク科学や人的紛争への応用に関しては、「参考文献」を参照。

第7章

76　「イエスは自分だけが救世主であると名乗られたわけではない、とエマソンは主張する」リチャード・ブロッドヘッドは2003年にそう書いている。(Brodhead, 56–57)

77　創薬の分野では、臨床試験に入った薬剤が最終的にFDAの承認を受ける確率は、平均するとだいたい10パーセント前後になる。(疾病分野や薬剤の種類によって5〜20パーセントの幅がある)

　映画産業の場合、公開された映画のうち黒字になるのは20パーセントに満たないとよく言われる。しかし創薬と違って、映画の制作は厳しい規制を受けないため、データを確認するのは不可能に近い。関連売り上げ(ストリーミングビデオなど)によって確率も上がり得る。ただ、関連売り上げというメリットがあるものの、20パーセントという数字は公開された映画に占める割合にすぎない。制作される映画はもっと多い。毎年何千という映画がつくられるが、映画館で上映されるのはせいぜい数百程度。スタートした映画プロジェクトのうち、最後まで到達するプロジェクトが少ないのは、つまり、初期の映画プロジェクトに投資してリターンを得る確率が非常に低いということである。(創薬:Wong. 映画:Sparviero; Epstein.)

78　これらの例は、会社の成功に対する取り分という、よくある意味のエクイティについて述べている(株式、ストックオプション、利益分配など)。エクイティはまた、会社の成功とは別に、プロジェクトの成功と直接結びつくこともあり、これについては後述する。

79　プロジェクト・スキル適合度の政治利益に対する比率(F)が異常値を示すと、組織は比率が1に再び近づくよう再調整を図る傾向がある。たとえば、現プロジェクトを軽々とこなす従業員(スキル適合度が非常に高い)は、担当プロジェクトの範囲がもっと広く難しくなるまで昇進する可能性がある。

第8章

80　第1章の注10を参照。

81　まさにこの理由から自社の優秀な社員を隠そうとする会社もある。つまり、花形人材の引き抜きを恐れているのだ。こうした会社は結局、優れた人材を惹きつけ、引きとめることができない。花形人材はそんなことを恐れないライバル会社に移り、堂々と活躍する。

82　白血病・リンパ腫学会、多発性骨髄腫財団、嚢胞性線維症財団(いずれも患者主導の支援団体)はバイオテクノロジー企業と効果的なパートナーシップを結び、そこから重要な新薬が生まれている。たとえば、バーテックス・ファーマシューティカルズは嚢胞性線維症の二つの画期的治療薬を開発したが、これは嚢胞性線維症財団の支援によって実現した。

83 Bloom; Wade.（引用：Wade, 528.）社員の給与が相対的な序列で決まるという「トーナメント理論」経済モデルは、全員が自力でプロジェクトに取り組んでいるとすれば筋が通る。だが現実の世界では、それは本章で述べた問題を悪化させる。抗争に火がつき、結束が損なわれ、政治が跋扈《ばっこ》する。脆いルーンショットを育てるには、各人が潰し合いをするのではなく、共通のわくわくする大きな目標へ向けて団結しなければならない。

84 経済学者によるこれら二つの選択肢の分析については、Sah and Stiglitz; Csaszarを参照。

85 行動経済学に関する詳細は、*Thinking, Fast and Slow* by Daniel Kahneman（刑期の例は225～226ページ）; the *Predictably Irrational* series by Dan Ariely; or the *Freakonomics* collection and blog by Steven Levitt and Stephen Dubnerを参照。最近のまとめや興味深い歴史については、*Misbehaving: The Making of Behavioral Economics* by Richard Thalerを参照。

86 最近の経済分析についてはAllin、帝王切開急増の考えられる理由や広く信じられている「神話」についてはNPWを参照。法的な圧力が増加に寄与しているとよく言われるが、最近の研究によれば、その影響はほとんどないという。（Sakala）

87 セイラーによれば、この分野は行動経済学と呼ばれるものの「全く別の学術分野ではない。あくまで経済学である。ただし、優れた心理学をはじめとする社会科学から強力なインプットを得て成り立つ経済学」である。（Thaler, 9）

第9章

88 ニーダムのプロジェクトは共著者を伴ったシリーズへと進化し、それがさらにケンブリッジ大学の研究施設へと発展し、そこで今も刊行が続いている。現在、シリーズは27巻に及び、ニーダムはそのうち14巻で著者または共著者として名前が載っている。

89 後年、ニーダムは魯と彼女のふたりの同僚の訪問について書いている。「彼女たちは科学者として私と全く変わらなかった。その事実から、どうしても歴史上の疑問をはっきり意識しないわけにはいかなかった。なぜ近代科学は中国やインドでなく、ヨーロッパだけで発生したのかと」。ニーダムおよびニーダム問題に関する文献一覧については、Oxford BibliographiesのNathan Sivinの論考を参照。各種レビューについてはFinlay; Sivinを参照。

90 5人しかいない：Westman, 309. マジーニと同じ頃、当時のヨーロッパを代表する天文学者ティコ・ブラーエもコペルニクスの地動説を大っぴらにはねつけた。彼は惑星運動に関する自説を次のようなタイトルで紹介した。「著者が最近考え出した世界システムの新たな概要（古いプトレマイオスの不作法さや……新しいコペルニクスの物理的不条理は排されている）」（Gingerich and Westman, 19）

91 軌道を一周する時間は、水星2.9カ月、金星7.4カ月、地球1年、火星1.9年、木星12年、土星30年。天王星、海王星、冥王星は不明だった。

92 1度は60分、空全体は360度ある。オーウェン・ギンガリッチは“The Great Martian Catastrophe and How Kepler Fixed It（火星の大惨事およびケプラーがそれをどう正したか）”

という論文のなかで、8分の誤差が明らかになる前に、ケプラーはまずコペルニクスモデルの重要な欠陥をいくつか解決しなければならなかったと述べている。

93 個人的な悲劇：ケプラーは幼いときに父親に見捨てられ、カトリックの地域でプロテスタントを信じて迫害され、最初の妻と3人の子どもを亡くした。また、ハーブ療法や妙薬療法を楽しみ、魔術使いの嫌疑をかけられて投獄され、拷問すると脅された74歳の母親を見張っていなければならなかった。(彼は母親の弁護の先頭に立ち、最終的に無罪を勝ち取った)

94 科学史家、科学革命に関する伝記作家のバーナード・コーエンは次のように書いている。「17世紀の科学で最も重要な動きは、自然の法則は数学のみならず高等数学の言語でも書かれているとの認識、そうした数学的関係は物理的な原因を表現しなければならないとの認識だったかもしれない。物理的原因の性質や機序は、それに関わる現象を調べることで解明できる。現代科学のこの『ニュートン的』な側面は、もともとは『ケプラー的』だったと現在は考えられている」(Cohen, "Kepler," 25)。フランスの哲学者ヴォルテールはもっと簡潔な言い方をした。「ケプラー以前はみんな盲目だった。ケプラーには目が一つ、ニュートンには二つあった」

　ノーベル賞を受賞した物理学者スティーヴン・ワインバーグは、科学革命の歴史に関する著作のなかで次のように書いている。「科学の新しい方法を考案しようとしたことで最もよく知られるようになったふたりは、フランシス・ベーコンとルネ・デカルトである。私に言わせれば、このふたりの科学革命における重要性はずいぶん過大評価されている」。現役の科学者は口先の人より実行を伴う人、意見の表明にとどまらない有効な理論を好む。ケプラーは実行の人で、その発想は有効だった。ベーコンとデカルトは哲学者だった。(Weinberg, 201)

95 科学革命と産業革命のつながりに関する詳細は、H. F. Cohen; Jacob; Mokyr; Goldstone, 136–62; Lin, 22–54; Xuおよび彼らが提供する文献一覧を参照。

96 西欧の台頭をめぐる議論について調べた最近の著作としては、Acemoglu, 45–69; both books by Daly; and Mokyrを参照。Acemoglu(アセモグル)は、現代の格差を説明するうえで政治・経済制度が果たす役割について、さまざまな主張をまとめている。ハイチとドミニカの自然実験については、Jaramillo; and Diamond, 120–41を参照。

　この議論は少なくとも、西欧が勢いを増し始めた18世紀までさかのぼる。この事実に対して数多くの説明がなされた。たとえば、暑い国の人は短気で怠惰、寒い国の人は堅苦しくて活力がないとするゴルディックス理論は、1748年に哲学者のモンテスキューが広めた。哲学者のデイビッド・ヒュームは同じ頃、モンテスキューの考えはばかげている、西欧人はもともと優れた人種なのだと主張した(Golinski, 175–78)。どちらの考え方も200年以上、同種の説(優れた文化、宗教など)とともに根強く生き残っている。

97 それぞれの成功確率が10パーセントの10のルーンショットから成る多様なポートフォリオの場合、10個すべてが失敗する確率は0.9の10乗なので、少なくとも一つが成功する確率は65パーセント。2ダースのポートフォリオの場合は、24個すべてが失敗する確率は8パーセントなので、少なくとも一つが成功する確率は92パーセントである。約10パーセントという経験則については、第7章の注77を参照。

98 パラマウントは自動車部品会社のガルフ+ウェスタンに買収された。コロンビア・ピクチャーズはコカ・コーラに買収され、5年後に同社から分離された。MGMはホテル業界の大物カーク・カーコリアンに買収され、次いでフランスの銀行クレディ・リヨネの支援を受けたジャンカルロ・パレッティに買収されたあと、破綻した(「驚くほどの下品さと抜け目のなさをそなえたイタリアの大立者」とも評されたパレッティは詐欺の有罪判決を受けた)。ユニバーサルは芸能プロダクションに買収され、次に日本のコングロマリット、松下に売却され、5年後に酒造会社のシーグラムに売却され、さらに5年後、ヴィヴェンディに売却され、4年後にGEの手に渡った。GEはユニバーサルをNBCと合併させ、次いでその会社を現在のオーナーであるコムキャストに売却した。(パレッティについてはMcClintickを参照)

99 一度きりの取引:たとえば、二つの小さな制作会社が、ヴィカス・スワラップの書籍『ぼくと1ルピーの神様』の権利を取得し、監督のダニー・ボイルを雇い、資金を調達し、『スラムドッグ$ミリオネア』をつくった(ボイル監督はこの映画を撮るに当たってスケトゥ・メータの『マキシマム・シティ』を参考にした)。映画祭でのプレミア上映の直前、フォックスが利益の折半を条件に販売・配給資金の提供を申し出た。契約締結の2日後(ほとんどのスタジオが見向きもしなかった頃から2年後)、『スラムドッグ$ミリオネア』はプレミア上映会で大喝采を浴び、半年後にはアカデミー賞作品賞を受賞した。典型的な一度きりの取引である。これほど見事なタイミングはそうそう見られない。(Roston; N. Mankadからの情報)

100 すべての産業で映画や創薬のようにルーンショット養成所が充実しているわけではない。それが充実している産業の場合、大手企業には三つの選択肢がある。内部のルーンショット集団に投資する、外部のルーンショット養成所との提携に投資する、またはその両方を行う。互いに補完しあうので両方に投資すべきだと言われることが多いが、これについてはさまざまな見方ができる(本が別に1冊書けるかもしれない)。

101 翌年、バンティングはその発見によりノーベル賞を受賞した。

102 1004年の勅令により、(目の見えない人を除いて)民間の天文学研究およびあらゆる種類の占星術が禁じられた。(Sun, 61)

103 たとえば、天文学者のタキ・アルジンはオスマン帝国の首都に最先端の天文台を建てたが、4年後に皇帝がこれを閉鎖した。彗星が見えたことで朗報がもたらされるはずだったのに、そうならなかったからだ。(Lunde)

104 Hobson, 50–59; Brandt, 49–50. 歴史家のマーシャル・ホジソンは、ヨーロッパの産業革命を「実を結ばなかった北宋の産業革命の無意識の承継者」と表現した。(Hodgson, 197)

105 近代ヨーロッパの初期に高等数学を用いたコペルニクスをはじめとする学者は、インドやイスラム帝国で生まれ、ヨーロッパ中に広まった代数学、三角法、近代的記数法に依存した(イブン・シーナーの医学も同様にイスラムからヨーロッパに広まった)。「孤独な天才」というヨーロッパ中心のストーリーには、その後も異論が唱えられている。1950年代後半以降、コペルニクスが用いた重要な定理と、イスラムの天文学者だったアッディーン・アッラーズィー(1266年没)、ナスィール・アッディーン・トゥースィー(1274年没)、イブン・アッ・シャーティル(1375年没)、アリー・クシュチ(1474年没)の著作が酷似していることを歴史家が発見してきた。初期の天文学の歴史に詳しいノエル・スワードロウとオットー・ノイゲバウアーは、コペルニクスのことを「最後のマラーガ天文学者」と評した。これはマラーガ天文台におけるイスラム天文学の伝統を指している(Saliba, 209)。Al-Khalili; Lindberg, 27–167; Ragep, "Predecessors," and "Tūsī"も参照。

106 「フェデラル・ベースボール・クラブ対ナショナルリーグ」事件判決(1922年)。これは「フラッド対キューン」事件判決(1972年)でも支持された。どちらの判決もいまだに議論の的である。Alitoを参照。

107　「惑星のケプラー運動をもたらしていると思われる力について王立協会の重鎮が議論していなければ、ニュートンが『プリンキピア』を書くことはまずなかっただろう。（フック、レン、ハレーによる）この議論の結果、ハレーがケンブリッジへ行ってニュートンに会い、この点を一緒に検討した。その後もハレーがニュートンを励まし、王立協会が認可したからこそ、ニュートンは研究を終わらせ、論文を刊行することができた。王立協会がなかったら『プリンキピア』が存在していたかどうか疑わしい」（I. B. Cohen, *Puritanism*, 72）

おわりに

108　がんの大部分はウイルス感染と無関係な遺伝子変異の蓄積によって生じることが、現在はわかっている（たとえば、たばこの煙に含まれる毒素が肺の内側を覆う細胞のDNAを損ない、肺がんを引き起こすことがある）。研究で明らかになっている例外は、ヒトパピローマウイルス（HPV）感染により子宮頸がんのリスクが増すこと、肝炎ウイルス（HBV、HCV）により肝臓がんのリスクが増すことなど。

109　エンブレル、レミケード、ヒュミラ、シムジアなどのTNF-α阻害剤。

110　Christensen; King; Lepore.

◟ 著者紹介

サフィ・バーコール Safi Bahcall

物理学者（両親も物理学者）であり、バイオテク起業家。ハーバード大学を最優等で卒業。スタンフォード大学で博士号。マッキンゼーでコンサルタントとして3年働いた後、抗がん剤を開発するバイオテク企業を共同創業。IPOを実現し、CEOを13年務める。2008年、E&Yニューイングランド・バイオテクノロジー・アントレプレナー・オブ・ザ・イヤーに選ばれる。2011年、科学顧問としてオバマ大統領の諮問機関（PCAST）に招聘され、米国の科学研究の未来に関する提言をまとめた。2人の子ども、妻と、マサチューセッツ州ケンブリッジに在住。本書は、初の著書。

◟ 訳者紹介

三木 俊哉 Toshiya Miki

京都大学法学部卒業。会社員を経て産業・出版翻訳者。訳書に『ストレッチ』（海と月社）、『スノーデンファイル』（日経BP）、『神経ハイジャック』（英治出版）など。

LOONSHOTS〈ルーンショット〉
クレイジーを最高のイノベーションにする

2020年1月27日　第1版第1刷発行

著者　サフィ・バーコール
訳者　三木 俊哉
発行者　村上 広樹
発行　日経BP
発売　日経BPマーケティング
〒105-8308 東京都港区虎ノ門4-3-12
https://www.nikkeibp.co.jp/books/

ブックデザイン　小口翔平＋喜來詩織＋三沢稜(tobufune)
DTP・制作　河野 真次
編集担当　沖本 健二
印刷・製本　中央精版印刷株式会社

ISBN 978-4-8222-8863-1　Printed in Japan